Frederick Taylor
INFLATION

Frederick Taylor
INFLATION

Der Untergang des Geldes in der Weimarer Republik
und die Geburt eines deutschen Traumas

Aus dem Englischen
von Klaus-Dieter Schmidt

Siedler

Die englische Originalausgabe erschien 2013 unter dem Titel
The Downfall of Money. Germany's Hyperinflation and the Destruction of the Middle Class – A Cautionary History bei Bloomsbury Publishing, London.

Verlagsgruppe Random House FSC® N001967
Das für dieses Buch verwendete FSC®-zertifizierte Papier *EOS*
liefert Salzer Papier, St. Pölten, Austria.

Erste Auflage
September 2013

Copyright © 2013 by Frederick Taylor
Copyright © der deutschsprachigen Ausgabe 2013 by Siedler Verlag, München,
in der Verlagsgruppe Random House GmbH

Umschlaggestaltung: Rothfos + Gabler, Hamburg
Lektorat: Andrea Böltken, Berlin
Satz: Ditta Ahmadi, Berlin
Reproduktionen: Aigner, Berlin
Druck und Bindung: GGP Media GmbH, Pößneck
Printed in Germany 2013
ISBN 978-3-8275-0011-3

www.siedler-verlag.de

Für Alice

»Am Anfang missverstanden die Massen es lediglich als skandalösen Preisanstieg; erst später wurde der Vorgang unter der Bezeichnung Inflation zutreffend als der Untergang des Geldes begriffen.«

KONRAD HEIDEN,
Der Fuehrer (1944)

»Durch fortgesetzte Inflation können Regierungen sich insgeheim und unbeachtet einen wesentlichen Teil des Vermögens ihrer Untertanen aneignen. Auf diese Weise konfiszieren sie nicht nur, sondern sie tun es auch willkürlich, und während viele arm werden, werden einige in der Tat reich. Der Anblick dieser willkürlichen Verschiebung des Reichtums vernichtet nicht nur die Sicherheit, sondern auch das Vertrauen auf die Gerechtigkeit der bestehenden Verteilung des Reichtums.«

JOHN MAYNARD KEYNES,
*Die wirtschaftlichen Folgen
des Friedensvertrages* (1920)

»Eine Inflation ist ein Masse-Vorgang ... Man kann die Inflation als einen Hexensabbat der Entwertung bezeichnen, in dem Menschen und Geldeinheit auf das sonderbarste ineinanderfließen. Eines steht fürs andere, der Mensch fühlt sich so schlecht wie das Geld, das immer schlechter wird; und alle zusammen sind diesem schlechten Gelde ausgeliefert und fühlen sich auch zusammen ebenso wertlos.«

ELIAS CANETTI,
Masse und Macht (1960)

»Glauben Sie, die Not wird größer und größer werden. Es ist so charakteristisch, dass nicht die Spekulation, sondern gerade die gesamten ehrlichen Existenzen vernichtet werden. Der Gauner mogelt sich durch. Er steigt empor. Aber restlos zermalmt wird der anständige, solide, nicht spekulierende Geschäftsmann, der kleine unten zuerst, aber schließlich auch der ganz große oben. Bleiben jedoch wird bloß der Gauner und Schwindler unten und oben. Die Ursache liegt darin, dass der Staat selbst zum größten Betrüger und Dieb geworden ist … Ein Raubstaat!«

ADOLF HITLER
(1923)

»Der beste Weg zur Vernichtung des kapitalistischen Systems ist die Vernichtung der Währung.«

WLADIMIR ILJITSCH LENIN
zugeschrieben

Inhalt

Einführung   11

1 Auf der Suche nach dem Geld
für das Ende der Welt   17

2 Der Verlierer zahlt alles   28

3 Vom Sieg zur Katastrophe   41

4 »Ich hasse sie wie die Sünde«   55

5 »Die Gehälter werden weiterbezahlt«   72

6 Vierzehn Punkte   80

7 Bluthunde   88

8 Der »Diktatfrieden«   99

9 Sozialer Friede um jeden Preis?   116

10 Konsequenzen   133

11 Der Putsch   144

12 Die Erholung   153

13 Goldlöckchen und die Mark   163

14 Der Aufschwung   175

15 Keine Helden mehr   187

16 Furcht   207

17 Verlierer   211

18 Nachtreten	232
19 Der Führer	248
20 »Das ist zu teuer«	254
21 Hungernde Milliardäre	270
22 Verzweifelte Maßnahmen	288
23 Alle wollen einen Diktator	302
24 Das Fieber wird gesenkt	318
25 Die Rettungsaktion	338
Nachwort: Warum ein deutsches Trauma?	345
Zeittafel	363
Abkürzungen	370
Anmerkungen	371
Literatur	388
Personenregister	396
Bildnachweis	400

Einführung

Die Ursprünge, der Verlauf und die Konsequenzen der deutschen Hyperinflation sowie die erzählerische Einordnung dieses außergewöhnlichen Phänomens in den ebenso turbulenten wie verhängnisvollen menschlichen Kontext der Welt, in der es entstand – darum wird es im Folgenden gehen. Dieses Buch handelt nicht von Ökonomie im engeren Sinn. Die Schwächen der deutschen Währung zwischen 1914 und 1924 wurzelten in den Schwächen des Landes selbst und verschärften sie. Die Darstellung enthält zwar Elemente einer ökonomischen Erklärung, ohne die sie keine reale Grundlage hätte. Zugleich aber handelt sie von Krieg, Politik, Gier, Wut, Furcht, Trotz, Verlangen und dem Schlüsselelement Hoffnung (so knapp es damals auch war) sowie davon, wie all diese Faktoren sich auf das Leben gewöhnlicher Menschen auswirkten. Das historische Geschehen erzeugte die Ökonomie, die Ökonomie brachte mehr Geschichtsträchtiges hervor, und so ging es hin und her, so Schwindel und Furcht erregend, dass dieses Karussell aus Ereignissen und Gefühlen die deutsche Selbstwahrnehmung noch prägte, als es längst zum Stillstand gekommen war. Das dürfte bis heute gelten.

Vor neun Jahrzehnten erlitt das bevölkerungsreichste, technisch fortgeschrittenste und fleißigste Land Kontinentaleuropas einen furchtbaren Rückschlag. Es hatte einen Krieg geführt und verloren, in dem es zwei Millionen junge Männer sowie riesige Gebiete und enorme Finanzmittel eingebüßt hatte. Auf Vergeltung sinnende Feinde hatten ihre Absicht bekundet, Deutschland zahlen zu lassen, und zwar nicht nur für die eigenen Kriegskosten, sondern auch für die seiner Gegner. Unterdessen waren die Erbdynastien, mächtige Symbole für Stabilität und Kontinuität, die seit tausend Jahren in Deutschland regiert hatten, von aufständischen Untertanen, die ihnen, den archetypischen Kriegsherren, verübelten, dass sie Deutschland nicht zum Sieg geführt hatten, binnen weniger Tage, ja bemerkenswert leicht, gestürzt worden.

An die Stelle der vertrauten, einst unantastbaren Repräsentanten des monarchistischen Staates waren im November 1918 parlamentarische Politiker getreten. Ungeachtet ihrer Tugenden strahlten sie weder den Glanz noch die Autorität der Aristokratie aus, so unecht beides auch gewesen sein mochte. Viele dieser Männer stammten aus kleinen Verhältnissen und übten zum ersten Mal echte Macht aus. Ihnen allen aber war bewusst, dass die Zukunft des neuen Nachkriegsdeutschlands davon abhing, dass sie Chaos in Ordnung verwandelten, Elend in Wohlstand und Demütigung in Respekt. Außerdem waren sie entschlossen, den einfachen Menschen, die in vier bitteren Kriegsjahren so viel gelitten hatten, die Aussicht auf eine bessere, sicherere Zukunft zu ermöglichen – trotz der militärischen Niederlage und der harten Forderungen der Siegernationen. Würden diese – zumeist recht durchschnittlichen – Männer jener Aufgabe gewachsen sein, die angesichts der Probleme des Landes, der Forderungen der Siegermächte und der (buchstäblich) mörderischen Zerrissenheit der deutschen Gesellschaft mit »schwierig« nur unzureichend beschrieben ist?

Der Staat, den die Politiker nach der Revolution allmählich aus der Taufe hoben, wurde als »Weimarer Republik« bekannt. Denn die verfassunggebende Versammlung, die Anfang 1919 zusammentrat, hatte ihren Sitz aus Berlin in diese schöne, mitteldeutsche Kleinstadt (die am Ende des Ersten Weltkrieges rund 35 000 Einwohner zählte) verlegen müssen, weil man die Sicherheit der Abgeordneten in der Reichshauptstadt wegen der dort herrschenden Gewalt und politischen Instabilität noch nicht garantieren konnte. Die Delegierten blieben in Weimar, bis sich die Lage in Berlin beruhigt hatte.

Berühmt geworden war Weimar rund 120 Jahre zuvor als Wohnort Johann Wolfgang von Goethes, der sich in seiner langen Lebensspanne (1749 bis 1832) auch als Staatsmann und Naturwissenschaftler hervorgetan hatte – trotz der Umstände womöglich kein schlechter Ort, um hier Deutschlands Neuanfang in Gang zu setzen. Die Außenwelt sollte mit dem Namen fortan jedoch nicht mehr die großen Errungenschaften der deutschen Aufklärung in Verbindung bringen, sondern die Kämpfe um die erste deutsche Demokratie und letztlich deren Scheitern. Dahinter lauerten, wie man heute weiß, der Aufstieg Hitlers und der schrecklichste Krieg der Menschheitsgeschichte.

In mancher Hinsicht war das fünfzehnjährige demokratische Intermezzo bei all seinen Problemen dennoch zukunftsweisend, und zwar nicht nur für Deutschland. Es entstand eine Konsumgesellschaft. Es gab Kinos und Geschäfte, eine lebendige und erstaunlich freie Presse sowie Sportveranstaltungen von einer Größe und Popularität, die einige Jahre zuvor, in

EINFÜHRUNG

weniger aufgewühlten Zeiten, noch undenkbar gewesen waren. Und noch während die Inflation einige Teile der Wirtschaft in Trümmer legte, verfügte Deutschland über erste Passagierfluglinien, die der Wirtschaft weltweit Chancen und den Menschen neue Vergnügungen eröffneten. Erste Rundfunksender boten den Menschen, die nicht weniger vom Alltag abgelenkt werden wollten als ihre Nachfahren im 21. Jahrhundert, eine neue Art der Unterhaltung.

Gleichwohl wurde »Weimar« wegen der nachfolgenden Geschehnisse zu einem Attribut, das den Ruch von etwas Gutgemeintem, sogar Brillantem und zugleich fatal Gespaltenem und zum Untergang Verurteiltem verbreitete: Weimarer Republik, Weimarer Kultur, Weimarer Dekadenz, Weimarer Inflation.

Dies ist der Kern der Geschichte, die hier erzählt werden soll. Sie wäre indes nur von akademischem Interesse, wenn wir ihren Nachhall nicht noch heute deutlich zu spüren bekämen. Nach sechzig Jahren politischer Stabilität und mehr oder weniger stetigem Wirtschaftswachstum wird das Nachkriegseuropa, einst ein solides Gebäude, nachgerade baufällig und steht vor einer Identitätskrise, die hässlich zu werden droht. Die Europäische Union, die einen dritten Weltkrieg unmöglich machen sollte, läuft Gefahr auseinanderzubrechen. Schneidiger Nationalismus ist wieder in Mode, und er beruft sich wenigstens zum Teil auf ökonomische Unterschiede. In weiten Teilen des Kontinents, von Budapest bis Bayonne, von Wien bis Vilnius, treiben ultrarechte Unruhestifter ihr Unwesen. Rassismus und Intoleranz machen sich in einer Art bemerkbar, die man so bösartig zuletzt in den dreißiger Jahren erlebt hat. *Last but not least* hat das Verebben des globalen Finanzbooms in den letzten Jahren zutage gefördert, dass das scheinbar stabile Fundament vieler europäischer Volkswirtschaften in Wirklichkeit wackelig und verfault war.

Diese Staaten des 21. Jahrhunderts haben zu viel Geld geliehen und ausgegeben. Nun sind sie genötigt, ihren Bürgern zu erklären, dass sie sich die großzügigen Sozialleistungen und öffentlichen Dienste, die diese mittlerweile für selbstverständlich halten, nicht mehr leisten können. Die Eurozonen-Union sollte die beteiligten Volkswirtschaften mithilfe einer gemeinsamen Währung harmonisieren und ins Gleichgewicht bringen. So wie die politische Union den Zweck hatte, neue militärische Konflikte zu verhindern, so war der Euro dazu gedacht, der Gefahr finanzieller Anarchie, die einige Länder in den vergangenen hundert Jahren so hart getroffen hatte, ein für alle Mal den Boden zu entziehen. Heute indes scheinen die Tage des Euros gezählt und die Zukunft des Kontinents so unsicher wie seit 1945 nicht mehr.

Es stimmt zwar, dass das Problem Europas zu dem Zeitpunkt, in dem ich dies schreibe, nicht in galoppierender Inflation besteht. Man leidet vielmehr unter der Sparpolitik, die in Schwierigkeiten geratenen Mitgliedern der Eurozone aufgezwungen wird, um die gemeinsame Währung stabil zu halten und solch eine Inflation gerade zu vermeiden. Sollten Griechenland, Spanien, Irland oder eines der anderen betroffenen Länder jedoch den Euro aufgeben und zur eigenen Währung zurückkehren – die dann wieder der Aufsicht unabhängiger Finanzminister und Zentralbanken unterstünde –, wäre höchstwahrscheinlich eine rasche Abwertung gegenüber dem Euro und anderen bedeutenden Währungen die Folge. Der Wechselkurs würde jäh abstürzen, ausländische (und einheimische) Investoren würden ihr Kapital abziehen, die Zinssätze enorm in die Höhe schnellen, was wiederum zu einer schweren Inflation und, wenn nichts unternommen würde, vielleicht sogar zu einer Hyperinflation führen könnte. Ländern, deren Wirtschaft aus dem Gleichgewicht geraten ist, kann wegen zu wenig oder zu viel Geld die Luft ausgehen.

Es gibt einen weiteren – und man könnte sagen: grundlegenden – Unterschied zwischen der Situation in den zwanziger Jahren und der heutigen Notlage. Damals war Deutschland das Enfant terrible. Europas fortschrittlichste Volkswirtschaft befand sich in einem finanziellen Chaos, und ihre Währung war praktisch nichts mehr wert – und das nach allgemeiner Ansicht allein aus eigenem Verschulden. Vor neunzig Jahren wurde Deutschland als der Bösewicht der Welt gebrandmarkt, der die finanzielle Disziplin vermissen ließ, derer sich andere Länder befleißigten. Deutschland gab Geld aus, das es nicht hatte; es verhätschelte seine Bürger mit allzu großzügigen Sozialleistungen; es entwickelte unehrliche Strategien, um Anleihegläubiger und Investoren zu betrügen; es ließ seine Wirtschaft – so wurde behauptet – absichtlich aus dem Ruder laufen, um sich seinen finanziellen Verpflichtungen zu entziehen und seine Schulden nicht zahlen zu müssen. Länder wie Großbritannien, die USA, Italien, Belgien und Frankreich drohten Deutschland Anfang der zwanziger Jahre allesamt wegen nationaler Vorbehalte mit dem Finger.

Heute, neunzig Jahre später, ist ein prosperierendes, stabiles Deutschland von schuldengeplagten Ländern umgeben, die schwankend am Rand

EINFÜHRUNG

des Bankrotts stehen und deren Geldsystem zusammenbrechen würde, sollte der Euro abgeschafft werden – mit allen Schrecken, die das zur Folge haben mag. Heute schlägt Deutschland hochmoralische Töne an. Aus Berlin hört man dieser Tage nur noch Gerede über gesunde Finanzen, strenge Sparmaßnahmen für die »bösen« Länder und darüber, dass Kredite nur unter strengsten Auflagen gewährt würden. Man hat vorgeschlagen, dass Griechenland, Italien, Portugal, Irland und die anderen Länder, die zur Rettung ihrer Wirtschaften Geld (natürlich überwiegend von Deutschland) leihen wollen, mit ihren Goldreserven dafür bürgen sollen. Mit anderen Worten: Obwohl der Euro – zum Zeitpunkt, in dem ich dies schreibe – noch existiert, will Deutschland sich mit Edelmetallen für den Fall absichern, dass es ihn eines Tages nicht mehr geben und sich die dann wiedereingeführten Währungen der Schuldnerländer als mehr oder weniger wertlos erweisen sollten. Damit sind wir nach vielen Jahren wieder bei der Kernfrage angelangt, die wir längst für gelöst hielten: Was passiert, wenn wir das Vertrauen in unser Geld verlieren?

Selbstverständlich gibt es zwischen den gegenwärtigen Störungen und der Krise nach dem Ersten Weltkrieg Unterschiede. Die Probleme der zwanziger Jahre resultierten aus der Zerstörung eines bis dato stabilen Welthandelssystems, in dessen Mittelpunkt Europa stand. Dem vorausgegangen war der ungeheuer blutige und moralisch verwerfliche Zusammenbruch des friedlichen Miteinanders im europäischen Großmachtsystem. Die heutigen Probleme sind vor dem Hintergrund einer entgegengesetzten Entwicklung zu sehen: der Herausbildung eines neuen Welthandelssystems mit Asien und dem pazifischen Raum im Zentrum, die mit dem Ende des langen, durch Kredite angeheizten Booms zusammenfällt, dessen sich der Westen seit dem Ende des Kalten Krieges in Europa und dem Friedensschluss zwischen den Großmächten erfreute. Man mag die Kriege zwischen den Großmächten für den Ruin des zwanzigsten Jahrhunderts verantwortlich machen. Zu Beginn des 21. dürfte deren Ausbleiben entscheidend gewesen sein.

So viel zum »großen Bild«. Für den Einzelnen, die Familien und Gemeinden zählt in einer Krise jedoch nicht, welche Folgen sie für die Weltordnung hat, sondern wie sie sich auf ihr Leben auswirkt. Ob das Opfer nun ein griechischer Ingenieur ist, der durch die aktuelle Sparpolitik in die Armut gestürzt wird, ein irischer Staatsbediensteter, der sich in die Schlange im Arbeitsamt einreihen muss, ein amerikanischer Autobauer, dessen Haus gepfändet wurde, oder ein britischer Akademiker, der keine Arbeit findet: Jede Wirtschaftskrise wird auf ganz persönliche Weise erlebt. Im Deutschland der zwanziger Jahre traf es den Universitätslehrer, der, zwar hochgeachtet und gut betucht, nun mit seinem Einkommen seine Familie nicht mehr ernähren und seinen Kindern keine anständige Zukunft mehr bieten konnte; die Kriegerwitwe, deren Rente von Woche zu Woche – und am Ende von Tag zu Tag – an Kaufkraft verlor, bis sie buchstäblich nichts mehr wert war; den kleinen Handwerker oder Gewerbetreibenden, der, weil seine Geschäfte eingebrochen waren, den Dachboden nach Familienbesitz durchsuchte, wie bescheiden er auch sein mochte, um ihn zu versteigern und so die Woche zu überstehen. Bei genauerem Hinsehen ist das große Bild ein riesiges Mosaik aus mikroskopisch kleinen Szenen, in denen Millionen einsamer Menschen hart ums Überleben kämpften.

Deshalb ist im Folgenden nicht nur von Generalen, Bankiers und Politikern, sondern auch von Büroangestellten, Industriearbeitern, Witwen, Soldaten und kleinen Geschäftsleuten die Rede. Die Gesellschaft, in der sie lebten, unterscheidet sich historisch von unserer, und doch erkennen wir sie nur allzu leicht wieder.

Letzten Endes sollte der Untergang des Geldes alle mit sich reißen. Wir können nur hoffen, dass die Geschichte unserer beängstigenden Zeit ein glücklicheres Ende hat, wenn sie aus dem Abstand einiger Jahrzehnte erzählt wird.

KAPITEL 1
Auf der Suche nach dem Geld für das Ende der Welt

Vor einiger Zeit schickte mir ein Freund eine Postkarte aus Berlin. Sie hängt immer noch in meinem Arbeitszimmer. Es handelt sich um eine fast intime Aufnahme des Berliner Prachtboulevards Unter den Linden aus dem Jahr 1910.

Als diese Fotografie entstand, befand sich die Herrschaft Kaiser Wilhelms II. auf ihrem Zenit. Dem erst seit vierzig Jahren vereinigten Reich ging es dank eines sensationell schnellen Wirtschaftswachstums ausgezeichnet; es besaß, darin war man sich allgemein einig, die schlagkräftigste Streitmacht Europas und schien für die Weltmachtrolle prädestiniert zu sein. Gleichwohl zeigt die Postkarte eine entspannte Szene: Es ist Sommer; elegant gekleidete Herren spazieren mit ihren Damen den von Bäumen gesäumten Boulevard entlang oder ruhen sich auf einer Bank aus. Um einen klassischen Vergleich zu bemühen: Diese Stadt sieht nicht wie Sparta aus, sondern wie Athen. Der Anzeige einer städtischen Uhr zufolge ist es 12.30 Uhr.

Auf der anderen Seite des breiten Straßenzuges sieht man das Café Bauer, das bekannteste der Wiener Kaffeehäuser, die Ende des neunzehnten Jahrhunderts in Berlin populär geworden waren. Vielleicht waren nicht die eleganten Berliner im Vordergrund, sondern das Café das eigentliche Motiv des Fotografen. Die Familie Bauer hatte das Café kurz zuvor an ein großes Hotelunternehmen verkauft, und es könnte sein, dass sein Aussehen aus diesem Grund noch einmal festgehalten und als Reklamepostkarte verewigt werden sollte; vielleicht wirken die Straße, das Café und sogar die Menschen deshalb so herausgeputzt. Jedenfalls vermittelt das Foto den Eindruck von Wohlstand, Gediegenheit und Optimismus. Man sieht dem äußeren Anschein nach beneidenswerte Menschen in einer beneidenswerten Stadt in einem beneidenswerten Land zu einer Zeit, als Deutschland das mächtigste, produktivste kontinentaleuropäische Land war und Europa seinerseits noch die Welt beherrschte.

KAPITEL 1

Diese Welt näherte sich, wie wir wissen, ihrem Ende. Bald sollte sie für immer der Vergangenheit angehören. Bedenkt man die günstige Ausgangslage des Landes zu diesem Zeitpunkt, ist es erstaunlich, dass es bis weit in die zweite Hälfte des zwanzigsten Jahrhunderts dauern sollte, ehe in Deutschland erneut – gleichzeitig – Solvenz, Vollbeschäftigung und Frieden herrschten.

Vier Jahre später waren die Spaziergänger verschwunden. An ihrer Stelle drängte sich eine Menschenmenge in den Straßen, um mit anzusehen, wie junge, adrett – diesmal nicht in elegante Sommeranzüge, sondern in feldgraue Uniformen und Pickelhelme – gekleidete Berliner in den Krieg marschierten. Ende Juli 1914 hatte die jüngste einer ganzen Serie diplomatischer Krisen – in diesem Fall ausgelöst vom tödlichen Attentat eines serbischen Nationalisten auf den Erben des österreichisch-ungarischen Kaiserthrons – Europa schließlich über den Rand des Abgrunds gestoßen. Das Ineinandergreifen von Bündnissen und damit einhergehenden militärischen Verpflichtungen hatte dafür gesorgt, dass ein regionales Problem sich in einen kontinentweiten Flächenbrand verwandelte. Das deutsche Kaiserreich versprach sich viel von diesem Krieg; enden sollte er in militärischer Niederlage, menschlicher Katastrophe und wirtschaftlichem Ruin.

Ein solch schreckliches Ergebnis muss für die meisten Untertanen Wilhelms II. unvorstellbar gewesen sein. Als sie in den Krieg zogen, schien Deutschland ungemein stark zu sein. Das Reich verfügte über große Eisen- und Kohlevorkommen (viele davon in ehemals französischen Gebieten, die 1871 annektiert worden waren), eine boomende industrielle Basis, eine gut ausgebildete, fleißige Bevölkerung von rund 68 Millionen Menschen und eine gefürchtete und bewunderte Militärmaschinerie. Schon vor der Generalmobilmachung stand eine halbe Million deutscher Männer unter Waffen. Weitere Millionen an Reservisten konnten binnen weniger Wochen eingezogen und mit einem effizienten landesweiten Eisenbahnsystem, das mit Blick auf genau solche militärischen Erfordernisse um- und ausgebaut worden war, an die verschiedenen Fronten geschickt werden.

Davon wusste jeder Deutsche. Weit weniger bekannt waren die Schwachstellen (die für die Gegner des Reiches entweder gar nicht oder nur in geringerem Umfang galten). Erstens war Deutschland an das moribunde Österreich-Ungarn gefesselt, hinter dessen vergoldeter Fassade sich eine wahre Schlangengrube an zerstrittenen Nationalitäten verbarg und dessen hartnäckiges Festhalten an erst jüngst erworbenen Territorien auf dem Balkan den Krieg verursacht hatte. Durch das Bündnis mit Österreich-Ungarn war Deutschland, wie man in Berlin sagte, »an einen Leichnam gekettet«.

Zweitens waren die »Mittelmächte«, wie man das Deutsche Reich und seine Verbündeten nannte, trotz der deutschen Anstrengungen, eine Marine aufzubauen, die der britischen ebenbürtig war, im Wesentlichen Landmächte, die durch eine britische Seeblockade an den Rand des Hungertodes gebracht werden konnten. Drittens besaß das kaiserliche Deutschland trotz aller Zuversicht und Kriegstüchtigkeit letzten Endes nicht genügend Geld für diesen Krieg und noch weniger Möglichkeiten, sich welches zu beschaffen.

Den Verwaltern der Reichsfinanzen war durchaus bewusst, welche Schwierigkeiten auf Deutschland zukommen würden, wenn es einen Krieg gegen die »Triple-Entente« aus Frankreich, Russland und Großbritannien beginnen sollte. Von militärischer Seite wollte der deutsche Generalstab dem Problem mit einem massiven, unbeschränkten Angriff auf Frankreich nach einem Durchmarsch durch das neutrale Belgien begegnen, um nach dessen raschem, erfolgreichem Abschluss seine ganze Kraft gegen die »russische Dampfwalze« im Osten einzusetzen. Dieser Plan war fast zehn Jahre zuvor unter dem damaligen preußischen Generalstabschef Alfred von Schlieffen ersonnen worden, und obwohl seither modifiziert, trägt er in den Geschichtsbüchern weiterhin dessen Namen. Auch die Finanzkoryphäen in der Reichsbank in Berlin – die nach der Reichseinigung von 1871 gegründet worden war, um über Geldwert und -menge der neuen Reichsmark zu wachen – hatten auf die immer unruhigere internationale Lage mit einem Geheimplan reagiert, der das Land in die Lage versetzen sollte, seine finanziellen Engpässe auf Dauer zu überwinden.

Selbstverständlich glaubte Deutschland wie alle Großmächte, die im Sommer 1914 in den Krieg zogen, es werde den Kampf rasch gewinnen. Deshalb erwartete man, dass die radikalen Maßnahmen zur Sicherung der Kriegsfinanzen lediglich kurzfristiger Natur sein würden.

Die Annahmen der Planer schienen angesichts der Erfahrungen der vergangenen hundert Jahre gerechtfertigt zu sein. Seit der Schlacht bei Waterloo, die dem zwanzigjährigen Kampf gegen Napoleon ein Ende gesetzt hatte, hatten Preußen und seine deutschen Verbündeten nie länger als einige Monate Krieg führen müssen. Zwei der drei Kriege, die der deutsche »Einigungskanzler« Otto von Bismarck während des Gewaltmarsches zur Nationenbildung (gegen Österreich und Dänemark) gewonnen hatte, dauerten nur wenige Wochen. Selbst der dritte, der mit der Niederlage Frankreichs endete, hatte sich zwar von seinem Ausbruch bis zur förmlichen

Kapitulation von Paris am 28. Januar 1871 sechs Monate hingezogen, aber militärisch war er bereits in der zweiten Septemberwoche so gut wie entschieden gewesen.

Während der kaiserliche Generalstab Ende Juli und Anfang August 1914 den Schlieffenplan (mit den wohl fatalen Modifikationen) realisierte, setzte die Reichsbankdirektion die Eingriffe in das Bank- und Währungssystem in Kraft, die es Deutschland ermöglichen sollten, den Zusammenbruch der bis dato extrem offenen Weltwirtschaft lange genug zu überstehen, um den Krieg zu gewinnen.

Der erste Teil dieses finanziellen Feldzugsplans umfasste die Aufgabe des Goldstandards.

Jahrzehntelang hatte die routinemäßige Konvertibilität des deutschen Papiergeldes – das im Juli 1914 zwei Drittel der umlaufenden Geldmenge ausmachte – in solide Gold- oder Silbermünzen bedeutet, dass die Banknoten selbst kein Geld waren, sondern aufgrund ihrer Umtauschbarkeit einen realen und beständigen (Edelmetall-)Wert repräsentierten. Tatsächlich durfte die Menge des ausgegebenen Papiergeldes laut Gesetz nie zwei Drittel der umlaufenden Geldmenge übersteigen. Das letzte Drittel musste direkt durch Gold gedeckt sein – dieses Versprechen, so die Theorie, hatte den Wert der deutschen Währung und derjenigen der anderen Großmächte in den vierzig Jahren vor 1914 zu einer konkreten, fasslichen Größe gemacht.

Warum der drastische Schritt der Reichsbank, den Goldstandard aufzugeben, notwendig war, konnte jeder interessierte Beobachter ermessen, der sich damals, während Europa an der Schwelle des Krieges stand, in der Jägerstraße 34–38 aufhielt. Hier, unweit des historischen Gendarmenmarktes im Zentrum Berlins, befand sich der imposante neoklassizistische Hauptsitz der Reichsbank. Seit Anfang Juli die ersten beunruhigenden Schlagzeilen in den Zeitungen aufgetaucht waren, hatten sich überall im Land vor den Türen der Geschäftsbanken und schließlich vor denen der Reichsbank selbst – die auch Privatkundengeschäfte erledigte – lange Schlangen besorgter Bürger gebildet. Die Kriegsgefahr hatte alte Ängste in Bezug auf das Papiergeld wachgerufen und den Wunsch nach dem Handgreiflichen, Unveränderlichen verstärkt. Die Menschen wollten ihre Banknoten gegen Gold- und Silbermünzen eintauschen, die seit jeher als verlässliche Wertanlagen galten.

KAPITEL 1

Als der Reichstagsabgeordnete Hans Peter Hanssen kurz vor Ausbruch des Krieges in einem Berliner Restaurant seine Rechnung mit einem Hundertmarkschein bezahlen wollte, weigerte sich der Kellner, die Banknote anzunehmen. Jeder, sagte er, wolle mit Banknoten zahlen und Münzen als Wechselgeld haben. Am nächsten Tag versuchte Hanssen in einem anderen Restaurant mit einem Zwanzigmarkschein zu bezahlen. Der Kellner war wie sein Kollege am Vortag wenig erfreut, machte sich aber auf die Suche nach Wechselgeld. Eine Viertelstunde später kam er mit leeren Händen zurück. Das Restaurant besaß keine Münzen mehr. Hanssen musste anschreiben lassen.[1]

Obwohl die von der Regierung gelenkte Presse die Bürger von der Solidität der Alltagswährung zu überzeugen suchte, vertrauten viele Deutsche dem Papiergeld nicht mehr. Sie wollten die Sicherheit jenes Goldes, für das die Währung angeblich stand. In den ersten Juliwochen wurden rund 163 Millionen Goldmark[*] von deutschen Banken abgehoben und in heimische Sparstrümpfe gesteckt.[2]

Am Freitag, dem 31. Juli 1914, schloss die Reichsbank ihre Tore (die Geschäftsbanken im Land hatten den Eintausch von Gold schon drei Tage zuvor eingestellt) und öffnete sie erst am folgenden Dienstag wieder. Zu diesem Zeitpunkt hatte es keinen Zweck mehr, für Papiergeld Gold zu verlangen, denn die Bank gab keines heraus. Am 4. August wurde eine ganze Reihe von Notstandsgesetzen zu Währungs- und Finanzfragen veröffentlicht, die unter anderem die Konvertibilität von Banknoten in Gold für die Dauer des Konfliktes aufhoben. Auch die aus Silber mit einem Feingehalt von 900/1000 geprägten Münzen im Wert von einer, zwei, drei und fünf Mark wurden nicht mehr eingetauscht. Erst jetzt kam der Begriff »Goldmark« in Gebrauch, der den tatsächlichen Goldmünzenwert gemäß dem Metallgewicht bezeichnete, also fünf, zehn oder zwanzig Mark. Da bisher jede Banknote umtauschbar gewesen war und einen Goldwert repräsentiert hatte, war nur von »Mark« die Rede gewesen.

Bald war nur noch Papier- oder Fiatgeld, wie es auch genannt wird, als Zahlungsmittel im Umlauf. Fortan wurden Goldmünzen entweder von Einzelnen gehortet und so der Zirkulation entzogen, oder sie gingen in den Besitz des Staates über, der es nun darauf anlegte, seine häufig widerstrebenden Untertanen dazu zu bewegen, ihm jegliches Gold aus ihrem Besitz

* Rund anderthalb Milliarden Euro (im Wert des Jahres 2011).

auszuhändigen, sei es nun in Form von Münzen oder Wertgegenständen. Nur mit Gold vermochte die Regierung im Ausland kriegswichtige Rohstoffe und Produkte zu erwerben, die es im Inland nicht gab. Vor allem aber konnte der Staat nach dem Darlehenskassengesetz, das zu dem Gesetzespaket vom 4. August gehörte, umso mehr Papiergeld ausgeben, je mehr Gold in seinen Tresoren lagerte, und so den alles entscheidenden Eindruck aufrechterhalten, die deutsche Währung wäre goldgedeckt.

Das Problem war nur, dass die Reichsbank trotz einer monatelangen Propagandakampagne für den Umtausch von Gold gegen Papiergeld (»Gold fürs Vaterland«) zum Jahresende 1914 erst zwei der fünf Milliarden im Umlauf befindlichen Goldmark hielt. Während überall im Land patriotische Bürger gehorsam ihre Gold- und Silbermünzen eingetauscht hatten, hatten sich viele andere – insbesondere in ländlichen Gebieten – als immun gegen die patriotischen Vorspiegelungen erwiesen. Sie hielten an dem Wert fest, auf den sie sich verlassen konnten, ganz gleich, wie der europäische Konflikt ausgehen sollte. Irgendwo wurde eine Menge Gold und Silber gehortet.

1915 hatte sich der Krieg in einem blutigen Patt festgefahren. Deutsche und alliierte Truppen lagen sich im Westen in einem Netz aus Schützengräben gegenüber, das sich über siebenhundert Kilometer von der belgischen Küste bis zur Schweizer Grenze erstreckte. Das Kaiserreich hatte entgegen den Erwartungen vieler Deutscher keinen triumphalen Sieg errungen, hielt aber vorteilhafte Stellungen. Bis auf einen kleinen Landstreifen hatten deutsche Truppen ganz Belgien besetzt. Die Hauptstadt Brüssel, die wichtige Hafenstadt Antwerpen (die nach über dreimonatiger Belagerung im Oktober eingenommen worden war) und das mittelalterliche Brügge sowie das reiche Industrie- und Bergbaugebiet mit den Städten Charleroi, Namur und Lüttich befanden sich in deutscher Hand. Das Gleiche galt für einen großen Teil von Nordfrankreich, einschließlich Lilles mit rund einer halben Million Einwohner und einer bedeutenden Textilindustrie; deutsche Truppen hatten die Stadt im Oktober 1914 nach verbissenem, hin- und herwogendem Kampf eingenommen.

Paris war zwar durch das »Wunder an der Marne« von der Besetzung verschont geblieben, aber zehn der 87 Départements der französischen Republik befanden sich Ende 1914 ganz oder teilweise in deutscher Hand. Auf den rund 36 000 Quadratkilometern französischen Territoriums, die fast vier Jahre lang hinter der deutschen Front liegen sollten, befanden sich über die Hälfte der französischen Kohlebergwerke, zwei Drittel der Textilindustrie und 55 Prozent der Metallproduktion – das entsprach insgesamt zwanzig Prozent des französischen Bruttoinlandsprodukts.[3] Kurz: Frankreichs industrielles Kernland war fast über die gesamte Kriegsdauer vom Feind besetzt, und obwohl nahezu zwei Millionen Menschen vor den vorrückenden Deutschen geflohen waren, lebten immer noch 2,25 Millionen französische Bürger unter deren Besatzungsherrschaft, die sich für sie als trostlos, einsam und hart erweisen sollte – gelegentlich sogar in extremer Weise.[4]

An der Ostfront stabilisierten die deutschen Truppen, nachdem sie im August 1914 in der Schlacht bei Tannenberg einen kurzen russischen Vorstoß nach Ostpreußen zurückgeschlagen hatten, zunächst die allgemeine Lage. Sie gruppierten sich um und begannen nach dem ersten Kriegswinter einen langsamen, aber unaufhaltbaren Vormarsch in die baltischen Länder und nach Russisch-Polen, das sie, einschließlich der Hauptstadt Warschau, im Laufe des Jahres 1915 weitgehend eroberten.

Während Deutschland militärisch zu diesem Zeitpunkt und noch lange danach in vielerlei Hinsicht im Vorteil war, waren seine finanziellen Aussichten nicht annähernd so günstig. Der Staat war derart erpicht auf das Gold seiner Bürger, dass er sogar Schulkinder einspannte. Sie sollten ihre erwachsenen Familienangehörigen, Nachbarn und Bekannten dazu beschwatzen, ihre Schätze zu einer »Goldankaufstelle« zu bringen, wo hilfreiche Angestellte es kaum erwarten konnten, sie von ihrer Last zu befreien und ihnen dafür leichtes Papiergeld zu geben. In einem Propagandapamphlet mit dem Titel »Die Goldsucher bei der Arbeit« wurde die fiktive Geschichte dreier Gymnasiasten erzählt, die versuchen, einen wohlhabenden Getreidehändler namens Lehmann dazu zu bringen, sich zugunsten des Reiches von seinem Goldschatz zu trennen, so dass weiteres Papiergeld im (dreifachen) Gegenwert des eingenommenen Goldes für die Kriegsanstrengung gedruckt werden konnte. Es verstand sich von selbst, dass die Schüler Herrn Lehmann »Vaterlandsverrat« vorwerfen würden, wenn er ihrer Forderung nicht nachgab.

Anfangs sträubte sich Herr Lehmann tatsächlich. Er äußerte Zweifel daran, dass die Reichsbank ihr Versprechen einhalten würde, nur so viel Papiergeld zu drucken, wie durch das erworbene Gold gedeckt wäre. Im Augenblick mochte das Gesetz dies verhindern, wandte er schlau ein, doch das Gesetz könne geändert werden. Aber die Gymnasiasten waren auf eine solche Diskussion vorbereitet. Einer von ihnen fragte Herrn Lehmann schließlich, ob er jemandem Geld leihen würde, der nicht die Mittel hätte, es zurückzuzahlen, und sei es zu einem hohen Zinssatz. Als der Kaufmann dies entschieden verneinte, ließ der junge Propagandist die Falle zuschnappen:

> »Warum nimmt jedermann Papier genau so gut wie Gold, obschon doch z. B. auch ein Tausendmarkschein nichts weiter ist wie ein Papierfetzen? *Weil er weiß, dass die Reichsbank im Stande ist, zu jeder Zeit dafür Gold zu geben, weil er weiß, dass das Reich ihm sicher ist.* Was würde nun geschehen, wenn die Reichsbank anfinge Noten zu drucken *ohne* Rücksicht auf ihren Goldvorrat? Sie würde sofort das Vertrauen einbüßen. Man würde – vor allem im Auslande – die Noten nicht mehr annehmen, oder – nähme man sie doch, so würde man es machen wie jener Wucherer [der für Kredite 25 Prozent Zinsen verlangte]: Auf einen Tausendmarkschein, mit dem Sie zahlen, gäben sie nur Waren im Werte von 750 Mark oder noch weniger. Eine Mark in Papier würde nur noch 75 Pfennig gelten im Auslande; man sagt dann: die Mark hat eine niedrige Bewertung (Valuta).«[5]

Die Worte, die dem altklugen Jungen in den Mund gelegt wurden, sollten überzeugend klingen, und dem Propagandaspiel zufolge zeigte sich Herr Lehmann am Ende tatsächlich einsichtig. Ausschlaggebend dürfte der letzte Hinweis auf die Vertrauenswürdigkeit des Reiches gewesen sein, nämlich darauf, dass Kaiser und Reichsbank niemals etwas tun würden, was die Währung und das Wohl des gewöhnlichen Deutschen gefährden könnte. Leider war gerade dieses Argument – nehmen wir kein Blatt vor den Mund – eine Lüge.

Tatsache war, dass die Reichsbank, was die Menge des Papiergeldes anging, das sie drucken durfte, seit dem Darlehenskassengesetz vom 4. August 1914 im Grunde nicht mehr an den Gegenwert des von ihr eingelagerten Goldes als Obergrenze gebunden war. Außerdem entlastete das Gesetz die Reichsbank von der Verpflichtung, den deutschen Einzelstaaten und Kommunen Kredite zu gewähren, wie es vor dem Krieg Usus gewesen war. Anstelle dieser Kredite führte das Gesetz ein System von »Darlehenskassen« ein, die – zufälligerweise in den örtlichen Niederlassungen oder Büros der Reichsbank zu finden – den Einzelstaaten und Kommunen gegen Güter oder Schuldverschreibungen als Sicherheit Kredite mit dreimonatiger Laufzeit (die in Wirklichkeit jedoch endlos verlängert werden konnte) gewährten. Zu den akzeptierten Schuldverschreibungen gehörten von den Einzelstaaten – die zum Teil sehr klein waren – ausgegebene Schatzanweisungen und vor allem Kriegsanleihen.

So weit, so unverfänglich – jedenfalls auf den ersten Blick. Denn die Bestimmungen des Darlehenskassengesetzes enthielten einen Haken: Die Darlehenskassen waren berechtigt, Darlehenskassenscheine auszugeben, die, obwohl kein vollgültiges gesetzliches Zahlungsmittel, den Status von Banknoten hatten, fast überall als Zahlungsmittel akzeptiert wurden und neben dem von der Reichsbank ausgegebenen regulären Papiergeld bald überall zirkulierten. Die Darlehenskassenscheine gelangten unweigerlich auch in die Kassen der Reichsbank, und wenn dies geschah, erhielten sie im Unterschied zu anderen im Umlauf befindlichen halbamtlichen Scheinen gemäß dem Darlehenskassengesetz den Status von richtigem Geld, in der Fachsprache: Hartgeld. Dadurch ließ sich damit wie mit den von der Reichsbank gehaltenen Goldmünzen ihr dreifacher Wert in normalem Papiergeld generieren. Es gab daher nichts, was einen Einzelstaat oder eine Gemeinde daran hindern konnte, Kriegsanleihen als Sicherheiten für den Erwerb von Darlehenskassenscheinen zu verwenden, mit diesen dann von der Reichsbank weitere Kriegsanleihen zu kaufen, die wiederum als Sicherheit für weitere Darlehenskassenscheine einzusetzen und so weiter und so fort. Und jedes Mal vergrößerte die Reichsbank auf diese Weise den Rahmen, in dem sie Geld drucken konnte, das der Kriegsanstrengung zugutekam.

Zwar begrenzte das Gesetz vom 4. August die Menge der Darlehenskassenscheine auf 1,5 Milliarden Mark, doch schon im November 1914 wurde die Obergrenze – zeitgleich mit der Ausgabe der ersten Kriegsanleihen – auf das Doppelte angehoben. Ende 1918 waren Darlehenskassenscheine im Wert von 15,5 Milliarden Mark in Umlauf. Mehr als ein Drittel befand sich im Besitz der Reichsbank, die daher berechtigt war, auf der Grundlage dieser »Sicherheiten« vollgültige Banknoten im Wert von 15,7 Milliarden Mark zu drucken, ohne den Anschein einer »gesunden« Währung zu zerstören. Mehrere deutsche Ökonomen erkannten dies und versuchten dagegen zu protestieren. Mindestens ein Artikel wurde verboten (eigentlich zur Veröffentlichung im Januar 1915 vorgesehen, wurde er zum »Schutz der Öffentlichkeit« unterdrückt und konnte erst nach Kriegsende erscheinen). Einem anderen Experten teilte die Reichsbankdirektion mit, wenn er sich nicht zurückhalte, sei man genötigt, die Militärbehörden um Hilfe zu bitten.[6]

Herr Lehmann hatte mit seinem Einwand also recht und beging einen Fehler, als er sich von den aufdringlichen Jugendlichen überreden ließ, seine Meinung zu ändern und sein Gold gegen Papiergeld einzutauschen. Obwohl im Auftrag einer Regierung, die sich verzweifelt bemühte, die Mittel für die Kriegführung zu beschaffen, zu Propagandazwecken ersonnen, stand die Figur des widerstrebenden Getreidehändlers stellvertretend für Millionen realer Deutscher. Auch sie ließen sich schließlich durch offizielle Pamphlete, Politiker und patriotische Zeitungen – von den Anbietern von Kriegsanleihen ganz zu schweigen – überreden, ihre soliden Wertsachen für einen Haufen Papier wegzugeben, damit Deutschland den Krieg gewinnen konnte.

Schon wenige Jahre später sollten sie sich betrogen fühlen, ihr patriotischer Stolz sich in Wut verwandeln – eine lange nachwirkende Wut, die den Nährboden für Intoleranz und Totalitarismus bot.

KAPITEL 2

Der Verlierer zahlt alles

Für die Zivilbevölkerung aller am Krieg beteiligten Länder bedeutete der Erste Weltkrieg eine schwere Zeit. Entbehrungen und Ängste machte auch durch, wer nicht unter Besatzung oder in Frontnähe lebte. Um die Millionen Männer, die im Krieg kämpften – und in riesiger Zahl starben –, sorgten sich enge Angehörige, Verwandte und Freunde in ihren wachen Stunden (und vielleicht auch in ihren Träumen). Vor allem in Deutschland und Österreich-Ungarn aber litten die Zivilisten an der Heimatfront, deren Männer weit weg in Schützengräben und auf Schlachtfeldern kämpften und fielen, nicht nur unter schwierigen oder kargen Umständen: Vom Rhein bis zur Weichsel, vom Skagerrak bis zur Donau herrschte Hunger.

Das deutsche Schifffahrtsblatt *Hansa* hatte bereits am 1. August 1914 vorausgesagt: Sollte Großbritannien an der Seite Serbiens, Frankreichs und Russlands in den Krieg eintreten, dann werde das einen historisch einzigartigen Zusammenbruch des Wirtschaftslebens zur Folge haben.[1] Der Verfasser des Artikels sollte binnen weniger Monate recht bekommen. Trotz der riesigen Summen, die Deutschland in den Aufbau seiner Kriegsflotte gesteckt hatte, konnten seine Schiffe es nicht mit der britischen Royal Navy aufnehmen, um die Handelsrouten für deutsche Ein- und Ausfuhren während des Krieges frei zu halten.

In den ersten Kriegsmonaten erhöhte Großbritannien nach und nach den Druck auf den deutschen Handel, scheute aber vor der Verhängung einer totalen, unterschiedslosen Blockade noch zurück. Als jedoch klar wurde, dass der Krieg in absehbarer Zeit nicht auf dem Schlachtfeld entschieden werden würde, beschloss das britische Kabinett, sich über das Kriegsrecht hinwegzusetzen. Unter Verweis auf die im Februar 1915 verkündete Absicht Deutschlands, einen uneingeschränkten U-Boot-Krieg gegen Schiffe der Entente in der Nordsee zu entfesseln, verhängte London einen Bann gegen sämtliche Ein- und Ausfuhren der Mittelmächte; das galt auch für Lebensmittel und andere Güter, die über neutrale Länder wie die Niederlande und die skandinavischen Länder eingeführt wurden. Die Seestreitkräfte der Entente sollten die Blockade rigoros durchsetzen. In einer britischen Rechtsverordnung vom 1. März 1915 hieß es: »Die Regierungen Großbritanniens und Frankreichs behalten sich vor, Schiffe, die Waren mit mutmaßlich feindlichem Ziel, Besitz oder Ursprung transportieren, aufzubringen und in einen Hafen zu geleiten.«[2] Bis Kriegsende sowie in den anschließenden Monaten des Waffenstillstandes war der deutsche Überseehandel damit auf die Ostsee und gelegentliche Vorstöße in die Nordsee beschränkt.

Die Gegner des Reiches wussten sehr genau, dass Deutschland vor dem Krieg in großem Stil Lebensmittel hatte importieren müssen, um die Ernährung seiner Bevölkerung sicherzustellen. Die Entente (und insbesondere Großbritannien), so wurde immer deutlicher, wollte nun die Niederlage des Kaiserreiches zumindest zum Teil durch eine Politik des gezielten Aushungerns herbeiführen. Insbesondere die deutsche Zivilbevölkerung geriet ins Visier der Verbündeten. Wie der höchste britische Verteidigungsbeamte, Maurice Hankey (später Baron Hankey), im Sommer 1915 in einer vertraulichen Denkschrift erklärte, konnte man zwar »nicht hoffen, Deutschland in diesem Jahr auszuhungern«, aber »die Möglichkeit, dass wir nächstes Jahr dazu in der Lage sein werden«, sei nicht auszuschließen.[3]

Dass die von der Entente verhängte Blockade direkt oder indirekt für eine große Zahl von Todesfällen in Deutschland verantwortlich war, kann kaum bezweifelt werden. Das Leid verschärfte sich im Laufe der Jahre. Man schätzt, dass 1915 rund 88 000 und 1916 etwa 121 000 Deutsche an den Folgen der Blockade starben. Die Monate um die Jahreswende 1916/17 wurden wegen der Mangelversorgung – vor allem der Städte – mit Protein und anderen lebenswichtigen Nährstoffen als »Kohlrübenwinter« bekannt. Bis Kriegsende stieg der Zahl der Blockadeopfer auf über 760 000.[4]

In Düsseldorf, dessen Erwerbsbevölkerung sich aus Angestellten und Industriearbeitern zusammensetzte, waren Grundnahrungsmittel wie Kartoffeln oft monatelang nicht zu bekommen:

> »1916 nahm die Fettknappheit ernste Ausmaße an. Hülsenfrüchte wie Linsen und Erbsen waren, wenn überhaupt, nur noch selten zu finden. 1917 gab es an Kaffee nur ›Muckefuck‹ zu kaufen, der gar keinen Kaffee enthielt. Offiziell teilte die Stadt jedem Erwachsenen alle drei Wochen ein Ei zu, hatte aber nicht immer genügend Eier zu verteilen. Alle

Arten von Käse waren knapp; Trockenfrüchte gab es überhaupt nicht. Nur Gemüse war in Düsseldorf durchgängig zu bekommen, Art und Menge hingen allerdings von der Jahreszeit ab.«[5]

Im Jahr 1917 war ein durchschnittlicher Industriearbeiter in Düsseldorf hinsichtlich Menge und Abwechslungsreichtum wesentlich schlechter ernährt als ein erwachsener männlicher Bewohner des Hamburger Armenhauses vor dem Krieg.[6]

Der weitgehende Ausschluss vom internationalen Handel betraf auch die Finanzwirtschaft. Großbritannien und Frankreich konnten sowohl in gewissem Ausmaß importieren und exportieren als auch auf den internationalen Finanzmärkten Geld für den Krieg beschaffen. In den vier Jahren zwischen 1914 und 1918 nahm Großbritannien aus der Schifffahrt und anderen »unsichtbaren« Quellen 2,4 Milliarden Pfund ein; außerdem veräußerte es Auslandsinvestitionen im Wert von 236 Millionen Pfund und lieh sich im Ausland fast 1,3 Milliarden Pfund. Bis zum August 1914 hatte Deutschland in Ländern, mit denen es später Krieg führte, Investitionen im Wert von 980 Millionen bis 1,37 Milliarden Pfund gehalten, von denen mindestens sechzig Prozent direkt konfisziert wurden.[7] Darüber hinaus behielten Großbritannien und Frankreich anders als Deutschland ihre Kolonialreiche; dadurch konnten sie Engpässe bei der heimischen Lebensmittelversorgung ausgleichen und auf große Reservoirs an Rohstoffen und Arbeitskräften zugreifen.

Nachdem frühe Versuche, an den New Yorker Finanzmärkten Geld zu leihen, fehlgeschlagen waren, wurde rasch klar, dass das Deutsche Reich im Gegensatz zu seinen Kriegsgegnern allein dastand. Obwohl auch Großbritannien riesige Summen für den Krieg aufbringen musste, war die Fähigkeit (und Bereitschaft) der City von London, des größten Finanzzentrums der Welt, kurzfristige »schwebende« Anleihen aufzunehmen, im Vergleich zu dem winzigen deutschen Geldmarkt wesentlich größer. Dies verschaffte Großbritannien einen bedeutenden Vorteil; insbesondere verringerte es den Inflationseffekt der Anleihen auf die Gesamtwirtschaft.[8]

Deutschland konnte zwar durch den Verkauf ausländischer Wertpapiere 147 Millionen Pfund einnehmen, aber den allergrößten Teil der immensen Kosten eines Krieges von solchen Ausmaßen würde die deutsche Bevölkerung tragen müssen, sei es durch den Kauf langfristiger Kriegsanleihen oder in Form erhöhter oder neu eingeführter Steuern. Die dadurch entstehende Schuldenlast würde das Land auf Jahre hinaus plagen. Hinzu kam, wie wir sehen werden, die versteckte Zeitbombe der riesigen Kredite, die die Gemeinden aufnahmen, um ihre Kriegsverpflichtungen erfüllen zu können, darunter die ihnen vom deutschen Gesetzgeber aufgebürdeten enormen Wohlfahrtszahlungen für die Kriegsopfer und ihre Angehörigen.

Es war ein erschreckendes Bild. Aber die Regierenden – und die meisten ihrer Untertanen – erwarteten, dass diese Ausgaben, wie belastend sie auch waren, nur vorübergehend geleistet werden mussten. Sobald das Reich den Krieg gewonnen hatte, würden die Verlierer – Großbritannien, Frankreich, Russland und ihre Verbündeten – dafür geradestehen müssen. Dies erklärte der deutschnationale Staatssekretär im Reichsschatzamt, Karl Helfferich, ehemals Vorstandsmitglied der Deutschen Bank und später Vizekanzler des Reiches, am 20. August 1915 im Reichstag in aller Offenheit und unter großem Beifall:

»Meine Herren, wie die Dinge liegen, bleibt also vorläufig nur der Weg, die endgültige Regelung der Kriegskosten durch die Mittel des Kredits auf die Zukunft zu schieben, auf den Friedensschluss und auf die Friedenszeit. Und dabei möchte ich auch heute wieder betonen: Wenn Gott uns den Sieg verleiht und damit die Möglichkeit, den Frieden nach unseren Bedürfnissen und nach unseren Lebensnotwendigkeiten zu gestalten, dann wollen und dürfen wir neben allen anderen auch die Kostenfrage nicht vergessen;
(lebhafte Zustimmung)
das sind wir der Zukunft unseres Volkes schuldig.
(Sehr wahr!)
Die ganze künftige Lebenshaltung unseres Volkes muss, soweit es irgend möglich ist, von der ungeheuren Bürde befreit bleiben und entlastet werden, die der Krieg anwachsen lässt.
(Sehr wahr!)
Das Bleigewicht der Milliarden haben die Anstifter dieses Krieges verdient;
(sehr richtig!)
sie mögen es durch die Jahrzehnte schleppen, nicht wir.
(Sehr gut!)«[9]

KAPITEL 2

Selbstverständlich dachten die Gegner genauso. Was Frankreich und Belgien betraf, beabsichtigen sie darüber hinaus, auch eine Entschädigung für die materiellen Schäden zu verlangen, die durch Kampfhandlungen und Besatzungsherrschaft auf ihrem Territorium angerichtet worden waren. Für den Fall, dass Deutschland den Krieg verlor, würde diese Forderung besonders schwer wiegen, denn das Reichsgebiet blieb – abgesehen von einem kurzen, wenn auch brutalen russischen Vorstoß in den äußersten Osten des Reichs während der ersten Kriegswochen sowie einigen Kämpfen an den Grenzen des Elsass und Lothringens – bis zum Kriegsende von militärischen Auseinandersetzungen verschont.

Dagegen wurden in Frankreich durch Kämpfe und Besatzung über eine halbe Million Privathäuser und 17 600 öffentliche Gebäude ganz oder teilweise zerstört, rund 3500 Quadratkilometer Ackerland verwüstet oder für die Kultivierung unbrauchbar gemacht, 20 000 Fabriken und Werkstätten zerstört oder schwer beschädigt. Einige Fabriken, insbesondere solche mit modernen Maschinen, waren demontiert und nach Deutschland abtransportiert worden. Außerdem hatten die Besatzungstruppen mindestens eine Million Rinder über den Rhein geschafft.

Schlimmer noch: Als die Deutschen Anfang 1917 ihre Front »verkürzten« und sich – mancherorts um bis zu fünfzig Kilometer – auf die vermeintlich undurchdringliche »Siegfriedlinie« zurückzogen, betrieben sie eine rücksichtslose, systematische Politik der verbrannten Erde. Bevor ein Teil des nur zweieinhalb Jahre zuvor besetzten Gebietes aufgegeben wurde, rissen Zerstörungstrupps sämtliche Fabrikanlagen, Bauernhöfe und Infrastruktureinrichtungen ein. Kohlebergwerke wurde gesprengt oder geflutet, 125 000 Einwohner zwangsweise evakuiert, der Boden vermint und öffentliche Gebäude mit Sprengfallen versehen.

Kein Wunder, dass sich die Schätzungen der monetären Gesamtverluste, die Frankreich durch Kampfhandlungen und Besatzung erlitt, auf 35 bis 55 Milliarden (Vorkriegs-)Goldfrancs (7 bis 11 Milliarden Dollar) beliefen.[10]

In Belgien hatten Bevölkerung und Industrie sogar noch mehr zu leiden. Fabriken wurden massenhaft requiriert oder, wenn man sie als Nachkriegskonkurrenten deutscher Firmen betrachtete, geschlossen oder dem Verfall überlassen. Viele riss man komplett nieder. Maschinen wurden beschlagnahmt und nach Deutschland geschickt. Das Land büßte sechs Prozent seiner Häuser und zwei Drittel seiner Eisenbahngleise ein. 120 000 belgische Arbeiter, von denen viele durch die Schließung ihrer Fabriken oder Bergwerke ihrer Arbeit beraubt worden waren, wurden als Zwangsarbeiter nach Deutschland deportiert.[11]

All dies geschah mit Zustimmung nicht nur des Kaisers und seiner Militärbefehlshaber, sondern auch vieler deutscher Politiker und Industrieller. Schon im September 1914 hatte Reichskanzler Theobald von Bethmann Hollweg ein von einem seiner Mitarbeiter verfasstes Diskussionspapier zirkulieren lassen, in dem unumwunden die Annexion großer Teile Belgiens und Nordfrankreichs empfohlen wurde, während das übrige Belgien zu einem Vasallenstaat degradiert und Frankreich als militärische und wirtschaftliche Bedrohung Deutschlands ein für alle Mal ausgeschaltet werden sollte. Im Grunde handelte es sich um eine »Einkaufsliste« mit Maximalforderungen und weniger um eine ernsthafte politische Denkschrift. Dennoch machte das Papier das Ausmaß der Absichten deutlich, die in Kreisen der deutschen Elite verfolgt wurden. Es lässt sich kaum anders denn als Plan für ein deutsches Europa lesen: Als »allgemeines Ziel des Krieges« postulierte es die

»Sicherung des Deutschen Reiches nach West und Ost auf erdenkliche Zeit. Zu diesem Zweck muss Frankreich so geschwächt werden, dass es als Großmacht nicht neu erstehen kann, Russland von der deutschen Grenze nach Möglichkeit abgedrängt und seine Herrschaft über die nichtrussischen Vasallenvölker gebrochen werden ...
1. *Frankreich.* Von den militärischen Stellen zu beurteilen, ob die Abtretung von Belfort, des Westabhangs der Vogesen, die Schließung der Festungen und die Abtretung des Küstenstrichs von Dünkirchen bis Boulogne zu fordern ist. In jedem Fall abzutreten, weil für die Erzgewinnung unserer Industrie nötig, das Erzbecken von Briey.
Ferner eine in Raten zahlbare Kriegsentschädigung; sie muss so hoch sein, dass Frankreich nicht imstande ist, in den nächsten fünfzehn bis zwanzig Jahren erhebliche Mittel für Rüstung anzuwenden.
Des Weiteren: ein Handelsvertrag, der Frankreich in wirtschaftliche Abhängigkeit von Deutschland bringt, es zu unserem Exportland macht und es ermöglicht, den englischen Handel in Frankreich auszuschalten. Dieser Handelsvertrag muss uns finanzielle und industrielle Bewegungsfreiheit in Frankreich schaffen – so dass deutsche Unternehmungen nicht mehr anders als französische behandelt werden können.

2. *Belgien.* Angliederung von Lüttich und Verviers an Preußen, eines Grenzstrichs der Provinz Luxemburg an Luxemburg.
Zweifel bleibt, ob Antwerpen mit einer Verbindung nach Lüttich gleichfalls zu annektieren ist. Gleichviel, jedenfalls muss Belgien, wenn es auch als Staat äußerlich bestehen bleibt, zu einem Vasallenstaat herabsinken, in etwa militärisch wichtigen Hafenplätzen ein Besatzungsrecht zugestehen, seine Küste militärisch zur Verfügung stellen, wirtschaftlich zu einer deutschen Provinz werden. Bei einer solchen Lösung, die die Vorteile der Annexion, nicht aber ihre innerpolitisch nicht zu beseitigenden Nachteile hat, kann franz. Flandern mit Dünkirchen, Calais und Boulogne mit großenteils flämischer Bevölkerung diesem unveränderten Belgien ohne Gefahr angegliedert werden. Den militärischen Wert dieser Position England gegenüber werden die zuständigen Stellen zu beurteilen haben.

3. *Luxemburg.* Wird deutscher Bundesstaat und erhält einen Streifen aus der jetzt belgischen Provinz Luxemburg und eventuell die Ecke von Longwy.

4. Es ist zu erreichen die Gründung eines *mitteleuropäischen Wirtschaftsverbandes* durch gemeinsame Zollabmachungen, unter Einschluss von Frankreich, Belgien, Holland, Dänemark, Österreich-Ungarn, Polen und eventuell Italien, Schweden und Norwegen. Dieser Verband, wohl ohne gemeinsame konstitutionelle Spitze, unter äußerlicher Gleichberechtigung seiner Mitglieder, aber tatsächlich unter deutscher Führung, muss die wirtschaftliche Vorherrschaft Deutschlands über Mitteleuropa stabilisieren.

5. *Die Frage der kolonialen Erwerbungen,* unter denen in erster Linie die Schaffung eines zusammenhängenden mittelafrikanischen Kolonialreichs anzustreben ist, desgleichen die Russland gegenüber zu erreichenden Ziele werden später geprüft. Als Grundlage der mit Frankreich und Belgien zu treffenden wirtschaftlichen Abmachungen ist eine kurze provisorische, für einen eventuellen Präliminarfrieden geeignete Formel zu finden.

6. *Holland.* Es wird zu erwägen sein, durch welche Mittel und Maßnahmen Holland in ein engeres Verhältnis zu dem Deutschen Reich gebracht werden kann.
Dies engere Verhältnis müsste bei der Eigenart der Holländer von jedem Gefühl des Zwanges für sie frei sein, an dem Gang des holländi-

schen Lebens nichts ändern, ihnen auch keine veränderten militärischen Pflichten bringen, Holland also äußerlich unabhängig belassen, innerlich aber in Abhängigkeit von uns bringen. Vielleicht ein die Kolonien einschließendes Schutz- und Trutzbündnis, jedenfalls enger Zollanschluss, eventuell die Abtretung von Antwerpen an Holland gegen das Zugeständnis eines deutschen Besatzungsrechts für die Befestigung Antwerpens wie für die Scheldemündung wäre zu erwägen.«[12]

Selbst als Tagtraum in einer Zeit des Überschwangs – noch rückte die deutsche Armee, mit Paris im Visier, an der Marne vor – ist dieses Papier ein erschreckendes Dokument. Dass es zu einer politischen Richtlinie gerann, ist nicht belegbar – über diese Frage streitet sich die historische Zunft, seit es in den fünfziger Jahren in einem ostdeutschen Archiv entdeckt wurde. Aber es dürfte außer Frage stehen, dass Deutschland, wenn es den Krieg gewonnen hätte, seine Vorherrschaft in Europa in dieser Weise auszuüben gedachte. Ohne jede Rücksicht.

Zugegebenermaßen wurden auf der gegnerischen Seite im Laufe des Krieges Abmachungen getroffen, die nach modernem Empfinden äußerst ungerecht und willkürlich erscheinen. So sicherte die Entente Russland in einem Geheimvertrag nach dem Sieg die Kontrolle über die Dardanellen und Konstantinopel (Istanbul) zu. In weiteren Geheimabmachungen, die Rom zum Kriegseintritt auf Seiten der Entente bewogen, wurden Italien Teile Österreichs, einige ägäische Inseln sowie deutsche Kolonien versprochen. Schließlich ist die atemberaubende Heuchelei des sogenannten Sykes-Picot-Abkommens zu nennen, in dem sich Großbritannien und Frankreich – während sie gleichzeitig die Araber ermutigten, den Aufstand gegen ihre türkischen Herren zu verstärken – über die Aufteilung des arabischsprachigen Nahen Ostens (Syrien, Libanon, Palästina, Irak) einigten. Die Parolen von friedlicher Entwicklung und Demokratie, in die dies verpackt war, konnten nicht darüber hinwegtäuschen, dass es sich in Wirklichkeit um eine letzte, aber umso giftigere Aufwallung opportunistischer imperialistischer Expansion handelte – für die wir heute noch einen hohen Preis zahlen.

Bethmann Hollwegs »Septemberprogramm« war ein radikaler Vorschlag, aber keineswegs der extremste, der während des Krieges in durchaus respektablen Reichstagskreisen im Schwange war. So erwog man etwa die Annexion großer Teile Westrusslands und des Baltikums sowie noch umfangreichere territoriale Forderungen an Frankreich und Belgien.[13]

KAPITEL 2

Merkwürdig an der deutschen Diskussion war indes die offenbar von allen geteilte Annahme, nach dem militärischen Sieg werde Deutschland auf Dauer die absolute Vormachtstellung in Europa ausüben. Regierungsmitglieder, Industrielle und extreme Nationalisten – mitunter fiel alles drei in einer einzigen Person zusammen – besprachen solche Pläne für die schrankenlose Vorherrschaft der politischen, militärischen und ökonomischen Interessen Deutschlands, als wäre sie ein naturgegebenes Recht.

Mir geht es bei all dem nicht um Schuldzuweisungen, obwohl sich schon bald alle Seiten darin übten und sie in Historikerkreisen bis heute vorgenommen werden; ich möchte vielmehr zeigen, dass alle am Krieg beteiligten Länder wussten, dass sie sich diesen Wahnwitz nicht leisten konnten – und deshalb den Verlierern die Rechnung zu präsentieren gedachten.

Auf deutscher Seite setzte man für eine rasche Erholung des Landes nach dem erhofften Sieg darauf, dem Reich eine derart überlegene Stellung zu sichern, dass es tun und sich nehmen konnte, was es wollte. Wie Helfferich in seiner berühmten Rede über den Haushalt von 1915 erklärt hatte, sollten das »Bleigewicht der Milliarden ... die Anstifter dieses Krieges ... schleppen«. Und er hatte recht. Die Frage war nur, wer am Ende des allgemeinen Gemetzels auf dem Stuhl mit dem Schild »Anstifter« sitzen würde.

1871 hatte Bismarck Frankreich Reparationen von fünf Millionen Goldfrancs auferlegt – was damals ein Viertel des Bruttoinlandsprodukts des besiegten Landes ausmachte. Diese unverhoffte Geldschwemme soll den beinahe katastrophalen Boom nach der Reichseinigung mit entfacht haben. Jedenfalls bestand ihr Zweck nicht darin, Schäden in Deutschland wiedergutzumachen. Auf deutschem Boden hatten keine Kämpfe stattgefunden. Auch im Ersten Weltkrieg hätten von Deutschland geforderte Reparationen keine Entschädigung für Verwüstungen von Land, Ressourcen oder Infrastruktur des Reiches dargestellt, denn es gab keine (abgesehen von den kaum erwähnenswerten Auswirkungen einiger früher Luftangriffe und der wenigen Kämpfe in Elsass-Lothringen). Was hätte Deutschland also verlangt? Genug, um seine enormen Kriegskosten zu ersetzen?

Der Anfang 1918 unterzeichnete Vertrag von Brest-Litowsk enthält einige Hinweise darauf, wie ein siegreiches Deutschland die Entente behandelt hätte. Das riesige, aber mittelmäßige und häufig schlecht geführte Heer des zaristischen Russland war aus Polen und dem größten Teil des Baltikums bis in die heutige Ukraine und nach Weißrussland zurückgedrängt worden. Im Sommer 1916 waren österreichisch-ungarische Truppen durch die sogenannte Brussilow-Offensive unter schweren Verlusten allerdings gezwungen worden, zuvor erzielte Gewinne aufzugeben. Gleichwohl war die russische Kriegsteilnahme von Wirkungslosigkeit an der Front und zunehmendem politischem und gesellschaftlichem Chaos im Innern geprägt.

Im Februar 1917 schickte der britische Militärattaché bei der russischen Armee, Oberst Knox, seinen Vorgesetzten in London einen Bericht über die Lage in Russland, der nichts Gutes verhieß. Über eine Million Soldaten waren gefallen, und zwei Millionen wurden vermisst oder waren in Kriegsgefangenschaft geraten. Eine weitere Million war desertiert. »Diese Männer«, schrieb Knox, »lebten ruhig und ungestört von den Behörden in ihren Dörfern, wo ihre Anwesenheit von den Dorfgemeinschaften verborgen wurde, die von ihrer Arbeit profitierten.«[14]

Im Februar und März begannen Teile der Armee den Befehl zu verweigern, und in russischen Städten fanden Massendemonstrationen gegen den Krieg und die Zarenherrschaft statt. Streiks in wichtigen Industriebetrieben folgten, und als sich am 12. März die 17 000 Mann starke Garnison in der Hauptstadt Petrograd (vormals St. Petersburg, später Leningrad, heute wieder St. Petersburg) den Demonstranten anschloss, waren die Tage des Zarenregimes gezählt.

Nach dem Sturz des Zaren kam eine schwache, von der gemäßigten Linken dominierte provisorische Regierung an die Macht. Obwohl sie eine demokratische Ordnung anstrebte, unternahm sie wenig, um die Lage im Innern und an der Front zu verbessern, eher im Gegenteil. Die radikale »Straße« und die neu geschaffenen Soldatenräte besaßen genauso viel Macht wie der Staatsapparat und seine neuen, reformerischen Herren. Sowohl die republikanische Regierung als auch die Militärführung waren gezwungen, die Macht mit inoffiziellen, hastig gewählten »Sowjets« (Räten) und von diesen ernannten Kommissaren zu teilen. Die Todesstrafe für militärische Disziplinverstöße wurde abgeschafft.

Im Juli 1917 brach ein Angriff dieser überstürzt demokratisierten Truppe auf die deutsch-österreichischen Verteidigungslinien (nach dem sozialrevolutionären Hitzkopf, der im März zum Kriegsminister ernannt worden war, Kerenski-Offensive genannt) binnen weniger Wochen zusammen und verwandelte sich in einen von massenhaften Desertionen begleiteten Rückzug. Diese russische Katastrophe brachte deutsche Truppen weit auf russisches Territorium, da ihre Fähigkeit, nach Belieben vorzurücken, allenfalls durch Transport- und Nachschubschwierigkeiten eingeschränkt wurde.

Anfang November (nach dem in Russland immer noch verwendeten alten Kalender war es Oktober, weshalb stets von der »Oktoberrevolution« gesprochen wird) brachte ein Staatsstreich in Petrograd die linksextremen Bolschewiki an die Macht. An ihrer Spitze stand der marxistische Theoretiker und Agitator Wladimir Iljitsch Lenin, dessen Fahrt aus dem Schweizer Exil nach Russland im Sommer von den deutschen Behörden eben deshalb ermöglicht worden war, um den Ausstieg Russlands aus dem Krieg zu erreichen.

Wie erhofft, führten die Verhandlungen zwischen den Bolschewiki – die den Krieg unbedingt beenden wollten, um ihre gefährdete Machtstellung im Innern zu stärken – und Vertretern der siegreichen Mittelmächte im Dezember zu einem Waffenstillstand an der Ostfront. Weitere Verhandlungen steckten jedoch bald fest. Der frisch ernannte bolschewistische Volkskommissar für äußere Angelegenheiten Leo Trotzki wies, entgegen Lenins Wünschen, die harten deutschen und österreichisch-ungarischen Forderungen zurück, wahrscheinlich in der Hoffnung, dass sich die Unzufriedenheit in den Feindländern, wenn sich der Krieg länger hinzog, doch noch – wie schon in Russland – in Revolutionen entladen würde. Im Februar 1918 wurden die Verhandlungen schließlich abgebrochen, und Deutschland und seine Verbündeten setzten ihren so gut wie ungehinderten Vormarsch fort. Binnen weniger Wochen eroberten sie weitere riesige Teile der Ukraine und Weißrusslands. Einmal stießen sie in nur fünf Tagen rund 230 Kilometer weit vor.[15]

Am 3. März 1918, als die deutschen Truppen schon kurz vor Petrograd standen, stimmten die Bolschewiki schließlich den Bedingungen der Gegner zu. In der imposanten zaristischen Festung von Brest-Litowsk an der historischen Grenze zwischen Polen und Russland, die sich seit 1915 in deutscher Hand befand, wurde feierlich ein Friedensvertrag unterzeichnet. An der Spitze der russischen Delegation stand Trotzkis Stellvertreter Georgi Tschitscherin, ein enger Gefolgsmann Lenins.

Welchen Preis war die revolutionäre Clique, die in Petrograd die Macht innehatte, zu zahlen bereit? Tatsächlich war der Preis des Friedens in der Zwischenzeit gegenüber den Forderungen, die sie zuvor abgelehnt hatten, erheblich gestiegen. Das neue, marxistische Russland musste den Verlust

Polens, der baltischen Länder sowie Finnlands, der Ukraine und Weißrusslands hinnehmen. Georgien wurde unabhängig, und strategisch wichtige Teile des Kaukasus wurden türkischer Kontrolle unterstellt.

In den abgetretenen Gebieten lebte ein Drittel der Bevölkerung des ehemaligen Russischen Reiches; sie umfassten ein Drittel des kultivierbaren Landes sowie neun Zehntel der Kohlebergwerke. Auf einen Streich verloren die Bolschewiki buchstäblich das gesamte Territorium, das Russland seit dem achtzehnten Jahrhundert gewonnen hatte, und ihr Herrschaftsgebiet schrumpfte weitgehend auf die alten russischsprachigen Lande zusammen. Riesige Gebiete des Zarenreiches wurden praktisch zu einem deutschen Protektorat. Obwohl beide Seiten formal jeden Anspruch auf die üblichen Reparationen bestritten, willigten die Bolschewiki nach weiteren Verhandlungen ein, sechs Milliarden Goldmark zu zahlen. Diese Summe stellte angeblich den Gegenwert deutschen Eigentums und deutscher Unternehmen dar, die infolge von Krieg und Revolution konfisziert worden waren, und deckte darüber hinaus die Zahlungsverpflichtungen der Bolschewiki für von deutschen Investoren vor dem Krieg erworbene zaristische Staatsanleihen.

Da die Deutschen so gefährlich nah vor Petrograd standen, verlegten die Bolschewiki die russische Hauptstadt gut eine Woche nach Vertragsunterzeichnung ins vergleichsweise sichere Moskau, das bis zur Zeit Peters des Großen Sitz der Zaren gewesen war. Das Zentrum der neuen revolutionären Republik verlagerte sich also 635 Kilometer landeinwärts nach Südosten, fort von der Ostsee und dem westlichen Einfluss, dem Peter der Große, der Gründer von St. Petersburg, seine Untertanen so eifrig hatte aussetzen wollen.

In Deutschland wurde der Vertrag von Brest-Litowsk von nationalistischen Kreisen begeistert aufgenommen. Die beträchtliche Ausdehnung deutscher Okkupation und Kontrolle auf Gebiete, die sie seit Langem als reif für die Eingliederung ins Reich betrachteten, war Wasser auf ihre Mühlen. Selbst jene, die den Vertrag als das brutale Diktat ansahen, das er war, empfanden aufgrund ihrer Kriegsmüdigkeit eine gewisse Erleichterung darüber, dass die Kämpfe wenigstens an einer Front siegreich beendet worden waren. Fast alle hofften, dass nach dem Sieg im Osten nun auch das blutige Patt im Westen zugunsten Deutschlands beendet werden konnte.[16] Außerdem erwartete man, dass die Zusage der jetzt unabhängigen Ukraine (die einen separaten Vertrag mit Deutschland geschlossen hatte), Deutschland Weizen zu liefern, die mittlerweile extreme Brotknappheit lindern würde – daher der Ausdruck »Brotfrieden« für das Abkommen mit der Ukraine. Tatsächlich gelangte jedoch nur enttäuschend wenig des in den fruchtbaren ukrainischen Weiten geernteten Getreides auf die Tische der deutschen Zivilbevölkerung, ehe der weitere Verlauf von Krieg und Revolution den Vertrag hinfällig machte.[17]

Rumänien wurde in diesem Frühjahr ebenfalls in die Knie gezwungen. Deutschland beanspruchte in dem im Juni 1918 unterzeichneten Vertrag von Bukarest die landwirtschaftliche Produktion des Landes sowie buchstäblich den Besitz der lebenswichtigen Erdölindustrie. Auch dieser Vertrag war kaum geeignet, die Welt und insbesondere die auf Vergeltung sinnenden Kriegsgegner von den maßvollen Absichten der deutschen Eliten zu überzeugen.

KAPITEL 3
Vom Sieg zur Katastrophe

Die internationale Finanzwelt hatte damals wie heute Respekt vor der Macht. Zur Zeit der bolschewistischen Revolution war der Wert der Mark auf den Währungsmärkten so weit gesunken, dass man für einen Dollar 7,29 Mark zahlen musste; bei Kriegsausbruch waren es noch 4,20 Mark gewesen. Fünf Monate nach der Oktoberrevolution, im März 1918, als der deutsche Sieg im Osten zu Hoffnungen Anlass bot, stieg der Kurs der Mark gegenüber dem Dollar auf den höchsten Stand seit fast drei Jahren: 5,11.

Soweit die Festigung des offiziellen Wechselkurses (den man vom informellen Schwarzmarktkurs und erst recht von der tatsächlichen Kaufkraft im Inland unterscheiden muss) auf den neuerlichen Hoffnungen beruhte, die man sich in Deutschland und anderswo in Bezug auf die Kriegsaussichten des Landes machte, blieb dabei indes außer Acht, dass sich die Lage des Reiches in anderer, wenn auch weniger offenkundiger Hinsicht de facto erheblich verschlechtert hatte.

Knapp zwei Wochen vor der Unterzeichnung des Vertrages von Brest-Litowsk waren amerikanische Truppen an der Westfront zum ersten Mal tatsächlich in Aktion getreten. Zwei Dutzend US-Soldaten beteiligten sich an einem französischen Angriff auf feindliche Schützengräben bei Chevregny in der Picardie und nahmen einige deutsche Soldaten gefangen.[1] Es war an sich kaum der Rede wert, aber die beteiligten Amerikaner gehörten zu der Million USA-Soldaten, die im Juli 1918 in Frankreich zu den Alliierten stießen. Und auch danach sollten Tag für Tag 10 000 weitere eintreffen. Winston Churchill schrieb später:

»Der Eindruck, den diese anscheinend unerschöpfliche Flut blühender, kraft- und gesundheitsstrotzender Jugend ... machte, war überwältigend. Keiner war unter 20 und nur wenige über 30 Jahre alt. So wie sie in ihren Lastwagen die Straße entlangratterten, die Lieder einer neuen Welt mit erhobener Stimme singend, vor Begierde brennend, das blutige Schlachtfeld zu erreichen, schienen sie dem französischen Hauptquartier wie der Pulsschlag eines neuen Lebens.«[2]

Der Gegensatz zum Zustand der deutschen Bevölkerung, ob Soldaten oder Zivilisten, hätte größer nicht sein können.

Im Frühjahr 1918 verbreitete sich in der deutschen Bevölkerung die Hoffnung, dass sich das Kriegsglück endlich zugunsten des Reiches wenden würde. In so gut wie jeder anderen Hinsicht blieb die Situation der hart arbeitenden, duldsamen Zivilisten zumeist prekär. Obwohl die Umstände nicht ganz so schrecklich waren wie im »Kohlrübenwinter« 1916/17, stiegen die Preise für Lebensmittel weiter – sofern überhaupt welche zu bekommen waren. Grundnahrungsmittel waren schon seit 1915 rationiert, und im Laufe des Krieges galt dies für immer mehr Lebensmittel. Eine ausreichende Ernährung ließ sich dadurch nicht sicherstellen. Durch Rationierung konnte man auf eine gerechtere Verteilung hoffen, die Menge aber nicht vergrößern.

Die Behörden versuchten in ihren Zuständigkeitsbereichen ihre jeweils eigenen Ansichten über eine faire Preisbildung durchzusetzen sowie Geldschneiderei und Schwarzmarkthandel zu unterbinden. Dabei arbeiteten sie im weiteren Verlauf des Krieges mit einem Netz von Preisprüfungsbehörden zusammen, deren Bildung durch einen Regierungserlass angeordnet worden war. Dies führte dazu, dass viele der hart bedrängten Bauern, denen die Beschränkungen nicht passten, Lebensmittel zurückhielten, was wiederum umfangreiche Beschlagnahmen durch die Militärbehörden nach sich zog. Gegen Kriegsende ordnete die Armee sogar Durchsuchungen bei Bauern an, die in Verdacht geraten waren, Lebensmittel zu horten.[3] Manche Militärbezirke handhabten die Preiskontrolle weniger streng als andere, und so wie Wasser bergab fließt, fanden die Waren den Weg in diese Gebiete.[4]

Deutschland wurde ein zweigeteiltes Land: Es gab ein städtisches, das seine Lebensmittel aus der Umgebung oder dem Ausland beziehen musste, und ein ländliches, das sich selbst versorgte und nur widerstrebend weggab, was es anbaute oder züchtete, sofern der Preis nicht stimmte. Diese Teilung sollte bis in die unglückselige Friedenszeit andauern.

Die deutschen Städte litten indes nicht nur unter einer Lebensmittelkrise. Auch der Wohnraum wurde immer knapper. Durch den Zustrom von Arbeitskräften in Gegenden mit vielen kriegswichtigen Fabriken wurden

Unterkünfte dort zu einem besonders wertvollen Gut, während die Regierung angestrengt versuchte, die Mieten unter Kontrolle zu halten. Außerdem herrschte ein katastrophaler Mangel an Schuhen, Kleidung, Kohle und Seife. Letzteres traf vor allem Bergleute und Schwerarbeiter hart. Die Folge war eine Läuseepidemie – eine peinliche Sache für ein Volk, das sich auf seine Sauberkeit etwas zugutehielt.[5]

Tatsächlich war es wohl die wieder aufgeflammte Siegeshoffnung, die für den Augenblick die allgemeine Unzufriedenheit im Zaum hielt. Der 1907 geborene deutsche Journalist Sebastian Haffner, später ein Liberaler, damals ein kriegsbegeisterter Schuljunge in Berlin, schrieb zwanzig Jahre später in seinen Erinnerungen an diese Zeit:

»Schlechtes Essen – nun ja. Später auch zu wenig Essen, klappernde Holzsohlen an den Schuhen, gewendete Anzüge, Knochen- und Kirschkernsammlungen* in der Schule, und, seltsamerweise, häufiges Kranksein. Aber ich muss gestehen, dass mir das alles keinen tiefen Eindruck machte ... Ich dachte so wenig an Essen, wie der Fußball-Enthusiast beim Cup-Finale an Essen denkt. Der Heeresbericht interessierte mich viel stärker als der Küchenzettel.«[6]

Haffner war der Sohn eines hohen preußischen Beamten und in dieser Zeit ein leicht erregbarer, ja glühender Nationalist. Allerdings betrachteten nicht alle patriotisches Fieber oder den täglichen Heeresbericht als akzeptablen Ersatz für ausreichendes Essen. Ende Januar 1918 drohte die Situation außer Kontrolle zu geraten. 400 000 Berliner Arbeiter legten ihre Werkzeuge aus der Hand, zum Teil aus Protest gegen die Kürzung der Brotration für Schwerarbeiter, vor allem aber, um sich für einen Friedensschluss ohne Annexionen, für ein Ende der Kriegsproduktion und für demokratische politische Reformen einzusetzen. Dieser politische Streik griff rasch auf Kiel, Hamburg, Halle und Magdeburg über, bevor er durch drastische Maßnahmen wie die Einberufung von Streikenden zum Militär und lange Gefängnisstrafen für die Rädelsführer unterdrückt wurde.

---

* Obstkerne (insbesondere von Kirschen und Pflaumen) wurden im Rahmen einer staatlichen Kampagne von Schülern gesammelt, weil aus ihnen Öl gewonnen werden konnte, das man als Ersatz für die knappe Importware Speiseöl benötigte. Mithilfe von Knochen ließ sich Seife herstellen.

KAPITEL 3

In der zweiten Februarwoche waren die größten Arbeitsniederlegungen vorüber. Von März bis Juli folgte eine Phase der relativen politischen und sozialen Ruhe: Der Vertrag von Brest-Litowsk war geschlossen, das Drama an der Westfront noch mit gewissen Erfolgsaussichten im Gang.

Den durch den Sieg im Osten erzielten »Friedensbonus« hoffte man in eine entschlossene (und erfolgreichere) Kriegführung im Westen umzumünzen. Das förmliche Ende des Krieges gegen Russland bedeutete, dass ein großer Teil der Truppen, die bisher dort gebunden gewesen waren, in den Westen verlegt werden konnte. Binnen weniger Wochen wurden Hunderttausende deutscher Soldaten und ihre Ausrüstung – einschließlich vieler Kanonen, die man während des deutschen Vormarsches von den Russen erbeutet hatte – von der einen an die andere Front transportiert.

Die Oberste Heeresleitung (OHL) und insbesondere deren Chef, der siebzig Jahre alte Generalfeldmarschall Paul von Hindenburg, und sein Stellvertreter, Generalquartiermeister Erich Ludendorff, der de facto den Oberbefehl innehatte, übten seit 1916 im Grunde eine Diktatur über das Land aus, auch wenn dies durch eine rechtsstaatliche Fassade und einen nicht immer fügsamen Reichstag verdeckt wurde. Angesichts des Zustroms von Hunderttausenden frischer amerikanischer »Milchgesichter« nach Frankreich und der Tatsache, dass die Vereinigten Staaten auch finanziell und industriell mobilisierten, war der OHL klar, dass Deutschland bald einem weit stärkeren Gegner als bisher gegenüberstehen würde. Es galt, jetzt zum entscheidenden Schlag auszuholen. Schon seit Monaten wappnete man sich für eine Großoffensive in Frankreich.

Am 21. März 1918 setzte das Oberkommando einen massiven Angriff auf die britische 5. Armee in Gang. Die deutschen Planer hatten dafür einen vermeintlichen Schwachpunkt der feindlichen Front ausgemacht, das Scharnier zwischen den britischen und den französischen Verbänden bei Saint-Quentin an der Somme. Nach Vorbereitung der Attacke durch den schwersten Artilleriebeschuss des ganzen Krieges – unter Einsatz von 6000 schweren Kanonen und 3000 Mörsern – und unterstützt von dichtem Nebel, schlugen deutsche »Sturmtruppen« Löcher in die gegnerische Verteidigung und drängten die Briten zurück.

Die deutschen Angreifer stießen an einem einzigen Tag mehr als sieben Kilometer vor und nahmen 21 000 britische Soldaten gefangen. In zwei Tagen erreichten sie die entscheidende Barriere, die Somme, und am Abend des 23. März befanden sich drei speziell konstruierte Kanonen der Firma Krupp in Stellung und beschossen Paris, das jetzt nur noch 120 Kilometer entfernt war. An einem einzigen Vormittag kamen 256 Pariser ums Leben. Der Kaiser erklärte den Krieg für gewonnen und »die Engländer« für »völlig geschlagen«. Am nächsten Tag überquerten die Deutschen die Somme und begannen auf Paris zu marschieren.[7]

In den folgenden Wochen wurden hier und andernorts an der langen Front weitere Geländegewinne erzielt, und auf der Landkarte sah die durch die deutsche Offensive geschaffene Ausbuchtung beeindruckend aus. Aber »die Engländer« waren keineswegs besiegt, ebenso wenig wie Frankreich und die Vereinigten Staaten. Als der Frühling in den Sommer überging, war es mit den raschen, dramatischen Vorstößen vorbei. Den Deutschen fehlte es an Nachschub, außerdem musste das Heer eine wesentlich längere, schlechter zu verteidigende Linie besetzen als diejenige, auf der es im März vor dem Beginn der Offensive gestanden hatte.[8] Tatsächlich schrumpfte die deutsche Feldarmee zwischen März und Juli von 5,1 auf 4,2 Millionen Mann – unter den Opfern waren viele ihrer besten und erfahrensten Soldaten –,[9] während die Ententekräfte durch insgesamt zwei Millionen frische amerikanische Soldaten verstärkt wurden. Für einige leichte Artilleriewaffen und Flammenwerfer wurde die Produktion zurückgefahren, weil es an der Front nicht genügend ausgebildete Soldaten gab, die sie hätten bedienen können.[10]

Mitte Juli 1918 blieb der deutsche Vorstoß rund hundert Kilometer nordöstlich von Paris stecken. Zum ersten Mal spielten amerikanische Truppen, die bei Château-Thierry kämpften, dabei eine entscheidende Rolle. Binnen weniger Wochen war es wieder der Feind, der vorrückte und die deutschen Truppen zu einem Rückzug zwang, der erst endete, als das Reich etwas mehr als hundert Tage später um einen Waffenstillstand ersuchte.

Mit dem Zusammenbruch der letzten, verzweifelten deutschen Offensive im Westen verschärfte sich die soziale und politische Polarisierung im Reich. 1914 hatte sich fast das gesamte politische Spektrum Deutschlands (mit wenigen Ausnahmen auf der äußersten Linken) auf einen »Burgfrieden« geeinigt – ähnlich wie in Frankreich, wo der Ministerpräsident ihn pathetisch »union sacrée« nannte.

Unmittelbar nach Kriegsausbruch hatte nur ein einziger sozialdemokratischer Reichstagsabgeordneter gegen die Kriegskredite gestimmt: Karl

Liebknecht. Ein Jahr später stand er nicht mehr allein, zwei Jahre später spaltete sich die Sozialdemokratie, und die linken Kriegsgegner bekamen angesichts eines blutigen Konfliktes, der scheinbar ohne Sinn und absehbares Ende weiter und weiterging, immer mehr Zulauf. Die große Mehrheit der Deutschen hoffte zwar quer durch alle Schichten weiterhin auf den Sieg, gleichzeitig aber sprach sich im dritten und vierten Kriegsjahr ein beträchtlicher Teil der Bevölkerung, darunter nicht nur sozialdemokratische, sondern auch katholische und liberale Reichstagsabgeordnete, entweder für Verhandlungen über einen Kompromissfrieden oder sogar für einen Frieden um jeden Preis aus. Im Juli 1917 kam es im Reichstag zu einer vielsagenden Demonstration von Eigensinn, die zeigte, wie tief das Land bereits gespalten war: Trotz Einwänden von Regierung und OHL verabschiedete das Parlament eine Resolution, in der, wenn auch in hochtönenden patriotischen Phrasen, ein ebensolcher Verhandlungsfrieden ohne Annexionen auf allen Seiten gefordert wurde.

Nationalisten und radikale Rechte reagierten, hinter den Kulissen von Angehörigen der OHL unterstützt, auf diese Friedensresolution am 2. September 1917 mit der Gründung einer Organisation, die sich dem Ziel verschrieb, alle zu vereinen, die für Eroberung, Annexion und Kampf bis zum bitteren Ende waren. Im Juli 1918 zählte diese sogenannte Vaterlandspartei nach eigenen Angaben 1,25 Millionen Mitglieder.[11] Damit hatte sie, wenn die Zahl richtig war, mehr Mitglieder als die Sozialdemokratische Partei, die bisher die größte politische Gruppierung im Land gewesen war. Es ist jedoch fraglich, ob die Vaterlandspartei überhaupt – ähnlich wie heute etwa die amerikanische »Tea Party« – eine »Partei« war und nicht vielmehr eine Interessengruppe, allerdings eine, die auf ihrem Höhepunkt eine beeindruckende Wirkung entfaltete.[12]

Für den größten Teil der deutschen Bevölkerung erwies sich der Krieg – ebenso wie für die Menschen in allen anderen beteiligten Ländern mit Ausnahme der Vereinigten Staaten – als Katastrophe. Die geschilderte Polarisierung spiegelte die unterschiedliche Lage der verschiedenen Gesellschaftsschichten wider. Unternehmen, die Waffen und Ausrüstungen für die Kriegsanstrengungen lieferten, hatten sich gut entwickelt; manche waren sogar auf spektakuläre Weise gewachsen. Andere, insbesondere Konsumgüterhersteller und Dienstleister, hatten verheerende Produktions- und Gewinneinbrüche hinnehmen müssen. So war in der Textilindustrie 1918 nur noch ein Viertel so viele Männer beschäftigt wie 1913, die Zahl der weiblichen Beschäftigten war um zwei Fünftel geschrumpft. In der Baubranche hatte sich die Zahl der Beschäftigten halbiert.[13] Insgesamt war die Industrieproduktion während des Krieges um ein Viertel bis ein Drittel zurückgegangen, mehr als in den Ländern der Entente.

Indizes der Industrieproduktion (1914 = 100)[14]

Jahr	Deutschland	Großbritannien	Russland	Italien
1914	100	100	100	100
1915	81	102	115	131
1916	77	97	117	131
1917	75	90	83	117
1918	69	87	83	117

Der Produktionsanstieg bei Waffen und anderen kriegswichtigen Erzeugnissen stand im Gegensatz zum damit verbundenen Rückgang der Konsumgüterproduktion und nichtmilitärischen Dienstleistungen. Das wurde nach der Einführung des »Hindenburgprogramms« Ende 1916 besonders deutlich, das eine enorme, um nicht zu sagen groteske Steigerung der Rüstungsproduktion bewirken sollte und die tatsächlich vorhandenen Ressourcen an Material und Arbeitskraft völlig außer Acht ließ. Es steigerte die wirtschaftlichen Verzerrungen bei Kriegsende nur noch.[15]

Die Wein- und Tabakernte erreichte Rekordwerte, die Bierproduktion ging während des Krieges um zwei Drittel zurück. In der Landwirtschaft herrschte überall Arbeitskräftemangel (da das Militär bei der Aushebung von Rekruten keine Rücksicht auf die grundlegende Bedeutung der Nahrungsmittelproduktion nahm), außerdem gab es wegen der britischen Seeblockade Importausfälle an Düngemitteln. Die Getreideproduktion sank auf die Hälfte.[16] Die Schifffahrt brach, schwer getroffen von der Handelskrise und der Blockade, buchstäblich zusammen, viele Schiffe saßen in neutralen Häfen fest oder waren vom Feind beschlagnahmt worden. Konkret: 44 Prozent der Handelsflotte der Vorkriegszeit wurden entweder versenkt oder konfisziert.[17]

Relativ gut, einigen sogar hervorragend, ging es wie den Eigentümern von kriegswichtigen Unternehmen auch vielen Arbeitern in der Rüstungsindustrie. Zwischen 1914 und 1918 stieg der Tageslohn männlicher Rüstungsarbeiter um 152 Prozent und derjenige von Frauen – die während des Krieges angesichts des Männermangels in immer größerer Zahl auf den Arbeitsmarkt strömten – um 186 Prozent. (Die entsprechenden Zahlen im nicht kriegswichtigen Sektor lagen bei 81 und 102 Prozent.) Facharbeiter, die in manchen Bereichen der Kriegsproduktion besonders gefragt waren, konnten noch höhere Lohnzuwächse verzeichnen.[18] Bei den weniger gut verdienenden Arbeitern regte sich Unmut, wenn sie sahen, dass diese privilegierten Arbeiter – zumal, wenn es sich um Ehepaare mit zwei Einkommen handelte – es sich leisten konnten, knappe Waren auf dem Schwarzmarkt zu erstehen, in Kriegsanleihen zu investieren, Bankkonten zu unterhalten und ganz generell ein Leben zu führen, das in mancher Hinsicht dem der Mittelschicht zur Vorkriegszeit glich. Diese Arbeiter, die unweigerlich abschätzige Blicke auf sich zogen, waren ebenso wenig typisch wie der unverfroren vom Krieg profitierende Kapitalist. Von beiden gab es jedoch genügend, um bei ihren Landsleuten ein allgemeines Ressentiment hervorzurufen.

Die meisten Industriearbeiter dagegen mussten während des Krieges aufgrund von Preissteigerungen einen Verfall ihrer Reallöhne hinnehmen. Preissteigerungsraten sind immer schwer zu berechnen, aber alles in allem hatten sich die Lebenshaltungskosten in den Kriegsjahren etwa verdreifacht.[19] Während also der Wechselkurs der Mark sich 1918 stark erholte, hatte ihre Kaufkraft im Inland – in der sich die wirkliche Preisinflation widerspiegelt, wie sie die Normalbürger im Alltag erlebten – drastisch abgenommen. In Hannover reichte der Wochenlohn einer Arbeiterin im Sommer 1918 gerade für zwei Kilogramm Butter.[20] Am Jahresende hatte die Mark im Vergleich zu 1913 rund drei Viertel ihres Wertes verloren. »Mit anderen Worten«, bemerkte ein Historiker dazu, »die Entwertung der Vorkriegsersparnisse war zum Zeitpunkt des Waffenstillstands bereits in vollem Gange, lange bevor man Milliarden von Mark brauchte, um einen Brief zu frankieren oder ein Ei zu kaufen.«[21]

Gleichwohl waren diejenigen, die in Fabriken und Werkstätten für die Kriegsanstrengung arbeiteten, aufs Ganze gesehen besser als andere in der Lage, die Auswirkungen auf ihren Lebensstandard gering zu halten, da die Behörden, die die Kriegsproduktion um jeden Preis maximieren wollten, eher als in anderen Wirtschaftssektoren bereit waren, ihren Forderungen nach Lohnerhöhungen nachzugeben.

Die alte Mittelschicht befand sich in einer völlig anderen Lage. Ihre Angehörigen, die vor 1914 weithin als Stützen der Gesellschaft betrachtet worden waren, litten am meisten unter dem Krieg und dem von ihm verursachten wirtschaftlichen Druck. Die Einkommensunterschiede zwischen

Arbeiterschaft und Mittelschicht verringerten sich in den Kriegsjahren, aber nicht, weil die Arbeiter erheblich reicher geworden wären – wie ein verbreiteter Mythos lautet, der auf wenigen Ausnahmefällen beruht –, sondern weil die »Bessergestellten« mit wenigen Ausnahmen ärmer wurden.

Kleine Beamte, die bisher an relativ bescheidene Gehälter gewöhnt waren und ihre eigentliche Befriedigung aus ihrer sozialen Stellung und der Arbeitsplatzsicherheit bezogen hatten, fühlten sich unter Kriegsbedingungen ebenfalls unterbezahlt und überarbeitet – und waren es auch. Ab und an wurden ihre Gehälter den Lebenshaltungskosten angepasst, doch diese Zulagen glichen nie den ständigen, unvorhersehbaren realen Preisanstieg aus. Ihr Lebensstandard sank während des Krieges drastisch, und ihr Unmut nahm unverkennbar zu. 1914 hatten Beamtengehälter, an der realen Kaufkraft gemessen, im Durchschnitt das Fünffache der Löhne von Handarbeitern betragen. Vier Jahre später waren sie nur noch drei Mal so hoch. Dies war binnen kurzer Zeit ein beträchtlicher, wenn nicht gar traumatischer Verlust an Lebensstandard. Der stellvertretende Befehlshaber des Frankfurter Militärbezirks malte in einem Bericht aus dem Oktober 1917 das Los dieser Beamten in düsteren Farben. Alle »Festbesoldeten«, schrieb er, stünden vor einer

>»sozialen Umschichtung; sie gleiten von der Stufe herab, auf der sie gestanden und nähern sich der Schicht derer, die genötigt sind, von der Hand in den Mund zu leben. Dieser soziale Niedergang der Beamtenschaft birgt eine nicht zu unterschätzende Gefahr für den Staat und die Volksgesamtheit in sich. Bisher gehörten die Beamten zu denen, für die sich die Regelung der Arbeitsbedingungen ohne große wirtschaftliche Kämpfe vollzog. Staat und Gemeinden müssten verhüten, dass in den Beamten das Gefühl aufkommt, den Stürmen der wirtschaftlichen Entwicklung schutzlos preisgegeben zu sein.«

Das Gleiche galt für Angestellte in der Industrie, die im Unterschied zu ihren Arbeiterkollegen aber nicht bereit waren, ihre schwer erworbene, kostbare soziale Stellung zu gefährden, indem sie für höhere Gehälter streikten. Was Kleinunternehmer und Handwerker betraf, das Rückgrat des vielbewunderten deutschen Mittelstandes, so mussten viele von ihnen ihren Betrieb schließen, weil er entweder nicht kriegswichtig war und deshalb keine Rohmaterialien mehr erhielt, die stattdessen in wichtigere Sektoren umgeleitet wurden, oder weil einfach die Kunden ausblieben.[22] Ihnen erging es wie Millionen anderen, die einen einschneidenden Einkommens- und Statusverlust erlitten; entsprechend leicht waren sie bereit, denen die Schuld zu geben, die vom Krieg profitierten.

Wiederum war das Siegesversprechen das Einzige, was solche Opfer der Kriegswirtschaft für ihre Notlage entschädigen konnte – und ihnen sogar ein Leben auf Vorkriegsniveau in Aussicht stellte. Im ersten Halbjahr 1918, als Russland ausgeschaltet war und das Heer in Frankreich vorrückte, schien dieser Sieg vielen Deutschen nach unvermeidlich zu sein. Ob mit oder ohne Annexionen, noch einem Sieg über Frankreich und Großbritannien würde Deutschland zwangsläufig Europa sowohl militärisch als auch ökonomisch und politisch beherrschen. Es würde zu noch größerer Blüte gelangen als zuvor. Es würde genug zu essen geben, das Lebensnotwendige würde wieder günstig und im Überfluss zu haben sein, die Wirtschaft zu ihrem Normalzustand zurückkehren, mitsamt einer starken Mark, die wieder an den Goldstandard gekoppelt wäre. Stabile Preise würden die Wiedergeburt einer stabilen Gesellschaft ermöglichen.

Von täglichen Erfolgsmeldungen genährt, platzten diese rosigen Hoffnungen erst im Juli 1918, als die Realität mit Macht zuschlug. Im August gestand ein anderer Militärbefehlshaber die verheerenden Folgen des neuerlichen deutschen Rückzugs für die Moral in der Heimat ein:

> »Die freudigen – teilweise übertriebenen – Hoffnungen, die bei der Wiederaufnahme der Offensive an das siegreiche Vordringen unserer Truppen über die Marne geknüpft wurden, sind durch den feindlichen Gegenstoß und die daran anschließende Rückverlegung unserer Front stark erschüttert worden. Während die breite Masse des Volkes, durch die im Frühjahr erzielten Erfolge verwöhnt, bis dahin mit der Beendigung des Krieges noch in diesem Jahr ziemlich sicher gerechnet hatte, hat die Aussicht auf einen weiteren Kriegswinter bei vielen Leuten eine gewisse Stumpfheit und Gleichgültigkeit verursacht und die wirtschaftlichen Sorgen und Entbehrungen wieder mehr denn je in den Vordergrund gerückt.«[23]

Nach dem durch eine Panzeroffensive eingeleiteten britischen Gegenangriff bei Amiens am 8. August waren siebzig Prozent der deutschen Verluste nicht Gefallene oder Verwundete, sondern Gefangene. Dies war ein sicheres Anzeichen dafür, dass die Kampfmoral der Frontsoldaten zu bröckeln begann.[24] Bis Ende Oktober war die deutsche Front rund achtzig Kilometer zurückgedrängt worden. Am 28. Oktober begrüßte eine jubelnde Menge die britischen Befreier in Lille, viele andere Städte gelangten ebenfalls wieder unter französische Kontrolle.

Das militärische Schicksal des Reiches war so gut wie besiegelt. Zwar waren die deutschen Truppen noch nicht in die Flucht geschlagen worden, doch an der Front wie in der Heimat machte sich Hoffnungslosigkeit breit. Offenkundig würde es keine weiteren Vorstöße mehr geben und ganz sicher nicht den überwältigenden Sieg, den sich so viele noch ein, zwei Monate zuvor erträumt hatten.

In den letzten Kriegswochen veränderte die Aussicht auf die Niederlage auch die politische Landschaft Deutschlands. Die Elite des Reiches, vor allem die OHL, versuchte sich mit dramatischen politischen Veränderungen der anschwellenden Unzufriedenheit entgegenzustemmen. Auf Rat seiner Generale ließ sich der Kaiser widerstrebend zu einem kurzen, halbdemokratischen Zwischenspiel herab. Ein neues Kabinett unter dem relativ liberalen Prinzen Max von Baden wurde gebildet, und Ende Oktober ging das Recht, den Reichskanzler auszuwählen, vom Monarchen an den Reichstag über. Niemand schien zu bemerken, welche Ironie es war, dem deutschen Volk die Demokratie unter der Führung eines Prinzen anzubieten. Die wütenden Massen begannen auf die Straße zu gehen und weit radikalere Veränderungen zu fordern, als das Berliner Establishment ihnen zugestehen konnte oder wollte. Sporadisch kam es zu Straßenkämpfen.

Derweil ging das gesellschaftliche Leben in der Reichshauptstadt bizarrerweise weiter. So fand am 8. November eine Pressevorführung des neuen Films des Regisseurs Ernst Lubitsch statt: »Carmen«, mit der 21-jährigen Pola Negri, die später ein großer Hollywoodstar der Stummfilmära werden sollte, in der Hauptrolle. Man war in Abendgarderobe erschienen, es gab Champagner, ein Orchester spielte Stücke aus Bizets berühmter Oper. Während der Filmvorführung hörte Negri Geräusche, die sie nach einer Weile als Gewehrschüsse erkannte, die immer lauter wurden. Schließlich wandte sie sich an Lubitsch und fragte ihn leise, ob er sie auch höre. Ja, antwortete der Regisseur, und forderte sie zum Schweigen auf. »Wir können nichts dran ändern. Schauen Sie sich den Film an.« Hinterher schlich Pola Negri in Todesangst durch die leeren Straßen zum nächsten U-Bahnhof.[25]

KAPITEL 3

Sebastian Haffner schrieb über diese letzten Kriegstage in der Reichshauptstadt und das plötzliche Ende:

»Am 9. und 10. November gab es noch Heeresberichte üblichen Stils: ›Feindliche Durchbruchsversuche abgewiesen‹, ›... gingen unsere Truppen nach tapferer Gegenwehr in vorbereitete Stellungen zurück ...‹ Am 11. November hing kein Heeresbericht mehr am schwarzen Brett meines Polizeireviers, als ich mich zur üblichen Stunde einstellte.«[26]

Es war der Tag des Waffenstillstands an der Westfront. Als die Kanonen am Montag, dem 11. November 1918, um elf Uhr verstummten, hatte eine Revolution stattgefunden. Unter den Linden drängten sich die Menschen, nicht die gutgekleideten Damen und Herren des Jahres 1910, sondern eine lärmende, aufgeregte Menge – darunter Arbeiter und auch Soldaten, von denen viele die roten Armbinden der Revolution trugen und ihren Offizieren keinerlei Beachtung mehr schenkten.

Deutschland war jetzt eine Republik. Seine Könige, Fürsten und Herzöge waren abgesetzt. Monarchen, deren Dynastien in manchen Fällen auf eine tausendjährige glanzvolle Geschichte zurückblicken konnten, traten mit erstaunlich wenig Wirbel von der Bühne ab. Am vorangegangenen Sonnabend hatte der Kaiser im belgischen Spa, wo sich sein Großes Hauptquartier befand, auf einem Bahnsteig gestanden und gemeinsam mit einer Handvoll ihm treu ergebener Offiziere darauf gewartet, dass der Kaiserzug zu ihm rangiert wurde. Sein Ziel war Holland, wo er sich unter den Schutz der niederländischen Regierung stellte. Vor seiner Abreise ins Exil soll er gesagt haben: »Ja, wer hätte das gedacht, dass es so kommen würde. Das deutsche Volk ist eine Schweinebande.«[27]

Entgegen den Verlautbarungen der Politiker in Berlin hatte der Kaiser zu diesem Zeitpunkt nicht förmlich abgedankt. Er sollte noch drei Wochen in seinem holländischen Zufluchtsort abwarten, ehe er widerstrebend seine Doppelkrone als König von Preußen und Deutscher Kaiser aufgab.[28] Dennoch: Seit dem 9. November 1918 war Wilhelm von Hohenzollern kein stolzer Monarch mehr, sondern ein Flüchtling vor der Revolution – und vor der Rache der Sieger.

VOM SIEG ZUR KATASTROPHE

Reklame für deutsche Kriegsanleihen aus dem Jahr 1917

Der Zeitpunkt war gekommen, darüber nachzudenken, was dieser Schrecken gekostet hatte – nicht nur an Menschenleben, sondern auch in Mark und Pfennig auf deutscher und in Pfund, Franc und Dollar auf alliierter Seite.

Seit August 1914 hatte Deutschland rund 160 Milliarden Goldmark für einen jetzt unbestreitbar verlorenen Krieg ausgegeben. Sechzig Prozent davon (98 Milliarden) waren durch den Verkauf von Kriegsanleihen (mit einem Zinssatz von in der Regel fünf Prozent) aufgebracht worden. Diese Anleihen – ein riesiger Kredit der Nation an ihren Staat – waren dem breiten deutschen Publikum und der Wirtschaft in neun bemerkenswert erfolgreichen Emissionen angeboten worden, zum ersten Mal im November 1914 und zum letzten Mal im Oktober 1918, nur wenige Wochen vor dem Waffenstillstand.[29]

Jede Emission einer Kriegsanleihe war von einer massiven patriotischen Kampagne begleitet gewesen, einschließlich früher Kinowerbung, und selbstverständlich mit dem Versprechen einhergegangen, dass das eingenommene Geld Deutschland zum Sieg verhelfen und die Anleihen ihren Inhabern einen anständigen Kapitalertrag einbringen würden. Theoretisch waren die Zinszahlungen an die Anleiheinhaber, ungeachtet der Kriegsniederlage, weiterhin fällig. Darüber hinaus war klar, dass Deutschland das Geld würde auftreiben müssen, um den Siegern Reparationen in noch unbestimmter, aber wahrscheinlich gewaltiger Größenordnung zahlen zu können. Als der Kaiser floh und die Demokraten das Ruder übernahmen, war die Finanzlage des Reiches verheerend.

KAPITEL 3

Die Kämpfe auf den Schlachtfeldern waren vorüber. Doch die ökonomische und finanzielle Auseinandersetzung, die im August 1914 begonnen hatte, sollte nicht nur in der Phase des Waffenstillstands, sondern auch nach Unterzeichnung des Friedensvertrages noch lange weitergehen. Tatsächlich gab es viele, die alles, was der deutschen Wirtschaft und Währung durch die eigene Regierung in den nächsten fünf Jahren zugefügt wurde, schlichtweg als Fortsetzung des Krieges mit anderen Mitteln ansahen. Und es spricht manches dafür, dass sie damit, zumindest teilweise, recht hatten.

KAPITEL 4
»Ich hasse sie wie die Sünde«

Am 9. November 1918 – ein Generalstreik war ausgerufen, auf den Straßen der Hauptstadt wimmelte es von erregten Menschen, und das Gerücht über einen Waffenstillstand machte die Runde – beschloss Prinz Max von Baden, die letzte Hoffnung des alten Regimes, sein Amt als Reichskanzler niederzulegen, das ihm wenig mehr als einen Monat zuvor vom Kaiser übertragen worden war.

Der Kaiser war einige Tage zuvor nach Spa abgereist, sein nächstes Reiseziel war eine Zuflucht im neutralen Holland. Aber was jetzt? Max von Baden hatte gehofft, die Monarchie retten zu können, indem er zwei unpopuläre Generationen der Dynastie übersprang und als Regent die Krone für den jungen Enkel des Kaisers bewahrte. Zwei Tage zuvor hatte er, obwohl der Kaiser noch nicht in aller Form abgedankt hatte, dessen Thronverzicht bekannt gegeben. Bestärkt hatte ihn der Vorsitzende jener Partei, die im August 1914, nachdem die alte, preußisch dominierte Hierarchie sie jahrelang ausgeschlossen hatte, zum Teil des Kriegsestablishments geworden war: der Sozialdemokratischen Partei Deutschlands.

Seit dem Amtsantritt des neuen Kanzlers waren zwei Sozialdemokraten sogar mit Regierungsposten belohnt worden. Zwar kein Minister, aber für Badens Vorhaben von herausragender Bedeutung war der SPD-Vorsitzende, der 47-jährige Friedrich Ebert. Der stämmige, nicht sehr beredte Parteifunktionär Ebert war in Heidelberg geboren und in bescheidenen, aber einigermaßen sicheren Verhältnissen als siebentes von neun Kindern eines Schneidermeisters aufgewachsen. Er selbst erlernte das Sattlerhandwerk, arbeitete jedoch nur kurze Zeit in seinem Beruf, bevor er sich ganz der Politik widmete. Sebastian Haffner, kein Anhänger Eberts, den er für einen der Hauptverräter an der deutschen Revolution hielt, zeichnete etwas herablassend das nicht sehr schmeichelhafte Porträt eines blutleeren politischen Bürokraten. Ebert sei »keine imponierende Erscheinung« gewesen:

KAPITEL 4

»Er war ein kleiner Dicker, kurzbeinig und kurzhalsig, mit einem birnenförmigen Kopf auf einem birnenförmigen Körper. Er war auch kein mitreißender Redner. Er sprach mit kehliger Stimme, und er las seine Reden ab. Er war kein Intellektueller und ebenso wenig ein Proletarier … Ebert war der Typ des deutschen Handwerksmeisters: gediegen, gewissenhaft, von beschränktem Horizont, aber in seiner Beschränkung eben ein Meister; bescheiden-würdig im Umgang mit vornehmer Kundschaft, wortkarg und herrisch in seiner Werkstatt. Die SPD-Funktionäre zitterten ein bisschen vor ihm, so wie Gesellen und Lehrlinge vor einem strengen Meister zittern.«[1]

Zum überzeugten Sozialisten und Gewerkschafter geworden, übernahm Ebert zunächst am Bremer Nordhafen als Pächter eine Gastwirtschaft, einen Treffpunkt von Linken, während er sich gleichzeitig im Apparat der SPD hocharbeitete. Er erwies sich als großes Organisationstalent, harter Arbeiter und unerschütterlicher Gefolgsmann der Parteiführung. Als er in den Dreißigern stand, war »Fritz« Ebert landesweit als Repräsentant der gemäßigten Linken bekannt, und mit 34 Jahren wurde er Parteisekretär und Mitglied des Parteivorstands.

Bezeichnenderweise prägte Ebert seine neue Stellung in der Parteizentrale nicht, indem er große Reden hielt oder neue politische Ideen entwickelte – diese Aufgaben überließ er gern anderen –, sondern dadurch, dass er die Büros mit Telefonen und Schreibmaschinen ausstatten ließ und eine ordentliche Mitgliederkartei einführte.[2] Erst mit 41 Jahren wurde er 1912, als die Sozialdemokraten einen großen Sieg errangen und zur stärksten parlamentarischen Kraft aufstiegen, in den Reichstag gewählt. Offensichtlich wünschte sich die Partei einen Organisator an ihrer Spitze: Als im folgenden Jahr der altgediente Parteiführer August Bebel verstarb, wurde Ebert als sein Nachfolger zum Ko-Vorsitzenden gewählt.

Zwischen 1878 und 1890 war die SPD verboten gewesen. Bismarcks Versuch, in seinem neuen Reich die sozialistische Linke auszuschalten, war jedoch nur teilweise erfolgreich. Obwohl einige Sozialdemokraten ins Gefängnis kamen, blieben Führung und Kernapparat der Partei intakt. Außerdem wurden Sozialdemokraten als vorgeblich »parteilose« Kandidaten weiterhin in den Reichstag gewählt. In der Januarwahl 1890 vereinigten sie fast zwanzig Prozent der Stimmen auf sich, wodurch ihre (offiziell nicht existierende) Partei, am Stimmenanteil gemessen, zur stärksten Kraft im

Land aufstieg. Aufgrund der ungerechten Sitzverteilung erhielt sie allerdings nur 35 der 397 Reichstagssitze.

Im selben Jahr wurde das förmliche Verbot aufgehoben. Doch noch ein Vierteljahrhundert danach wurde die SPD vom monarchistischen Establishment als inakzeptabel betrachtet. Im August 1914 war die Furcht der Partei davor, dass der Krieg eine neue Verfolgungswelle auslösen könnte, derart groß, dass sie Ebert und ein weiteres Vorstandsmitglied – zusammen mit einer großen Kiste, in der sich die Parteikasse befand – in die Schweiz schickte, wo sie die erste Aufregung abwarten sollten.

Kaum hatte er die Parteikasse in Sicherheit gebracht, kehrte er jedoch am 5. August nach Berlin zurück. Als Ebert dort eintraf, befand sich das Reich im Krieg, und er stellte fest, dass die große Mehrheit der bisher zumeist internationalistisch und pazifistisch eingestellten Abgeordneten seiner Partei zu Kriegsbefürwortern geworden war. An der Abstimmung der Reichstagsfraktion über die Zustimmung zu den Kriegskrediten (die sich buchstäblich als Blankoschecks für den Staat herausstellen sollten) hatte er nicht teilgenommen, aber er übernahm umgehend die Führungsrolle bei der Unterstützung von Burgfrieden und Krieg.

Der Kaiser hatte verkündet, er kenne keine Parteien mehr, sondern nur noch Deutsche. Ebert und die Mehrheit der deutschen Sozialdemokraten nahmen ihn beim Wort und unterstützten über vier Jahre lang loyal alle Finanzforderungen der Regierung. Außerdem vermittelten sie zwischen widerspenstigen Rüstungsarbeitern und deren auf Leistung drängenden Arbeitgebern. Zwar drängten sie weiterhin auf eine volle Demokratisierung des monarchistischen politischen Systems und signalisierten, wenn erforderlich, ihre Zustimmung zu einem Frieden, der eher mit ihren alten internationalistischen Überzeugungen in Einklang stand als mit den energischen Annexionsforderungen der Rechten, dennoch gehörten sie eindeutig zum Kriegsestablishment.

Als der Krieg sich hinzog und viele Linke den Glauben an die deutsche Sache verloren, verließen eine beachtliche Zahl ihrer politischen Repräsentanten, darunter 15 Reichstagsabgeordnete, und viele ihrer aktivsten Mitglieder die SPD und gründeten eine zweite sozialdemokratische Partei, die für einen sofortigen Friedensschluss eintrat. Eberts Gruppierung, die bald als »Mehrheits-SPD« (MSPD) firmierte, war allerdings immer noch erheblich größer als die neue Antikriegsgruppe, die sich Unabhängige Sozialdemokratische Partei (USPD) nannte. Dabei blieb es bis zum Herbst

1918, als die deutsche Siegeshoffnung plötzlich und für viele überraschend zerplatzte.

Max von Baden war genötigt, die Kanzlerschaft anzunehmen, weil die Streitkräfte – genauer gesagt: Ludendorff – im September aus der militärischen Lage den Schluss zogen, dass es so nicht weitergehen könne. Dies verkündete der General am 29. September in einer Sitzung der Obersten Heeresleitung. In Mazedonien und Italien waren die Fronten nicht mehr zu halten, Bulgarien, der wichtigste Verbündete Deutschlands auf dem Balkan, hatte um Frieden ersucht, die Türkei lag am Boden, und Österreich-Ungarn stand kurz vor der Kapitulation – selbst wenn es Deutschland durch irgendein Wunder gelingen sollte, die ihm verbliebenen Gewinne im Westen zu halten, sei es nur noch eine Sache von Wochen, bis der Feind von Süden heranstürmte.

Ludendorff kündigte aber nicht nur die unmittelbar bevorstehende Niederlage an, sondern erklärte – obwohl bisher als leidenschaftlich antidemokratischer Alldeutscher bekannt – den erschrockenen Militärführern, darunter Wilhelm II., außerdem, dass echte liberale Reformen nötig seien. Nur so könne man den Rückhalt der Massen behalten und die Feinde, mit denen man bald würde verhandeln müssen, besänftigen. Hatte nicht der Präsident der Vereinigten Staaten, auf dessen rasch wachsende Wirtschaftsmacht und unbegrenzte Reserve an kampffähigen Männern die Entente ihre Siegeshoffnung stützte, in seinen »Vierzehn Punkten« den Grundsatz ausgegeben, dass der kommende Friede nicht auf Rache und Eroberung, sondern auf der demokratischen Selbstbestimmung der Völker beruhen sollte? Dann sollte Deutschland doch das politische Geschöpf werden, das Amerika haben wollte!

Graf Hertling, ein katholischer bayerischer Adliger von Mitte siebzig, der seit rund einem Jahr, überwiegend als Galionsfigur, den Posten des Reichskanzlers bekleidete, weigerte sich, einem parlamentarischen Regime zu dienen. Er empfahl dem Kaiser die Ernennung von Maximilian Alexander Friedrich Wilhelm von Baden. Prinz Max, der Neffe und Thronfolger des Großherzogs von Baden, war für seine relativ liberalen Ansichten bekannt. Er hatte sich gegen den uneingeschränkten U-Boot-Krieg ausgesprochen (dessen von Ludendorff und anderen Ultranationalisten emphatisch befürwortete Ausrufung Amerika schließlich zum Kriegseintritt bewogen hatte), engagierte sich für das Rote Kreuz und war bis zum Ende der amerikanischen Neutralität Vorsitzender einer deutsch-amerikanischen Hilfsgesellschaft für Kriegsgefangene gewesen, die unter dem Dach des Christlichen Vereins Junger Männer gegründet worden war. Nach seiner Ernennung zum Kanzler lud er umgehend sozialdemokratische, katholische (der Zentrumspartei angehörende) und liberale Reichstagsabgeordnete ein, sich an der Regierung zu beteiligen, und wie von der OHL instruiert, stellte er den Feindmächten einen Tag nach seinem Amtsantritt ein Ersuchen um Verhandlungen zu, mit dem Ziel, einen Waffenstillstand und letztlich einen Friedensvertrag auf der Grundlage der »Vierzehn Punkte« des amerikanischen Präsidenten Woodrow Wilson zu schließen.

Ob das Militär nun seinen Schneid wiedergefunden hatte oder ob es von Anfang an den Plan verfolgt hatte, demokratischen Politikern die Schuld an einem demütigenden Friedensschluss zuzuschieben, jedenfalls mussten Baden und seine Minister Ende Oktober feststellen, dass Ludendorff sich vom Friedensverfechter in den Sieg-oder-Tod-Betonkopf zurückverwandelt hatte, als den man ihn kannte. Dabei hatte sich die militärische Lage, die ihn einen Monat zuvor veranlasst hatte, für ein Friedensersuchen zu plädieren, nicht geändert. Doch nachdem die neue Regierung die Beendigung des U-Boot-Krieges und den Rückzug des Heeres aus den verbliebenen besetzten Gebieten zugesagt hatte, hatte US-Präsident Wilson in einer dritten, von zunehmender Ungeduld gekennzeichneten Note auch Garantien für Veränderungen des politischen Systems in Deutschland sowie militärische Maßnahmen gefordert, die eine Wiederaufnahme des Krieges ausschlossen. Daraufhin hatte Ludendorff den Friedensverhandlungen, auf denen er zuvor so nachdrücklich bestanden hatte, prompt seine Unterstützung entzogen. Jetzt verlangte er in einem von Hindenburg mitunterzeichneten Befehl an das Heer eine Fortsetzung des »Widerstands mit äußersten Kräften«.

Solche Brüskierung von Regierung und Kaiser konnte nicht geduldet werden. Am 26. Oktober 1918 wurde Ludendorff, der mehr als zwei Jahre lang der eigentliche Herrscher über Deutschland gewesen war, seines Postens enthoben. Öffentlich erklärte man allerdings, um der Angelegenheit die Schärfe zu nehmen, dass er aus eigenem Entschluss zurückgetreten sei. Ludendorffs Nachfolger als Generalquartiermeister und stellvertretender Stabschef wurde der 50-jährige Wilhelm Groener, ein Transport- und Logistikfachmann, der als Verbindungsmann der OHL zum Kriegsernährungsamt und von August 1916 an für einige Monate als Chef des Reichskriegsamtes und stellvertretender preußischer Kriegsminister gedient hatte.

KAPITEL 4

Zwei Tage später trat eine einschneidende Änderung der Reichsverfassung in Kraft, durch die der Kanzler und seine Minister, die seit 1871 allein dem Kaiser verantwortlich gewesen waren, dem Reichstag unterstellt wurden. Damit war Deutschland formal eine konstitutionelle Monarchie geworden.[3] Theoretisch stand es Max von Baden frei, politisch zu agieren, wie es ihm beliebte oder wenigstens wie es die Umstände zuließen. Aber in Wirklichkeit glitt ihm die Macht bereits aus den Händen. Diesmal ging die Gefahr jedoch nicht von der Obersten Heeresleitung aus, sondern von der Stimmung des »gemeinen Mannes«.

Am 24. Oktober wies Admiral Scheer, der Kommandeur der deutschen Nordseeflotte, die Flotte in einem Geheimbefehl an, sich auf ein nochmaliges Auslaufen vorzubereiten. Ohne Rücksicht auf die Berliner Regierung, die sich in heiklen Waffenstillstandsverhandlungen befand, hatte die Marineführung beschlossen, die britische Royal Navy zu einer »Entscheidungsschlacht« herauszufordern, um durch ein letztes, selbstmörderisches Aufbäumen zu retten, was sie als Ehre der Kaiserlichen Marine betrachtete.

Trotz Geheimhaltung sickerte die Absicht der Marineführung zu den Mannschaften der Schiffe durch, die vor dem Marinestützpunkt Wilhelmshaven vor Anker lagen. Die Männer unter Deck saßen seit der unentschieden ausgegangenen Skagerrakschlacht im Juni 1916 unter beengten Bedingungen und hartem disziplinarischem Regime im Hafen fest. Verständlicherweise waren die meisten nicht gerade erpicht darauf, kurz vor dem Friedensschluss noch zu sterben, nur um das Verlangen der Marineführung nach einer Götterdämmerung auf See zu erfüllen. Es kam zur offenen Meuterei. In der Nacht vom 29. auf den 30. Oktober übernahmen auf mehreren der vor Wilhelmshaven liegenden Kriegsschiffe die Besatzungen das Kommando. »Jahrelang aufgehäuftes Unrecht«, notierte ein Matrose in seinem Tagebuch über die Ursachen, »hat sich zu gefährlichem Sprengstoff verwandelt und detoniert schon hier und dort mit heftiger Gewalt.«[4]

Die Kaiserliche Marine stand kurz vor der Auflösung, doch die Marineführung behielt die Nerven. Deutsche U-Boote und Torpedoboote bezogen zwischen den Schiffen vor Wilhelmshaven Position, und den Meuterern wurde ein Ultimatum gestellt: Wenn sie nicht auf ihre Posten zurückkehrten, würde man ihre Schiffe mit Torpedos beschießen. In letzter Minute lenkten die Mannschaften ein und übergaben die Schiffe wieder den Kommandeuren. Für den Augenblick war die Meuterei zu Ende.

Dennoch hatten die Matrosen einen Sieg errungen: Der Plan für eine »Entscheidungsschlacht« wurde fallengelassen. Die Mannschaften waren unverkennbar nicht bereit, »ehrenvoll« zu sterben. Die Flotte wurde aufgeteilt, und das dritte Geschwader – dessen Besatzungen am aufrührerischsten gewesen waren – durch den Nordostseekanal nach Kiel geschickt. Dort wurden 47 Matrosen und Heizer, die man während der Fahrt als mutmaßliche Rädelsführer der Rebellion in Arrest genommen hatte, in ein Marinegefängnis gebracht.

Auf See mochte der Aufstand erstickt worden sein, aber an Land sah die Sache anders aus. In Kiel verbreitete sich das Gerücht über die Inhaftierung der Meuterer in Windeseile unter den unzufriedenen Marineangehörigen. Am 1. November versammelten sich mehrere hundert im Gewerkschaftsgebäude und beschlossen, beim örtlichen Marinekommando eine Petition einzureichen, in der die Freilassung der Gefangenen gefordert wurde. Doch die Petition wurde ignoriert.

Am nächsten Tag stellten die Seeleute fest, dass die Polizei den Eingang des Gewerkschaftsgebäudes gesperrt hatte. Daraufhin versammelte sich nur wenige Straßen weiter auf dem Großen Exerzierplatz im Stadtzentrum eine noch größere Menge protestierender Matrosen. Flugblätter wurden verteilt. Am 3. November strömten schon mehrere tausend Menschen auf den Platz, nicht nur Matrosen, sondern auch Frauen und Männer aus der Arbeiterschaft. Diesmal forderten sie nicht nur die Freilassung der eingesperrten Meuterer, sondern auch die Beendigung des Krieges und eine Verbesserung der Lebensmittelversorgung. Als sich die Demonstranten auf den Weg zum Militärgefängnis machten, um ihre Kameraden zu befreien – nicht ohne zuvor aus nahegelegenen Kasernen einige Waffen »befreit« zu haben –, stießen sie auf eine Armeeeinheit. Es kam zu einem Schusswechsel, sieben Demonstranten wurden getötet und 29 verwundet. Der Leutnant, der die Armeeeinheit befehligte, wurde schwer verwundet und in ein Krankenhaus gebracht.

Am nächsten Morgen, dem 4. November, streiften bewaffnete Matrosen durch die Straßen. In einem letzten Versuch, die Disziplin wiederherzustellen, befahl der Kommandeur des großen, rund drei Kilometer nördlich des Stadtzentrums gelegenen Marinestützpunkts in Kiel-Wik alle Matrosen und Soldaten zu einem Appell auf den Hauptexerzierplatz. Doch durch einen Appell an die Treue der Männer ließen sich spontane Demonstrationen gegen die Autorität des Stützpunktkommandanten nicht mehr

KAPITEL 4

verhindern. Wenig später schlossen sich die Männer vom Stützpunkt den Demonstranten in der Stadt an. Auch die Soldaten der städtischen Garnison verweigerten den Befehl, sich den Aufrührern entgegenzustellen. Der Militärgouverneur der Stadt empfing eine Delegation aus Arbeitern und Matrosen und sah sich genötigt, ihre Forderungen zu erfüllen, einschließlich der Versicherung, keine militärische Hilfe von außen herbeizuholen. Zu seiner Nachgiebigkeit mag auch beigetragen haben, dass ihm damit gedroht wurde, die Meuterer würden die Schiffskanonen auf ein Stadtviertel richten, in dem die Privathäuser vieler Offiziere lagen.[5] Nach dem persönlichen Bericht eines Anführers des Aufstands brach der Militärgouverneur jedoch sein Wort:

> »Am Abend erhielten wir dann die Nachricht, dass trotz der Erklärung des Gouverneurs vier auswärtige Infanterieeinheiten im Anmarsch seien. Wir sprangen sofort in unser Auto und fuhren den Infanteristen entgegen. An der Post erreichten wir sie. Wir sprachen mit ihnen ... Anschließend forderte ich sie auf, ... entweder ihre Waffen abzugeben oder sich den Revolutionären anzuschließen. Die Infanteristen ... schlossen sich unserer revolutionären Bewegung an. Die Offiziere wurden entwaffnet.«[6]

Danach gab es keine militärische Einheit mehr, die bereit gewesen wäre, den Status quo aufrechtzuerhalten. Am Ende des Tages befand sich die Stadt in den Händen der Meuterer und ihrer Unterstützer. Binnen weniger Stunden wurden »Soldatenräte« gebildet. »Arbeiterräte« sollten bald folgen. Am nächsten Morgen brachen auch in den Häfen von Wilhelmshaven, Lübeck und Cuxhaven Unruhen aus, und in Hamburg, der zweitgrößten Stadt des Reiches, gingen ebenfalls Arbeiter auf die Straße.[7] Am 5. November stellten die neuen Herren von Kiel ihre Forderungen:

1. Freilassung sämtlicher Inhaftierten und politischen Gefangenen.
2. Vollständige Rede- und Pressefreiheit.
3. Aufhebung der Briefzensur.
4. Sachgemäße Behandlung der Mannschaften durch Vorgesetzte.
5. Straffreie Rückkehr sämtlicher Kameraden an Bord und in die Kasernen.
6. Die Ausfahrt der Flotte hat unter allen Umständen zu unterbleiben.

7. Jegliche Schutzmaßnahmen mit Blutvergießen haben zu unterbleiben.
8. Zurückziehung sämtlicher nicht zur Garnison gehöriger Truppen.
9. Alle Maßnahmen zum Schutze des Privateigentums werden sofort vom Soldatenrat festgesetzt.
10. Es gibt außer Dienst keine Vorgesetzten mehr.
11. Unbeschränkte persönliche Freiheit jedes Mannes von Beendigung des Dienstes bis zum Beginn des nächsten.
12. Offiziere, die sich mit den Maßnahmen des jetzt bestehenden Soldatenrates einverstanden erklären, begrüßen wir in unserer Mitte. Alle Übrigen haben ohne Anspruch auf Versorgung den Dienst zu quittieren.
13. Jeder Angehörige des Soldatenrates ist von jeglichem Dienst zu befreien.
14. Sämtliche in Zukunft zu treffenden Maßnahmen sind nur mit Zustimmung des Soldatenrates zu treffen.

Die deutsche Revolution hatte begonnen.

Bis zum 9. November hatte der Kieler Aufstand auf das gesamte Land übergegriffen. Die Matrosen waren quer durch Deutschland gereist und hatten die Menschen erfolgreich angespornt, eigene Revolutionsräte zu bilden. In München stürzte die revolutionäre Bewegung das erste gekrönte Haupt vom Thron. Auf der Theresienwiese, auf der heutzutage das Oktoberfest stattfindet, forderte der USPD-Politiker Kurt Eisner vor 60 000 Demonstranten die Beendigung des Krieges, den achtstündigen Arbeitstag, eine Verbesserung der Arbeitslosenhilfe, die Gründung von Arbeiter- und Soldatenräten sowie die Abdankung Ludwigs III. von Bayern. Der 72-jährige König ging umgehend ins Exil.

In kaum einer größeren deutschen Stadt wurden in diesen wenigen, aber umso dramatischeren und für viele berauschenden Novembertagen die alten Autoritäten nicht beiseitegefegt und durch Revolutionsräte ersetzt. Die Ausnahme bildete merkwürdigerweise Berlin. Gleichwohl rief die USPD, die sich von der Mehrheitspartei wegen deren anhaltender Unterstützung für den Krieg abgespalten hatte, für den 9. November zum Generalstreik und zu einem Demonstrationstag auf. Damit war die Regierung Max von Badens, die jede öffentliche Versammlung verboten hatte, direkt herausgefordert.

KAPITEL 4

Die Abschaffung der Monarchie wurde stündlich lauter verlangt. Baden, der befürchtete, dass die Hauptstadt in Anarchie (wie er sie verstand) versinken würde, beschloss zu handeln. Er beorderte das in Naumburg an der Saale stationierte 4. Jägerregiment, das im besetzten Russland gegen die Bolschewiki gekämpft hatte und als besonders treue Stütze des preußischen Herrscherhauses galt, nach Berlin, wo es am 8. November eintraf. Am frühen Morgen des 9. November verteilten die Offiziere des Regiments Handgranaten an die Soldaten, in der offensichtlichen Absicht, jede Demonstration mit Gewalt zu unterdrücken. Doch die Soldaten, wenigstens die unteren Ränge, waren keineswegs das willfährige Werkzeug des Kaisers, das der Kanzler in ihnen sah. Wie sich herausstellte, waren nur wenige bereit, ihre Landsleute zu massakrieren, um ... ja, was?

Zum Erstaunen ihrer Vorgesetzten begannen die Männer des 4. Jägerregiments mit ihnen zu diskutieren. Als die Antworten der Offiziere sie nicht zufriedenstellten, stimmten sie dafür, eine Delegation zur Sozialdemokratischen Partei zu entsenden, um sie um eine politische Klärung zu bitten. Die Delegation wurde vom Reichstagsabgeordneten und SPD-Vorstandsmitglied Otto Wels empfangen, der sie in einer eindringlichen Ansprache aufforderte, sich auf die Seite des Volkes und seiner eigenen Partei zu schlagen. Sein Appell hatte Erfolg. Die Soldaten des Jägerregiments waren derart überzeugt, dass sie beschlossen, einen bewaffneten Trupp zum Gebäude der sozialdemokratischen Parteizeitung *Vorwärts* zu schicken, um deren Erscheinen zu sichern.

Als Baden sah, dass selbst auf solche Elitetruppen kein Verlass mehr war, begriff er, dass das Spiel aus war. Nachdem er telefonisch aus Spa die wenn auch etwas vage Zustimmung des Kaisers zu dessen Abdankung erhalten hatte, wartete er nicht erst die schriftliche Bestätigung ab, bevor er der Presse die Neuigkeit mitteilte.

Gegen Mittag erschien Friedrich Ebert an der Spitze einer SPD-Delegation in der Reichskanzlei. Der Kanzler gestand ein, dass er ohne loyale Truppen der Massen nicht mehr Herr werde. Die Regierung sollte von Vertretern des Volkes gestellt werden. Ob der SPD-Vorsitzende bereit sei, das Amt des Reichskanzlers zu übernehmen? Vorher sei jedoch die Frage zu klären, wer zum Regenten bestimmt werden solle, fügte Baden hinzu, indem er sich zum Sprecher des Kind-Kaisers machte, der die Thronfolge antreten würde, wenn Kaiser und Kronprinz ihr Anrecht aufgaben.

»ICH HASSE SIE WIE DIE SÜNDE«

Am selben Vormittag hatte der *Vorwärts,* offenbar zustimmend, eine Verlautbarung veröffentlicht, in der die Einsetzung einer Regentschaft bekannt gegeben wurde. Jetzt erwiderte Ebert dem scheidenden Kanzler jedoch, dass der Erhalt der Monarchie nicht mehr garantiert werden könne. Dann willigte er nach einigem Zögern ein, den Posten des Reichskanzlers zu übernehmen.

Ebert war bereit, die Monarchie zu bewahren, vorausgesetzt, der Reichstag fasste einen entsprechenden Beschluss über die Nachkriegsverfassung des deutschen Staates. Fürs Erste bestand die Hauptaufgabe jedoch darin, die Kontrolle über die Ereignisse zu behalten. Dies bedeutete, mit dem Strom der Massendemonstrationen zu schwimmen. Einige Tage zuvor hatte Philipp Scheidemann, der Vorsitzende der SPD-Reichstagsfraktion und seit Oktober Staatssekretär und damit im Grunde Minister in Max von Badens Regierung, gesagt: »Jetzt heißt's, sich an die Spitze der Bewegung stellen, sonst gibt's doch anarchische Zustände im Reich.«[8]

Ebert und andere gemäßigte SPD-Führer waren keine radikalen Hitzköpfe – zumindest nicht mehr. Schon vor dem Krieg hatte der Vormarsch der Gemäßigten zum Aufschwung der Partei beigetragen, die bei der letzten Reichstagswahl im Jahr 1912 von mehr als einem Drittel der Wähler unterstützt worden war, weit über die treue Anhängerschaft in der Industriearbeiterschaft hinaus.

Bezeichnenderweise hatte Ebert Baden am 7. November aus ganz und gar nicht revolutionären Motiven gedrängt, den Kaiser zur Abdankung zu bewegen und einen Regenten an seine Stelle zu setzen. Laut Badens späterer Darstellung hatte er Ebert bei einem Spaziergang durch den herbstlichen Garten der Reichskanzlei von seinem Vorhaben erzählt, wenn nötig ins Hauptquartier in Spa zu reisen, um den Kaiser dazu zu bringen, zugunsten einer Regentschaft seines zweitältesten Sohnes Eitel Friedrich abzudanken. »Wenn es mir gelingt, den Kaiser zu überzeugen, habe ich Sie dann auf meiner Seite im Kampf gegen die soziale Revolution?«, fragte der Reichskanzler. Ebert antwortete ohne zu zögern: »Wenn der Kaiser nicht abdankt, dann ist die soziale Revolution unvermeidlich. Ich aber will sie nicht, ja, ich hasse sie wie die Sünde.«[9]

Am Ende fuhr Max von Baden nicht nach Spa. Der Flächenbrand der Revolution hatte sich ausgebreitet und bedrohte Berlin. Der Kanzler konnte die Hauptstadt nicht verlassen. Stattdessen erfolgte zwei Tage später nach einer Reihe hektischer Ferngespräche die, streng genommen, nicht ganz

65

KAPITEL 4

zutreffende Verlautbarung über die Abdankung des Kaisers. Damit hatte Deutschland am 9. November um die Mittagszeit herum keinen Kaiser mehr, blieb aber formal eine Monarchie. Allerdings nur für etwa anderthalb Stunden, denn während es am 7. November noch möglich gewesen war, über den Erhalt der Monarchie zu diskutieren, als gäbe es diese Option noch, hatte man außerhalb der Reichskanzlei begonnen, das Land für immer zu verändern.

Während der Gespräche im Büro des Reichskanzlers versammelte sich im Stadtzentrum eine riesige, nach Hunderttausenden zählende Menschenmenge. Die Umgebung des Reichstages und der benachbarte Park waren voller Demonstranten, die von dort Unter den Linden entlang zum Stadtschloss strömten, dem Sitz des Kaisers, wenn er in der Stadt weilte. Sie forderten einmütig die Abschaffung der Monarchie. Zu dem Zeitpunkt, als Ebert die ihm von Baden angebotene Kanzlerschaft annahm – in Ermangelung eines Monarchen, Regenten oder sonstigen Staatsoberhauptes, das die Ernennung hätte vornehmen können, mussten sie die Regeln ignorieren und die Amtsübergabe einfach vollziehen –, verbreitete sich im Regierungsviertel das Gerücht, verschiedene linke Redner würden zu den Massen auf den Straßen sprechen. Die Rede war auch von Karl Liebknecht, einem leidenschaftlichen Kriegsgegner, altgedienten Vorkämpfer der Linken und Mitgründer des linksextremen, nach dem Anführer des Sklavenaufstands im antiken Rom benannten Spartakusbundes, der für seine Unterstützung des bolschewistischen Regimes in Russland bekannt war.

In diesem entscheidenden Augenblick ergriff jedoch nicht Ebert die Initiative. Er saß nach seinem Treffen mit Max von Baden im Reichstagsrestaurant bei einem bescheidenen Kriegsmahl – einer Kartoffelsuppe –, während die Massen das berühmte Motto, das zwei Jahre zuvor unter dem Hauptgiebel des Gebäudes eingemeißelt worden war – »Dem Deutschen Volke« – ernst nahmen und das Parlament stürmten, um ihren Standpunkt klarzumachen.

Mittlerweile war es kurz vor zwei Uhr nachmittags. Einige Demonstranten, treue Sozialdemokraten, betraten das Abgeordnetenrestaurant und forderten Ebert auf, zu der Menschenmenge zu sprechen. Liebknecht habe vor, eine sozialistische Republik nach bolschewistischem Vorbild auszurufen, erklärten sie. Die gemäßigte Linke müsse das Heft in der Hand behalten. Der neu ernannte Reichskanzler, der kein begnadeter Redner war, weigerte sich. Unter den Abgeordneten, die gerade zu Mittag aßen, war

November 1918: Revolutionäre Soldaten am Brandenburger Tor

indes auch der 53-jährige Philipp Scheidemann, ein ehemaliger Drucker aus Kassel, der als Fraktionsvorsitzender seiner Partei und Vizepräsident des Reichstages zu den wichtigsten Männern in der SPD-Führung zählte. Mit seinem kahlen Kopf und seinem Spitzbart (der merkwürdigerweise an denjenigen des abgesetzten Kaisers erinnerte) war er eine bekannte, leicht wiederzuerkennende Figur, und er war im Gegensatz zu Ebert ein mitreißender Redner.

Seinen Memoiren zufolge erfuhr Scheidemann in jenen Minuten genug, um zu der Überzeugung zu gelangen, dass eine Regentschaft keine realistische Option mehr war. Außerdem war klar, dass er unverzüglich in Aktion treten musste, denn sonst würde es jemand anders tun – jemand mit weit radikaleren Plänen. Während Ebert am Tisch zurückblieb, begab sich Scheidemann zusammen mit einigen Kollegen durch das Labyrinth der Reichstagskorridore zu einem Balkon links neben dem Hauptportal des Parlaments, vor dem viele tausend Demonstranten versammelt waren. Von seinen Kollegen umgeben, wandte sich Scheidemann mit einer improvisierten Rede an die Menschenmenge, die mit den Worten endete:

KAPITEL 4

»Der Kaiser hat abgedankt. Er und seine Freunde sind verschwunden. Über sie alle hat das Volk auf der ganzen Linie gesiegt! Der Prinz Max von Baden hat sein Reichskanzleramt dem Abgeordneten Ebert übergeben. Unser Freund wird eine Arbeiterregierung bilden, der alle sozialistischen Parteien angehören werden. Die neue Regierung darf nicht gestört werden in ihrer Arbeit für den Frieden, in der Sorge um Brot und Arbeit.

Arbeiter und Soldaten! Seid euch der geschichtlichen Bedeutung dieses Tages bewusst. Unerhörtes ist geschehen. Große und unübersehbare Arbeit steht uns bevor.

Alles für das Volk, alles durch das Volk! Nichts darf geschehen, was der Arbeiterbewegung zur Unehre gereicht. Seid einig, treu und pflichtbewusst!

Das Alte und Morsche, die Monarchie ist zusammengebrochen. Es lebe das Neue! Es lebe die Deutsche Republik!«[10]

Die Rede mochte radikal geklungen haben. Doch abgesehen von Scheidemanns historischer, spontaner Proklamation der Republik, war sie es in keiner Weise. Lässt man die übliche sozialistische Rhetorik beiseite, hatte er den kriegsmüden Massen im Grunde nur gesagt, sie sollten sich beruhigen, den Aufruhr beenden und unter dem neuen, demokratischen Regime darangehen, diszipliniert an der Rettung Deutschlands zu arbeiten.

Als Scheidemann ins Reichstagsrestaurant zurückkehrte, war Ebert, laut Scheidemanns Erinnerungen, »vor Zorn dunkelrot im Gesicht« und hieb aus Ärger über seinen eigenmächtigen Kollegen mit der Faust auf den Tisch.[11] Über Deutschlands künftige Staatsform zu entscheiden, oblag einer verfassunggebenden Versammlung! Doch für solche Feinheiten war es jetzt natürlich zu spät, und es steht außer Frage, dass Scheidemanns Handeln unter den gegebenen Umständen richtig war.

Es dauerte noch bis vier Uhr nachmittags, ehe Karl Liebknecht von einem anderen Balkon zu der Menschenmenge sprach – mit bewusster Theatralik von einem oberen Stockwerk des Stadtschlosses aus –, seine berühmte Forderung nach einem grundlegenderen revolutionären Wandel aufstellte und die »Freie Sozialistische Republik Deutschland« ausrief, die sich auf die in den vorangegangenen Tagen gebildeten Arbeiter- und Soldatenräte stützen sollte. Der neue Staat nach sowjetischem Vorbild sollte »unseren Brüdern in der ganzen Welt« die Hände reichen und sie »zur

68

Vollendung der Weltrevolution« aufrufen.[12] Nach der Rede begab sich der Spartakistenführer, dem amerikanischen Journalisten Ben Hecht zufolge, ins private Schlafgemach des Kaisers und legte sich in Unterwäsche in dessen Bett, während neben ihm der Nachttisch unter dem Gewicht seiner übervollen Aktentasche und einiger Bücher, die er bei sich hatte, zusammenbrach.[13]

Trotz Liebknechts Feuer und der Begeisterung seiner Anhänger erwies sich seine Proklamation als Rohrkrepierer, denn die überwältigende Mehrheit der Menschenmassen auf den Berliner Straßen wollte keine Nachahmung des bolschewistischen Staatsstreiches vom November (Oktober, nach altem Kalender) 1917. Im Regierungsviertel hatte sich eine große Menschenmenge versammelt, aber der Umsturz blieb aus. Scheidemanns nicht autorisierte Ausrufung der Republik und die Neuigkeit, dass der Sozialdemokrat Friedrich Ebert das Kanzleramt übernommen hatte, reichten den meisten Menschen, die mit der Forderung nach Veränderungen auf die Straße gegangen waren, aus. Viele Berliner erinnerten sich nur zu gut daran, was auf den Machtantritt Lenins und seiner Genossen gefolgt war: dass nämlich im Januar 1918 das frei gewählte Parlament – das erste in der russischen Geschichte – gewaltsam aufgelöst und im Handumdrehen ein diktatorischer Einparteienstaat errichtet worden war. Leute wie Scheidemann und Ebert waren sich jedenfalls der Gefahr bewusst, dass an die Stelle der Halbtyrannei der alten Monarchie womöglich wie in Russland eine absolute Tyrannei der äußersten Linken trat.

Während der verschiedenen Reden fiel einem Augenzeugen, einem Geschäftsmann, der gerade zur Kanzlei seines Rechtsanwalts in der Wilhelmstraße zu gelangen versuchte, die merkwürdige Passivität der Menschen auf, die in krassem Gegensatz zur Dramatik des Geschehens stand:

»Am Kriegsministerium hatten junge Burschen von 16 und 18 Jahren mit Flinten geschossen, weil die Tore nicht geöffnet wurden. Aus den Fenstern soll gegengefeuert sein. Zwecklose Kindereien. Ernste Männer mahnen zur Ruhe und untersagen das Schießen. Es ist wirkliche Revolution, aber merkwürdig – die großen weltbewegenden Gedanken und Ergebnisse und diese Jungens, Kinder mit roten, erhitzten Gesichtern mit unsympathischem Ausdruck, die eher an Ritter- und Räuberspiele erinnern als an die Träger der weltbewegenden Revolutionskraft.

KAPITEL 4

Es fehlt jede Begeisterung in den Massen der Straße. Das Publikum steht neugierig zur Seite und unterhält sich an der Aufregung wie im Theater. Autos sausen vorbei und die gutgekleideten Bürgersleute in der Leipzigerstraße drängen sich bescheiden an die Seite.«[14]

Der Tag der deutschen Revolution hatte gezeigt, dass das deutsche Volk genug hatte vom Krieg, nach Frieden verlangte und zu diesem Zeitpunkt überwiegend bereit war, einem neuen, demokratischen und, wie man hoffte, gerechteren politischen System eine Chance zu geben.

Am 9. November 1918 schienen die Repräsentanten der kaiserlichen Herrschaft sich zurückzuziehen, als hätten auch sie begriffen, dass ihr System versagt hatte. Welchen Sinn hatte eine Elite aus Kriegsherren und Monarchen, wenn sie ihr Land doch nur in die Niederlage führte? Überraschend war nur, dass das deutsche Volk sie so ungeschoren davonkommen ließ.

Trotz aller Verachtung, welche die Deutschen für das alte Regime empfinden mochten, fürchteten die meisten, insbesondere die Wohlhabenden, indes die Anarchie, die auf das Ende der Monarchie folgen mochte. Manche hatten auch Angst vor Arbeitslosigkeit als Folge des Umsturzes.

Der spätere Schriftsteller und Journalist Curt Riess, der bei Kriegsende 16 Jahre alt war, wuchs in einer Berliner Unternehmerfamilie auf, der es unter dem alten monarchischen Regime besser ging als vielen anderen. Sein Stiefvater hatte deutsche Fürstenhöfe wie jene von Bayern, Württemberg und Sachsen bis hinauf zum Kaiserhof mit Livreen beliefert. Riess erzählte später, im Geschäft seines Stiefvaters habe es eine Kammer gegeben, die bis obenhin mit Aberhunderten unterschiedlicher Uniformknöpfe gefüllt war. An der Geschäftsfassade prangten die Wappen der Herrscherhäuser, deren »Hoflieferant« Riess senior war.

Am Tag der Revolution eilten Riess und seine Angestellten aus Angst, die Massen würden gegen alle Symbole des alten Regimes vorgehen, zu dem mitten im Regierungsviertel gelegenen Geschäft, um es vor dem Mob zu schützen. Wie sich herausstellte, waren die Straßen zwar voller republikanischer Demonstranten, aber niemand schenkte dem so offensichtlich monarchisch geprägten Geschäft auch nur die geringste Beachtung, weder an diesem Tag noch später. Wie Riess berichtet, wechselte sein Stiefvater zwar der neuen Zeit entsprechend zur Anfertigung von zivilen Maßanzügen, doch die Wappen, die ihn als »Hoflieferanten« auswiesen, blieben bis zum

Ende der ersten deutschen Republik und darüber hinaus, wo sie immer gehangen hatten.[15]

Die Republik etablierte sich, aber man musste sie nicht unbedingt fürchten. Es gab Kontinuität. Leider gehörte zu dieser Kontinuität auch die bleibende Verantwortung für den Krieg, den der Kaiser, seine Minister und seine Generale dem Land aufgenötigt hatten – um dann von ihm zu verlangen, ihn zu bezahlen.

Die linksliberale Berliner Wochenschrift *Die Weltbühne* brachte es auf den Punkt: »… im Siege waren Ludendorff und die Seinen oben, stampften mit mächtigen Kanonenstiefeln durch die Gefilde und machten Schulden – Schulden, die nicht sie, aber wir Andern jetzt abzubezahlen haben werden.«[16]

KAPITEL 5
»Die Gehälter werden weiterbezahlt«

Die gekrönten Häupter und Generale, die das alte Deutschland beherrscht hatten, gehörten der Vergangenheit an. Zumindest erschien es der Außenwelt so. In Wirklichkeit richtete Ebert als erste Amtshandlung wenige Stunden, nachdem er Reichskanzler geworden war, einen Aufruf an die Beamten des alten Regimes, auf ihren Posten zu bleiben. »Ein Versagen in dieser schweren Stunde«, erklärte er, »würde Deutschland der Anarchie und dem schrecklichsten Elend ausliefern.«[1]

Gleichzeitig war er sich im Klaren darüber, dass seine Partei allein nicht in der Lage sein würde, die Ereignisse so verlässlich in den Griff zu bekommen, dass sich ein Mindestmaß an Ordnung aufrechterhalten ließ. Deshalb beschloss er, auch mit den Radikalen Frieden zu schließen. Noch am selben Nachmittag streckte er seine Fühler zur Führung jener Sozialdemokraten aus, die im Laufe des Krieges die Partei verlassen hatten, um die radikalere, pazifistische Unabhängige Sozialdemokratische Partei zu gründen. Die »Unabhängigen«, wie sie genannt wurden, hatten sich in den letzten zwei Kriegsjahren zu einer Kraft von beachtlichem Einfluss, besonders in Fabriken und unter Soldaten, entwickelt. Sie erreichten Orte, die Ebert verschlossen blieben. Aber an diesem ersten Nachmittag waren die rigiden Forderungen der USPD für ihn unannehmbar. Vorläufig war er gezwungen, abzuwarten und dem Geschehen auf den Straßen seinen Lauf zu lassen.

In der Nacht vom 9. auf den 10. November wusste niemand genau, wer in Berlin an der Macht war. Um zehn Uhr abends begehrte der reiche Connaisseur, Schriftsteller und Diplomat Harry Graf Kessler, der gerade erst von einer offiziellen Mission aus Magdeburg zurückgekehrt war, zusammen mit dem Schriftsteller René Schickele und einem Kollegen Einlass in den Reichstag. Als Grund gaben sie ein dringendes Treffen mit dem USPD-Vorsitzenden Hugo Haase an, der frisch von einem Besuch im revolutionären Kiel eingetroffen war. In seinem Tagebuch beschreibt Kessler die Szenerie am Reichstag so:

»DIE GEHÄLTER WERDEN WEITERBEZAHLT«

»Vor dem Hauptportal steht in den Scheinwerferstrahlen von mehreren feldgrauen Autos eine Nachrichten abwartende Menge. Leute drängen die Stufen hinauf ins Portal. Soldaten mit umgehängten Karabinern und roten Abzeichen fragen jeden, was er drinnen will ... Innen herrscht ein buntes Treiben; treppauf, treppab Matrosen, bewaffnete Zivilisten, Frauen, Soldaten. Gut, frisch und sauber, vor allen Dingen sehr jung sehen die Matrosen aus; alt und kriegsverbraucht, in verfärbten Uniformen und ausgetretenem Schuhzeug, unordentlich und unrasiert die Soldaten, Überreste eines Heeres, ein trauriges Bild des Zusammenbruchs.«[2]

Tatsächlich sollte Haase entscheidend dafür sorgen, dass die am 10. November wiederaufgenommenen Verhandlungen mit Ebert zum Erfolg führten. Zunächst, in Abwesenheit ihres altgedienten Vorsitzenden, hatten die Unabhängigen es halsstarrig abgelehnt, Nichtsozialisten in die Regierung aufzunehmen, und sei es auch nur als Fachleute ohne exekutive Befugnisse. Eberts Argument, dass man solche Fachleute unbedingt brauche, um die Lebensmittelversorgung im Reich vor dem Zusammenbruch zu retten, hatten sie nicht anerkannt. Diese Blockade dauerte, bis Haase aus Kiel zurückgekehrt war und seinen Kollegen den Kopf wusch. Im Gegensatz zu seinen häufig unerfahrenen Genossen war der 56-jährige Jurist Haase ein gewiefter Politiker, der fünf Jahre neben Ebert Vorsitzender der SPD gewesen war, bis er aus Enttäuschung über den Krieg die USPD mitgegründet hatte. Trotz der weiterbestehenden scharfen Differenzen mit Ebert und den Mehrheitssozialdemokraten besaß Haase ein Gespür für Realpolitik, das heißblütigeren Unabhängigen wider den Strich ging.

Am frühen Nachmittag des 10. November hatten die Unterhändler eine Vereinbarung erzielt. Danach sollten der Regierung auch einige Nichtsozialisten angehören, allerdings mit sozialistischen Staatssekretären als Aufpassern an der Seite. Das letzte Wort im Staat würde die Reichsversammlung der Arbeiter- und Soldatenräte haben, die zum frühestmöglichen Zeitpunkt in Berlin zusammentreten sollte. Ein sechsköpfiger Regierungsrat, je zur Hälfte mit Mehrheitssozialdemokraten und Unabhängigen besetzt, würde die neue Republik bis auf Weiteres regieren und das Kanzleramt ersetzen, das Ebert also nur für 24 Stunden innehatte. Um jeden Geruch von überholten ministeriellen Privilegien zu vermeiden, firmierte dieses Kernkabinett nicht als Regierung, sondern als Rat der Volksbeauftragten.

KAPITEL 5

Oberflächlich gesehen, ging die Revolution in den nächsten Tagen weiter. Es war keine bolschewistische Diktatur des Proletariats, aber man hörte viel revolutionäre Rhetorik, und den Arbeiter- und Soldatenräten wurde vorläufig freie Hand gelassen. All dies passte zur Strategie der MSPD-Führung, sich an die Spitze der Revolution zu setzen, um sie in Grenzen zu halten. Sie wollte, bildlich gesprochen, den aufrührerischen Tiger reiten.

Den revolutionären Räten eine Machtstellung zu belassen, mochte als großes Risiko erscheinen. Aber die Mehrheitssozialdemokraten konnten sich dieses Vorgehen aus zwei Gründen leisten. Erstens wussten sie immer noch die Mehrheit der Arbeiter und Soldaten (überwiegend während des Krieges eingezogene Wehrpflichtige, also gewissermaßen Arbeiter in Uniform) hinter sich. Die meisten Delegierten der direkt gewählten Räte, so bolschewistisch diese Institution auf den ersten Blick wirkte, würden höchstwahrscheinlich der Linie der Mehrheitssozialdemokratie folgen, nicht derjenigen der Unabhängigen und erst recht nicht der von Liebknechts protokommunistischem Spartakusbund. Der zweite Grund, der indes noch jahrelang geheim gehalten wurde, war in einer Vereinbarung mit Ludendorffs Nachfolger als Generalquartiermeister und damit De-facto-Heereschef Groener zu suchen, mit dem Ebert am späten Abend des 10. November über eine sichere Leitung telefoniert hatte.

Der General und der Parteivorsitzende kannten einander ziemlich gut. Sowohl als Vertreter der Obersten Heeresleitung beim Kriegsernährungsamt wie auch als stellvertretender preußischer Kriegsminister und oberster Herr der Kriegsproduktion hatte Groener 1916/17 bei der Lösung der entscheidenden Aufgabe, die Arbeiterschaft zu ernähren und im Zaum zu halten, mit Ebert und anderen Sozialdemokraten zusammengearbeitet. Für das Gespräch am 10. November gibt es eine einfache Erklärung: Ebert war sich seiner Position angesichts der revolutionären Entwicklungen nicht sicher und bat seinen alten Bekannten Groener um die Unterstützung der Armee gegen die äußerste Linke, wofür er im Gegenzug die Stellung der Armee und trotz der jüngsten Demokratisierungswelle die disziplinarischen Vollmachten der Offiziere garantierte.

Es gibt allerdings auch eine andere Darstellung. Tatsächlich hatte Groener buchstäblich keine Truppen, die er Ebert hätte zur Verfügung stellen können. Wie Max von Badens Versuch, das 4. Jägerregiment am frühen 9. November gegen die Demonstranten einzusetzen, gezeigt hatte, konnte man kaum noch darauf vertrauen, dass Heereseinheiten sich als »Ordnungskräfte« einsetzen ließen. Unzufriedenheit und Defätismus hatten sich nicht nur an der Front, sondern auch im Reich, insbesondere in den Städten, breitgemacht, wo Zivilisten und Soldaten gleichermaßen und in Windeseile radikale Ideen aufgriffen. Nach den Ereignissen der vorangegangenen Tage zu urteilen, besaß Ebert mehr Macht über den durchschnittlichen Soldaten als dessen nomineller Befehlshaber Groener. Beide Männer waren jedoch daran interessiert, die Truppen in geordneter Weise auf die bereits mit der Entente vereinbarte Waffenstillstandslinie zurückzuführen und die Demobilmachung deutscher Bürger in Uniform (es waren über acht Millionen), die zweifellos in den nächsten Wochen und Monaten erfolgen musste, reibungslos über die Bühne zu bringen. Dies bedeutete, dass der Sozialdemokrat bereit war, der Heeresleitung die grundlegende Integrität der alten Armee und ihres Offizierskorps zuzusichern.[3] Groener seinerseits würde alles tun, um von der alten Armee zu retten, was zu retten war, und Zeit zu gewinnen, damit sie sich in der deutschen Nachkriegsgesellschaft als Machtfaktor etablieren konnte.

Groener blieb natürlich Monarchist. Gleichwohl ist schwer vorstellbar, was er anderes hätte tun können, als dem neuen Regime in Berlin persönlich und im Namen des Heeres die Treue zu schwören. Der im Großherzogtum Württemberg geborene und ursprünglich nicht in die preußische, sondern in die württembergische Armee eingetretene Groener hatte letzten Endes den Kaiser am Morgen des 9. November ins Exil gejagt. In einer Sitzung im Hauptquartier hatte der Oberste Kriegsherr seine Absicht kundgetan, »sein« Heer nach Inkrafttreten des Waffenstillstandes höchstpersönlich in die Heimat zurückzuführen und die Revolution mit Gewalt niederzuschlagen. Kaum einer der anwesenden Offiziere vermochte diesem Plan etwas abzugewinnen. Er hätte einen Bürgerkrieg ausgelöst und wahrscheinlich die Wiederaufnahme der Feindseligkeiten mit der siegreichen Entente nach sich gezogen. Der Kaiser stand plötzlich ohne seine Paladine da. Und Groener war derjenige, der es ihm sagte:

»Das Heer wird unter seinen Führern und Kommandierenden Generalen in Ruhe und Ordnung in die Heimat zurückmarschieren, aber nicht unter dem Befehl Eurer Majestät; denn es steht nicht mehr hinter Eurer Majestät!«[4]

KAPITEL 5

Dies traf zu. Überall bildeten sich Soldatenräte. Allerdings wollten die meisten Soldaten – jedenfalls diejenigen, die sich, als das Kriegsende näher rückte, nicht selbst »demobilisiert« hatten –, dass der im Waffenstillstandsabkommen geforderte Rückzug hinter die deutschen Grenzen auf geordnete Weise vor sich ging. Und außer ein paar unverbesserlichen Offizieren war kaum einer bereit, für die Wiederherstellung des preußischen Königtums zu kämpfen.

Es war eine merkwürdige Revolution, die Deutschland 1918 erlebte. Das im Oktober eingeführte parlamentarische System war nicht auf Druck von Abgeordneten oder – Gott behüte – durch einen Volksaufstand, sondern auf Initiative Ludendorffs und der Heeresleitung zustande gekommen, und der Übergang zur Republik, der am 9. November eher durch Zufall und ganz sicher nicht nach einem Plan Eberts vonstattenging, war zwar die radikalste staatliche Umgestaltung in der deutschen Geschichte. Aber es war bereits dafür gesorgt, dass die alten kaiserlichen Beamten im Amt bleiben würden. Wie sonst sollte man die Deutschen ernähren und für Ruhe und Ordnung sorgen? Jetzt wurde deutlich, dass, soweit es nach Groener und Ebert ging, auch die alten kaiserlichen Offiziere ihre Posten behalten würden. Wie sonst sollte man die Armee zusammenhalten und die Soldaten sicher und geordnet nach Hause führen?

Eines stand fest: Die äußerste Linke hatte es versäumt, das kurzzeitig vorhandene Vakuum nach der Bekanntgabe von Wilhelms Abdankung zur Machtübernahme zu nutzen, und Liebknechts Ausrufung der sozialistischen Republik und seine Forderung nach der Weltrevolution waren weithin auf taube Ohren gestoßen. Die Massen hatten überwiegend zu den ihnen vertrauten sozialdemokratischen Führungsfiguren gehalten, einschließlich der relativ gemäßigten Köpfe der Unabhängigen, mit Ebert an der Spitze der neuen Machtstruktur.

Am Tag nach dem großen Umsturz, dem 10. November, einem Sonntag, war es in Berlin erstaunlich ruhig. Der Theologe und Philosoph Ernst Troeltsch beobachtete, wie die wohlhabenden Bürger im grünen Vorort Grunewald ihren gewohnten Sonntagsspaziergang unternahmen, wenn auch mit ein, zwei Zugeständnissen an die neue Zeit:

> »Keine eleganten Toiletten, lauter Bürger, manche wohl absichtlich einfach angezogen. Alles etwas gedämpft wie Leute, deren Schicksal irgendwo weit in der Ferne entschieden wird, aber doch beruhigt und

»DIE GEHÄLTER WERDEN WEITERBEZAHLT«

behaglich, dass es so gut abgegangen war. Trambahnen und Untergrundbahn gingen wie sonst, das Unterpfand dafür, dass für den unmittelbaren Lebensbedarf alles in Ordnung war. Auf allen Gesichtern stand geschrieben: Die Gehälter werden weiterbezahlt.«[5]

Die Mischung aus Erleichterung und Besorgnis, von der die Haltung der großen Mehrheit der Deutschen in diesem kurzen Zwischenstadium geprägt war – am nächsten Tag, dem 11. November, wurde der Waffenstillstand unterzeichnet –, schien ein gutes Vorzeichen für Veränderungen zu sein. Allerdings wollten die meisten, einschließlich der SPD-Führung mit Ebert als idealtypischem Vertreter, nicht zu viel davon. Sie wollten genug, um etwas mehr Freiheit und Gleichheit zu erhalten, den dumpfen Autoritarismus des Kaiserreiches zu überwinden und die Außenwelt, wenn möglich, zu einem milderen, an Wilsons »Vierzehn Punkten« orientierten Friedensabkommen zu veranlassen. Vielleicht auch etwas Sozialismus. Schon vor 1914 hatte sich die deutsche Industrie in eine Richtung entwickelt, die vom marktwirtschaftlichen, individualistischen »Manchestertum« Großbritanniens und der Vereinigten Staaten abwich, und die Leidenschaften und Notwendigkeiten des Krieges hatten ein Übriges getan, um die Wirtschaft des Reiches zu einer Art korporativem Sozialismus zu drängen, der eine deutsche Besonderheit darstellte. Aber so viel Sozialismus, dass »russische Verhältnisse« geschaffen worden wären, wünschte man nicht, denn der Bolschewismus fand weder bei den wohlhabenden Schichten noch bei der Mehrheit der Arbeiter viel Anklang.

Der entscheidende Punkt war, dass das alte System sowohl diskreditiert als auch ruiniert war. Nach seiner offensichtlich panischen Flucht nach Holland hatte man für den Kaiser größtenteils nur noch Verachtung übrig. Die Generals- und Offizierskaste hatte dem Land nichts anderes eingebracht als langanhaltendes Leid und eine verheerende Niederlage. Die Deutschen hatten vier Jahre lang zusammengehalten und bemerkenswerte Tapferkeit bewiesen, gewiss, aber wozu? Und was würde jetzt geschehen?

Einige Monate später sprach Ebert in einer Rede über die Beweggründe und Zwänge seines Handelns in der Zeit der Novemberrevolution:

»Wir waren im eigentlichen Wortsinne die Konkursverwalter des alten Regimes: Alle Scheuern, alle Läger waren leer, alle Vorräte gingen zur Neige, der Kredit war erschüttert, die Moral tief gesunken. Wir haben ... unsere beste Kraft eingesetzt, die Gefahren und das Elend der Übergangszeit zu bekämpfen. Wir haben der Nationalversammlung nicht vorgegriffen. Aber wo Zeit und Not drängten, haben wir die dringlichsten Forderungen der Arbeiter zu erfüllen uns bemüht. Wir haben alles getan, um das wirtschaftliche Leben wieder in Gang zu bringen ... Wenn der Erfolg nicht unseren Wünschen entsprach, so müssen die Umstände, die das verhinderten, gerecht gewürdigt werden.«[6]

Das waren nicht gerade die Worte eines Revolutionärs, der voller Zuversicht und Leidenschaft eine von Grund auf neue Welt aufbauen wollte und bereit war, für die Aussicht auf eine glänzende Zukunft alles zu opfern. Tatsächlich klang die Rede mitunter nach einer milden Entschuldigung. Schon der Begriff »Konkursverwalter« war vielsagend.

Hinter Eberts Beteuerungen vor den neugewählten Delegierten der verfassunggebenden Versammlung stand die Einsicht, dass man den Deutschen, wenn ihr neuer Staat lebensfähig sein sollte, ein besseres Leben bieten musste als das vorherige Regime. Seit einem halben Jahrhundert hatte die SPD für den Fall ihrer Machtübernahme versprochen, das Leben der großen Mehrheit der Deutschen neu zu gestalten, indem sie im Rahmen einer idealen sozialistischen Demokratie für Arbeit, soziale Fürsorge, Gleichheit und Wohlstand sorgte.

Im Kaiserreich von der Macht ausgeschlossen, hatten die SPD und ihre Mitglieder mehr als vier Jahrzehnte lang eine Parallelgesellschaft aufgebaut, in deren Schutz paradiesische, wenn nicht gar märchenhafte Vorstellungen davon gediehen, wie das Leben nach dem Sieg des Proletariats aussehen würde. Den Übergang zu diesem Idealstaat unter den Bedingungen eines auf katastrophale Weise verlorenen Krieges bewerkstelligen zu müssen, darauf war die Partei nicht vorbereitet. Genauso wenig hatte sie damit gerechnet, die Macht in einem Land zu übernehmen, das vom Krieg erschöpft, hoch verschuldet, vom Weltmarkt ausgeschlossen, mit der Aussicht auf enorme Reparationsforderungen konfrontiert und aufgrund einer gnadenlosen Blockade, die sogar noch nach dem Waffenstillstand aufrechterhalten wurde, halbverhungert war. Am schlimmsten war jedoch, dass das Land, obwohl viele Deutsche zur Zeit der Abdankung des Kaisers das Ende der Monarchie begrüßt hatten, bereits von tiefen politischen und sozialen Gräben durchzogen war, die nichts Gutes erwarten ließen.

»DIE GEHÄLTER WERDEN WEITERBEZAHLT«

Gegen Ende des zwanzigsten Jahrhunderts sollten amerikanische Politikberater als knappen Hinweis darauf, wie Wahlen gewonnen werden, den Slogan erfinden: »It's the economy, stupid« – »Die Wirtschaft macht's, Dummkopf«. Dies galt auch für das unruhige Dasein der ersten deutschen Republik und ihr tragisches Ende. Hier spielten viele Faktoren zusammen, aber letztlich sollte die Wirtschaft bestimmen, wie diese sich auswirkten.

Was den Wert der deutschen Währung angeht, die im Frühjahr 1918 mit einem Kurs von etwas mehr als fünf zu eins zum Dollar relativ gut notiert hatte, so stand sie im Februar 1919, als Ebert seine alles andere als zuversichtliche Rede vor der Nationalversammlung hielt, bei 8,20 – mit fallender Tendenz.

KAPITEL 6
Vierzehn Punkte

Obwohl am 11. November 1918 um elf Uhr die Kampfhandlungen an der Westfront eingestellt wurden, war der Krieg an diesem Tag noch nicht zu Ende. Formal betrachtet, machte er nur eine Pause. Der kurz nach fünf Uhr an diesem Morgen unterzeichnete Waffenstillstand war eine auf nur 36 Tage befristete Vereinbarung, konnte allerdings in gegenseitigem Einvernehmen verlängert werden, was mehrmals geschah, bis im Januar 1920 alle Kriegsparteien den Friedensvertrag ratifiziert hatten. Dennoch blieb bis zu diesem Zeitpunkt die Gefahr einer Wiederaufnahme der Feindseligkeiten bestehen.

Auch in anderer Hinsicht bedeutete der Waffenstillstand keine Rückkehr zur »Normalität«. Zu den von US-Präsident Wilson als Grundlage für einen gerechten und dauerhaften Frieden aufgestellten »Vierzehn Punkten« gehörte auch die »uneingeschränkte Freiheit der Schifffahrt auf den Meeren«.[1] Während des immer schärferen Notenwechsels, der dem Waffenstillstand vorausging, war indes klargeworden, dass die Freiheit auf den Meeren erst nach Abschluss eines Friedensvertrages gelten würde. Dies bedeutete, dass die 1915 von Großbritannien und Frankreich verhängte Blockade des deutschen Seehandels auch nach dem Verstummen der Kanonen weiter galt. Mit anderen Worten: Die Deutschen würden auf unbestimmte Zeit hungern und, mehr noch, daran gehindert werden, mit der Außenwelt Handel zu treiben und so die Mittel für ihre Ernährung aufzubringen.

Um dem Ganzen die Krone aufzusetzen, hieß es in einem Unterpunkt im Waffenstillstandsabkommen: »Die Alliierten und die Vereinigten Staaten nehmen in Aussicht, während der Dauer des Waffenstillstands Deutschland in dem als notwendig anerkannten Maße mit Lebensmitteln zu versorgen.«[2]

Man nahm also »in Aussicht«. Aber was würde man als »notwendig« betrachten? Die Antwort lautete, wenigstens am Anfang: so gut wie nichts. Nach deutschen Protesten wurde jedoch eine Vereinbarung erreicht, der zufolge im Gegenzug für die Übernahme von 2,5 Millionen Tonnen deutschen Frachtraums durch die Entente Lebensmitteleinfuhren nach Deutschland erlaubt waren.[3] Doch in den nächsten Monaten verhinderten kleinliche Streitigkeiten jeden Fortschritt und schürten (nicht ohne Grund) auf deutscher Seite Ressentiments. Insbesondere Frankreich lehnte es monatelang ab, dem Gedanken näherzutreten, dass es der deutschen Regierung ermöglicht werden sollte, Nahrungsmittel für ihre notleidende Bevölkerung einzuführen.[4]

Deshalb brachte das Ende der Kämpfe keine Erleichterung. In den rund acht Monaten, in denen die Blockade nach dem Waffenstillstand aufrechterhalten wurde, erhob Deutschland wiederholt und mit Recht Protest, wobei es die Alliierten darauf hinwies, dass ihr Würgegriff nicht nur gegen den Geist des Waffenstillstandsabkommens verstieß, sondern auch den unschuldigen Bürgern des Landes, insbesondere den Armen und den Kindern, unnötiges Leid zufügte. Erst im Frühjahr 1919 sollten einige Kontrollen gelockert werden, allerdings weniger aus humanitären Gründen als aus antibolschewistischem politischen Kalkül. Doch die Mengen an Nahrungsmitteln, die – gegen Bezahlung in Gold – importiert werden durften, waren zu gering, und sie kamen zu spät.

Freilich musste nicht jeder in Deutschland hungern. 1918 gab es kaum einen Deutschen, der noch nicht mit dem Schwarzmarkt in Berührung gekommen war. Bauern, Fabrikanten und Kaufleute hatten Mittel und Wege gefunden, die zahllosen Vorschriften und Restriktionen der Kriegszeit zu umgehen. Aber wer auf dem Schwarzmarkt einkaufen wollte, musste in der Lage sein, dessen Preise zu bezahlen.

In den Diskussionen auf Seiten der Entente über die Aufhebung der Blockade oder wenigstens die Versorgung der Besiegten mit Lebensmitteln spielte die Frage, ob Deutschland »wirklich« hungerte, eine große Rolle. Militärmissionen unternahmen Inspektionsreisen, unter anderem, um zu klären, wie schlecht die Situation in Deutschland unter den Bedingungen der fortdauernden Blockade war (oder eben nicht).

Eine dieser Missionen, eine britische, reiste im Februar 1919 nach Berlin. Die drei beteiligten Offiziere aus dem seit dem Waffenstillstand britisch besetzten Köln wohnten neun Tage Unter den Linden im luxuriösen Hotel Adlon. Sie konnten »kein Anzeichen für irgendwelchen Mangel« finden. Das Abendessen im Hotel bestand aus falscher Schildkrötensuppe, gekochtem Steinbutt mit Kartoffeln, gefolgt von einer großen Kalbfleischplatte mit Gemüse und Salat sowie Apfelkompott und Kaffee zum Preis von 18 Mark.[5]

KAPITEL 6

Auch in anderen Teilen der Stadt stellten die britischen Offiziere fest, dass man – zu einem entsprechenden Preis – Fleisch, Fisch und andere nahrhafte Lebensmittel kaufen konnte. Bei Besuchen in Arbeitervierteln sowie in Waisen- und Krankenhäusern bemerkten sie indes ernste Versorgungsmängel und entsprechende medizinische Probleme. Bezeichnenderweise waren sogar die Angestellten im Adlon, dem Bericht der Offiziere zufolge, vor dem Hintergrund der inflationären Entwicklung der Mark froh, anstelle von Trinkgeld übriggebliebene britische Militärrationen zu erhalten, die offenbar »willkommener waren, als Geld es gewesen wäre«.[6]

Auch Reporter aus alliierten Ländern reisten zum ersten Mal seit 1914 wieder nach Deutschland. Anfangs blieben sie allerdings in den von den Alliierten besetzten Gebieten Westdeutschlands, die nicht in allem stellvertretend für das ganze Land genommen werden konnten. Gleichwohl schien ihre Hauptaufgabe unter anderem darin zu bestehen, im Namen ihrer Leser festzustellen, in welchem Zustand sich die deutsche Wirtschaft, die Lebensmittelversorgung und die Gesundheit der Bevölkerung befanden. Der Ton ihrer Kommentare variierte zwischen einigermaßen mitfühlend und gnadenlos feindselig. Tatsächlich druckte selbst eine liberale Zeitung wie der *Manchester Guardian* Artikel, die eine außerordentliche Gefühllosigkeit gegenüber dem Leid der Besiegten verrieten.

In der zweiten Januarwoche 1919 berichtete ein Korrespondent des *Manchester Guardian* vom traurigen Schicksal britischer Kriegsgefangener, die sich noch in deutschen Händen befanden und die angeblich in »einem so kläglichen und demoralisierten Zustand« waren, »dass sie wie schwachköpfige Tiere wirkten, die kaum sprechen konnten und unfähig waren, die geringste Freude über ihre Befreiung zu zeigen. Erst nachdem sie gegessen hatten, legte ein französischer Offizier ›God Save the King‹ auf ein Grammophon ... Es war ein bewegender Anblick, zu sehen, wie ihre ausgemergelten Gesichter sich aufhellten, als sie die vertraute Melodie hörten.« Dem stellte der Journalist den Zustand der Deutschen gegenüber:

> »Nirgends, wo ich während meiner 400 Kilometer langen Fahrt auf beiden Seiten des Rheins gewesen bin, habe ich ein Zeichen von Lebensmittelknappheit gesehen. In Mainz bieten die Cafés köstliche Sahnetorten in unbegrenzter Menge an. London hat solchen Luxus vor der Unterzeichnung des Waffenstillstandes lange Zeit nicht gesehen, und man muss niemanden daran erinnern, dass hier die

Blockade noch besteht und dass die Lebensmittel, die man jetzt bekommt, die gleichen sind, welche die Deutschen während des gesamten Krieges hatten. Wenn sie sich über Versorgungsmängel beklagen, dann im Vergleich zu den riesigen, überreichen Mengen, die sie im Frieden gegessen haben, und statt sich nachteilig auf die Gesundheit auszuwirken, haben die von unserer Blockade aufgenötigten Einschränkungen vermutlich das Leben vieler Deutscher verlängert, die ansonsten an Verdauungsstörungen oder Herzverfettung vorzeitig gestorben wären.«[7]

Der Reporter ignorierte allerdings (oder, freundlicher betrachtet, wusste vielleicht nicht), dass die französischen Behörden in der Hoffnung, die Bewohner des Rheinlandes zu einer profranzösischen Haltung zu bewegen – womöglich sogar dazu, einer völligen Abtrennung von Deutschland zuzustimmen –, in ihrer Zone sämtliche Restriktionen aufgehoben hatten. Tatsächlich galt die alliierte Blockade für dieses Gebiet nicht. »Wir betrachteten die besetzten Gebiete damals in Bezug auf den Handel so, als wären sie ein Teil Frankreichs oder Belgiens«, erinnerte sich ein britischer Beamter einige Jahre später.[8] In ausgewogeneren Berichten wurden die Versorgungsprobleme erwähnt, welche die herrschende Knappheit, vor allem außerhalb der besetzten Gebiete, seit Kriegsende noch verschärften:

»In ganz Deutschland ... leiden alle großen Fabrikationszentren und industriellen Ballungsgebiete aus dem einfachen Grund, weil die Versorgung aus dem Umland unterbrochen ist. Der allgemeine politische Aufruhr innerhalb Deutschlands und an seinen Grenzen hat ein Netz von Barrieren über das komplizierte Transportsystem, das die Bedürfnisse dieser dichtbesiedelten Gebiete befriedigte, geworfen, und die Bevölkerung ist daher auf kleine, abgeschottete Teilgebiete beschränkt, die auch nicht annähernd genug produzieren können, um sie zu versorgen, und in denen sie folglich vom Hunger bedroht sind.«[9]

Eine Korrespondentin, die als »Eine Engländerin in Deutschland« unterzeichnete, berichtete aus der Kur- und Kasinostadt Wiesbaden, wo sich vor dem Krieg die internationale High Society ein Stelldichein gegeben hatte. Obwohl ihr Artikel die Überschrift »Wiesbaden immer noch eine luxuriöse

KAPITEL 6

Stadt« trug, schilderte sie auf erstaunlich differenzierte Weise, was sie beobachtet hatte, und offenbarte beachtliches Verständnis für die wirtschaftlichen Realitäten der Nachkriegszeit:

»Die Menschen sehen nicht unterernährt aus; die Kinder wirken vielleicht etwas verkniffen, aber nicht mehr, als es in unserem eigenen East End der Fall ist. Doch die Preise sind vielsagend, und man fragt sich, wie die Armen überhaupt leben können, sowohl was die Nahrung als auch was die Kleidung angeht. Hier einige Preise, die ich bei einem Spaziergang durch die Straßen von Wiesbaden notiert habe: ein Teller Schinken – 12 Mark; ein Pfund Sülze – 19 Mark; eine kleine Dose Gänseleberpastete – 16 Mark; ein Pfund Tee – 37 Mark; Baumwollstrümpfe – 10 Mark (Kindern sind vier Paar pro Jahr zugeteilt); Musselin – 40 Mark; Chinakrepp – 60 Mark; Schuhe (nicht ganz aus Leder) – 150 Mark; Zephir – 10,50 Mark pro Meter; Madapolam – 9,50 Mark pro Meter; ein Pfund Butter – nominell 30 Mark.«*[10]

»Nominell« war der Preis der Butter, weil sie offenbar nur im Tausch gegen Tabak, Kleidung oder andere Dinge zu haben war. Zum Zustand der Armen bemerkte die Korrespondentin, die Hälfte der kleinen Jungen in Wiesbaden trage umgearbeitete Uniformen der Väter. Und die kriegsversehrten Männer? »Die deutschen Verwundeten«, berichtete die Engländerin, »haben übrigens ausgezeichnete Krücken, die leicht an die jeweils benötigte Höhe angepasst werden können.«

Während die Blockade ihren Schatten auf Deutschland warf, nahmen gegen Ende des Jahres in Berlin die Kämpfe zwischen revolutionären Spartakisten und den Behörden zu, und Anfang 1919 verschärften sie sich zusehends. Dennoch fiel den meisten Beobachtern vor allem auf, wie normal die Stadt abseits der Orte, an denen die Auseinandersetzungen stattfanden, wirkte. Das britische Offizierstrio, das sich im Februar 1919 einige Tage in Berlin aufhielt, wurde in einem Arbeiterbezirk zwar Zeuge eines bewaffneten

---

*   Mit Zephir ist wahrscheinlich ein leichter Kammgarnstoff gemeint, der um die Jahrhundertwende beliebt war. Madapolam ist ein glatter, feiner, leicht glänzender Baumwollstoff.

Zusammenstoßes, bei dem fünf Menschen getötet und fünfzig verletzt wurden, beobachtete aber, dass sich das »allgemeine Publikum ... völlig damit zufriedengab, sich am Rande des Abgrunds zu vergnügen«. Danach besuchten die Offiziere ein Kabarett, wo sie »eine große Menge von Männern und Frauen aus dem Bürgertum, zumeist im Alter zwischen 35 und 50«, sahen, »die Walzer und Foxtrott tanzten und extrem teuren Wein tranken«.[11]

Ohne Frage war der Hunger der Deutschen nach Unterhaltung und Vergnügungen während der Friedenszeit-Blockade, wenn möglich, noch stärker als sonst. Nachtklubs und Tanzlokale, deren Betrieb kurz nach Kriegsbeginn offiziell verboten worden war, hatten am Silvesterabend 1918 ihre Pforten wieder öffnen dürfen. »Mit dem Fallen des Tanzverbots«, berichtete das *Berliner Tageblatt* am 1. Januar 1919. »stürzte sich das Volk wie ein Rudel hungriger Wölfe auf die langentbehrte Lust ... Nie ist in Berlin so viel, so rasend getanzt worden.«[12]

Der Berliner Journalist Leo Heller beschrieb in einem seiner beliebten Bücher über die Berliner Halbwelt einen Besuch in der »Zauberflöte«, einem der Nachtklubs, die in den Wochen nach dem Waffenstillstand eröffnet hatten. Wie Heller erzählt, lernte er vor dem Eingang, während er darauf wartete, das Eintrittsgeld von 2,50 Mark zu bezahlen, eine füllige Berlinerin unbestimmten Alters kennen, die den Klub offenbar regelmäßig besuchte (für Frauen kostete der Eintritt nur eine Mark, wie er von ihr erfuhr) und sich als Führerin durch die Nacht anbot.

Trotz der trüben Beleuchtung bemerkte Heller einige Flecke auf dem roten Seidenkleid der Frau. »'n bisschen deutscher Sekt!«, erklärte sie und gab dem Mangel an Reinigungsmitteln aufgrund der Blockade die Schuld daran, dass die Flecken immer noch vorhanden waren. »Weeßte, det Putzen is so deier, det et beim Jeschäft nich herauskommt. Denn muss man schon wart'n, bis Wilson seine vierzehn Punkte jenehmicht sin.« Auch die Tänzer im Klub waren typisch für die Zeit. Der Besitzer einer um die Ecke liegenden Gaststätte tanzte mit einer Frau, die nicht die seine war. Ein junger Offizier und seine Freundin amüsierten sich neben revolutionären Matrosen und Soldaten, die sich eine Auszeit von den Kämpfen nahmen. Mit den Worten der »Rotseidenen«:

»Dort der lange Lulatsch mit de Stirntolle is een janz Wilda. Ick jloobe, er is von Jeburt aus Spartakiste. Mir tut nur det Mächen leid, det sich so an ihn hängt.«[13]

KAPITEL 6

Nach mehr als vier entbehrungsreichen Kriegsjahren sehnten sich die Deutschen nach Ablenkung und einem besseren Leben. Insbesondere in Berlin brachte die Spannung zwischen politischem Radikalismus und dem Wunsch nach dem Einfachen und Normalen bizarre Kontraste hervor.

So lieferten sich, während das erste Nachkriegsweihnachten näherrückte, revolutionäre Matrosen, die jetzt in der mehrere tausend Mann starken Volksmarinedivision organisiert und im Marstall gegenüber dem Stadtschloss stationiert waren, und die wenigen loyalen Armeeeinheiten, die Groener (mit Eberts geheimer Unterstützung) für eine alternative, der Regierung ergebene Truppe hatte zusammenkratzen können, in der Stadtmitte blutige Gefechte. Die Matrosen waren unruhig, weil ihr Sold ausgeblieben war; die Regierung wollte ihn nur auszahlen, wenn sie sich dem Befehl des Kriegsministeriums unterstellten und aus der Umgebung des Schlosses zurückzogen. Diese Forderung wiesen die Matrosen zurück, weil sie – zu Recht – konterrevolutionäre Motive vermuteten. Die Folge war, dass sie am 23. Dezember die Reichskanzlei stürmten, Ebert und die anderen Volksbeauftragten festnahmen, die Haupttelefonleitungen kappten und Otto Wels als Geisel im Marstall festsetzten. Jetzt wurde ihnen die Auszahlung des Solds versprochen, aber inzwischen waren mehrere Matrosen getötet worden, und ihre Kameraden verlangten Gerechtigkeit und wollten ihre Beute erst hergeben, wenn ihr Genüge getan war.

Am nächsten Tag eskalierte die Lage weiter. Groener befand sich in Kassel, wo er von Schloss Wilhelmshöhe aus, dem vormaligen Kriegshauptquartier der Obersten Heeresleitung, die Reste seiner Armee befehligte. Doch es war ihm gelungen, über die sichere Telefonleitung, die den Revolutionären verborgen geblieben war, mit dem belagerten Ebert zu sprechen. Der General und der Politiker stimmten darin überein, dass die Matrosen aus dem Berliner Schloss und dessen Umgebung entfernt werden mussten.

Auf Befehl Groeners gingen Armeeeinheiten, die zwar relativ klein waren, aber über schwere Waffen verfügten, gegen die mit Gewehren und Maschinengewehren ausgerüsteten Matrosen vor. Es kam zu schweren Kämpfen, in denen die Matrosen mithilfe einer großen Zahl von Berliner Arbeitern, die sich ihnen angeschlossen hatten, einen eindrucksvollen Sieg errangen. Die einst allmächtige Armee war auf demütigende Weise in die Flucht geschlagen worden. Da sie jetzt die Regierung – und ganz Berlin – in der Hand hatten, erhielten die Matrosen am Heiligabend ihren Sold – und blieben in ihrem Hauptquartier.[14]

VIERZEHN PUNKTE

Erstaunlicherweise legten die siegreichen Revolutionäre wenige Stunden später die Waffen nieder, verließen die besetzten Gebäude, einschließlich der Reichskanzlei, und gingen nach Hause, um Weihnachten zu feiern. Es war ein Fest weitgehend ohne Festessen, Kerzen und Dekorationen, aber es war das erste seit fünf Jahren, an dem kein Krieg herrschte, und für diese Männer und ihre Familien war es das Höchste, es gemeinsam feiern zu können.

Viele der Männer hofften wie die Frau im rotseidenen Kleid in der »Zauberflöte« und Menschen überall im Land für 1919 auf »Wilson seine vierzehn Punkte« – auf einen gerechten Frieden für ein neues Deutschland in einer gerechten Welt.

KAPITEL 7
Bluthunde

Die Blockade wurde bis Ende Juli 1919 aufrechterhalten. Vom März an war es Deutschland zwar gestattet, einige Nahrungsmittel einzuführen, aber im Allgemeinen waren die annähernd siebzig Millionen Deutschen nach der Unterzeichnung des Waffenstillstandsabkommens fast ein Dreivierteljahr vom Weltmarkt sowie von Nahrungsmittel- und Rohstoffimporten abgeschnitten. Dieses Beharren auf der Blockade war nichts anderes als ein rücksichtsloses machtpolitisches Instrument, mit dessen Hilfe – ungeachtet des menschlichen Leids, das man verursachte – sichergestellt werden sollte, dass Deutschland keine andere Wahl blieb, als die Bedingungen des Friedensabkommens, das man ihm vorlegen würde, zu akzeptieren.

Unterdessen wurde das Reich, weit davon entfernt, sich angesichts der Nachkriegsgefahren zusammenzuschließen, weiterhin von politischer Gewalt erschüttert. Die Regierung und ihre Verbündeten in der Armee nutzten die Weihnachtspause, um Vorkehrungen dagegen zu treffen, dass sie noch einmal auf dem falschen Fuß erwischt wurden. Die Heeresleitung machte sich daran, aus den Überresten der besiegten Armee Kräfte zu rekrutieren, um sie als Garant der »Ordnung« im nachrevolutionären Deutschland einsetzen zu können. Anfang 1919 war ein Wort immer häufiger zu hören: Freikorps.

Die große Mehrheit der demobilisierten deutschen Soldaten hatte sich, vom Kriegserlebnis desillusioniert und von den im Land umgehenden revolutionären Leidenschaften beeinflusst, entweder auf eigene Faust von der Front nach Hause durchgeschlagen oder war nach der Demobilmachung, so schnell es ging, in ihre Heimatorte und zu ihren Familien zurückgekehrt. Doch nicht alle ihre Kameraden waren des Kampfes derart überdrüssig. Mit inoffizieller Billigung der Heeresleitung hatten antirevolutionäre Offiziere und ihnen ergebene Männer begonnen, Rekrutierungs- und Ausbildungslager – auch in der Umgebung von Berlin – für jene zu errichten, die entschlossen waren, der Revolution bewaffnet entgegenzutreten. Hier wurden

Pläne geschmiedet, wie man die Aufrührer, die alles, was diesen Männern lieb und teuer war, mit Füßen traten, bekämpfen konnte. Die ad hoc zusammengestellten Gruppen zogen Tausende an und entwickelten sich rasch zu einer Truppe von 400 000 Mann. Obwohl die einzelnen Einheiten sich jeweils eigene Namen gaben, bürgerte sich der Sammelbegriff »Freikorps« dafür ein.

Die Wurzeln des Begriffs reichen bis in die Kriege des achtzehnten Jahrhunderts zurück. Für die Männer von 1918 war indes der Bezug zu den sogenannten Befreiungskriegen wichtiger, die deutsche Patrioten in der napoleonischen Ära gegen die französischen Besatzer geführt hatten. Die nach 1807 entstandene Widerstandsbewegung hatte zur Bildung informeller Freiwilligeneinheiten geführt, denen auch Studenten und Intellektuelle angehörten, die eher aus Patriotismus denn um der Bezahlung willen kämpften. Ursprünglich Guerillagruppen, entwickelten sich diese Einheiten zu etwas Ähnlichem wie konventionellen Armeeverbänden, die in den Jahren 1813 bis 1815 zusammen mit regulären Truppen den Feind von deutschem Boden vertrieben und Napoleons Niederlage mit herbeiführten. Diese Tradition blieb nach dessen Sturz in den schlagenden Studentenverbindungen, die sich zu Ehren des Kampfs ihrer Väter und Großväter »Freikorps« nannten, lebendig. In den zwanziger Jahren des neunzehnten Jahrhunderts als liberale Organisationen gegründet, rückten sie in den folgenden Jahrzehnten, als sich die Mittel- und Oberschicht zunehmend mit autoritären preußischen Werten identifizierte, immer weiter nach rechts.

Im Oktober 1918 hatte man im Umkreis der Heeresleitung angesichts der wachsenden politischen Unruhe darüber nachgedacht, Freiwilligeneinheiten aufzustellen, die sich im Fall einer drohenden Revolution als nützlich herausstellen mochten. Sie sollten von jungen, patriotisch gesinnten Offizieren geführt werden und aus Soldaten bestehen, die man für politisch zuverlässig hielt. Diese Idee gefiel vor allem dem 36-jährigen, ehrgeizigen Major Kurt von Schleicher, der es bis zum Chef der politischen Abteilung bei der Obersten Heeresleitung gebracht hatte. Schleicher, der bald als einer der berüchtigtsten politischen Generale der Nachkriegsära bekannt werden sollte, fiel es allerdings schwer, seine Vorgesetzten von dem Plan zu überzeugen. Andere indes, die sich im Chaos der Ostfront (wo Bolschewiki und polnische Nationalisten die deutsche Ostgrenze bedrohten) und in den in Aufruhr befindlichen Industriegebieten in Mittel- und Westdeutschland befanden, wo – aus Sicht konservativer Militärs –

die sozialistischen Radikalen bereits Amok liefen, trugen sich mit ähnlichen Gedanken wie Schleicher.[1]

Tatsächlich war Schleicher derjenige, der in der Nacht vom 23. auf den 24. Dezember 1918 Eberts Anruf bei Groener entgegengenommen hatte. Nach dem Debakel des Gefechts mit der Volksmarinedivision sprachen Ebert und Groener erneut miteinander. Nach Groeners Darstellung antwortete der besiegte Ebert auf die Frage, was er nun zu tun gedenke, beinah salopp: »Vor allem gehe ich jetzt einmal zu Freunden und schlafe mich aus, was ich bitter nötig habe.« Dann fügte er hinzu: »Soll Liebknecht die Reichskanzlei besetzen, wenn er will. Er wird aufs leere Nest stoßen.« Er wusste noch nicht, dass die Matrosen und die anderen Revolutionäre beschlossen hatten, eine Auszeit zu nehmen. Andere Augenzeugen berichteten, zumindest einem Autor zufolge, Ebert sei in Wirklichkeit in Panik verfallen und habe erwogen, zusammen mit seiner Regierung Berlin zu verlassen. »So – geht – es – einfach – nicht – weiter«, soll er immer wieder gemurmelt haben. »So – kann – man – einfach – nicht – regieren.«[2] Eine durchaus nachvollziehbare Reaktion.

Die Konfrontation am Heiligen Abend und die Niederlage, die bewaffnete Matrosen und Arbeiter den wenigen regierungstreuen Truppen beigebracht hatten, offenbarten die Ohnmacht der Ordnungskräfte in Berlin. In der zweiten Dezemberwoche hatte der Rat der Volksbeauftragten zum Schutz der revolutionären Errungenschaften der Aufstellung einer der neuen Republik ergebenen Freiwilligentruppe zugestimmt, die nach demokratischen Prinzipien organisiert sein sollte (mit gewählten Offizieren und so weiter). Zwei Wochen später war jedoch erst wenig in dieser Richtung geschehen, obwohl das Vorhaben in den Städten auf breite Zustimmung stieß und genügend willige Männer aus der Arbeiterklasse verfügbar waren, die im Krieg eine militärische Ausbildung erhalten hatten. Die bescheidenen Fortschritte, die man erzielt hatte, reichten bei Weitem nicht aus.

Einige Tage nach der weihnachtlichen Konfrontation traten die USPD-Politiker im Rat der Volksbeauftragten aus Abscheu vor dem Einsatz der Armee gegen Arbeiter (so erfolglos er auch gewesen war) zurück. Die allein verbliebenen Mehrheitssozialdemokraten wählten einfach zwei ihrer eigenen Leute in den Rat, so dass er zu einem rein mehrheitssozialdemokratischen Gremium wurde. Die breite Koalition demokratischer Sozialisten, die sich im November an die Spitze der Revolution gestellt hatte, war nach nur sieben Wochen gescheitert.[3] Ebert und seine Kollegen konnten jetzt, obwohl in gewisser Hinsicht geschwächt, wenigstens so handeln, wie es ihren Überzeugungen entsprach.

Das neue Jahr brachte weitere Zwischenfälle und neue Furcht vor dem Chaos. Als Graf Kessler am Neujahrstag 1919 in einem Restaurant speiste, wurde er durch das Eindringen einer Abordnung revolutionärer Kellner mit roten Zetteln an den Hüten und roter Fahne in der Hand gestört. Sie vertraten das Gaststättenpersonal in anderen Teilen Berlins, wo bereits gestreikt wurde, und drohten dem Gastwirt, sein Lokal zu schließen, wenn er nicht binnen zehn Minuten ihre Forderungen (die Kessler in seinem Tagebuch nicht näher erläutert) erfüllte. Fünf Minuten später gab der Gastwirt nach. »Die Streikenden ... zogen ab«, berichtet Kessler trocken, »wir konnten nach dieser Erpressung weiteressen.«

Restaurants, deren Betreiber nicht kapituliert hatten, waren überfallen und verwüstet worden. Und die Lust am Chaos war nicht auf Pseudobolschewiken beschränkt. »[H]eute Nachmittag«, notierte Kessler in seinem Tagebuch weiter, »[haben] Katholiken und einige Evangelische das Kultusministerium Unter den Linden gestürmt, um den Unabhängigen-Kultusminister Adol[ph] Hoffmann herauszuholen. Wir kommen in die Zeiten des Faustrechts zurück. Die Staatsgewalt ist ganz ohnmächtig.«[4]

Dieser Fall von religiös motivierter Gewalt hatte damit zu tun, dass der USPD-Politiker und militante Freigeist Hoffmann, der während der Revolution zum (auch für religiöse Angelegenheiten zuständigen) preußischen Minister für Wissenschaft, Kunst und Volksbildung ernannt worden war, die Mitwirkung der Kirchen im preußischen Schulwesen zu beenden gedachte. Er wurde kurz nach dem Zwischenfall zum Rücktritt gezwungen. Doch die eigentliche Gefahr in Berlin ging zu diesem Zeitpunkt nicht von wütenden Christen aus – die sich übrigens rasch zu einer beachtlichen politischen Bewegung formierten und erreichten, dass der Gesetzesvorschlag abgelehnt wurde –, sondern vom Spartakusbund beziehungsweise von der Kommunistischen Partei Deutschlands (KPD), zu der er am 1. Januar 1919 durch den Zusammenschluss mit einigen anderen linksextremen Gruppen wurde.

Gegründet worden war der Spartakusbund als Splittergruppe der SPD aus Protest gegen deren Unterstützung des Krieges. Die bekanntesten Spartakusführer, Karl Liebknecht und Rosa Luxemburg, hatten beide während des Krieges wegen ihrer antimilitaristischen Agitation im Gefängnis gesessen. Liebknecht war im Oktober 1918 während des liberalen Zwischenspiels

KAPITEL 7

der Regierung Max von Badens freigelassen worden, Luxemburg am 9. November. Sie gingen umgehend daran, ihre Organisation, die sich in den letzten Kriegsmonaten im Niedergang befunden hatte, neu zu beleben.

Rosa Luxemburg, 1871 als Kind jüdischer Eltern in Polen geboren, hatte 1897 durch eine Zweckheirat mit einem politischen Sympathisanten die deutsche Staatsbürgerschaft erworben. Nach ihrem Umzug nach Berlin hatte sich die glänzende, furchtlose Autorin, politische Denkerin und frühe Feministin zu einer umstrittenen, aber einflussreichen Vertreterin des linken SPD-Flügels entwickelt. Liebknecht, im selben Jahr wie Luxemburg geboren, gehörte als Sohn des sozialdemokratischen Urgesteins Wilhelm Liebknecht, der mit Marx und Engels befreundet gewesen war, der »sozialistischen Aristokratie« an und war ein begabter Schriftsteller und Propagandist. Sein Versuch, am 9. November eine »sozialistische Republik« nach bolschewistischem Vorbild zu schaffen, war von Scheidemann durch die kluge vorherige Proklamation einer gemäßigten Republik vereitelt worden. Bei der Wahl zum Reichskongress der Arbeiter- und Soldatenräte im Dezember hatte der Spartakusbund nur knapp eine zweistellige Zahl von Mandaten gewonnen. Gleichwohl war er auf den Berliner Straßen eine Macht.

Der stets in Schlips und Kragen auftretende Liebknecht, von Beruf Rechtsanwalt, litt wie der altgriechische Redner Demosthenes unter einer dünnen Stimme und musste jahrelang üben, bis sie zu einem brauchbaren und sogar mächtigen politischen Instrument geworden war. Dennoch gewann er eine leidenschaftliche Anhängerschaft. Die linksliberale *Weltbühne* schilderte Mitte Dezember 1918 einen seiner Auftritte als Redner:

> »Saht Ihr ihn von einem schwerfälligen Kasten-Automobil zur Kopf an Kopf gedrängten Menge sprechen? Saht Ihr, wie Maschinengewehre neben ihm aufgestellt waren, um ihn zu schützen? Saht Ihr mitten unter der schwarzen Zuhörerschaft die finstern Aufpasser, die in der Tasche den Zeigefinger am Revolverhahn hatten, jeden Augenblick bereit, für ihren Heros da oben das Leben Anderer und das eigene zu lassen? Fühltet Ihr, wie eine unheimliche Suggestion von Liebknecht auf die zu einem festen Block erstarrte Masse ausging, wenn er redete? Wild rollen die Augen ihm im Kopf und treten hervor, als wollten sie sich fanatisch hineinbohren in jedermanns Hirn. Die Hände fuchteln immerfort hin und her. Bald reißt er seine Joppe auf, schlägt sich mit

einer pathetischen Geste an die Brust, sagt, nein, ruft, schreit, kreischt: ›Hier, Brüder, Genossen, schießt mich auf der Stelle nieder, wenn nicht wahr ist, was ich behaupte!‹ Dann, im nächsten Augenblick, fährt er sich durchs Haar, schnellt den Kopf vor und schleudert die Worte heraus: ›An den Laternenpfahl mit den Bluthunden Ebert und Scheidemann!‹«[5]

Was die »Bluthunde« anging, so hatten sie erkannt, dass es Zeit war, gegen Leute wie Liebknecht und ihre bewaffneten Anhänger die Staatsgewalt aufzubieten. Aus diesem Grund fuhr Ebert am 4. Januar zum Heeresstützpunkt im rund fünfzig Kilometer vom Berliner Zentrum entfernten Zossen. Begleitet wurde er vom frisch ernannten Volksbeauftragten für das Militärwesen Gustav Noske. Der aus bescheidenen Verhältnissen stammende, gelernte Korbmacher Noske war wie viele führende Sozialdemokraten im Gewerkschaftsapparat und in der Parteipresse aufgestiegen. Anfang November war er nach Kiel geschickt worden, um die revolutionäre Situation dort unter Kontrolle zu bringen, und durch die erfolgreiche Beschwichtigung der revolutionären Matrosen an der Ostsee hatte er sich als Eberts Haupthelfer im anschließenden Kampf gegen die äußerste Linke empfohlen.

In Zossen wollten Ebert und Noske mit Generalmajor Georg Maercker zusammenkommen, einem Veteranen der deutschen Kolonialkonflikte der Vorkriegszeit und Divisionskommandeur in der Endphase des Weltkrieges. Maercker hatte begonnen, nach dem Vorbild der bereits an der Ostfront operierenden Verbände Freikorps aufzustellen und auszubilden. Ihm ging es allerdings weniger um den Kampf gegen polnische und baltische Bolschewiki als vielmehr um die Niederschlagung des inneren Aufruhrs. Die beiden Sozialdemokraten aus Berlin waren verblüfft, als sie von einer Ehrenformation empfangen wurden, und auch die strenge, traditionelle Disziplin der handverlesenen Männer erstaunte sie. Die regulären Einheiten, die am Heiligen Abend gegen die Volksmarinedivision gekämpft hatten, hatten nichts getaugt. Diese hier wirkten weit beeindruckender. Noske soll dem wesentlich kleineren Ebert auf die Schulter geklopft und gesagt haben: »Sei ruhig, es wird alles wieder gut werden.« Dann soll er sich an die angetretenen Freikorpsleute gewandt und sie ermahnt haben: »Die Befehle der Führer sind auszuführen, auch wenn der Gebrauch von Gewehren und Handgranaten befohlen wird.«[6]

KAPITEL 7

Unterdessen war in Berlin ein bewaffneter Aufstand ausgebrochen. Der linkssozialistische Polizeipräsident der Hauptstadt, Emil Eichhorn, war entlassen worden, weigerte sich aber, sein Amt niederzulegen, und Tausende waren zu seiner Unterstützung auf die Straße gegangen. Führende Radikale, darunter Liebknecht und Eichhorn selbst, hatten die auf dem Alexanderplatz versammelten Massen durch feurige Reden in revolutionäres Fieber versetzt.

Binnen weniger Stunden bemächtigten linksextreme Gruppen sich des Zeitungsviertels zu beiden Seiten der Friedrichstraße, wo seit über einem halben Jahrhundert Dutzende von Verlagen, Druckereien und Presseagenturen ihren Sitz hatten. Sie besetzten die Druckereien der regierungsfreundlichen SPD-Zeitung *Vorwärts* und des *Berliner Tageblatts*, mehrere Verlagsbüros sowie die Nachrichtenagentur Wolffs Telegraphisches Bureau. Am nächsten Morgen eroberten sie auch die Reichsdruckerei, welche die amtlichen Dokumente herstellte – und die Hauptstadt mit Papiermark versorgte.[7]

Trotz des Treffens von Ebert und Noske mit Freikorpsführern schien die Regierung der Gewalt nichts entgegenzusetzen zu haben. Immerhin war bisher wenig geschehen, um eine regierungstreue Truppe aufzubauen. Als am nächsten Tag, dem 5. Januar, Tausende von »Spartakisten«[*] und ihren Anhängern nordwärts ins Regierungsviertel vordrangen, mobilisierten die regierungstreuen Kräfte die einzige Waffe, die sie besaßen: ihre Anhänger unter den politisch gemäßigten Arbeitern, die nun ihrerseits zu Tausenden ins Berliner Zentrum strömten, um sich den Rebellen entgegenzustellen. Es war das vielleicht letzte Beispiel für die tief verwurzelte politische Solidarität innerhalb der Berliner Arbeiterschaft, dass sich die Rebellen, als sie auf den Cordon der unbewaffneten Regierungsanhänger stießen, nicht den Weg freischossen. Sie waren nicht bereit, ihren Klassengenossen Leid zuzufügen. Reichstag und Reichskanzlei blieben unbesetzt.

Unterdessen hatten sich die revolutionären Soldaten und Matrosen für neutral erklärt, und in der USPD-Führung, deren Vertreter in der Woche zuvor aus der Regierung ausgetreten waren, waren jetzt die meisten aus Besorgnis über die Lage bereit, zwischen Eberts Regierung und den Aufständischen zu vermitteln. Dies erwies sich jedoch als unmöglich, da die

---

[*] Obwohl der Spartakusbund einige Tage zuvor in der KPD aufgegangen war, wurde der Aufstand damals wie später allgemein »Spartakusaufstand« genannt.

Regierung die Räumung des Zeitungsviertels verlangte und die Aufständischen dies ablehnten.

In diesem entscheidenden Moment übertrug der Rat der Volksbeauftragen Noske die Aufgabe, in Berlin für Ordnung zu sorgen. Er nahm sie mit den berüchtigten Worten an, in denen Liebknechts Äußerungen von der anderen Seite des politischen Grabens widerhallten: »Meinetwegen! Einer muss der Bluthund sein, ich scheue die Verantwortung nicht!«[8] Noske beschloss, die Freikorps zu Hilfe zu holen. Dazu schlüpfte er selbst durch die spartakistischen Linien hindurch in den grünen Berliner Vorort Dahlem, wo er in einer Villa sein Hauptquartier einrichtete und daranging, seine Verbündeten zu organisieren und die Rückeroberung Berlins zu planen.

Die Kämpfe hielten noch etwas mehr als eine Woche an. Die Konfrontation sollte jedoch nicht von den Freikorps entschieden werden, sondern von Anhängern der Republik, die sich zu einer halbwegs schlagkräftigen Kampftruppe zusammengefunden hatten und mit Unterstützung regierungstreuer Armeeeinheiten die von Spartakisten besetzten Straßen und Gebäude zurückeroberten. Wiederum waren die Kämpfe auf bizarre Weise örtlich begrenzt, während in der übrigen Stadt das Leben auf gespenstische Weise normal verlief. Graf Kessler, der nicht weit vom Epizentrum des Aufstands entfernt wohnte, machte es sich in diesen Tagen zur Aufgabe, Eindrücke des Geschehens zu sammeln und in seinem Tagebuch festzuhalten. Gelegentlich lesen sich seine Tagebucheinträge wie Kriegsberichte, ein andermal wie Schilderungen eines Reisejournalisten. So schrieb er am 8. Januar:

»Um vier zum Arzt nach der Karlstraße. Auf dem Rückwege in der Friedrichstraße, wo viel Verkehr war und viele Menschen diskutierten, in Höhe der Linden plötzlich Gewehrschüsse ... Die Leipziger Straße sieht, bis auf die geschlossenen Läden, wie gewöhnlich aus; am Potsdamer Platz sind die großen Konditoreien ... offen, hell erleuchtet und überfüllt ... Um halb acht im ›Fürstenhof‹ gegessen. Die eisernen Gittertore wurden eben geschlossen, weil ein Spartakusangriff auf den gegenüberliegenden Potsdamer Bahnhof erwartet wurde. Fortwährend fallen einzelne Schüsse. Als wir herauskommen, gegen neun, stehen aber noch immer Gruppen erregt diskutierender Menschen auf den Bürgersteigen ... Die Straßenhändler mit Zigaretten, Malz-

KAPITEL 7

bonbons, Seife schreien noch immer ihre Waren aus. Café Vaterland ist hell erleuchtet ... Obwohl jede Minute Kugeln einschlagen können, spielt die Wiener Kapelle, die Tische sind gut besetzt, die Dame unten im Zigarettenhäuschen lächelt wie im tiefsten Frieden ihren Kunden zu.«[9]

Vier Tage später war der letzte Aufständische aus dem Viertel vertrieben oder saß in Haft. Der Versuch der äußersten Linken, Berlin in ihre Gewalt zu bringen, war gescheitert. Tatsächlich war der Spartakusaufstand eine merkwürdige und ziemlich unorganisierte Mischung aus einem bolschewistisch geprägten Staatsstreich der äußersten Linken und einer ausufernden und wohl auch berechtigten Demonstration vieler Berliner gegen Ebert und die gemäßigt sozialistische Führung, deren Furchtsamkeit und Konservatismus bereits eine Wiederkehr des alten Systems erlaubten.[10]

Schließlich marschierten die Freikorps in die Hauptstadt ein, allerdings erst, als die Kämpfe schon abgeflaut waren und sie eigentlich nicht mehr gebraucht wurden. An der Spitze von Maerckers Truppen, die am 11. Januar durch die Vororte in die Stadtmitte vorrückten, kehrte auch Noske ins Regierungsviertel zurück. In den nächsten Tagen trafen weitere Einheiten, darunter viele frisch aufgestellte, in Berlin ein. Die südlichen Vororte und das Zentrum wurden besetzt, während man die Arbeiterviertel, wo man mit Gegenwehr rechnete, vorläufig in Ruhe ließ.

Ein großes Freikorps, das sich »Garde-Kavallerie-Schützendivision« nannte, quartierte sich im vornehmen Hotel Eden in Tiergarten, gegenüber dem Berliner Zoo, ein. Auf Plakaten verkündete das Freikorps: »Die Garde-Kavallerie-Schützendivision ist in Berlin einmarschiert. Berliner! Die Division verspricht euch, nicht eher die Hauptstadt zu verlassen, als bis die Ordnung endgültig wiederhergestellt ist.«[11]

Am 15. Januar wurden Karl Liebknecht und Rosa Luxemburg in der Wohnung eines Anhängers festgenommen und ins Hotel Eden gebracht. Luxemburg, die vor einem verfrühten »Abenteuer« wie dem Spartakusaufstand gewarnt hatte, wurde ebenso wie Liebknecht verhört und brutal geschlagen. Dann schleuste man beide auf Befehl eines Hauptmann Waldemar Pabst durch einen Seiteneingang aus dem Hotel, wo ihnen ein bereitstehender Soldat mit dem Gewehrkolben gegen die Schläfe schlug. Anschließend wurden die benommenen, halbbetäubten Revolutionäre in zwei Autos geworfen und in den Tiergarten gefahren.

Der Wagen, in dem sich Rosa Luxemburg befand, fuhr nur wenige Meter, ehe sie durch einen Kopfschuss getötet wurde. Dann hielt das Auto auf einer Brücke über den Landwehrkanal, und man warf ihre Leiche ins Wasser. Sie sollte erst Ende Mai gefunden werden. Liebknecht wurde nach kurzer Fahrt gezwungen auszusteigen und sofort durch einen Schuss in den Hinterkopf ermordet. Seine Leiche wurde als die »eines unbekannten Mannes« ins Leichenschauhaus eingeliefert. Als man seine sterblichen Überreste endlich gefunden hatte, wurde er am 25. Januar in einer Trauerfeier, die einer Massendemonstration glich, zusammen mit 31 anderen toten Spartakisten beigesetzt.

Laut einer an die Presse verteilten Erklärung war Liebknecht »auf der Flucht« erschossen, Luxemburg angeblich von einem Mob aus dem Auto gezerrt und an einen unbekannten Ort verschleppt worden. Beides war gelogen. Sie waren von konterrevolutionären Freikorpsoffizieren ermordet worden, wahrscheinlich mit stillschweigender Duldung Noskes. Keiner von beiden scheint direkt in die Gewalttätigkeiten verwickelt gewesen zu sein – Luxemburg ganz sicher nicht –, aber ihre symbolische Bedeutung war derart groß, dass man ihre Liquidation für notwendig hielt.[12]

Die Niederschlagung des Aufstands war an sich bedeutsam, die Tatsache und die Art des Todes der Spartakusführer aber war von geradezu verhängnisvoller Bedeutung. Mit der Ermordung von Liebknecht und Luxemburg war eine Linie überschritten worden. Bei ihrer Festnahme hatte Luxemburg in dem Glauben, erneut einen Gefängnisaufenthalt vor sich zu haben – etwas, woran sie wie Liebknecht gewöhnt war –, einen kleinen Koffer mit persönlichen Dingen gepackt. Das brutale Ende, das Pabsts Mordkumpane ihr und ihrem Mitkämpfer bereiteten, zeigte, wozu die neue, wütende Nachkriegsrechte fähig war, und gab einen Vorgeschmack auf das folgende Vierteljahrhundert der Gewalt. Außerdem waren Liebknecht und Luxemburg durch ihren Tod zu Märtyrern der äußersten Linken geworden, deren Legende bis heute ungewöhnliche Wirkungsmacht entfaltet.

Der Januaraufstand war nicht die letzte linksextreme Rebellion in Deutschland. Weitere sollten folgen. Tatsächlich erlebte Deutschland im Spätwinter und Frühjahr 1919 einen sporadisch aufflackernden, gleichwohl blutigen Bürgerkrieg, der eine tiefe Verbitterung zurückließ und bewirkte, dass die einst einheitliche sozialistische Bewegung nicht wieder zusammenzufinden vermochte. Mehr noch: Der grausame Tod von Luxemburg und

KAPITEL 7

Liebknecht war ein Zeichen dafür, dass die reaktionären militaristischen Kräfte nur zwei Monate nach der Novemberrevolution wieder auf dem Vormarsch waren, wenn auch vorübergehend im Bündnis mit den neuen, vorgeblich sozialistischen Herren des Landes.

Wie die ehrbaren Städter im Western, die zu ihrem Schutz einen Revolverhelden anheuern und erleben müssen, dass er sich nach getaner »Arbeit« gegen sie selbst wendet, hatten die Regierenden der neuen Republik ein Monster heraufbeschworen, das sie, wie sie bald feststellen sollten, nicht mehr in den Griff bekamen.

KAPITEL 8
Der »Diktatfrieden«

Zwischen der Niederschlagung des Spartakusaufstands Mitte Januar 1919 und der Unterzeichnung des Friedensvertrages im Juni verlor die deutsche Revolution ihren Schwung. Der Journalist Morgan Philips Price vom liberalen *Manchester Guardian,* der 1918/19, während er aus Russland berichtete, zum Bolschewismus bekehrt worden war, schrieb am 17. Januar 1919 düster:

»In der Stadt herrscht eine tödliche Stille. Grabesstille. Auf den Straßen patrouilliert Militär. Überall ist Artillerie postiert. Bewaffnete Weißgardisten, die von einem gewissen Reinhardt organisiert worden sind, verhaften und terrorisieren nach Belieben. Mehrere meiner Freunde sind verschwunden. Schöne Umstände am Vorabend der Wahl zur Nationalversammlung.«[1]

Dennoch: Am 19. Januar fanden die ersten freien Wahlen seit 1912 statt. 83 Prozent der wesentlich erweiterten Wählerschaft von 36,7 Millionen Menschen gaben ihre Stimme ab, um die Nationalversammlung zu wählen, die der neuen Republik eine Verfassung geben sollte.

Dass jetzt über die Hälfte der Bevölkerung wahlberechtigt war, lag daran, dass im November 1918 auch die Frauen auf Verordnung des Rates der Volksbeauftragten das Wahlrecht erhalten hatten. Für den Feminismus war dies allerdings noch kein entscheidender Durchbruch. Eine junge Frau, die in einem der weniger wohlhabenden Viertel Berlins für eine nichtsozialistische Partei Wahlkampf betrieb und von Tür zu Tür ging, stellte rasch fest, dass in den Familien, wenn es um Politik ging, oft die Männer das Sagen hatten – wie es in allen Demokratien noch jahrzehntelang der Fall sein sollte. In einem bescheidenen Mietshaus öffnete ihr eine Frau die Tür, doch auf die Frage, wen sie zu wählen gedenke, rief sie über die Schulter: »Wat wähln wir'n?« Aus der Wohnung antwortete eine Männerstimme: »Scheidemann.« Daraufhin drückte die Wahlkämpferin der Frau ein Flugblatt in die Hand und forderte sie auf: »Lesen Sie sich das mal durch. Wenn der Herr auch Scheidemann wählt, können Sie doch eine andere Partei wählen.«[2]

Zur Genugtuung der republikanischen Regierung stimmte die überwältigende Mehrheit der Deutschen, Männer wie Frauen, gegen weitere radikale Veränderungen. Eberts und Scheidemanns Mehrheitssozialdemokraten erhielten 37,9 Prozent der Stimmen, während die Unabhängigen, deren radikale Elemente von einigen mit den anhaltenden Straßenkämpfen in Verbindung gebracht wurden, nur auf 7,6 Prozent kamen. Die restlichen Stimmen verteilten sich auf die katholische Zentrumspartei und die mit ihr verbündete Bayerische Volkspartei (19,6 Prozent), die linksliberale Deutsche Demokratische Partei (DDP: 18,5), die konservativ-nationalistische Deutschnationale Volkspartei (DNVP: 10,3) und die rechtsliberale Deutsche Volkspartei (DVP: 4,4). Die KPD hatte auf ihrem Gründungskongress drei Wochen zuvor beschlossen, die Wahl zu boykottieren. Damit hatten die Delegierten sowohl gegen Liebknechts als auch gegen Luxemburgs Empfehlung gestimmt, die die Entscheidung der Partei, den revolutionären Weg einzuschlagen und alle anderen Optionen auszuschließen, mit dem Leben bezahlten – eine bittere Ironie der Geschichte.

Bei den Wahlen zur Nationalversammlung, die Anfang Februar in Weimar zusammentreten sollte, kam früh und auf beeindruckende Weise eine breite Unterstützung für die Demokratie zum Ausdruck. Nur rund ein Fünftel der Stimmen war auf ausdrücklich antirepublikanische oder monarchistische Parteien entfallen. Es war indes kein prosozialistisches Resultat. MSPD und USPD kamen zusammen auf einen Stimmenanteil von knapp über 45 Prozent. Auch wenn sie zur Zusammenarbeit bereit gewesen wären, hätten sie keine Mehrheit besessen, die es ihnen erlaubt hätte, sozialistische Maßnahmen durchs Parlament zu bringen.

Anfang Februar trat die Nationalversammlung im alten Weimarer Hoftheater, dem späteren Nationaltheater, zusammen. Ebert wurde zum Reichspräsidenten gewählt und Scheidemann zum ersten Kanzler der Republik (allerdings erhielt er, da das Land noch keine Verfassung hatte, den Titel des Reichsministerpräsidenten; erst sein Nachfolger firmierte als Reichskanzler).[3] Die Minister kamen aus SPD, DDP und Zentrum.

Die aus Sicht des Auslandes damals wichtigsten Kabinettsmitglieder waren neben Scheidemann Matthias Erzberger (Zentrum), der als Minister ohne Geschäftsbereich die Verhandlungen bei den Friedensverhandlungen mit den Alliierten führte, und Außenminister Ulrich Graf von Brockdorff-Rantzau, ein Berufsdiplomat, den man der DDP zurechnete, auch wenn er der Partei formell nicht angehörte. Die Ministerien für Wirtschaft, Industrie und Ernährung wurden von Sozialdemokraten, überwiegend früheren Gewerkschaftern, dominiert. Der umstrittene Noske blieb auf seinem Posten und war weiterhin, nun als Minister, für die Streitkräfte verantwortlich, die bald den Namen »Reichswehr« erhielten.

Während der Winter dem Frühling wich, schienen sich die in Paris geführten interalliierten Gespräche über die Friedensbedingungen, die man Deutschland präsentieren wollte, endlos hinzuziehen. Unterdessen ächzte die deutsche Wirtschaft unter der Last der Aufgabe, Millionen von Männer einzugliedern, während sie durch die alliierte Blockade immer noch vom Weltmarkt ausgeschlossen war. Die Männer, die nach Jahren voller Leid und Gefahr in ihre Heimat zurückkehrten, forderten ihre alten Arbeitsplätze zurück, und zwar zu höherem Lohn und besseren Arbeitsbedingungen.

Gleichzeitig fanden überall im Reich weitere linksradikale Aufstände statt: in Berlin, wo im März eine neue, sogar blutigere Revolte – diesmal unter Beteiligung der Volksmarinedivision und mit den wiedererstarkten Spartakisten als vermeintlichen Schuldigen – fünfhundert Regierungssoldaten und über tausend Zivilisten das Leben kostete; im Ruhrgebiet, wo Militante eine »Rote Armee« gebildet hatten; in der alten Hansestadt Bremen, wo der Versuch, eine »Räterepublik« zu gründen, von Freikorps mit besonderer Brutalität vereitelt wurde; in den Industriezentren von Sachsen und Thüringen; vor allem aber in München, wo der sozialdemokratische Ministerpräsident Kurt Eisner von einem monarchistischen Fanatiker ermordet wurde und Linksextreme und Anarchisten für einige turbulente Wochen die Führung einer »Diktatur des Proletariats« nach bolschewistischem Vorbild übernahmen.

Die sogenannte Münchner Räterepublik führte binnen Kurzem zu wütendem Gegenterror der äußersten Rechten, die Linke und ihre wirklichen oder vermeintlichen Unterstützer ohne viel Federlesens umbrachte. In wenigen Tagen wurden 606 angebliche »Revolutionäre« hingerichtet, darunter 21 junge Bewohner eines katholischen Lehrlingswohnheims, die man, nur weil sie junge Arbeiter waren, für Spartakisten hielt.[4] Viele der Hinrichtungen wurden offiziell unter dem Etikett »tödlich verunglückt« registriert.[5] Gefangengenommene Mitglieder der linksextremen Räteregierung waren einer brutalen Behandlung ausgesetzt. Der bayerische Schriftsteller und Lehrer Josef Hofmiller hat beschrieben, wie es Kriegsminister Wilhelm Reichart nach seiner Festnahme erging:

»Der Kriegsminister der Kommunisten ... wurde von einem Soldaten erkannt, dessen Geliebte bei einem Putsch ums Leben gekommen war. Dieser Soldat der Regierungstruppen gab ihm sofort eine Ohrfeige. Darauf der andere: ›Ich bin der Kriegsminister Reichart von der Räterepublik‹, worauf sie ihn immer wieder ohrfeigten, so dass er zum Schluss einen ganz geschwollenen Kopf hatte. Dann steckten sie ihn in die Bahn, und an jeder Station musste er zum Fenster hinausschreien: ›Ich bin der Kriegsminister Reichart von der Räterepublik‹, worauf er immer wieder aufs Neue geohrfeigt wurde.«[6]

Ob die äußerste Linke jemals in der Lage gewesen wäre, die Kontrolle über das ganze Reich zu übernehmen, ist fraglich. Selbst in Berlin vermochten die Revolutionäre im März 1919 das Machtzentrum nie ernsthaft in Gefahr zu bringen, obwohl der Staatsstreichsversuch weit besser geplant und ausgeführt wurde als der schlecht organisierte Aufstand, der zwei Monate zuvor Liebknecht und Luxemburg das Leben gekostet hatte. Er führte im Wesentlichen dazu, dass Berlin in zwei einander in erbitterter Feindschaft gegenüberstehende Lager – den von der Mittel- und Oberschicht geprägten Westen und den proletarischen Osten, wo die Spartakisten ihre Hochburgen hatten – gespalten wurde und die neue Regierung sich zu rücksichtslosem Vorgehen entschloss.

Noske, der als Sozialdemokrat die Rolle des »Bluthunds« akzeptiert hatte und sie jetzt mit etwas zu viel Eifer zu spielen schien, gab in der zweiten Woche des Berliner Aufstands einen Befehl heraus, dem zufolge jeder, der »mit den Waffen in der Hand gegen Regierungstruppen kämpfend angetroffen wird, ... sofort zu erschießen« war. Einmal durch die Kommandokette bei den Freikorps angekommen, erwies sich dieser Befehl als, sagen wir einmal, freier Interpretation zugänglich. Nicht anders als ihre Kameraden in München fassten ihn reaktionäre Freikorpskommandeure wie Hauptmann Pabst von der Garde-Kavallerie-Schützendivision sicherlich als Blankovollmacht für die Beseitigung der gefährlichsten Aufrührer und des kommunistischen »Abschaums« auf. In diesem Sinne wurde er denn auch den einfachen Freikorpsmännern verkündet. Graf Kessler war entsetzt über die Brutalität, mit der die Regierung vorging. Noske, schrieb er, sitze im Kriegsministerium »in der Bendlerstraße hinter Stacheldraht und mit einer Leibgarde von sieben Offizieren, zwölf Unteroffizieren und fünfzig Mann zu seiner persönlichen Bedeckung wie Nikolaus II. [der letzte Zar] und Dionys, der Tyrann«.[7]

Dennoch hielt die Gefahr einer Rebellion von links oder rechts in den nächsten vier Jahren und darüber hinaus an. Ein Problem war die leichte Verfügbarkeit von Waffen und Munition, die zum Teil auf die Desertionswelle im November 1918 zurückzuführen war, der eine umfassende Demobilmachung und Auflösung von Truppenverbänden folgte, die alles andere als diszipliniert vonstattengingen. Der radikale Maler George Grosz, damals ein entschiedener Spartakussympathisant, schrieb später über die beinah anarchische Situation im Jahr 1919:

»Überall konnte man Patronen und Gewehre kaufen. Mein Vetter, der etwas später vom Militär entlassen wurde, brachte mir eines Tages ein komplettes Maschinengewehr. Ich könne es ruhig abzahlen, meinte er, und ob ich nicht jemand wüsste, der an zwei anderen Maschinengewehren interessiert sei? (Natürlich dachte er an meine Beziehungen zu politischen Parteien, die ja damals anfingen, sich gegeneinander zu bewaffnen.)«[8]

Über Mangel an Waffen konnten sich gewiss weder die Spartakisten noch ihre kommunistischen Nachfolger beklagen.

Die Welt schaute all dem nur zu. Die meisten Deutschen beteiligten sich nicht an den Kämpfen; sie wollten Frieden, Arbeit und Rechtsstaatlichkeit und unterstützten jede dazu notwendige Maßnahme. Dies traf sogar für viele zu, die sich den Freikorps anschlossen, ihnen allerdings oft nur kurze Zeit angehörten. Diese relativ kurzen Waffendienste glichen ähnlichen Erfahrungen, die andere Freiwillige in bewaffneten Milizen an anderen historischen Wendepunkten und Orten machten, etwa die englischen Yeomanry und Special Constables oder die Angehörigen der französischen und amerikanischen Nationalgarde.

Hermann Zander zum Beispiel, ein junger Mann von Anfang zwanzig, schloss sich im Juni 1919 im damals noch eigenständigen Altona bei Hamburg zusammen mit einigen Kollegen aus der Bank, in der er als Kassierer arbeitete, dem Freikorps »Bahrenfeld« an. Hamburg war kurz zuvor von

KAPITEL 8

heftigen Unruhen erschüttert worden, in deren Verlauf kommunistische Gruppen eine Reihe von öffentlichen Gebäuden besetzt hatten, einschließlich des Gefängnisses und des Rathauses. Das Freikorps bestand aus vier Zügen mit insgesamt rund 120 Männern. Zanders Zug erhielt den Auftrag, die Docks zu bewachen, während die anderen drei Züge sich an der Rückeroberung des Rathauses beteiligten: »Die übrigen Züge stürmten das Rathaus, verloren es aber wieder an die Roten. Wir konnten nicht gegen die Roten an.« Daraufhin rief der Hamburger Oberbürgermeister, ein Mehrheitssozialdemokrat, die Reichswehr zu Hilfe, und reguläre Truppen unter General Paul von Lettow-Vorbeck – einem Kriegshelden, der im früheren Deutsch-Ostafrika eine erfolgreiche Guerillakampagne gegen die Briten geführt hatte – vertrieben die Besetzer schließlich aus dem Rathaus. »Mit einer Parade auf dem Spielbudenplatz auf St. Pauli endete für mich diese militärische Episode«, schrieb Zander nüchtern und ohne allzu viel Begeisterung.[9]

Viele – vielleicht die Mehrheit, einschließlich derer, die wie Zander nur vorübergehend zu den Waffen griffen – hofften, dass auf Chaos und Gewalt nicht einfach nur Ordnung und Wohlstand in Deutschland folgen würden, sondern auch eine gerechte, entsprechend den von US-Präsident Wilson aufgestellten »Vierzehn Punkten« erneuerte Welt. »Die Deutschen«, bemerkt die Historikerin Margaret MacMillan, »klammerten sich an die Vierzehn Punkte wie an ein Rettungsfloß.« Anschließend zitiert sie den an den Pariser Verhandlungen beteiligten amerikanischen Diplomaten Ellis Dresel:

»Man hat die Menschen zu dem Glauben verleitet, dass Deutschland nach einem guten, sauberen Kampf unglücklich verloren habe, woran die ruinöse Wirkung der Blockade auf die heimische Moral und vielleicht einige zu weit gehende Pläne ihrer Führer schuld seien, dass man aber glücklicherweise an Präsident Wilson appellieren könne, der einen Deutschland zufriedenstellenden Kompromissfrieden herbeiführen werde.«[10]

Das war eine Täuschung. Was die Deutschen erwartete war das Gegenteil eines Kompromissfriedens. In Wahrheit war Wilson im Frühjahr 1919 von seinen »Vierzehn Punkten« abgerückt und vertrat nun eine stärker auf Vergeltung zielende Haltung, was in Geschichtsbüchern selten erwähnt wird.

DER »DIKTATFRIEDEN«

In diesem Sinne hatte er, entsetzt über die niederdrückenden Vertragsbedingungen, die Deutschland Anfang 1918 Russland und Rumänien aufgezwungen hatte, erklärt, dass der Vertrag mit Deutschland zu Recht »sehr streng« sein müsse:

> »Ich muss sagen, dass er in vielerlei Hinsicht hart sein mag, unter den gegebenen Umständen aber insgesamt gerecht ist ... Ich muss unwillkürlich an die gewaltigen Vergehen an der Zivilisation denken, die der deutsche Staat begangen hat, und daran, dass es notwendig ist, ein für alle Mal deutlich zu machen, dass solche Dinge nur zu schwersten Bestrafungen führen.«[11]

Ende April reiste die deutsche Delegation mit Erzberger und Brockdorff-Rantzau an der Spitze nach Paris, um zu erfahren, welche Friedensbedingungen die zerstrittenen Sieger nach monatelangen Diskussionen dem besiegten Reich auferlegen wollten. Man ließ sie über eine Woche warten, bis der schicksalhafte Tag schließlich kam.

Es war der 7. Mai 1919, etwas mehr als zwei Monate nach der Niederschlagung des Märzaufstands in Berlin und nur vier Tage, nachdem sogenannte weiße Truppen in München einmarschiert waren und die Reste der »roten« Republik Bayern auf blutige Weise beseitigt hatten.

Die deutschen Delegierten bei der Friedenskonferenz waren von den Alliierten in einen großen Versammlungssaal im Hotel Trianon in Versailles bestellt worden. Dort teilte ihnen der ehrwürdige französische Ministerpräsident Georges Clemenceau – der seine politische Laufbahn während der deutschen Belagerung von 1870/71 als Bürgermeister des Pariser Bezirks Montmartre begonnen hatte – öffentlich die von den Siegern verlangten Friedensbedingungen mit. Diskussionen oder Verhandlungen würde es nicht geben, so viel war klar. In Deutschland sprach man deshalb von einem »Diktatfrieden«.

Der Saal war so hergerichtet worden, dass die Delegierten des besiegten Deutschen Reiches den Vertretern der Alliierten an einem Tisch gegenübersitzen mussten, umgeben von Repräsentanten anderer Länder, Militärs und Journalisten, die allesamt gespannt auf die Reaktion der Deutschen warteten. Brockdorff-Rantzau hatte offenbar gelesen, dass die den Deutschen zugewiesenen Plätze in französischen Zeitungen als »Anklagebank«

KAPITEL 8

bezeichnet wurden. Als er an der Spitze seiner Delegation das Gebäude betrat, war er daher entschlossen, jedes Anzeichen von Demütigung zu vermeiden.

»Alle Blicke wandten sich zur Tür, als sie eintraten, ›steife, hölzern wirkende Figuren‹«, schreibt Margaret MacMillan. »Brockdorff-Rantzau, sagte ein Augenzeuge, ›sah krank, abgespannt und nervös aus‹ und schwitzte.« Nach der Ankunft der Deutschen

»trat ein kurzes Zögern ein, und die Menge erhob sich, einer Höflichkeit aus der verschwundenen Welt von 1914 folgend. Brockdorff-Rantzau und Clemenceau verbeugten sich voreinander. Clemenceau eröffnete die Sitzung. Kühl, ohne das geringste Anzeichen von Nervosität legte er die Hauptpunkte des Vertrages dar. ›Die Stunde der Abrechnung ist da‹, sagte er den Deutschen. ›Sie haben uns um Frieden gebeten. Wir sind geneigt, ihn Ihnen zu geben.‹ Er stieß diese Worte hervor, sagte einer der deutschen Delegierten, ›wie in konzentrierter Wut und Verachtung und ... machte von Anfang an jede Erwiderung der Deutschen zwecklos.‹«[12]

Die Bedingungen waren verheerend. Deutschland würde 13 Prozent seines Territoriums und zehn Prozent seiner Bevölkerung verlieren. Darüber hinaus wurde den deutschsprachigen Gebieten des erloschenen Habsburgerreiches – also Kernösterreich, einschließlich Wiens und der von alters her Deutsch sprechenden Teile Böhmens – entgegen den Selbstbestimmungsklauseln von Wilsons »Vierzehn Punkten« verboten, sich mit der deutschen Republik zusammenzuschließen, obwohl ihre Einwohner dies wünschten. Ihnen war klar, dass ihr Land ohne die nichtdeutschen Gebiete, die der deutsche Landesteil lange beherrscht hatte und die jetzt an die neuen Nachkriegsstaaten Tschechoslowakei, Polen und Jugoslawien übergegangen waren, weder politisch noch ökonomisch wirklich lebensfähig war. Die Erwartung der Deutschen, man werde ihnen als Resultat der Niederlage einen territorialen *Zugewinn* zugestehen, war vermutlich unrealistisch. Doch die gedrechselten Versicherungen der Amerikaner über einen gerechten Frieden hatten derlei Wunschdenken bei den Unterlegenen gefördert.

Aber damit noch nicht genug. Deutschland musste sich auch entmilitarisieren. Die Höhe der Reparationen stand zwar noch nicht endgültig fest, aber sie würden sich auf Hunderte Milliarden Goldmark belaufen. Nicht nur für die auf französischem und belgischem Territorium angerichteten Schäden sowie die Kriegskosten selbst sollte Deutschland aufkommen, sondern auch für die Renten von alliierten Kriegsversehrten sowie von Kriegerwitwen und -waisen (eine in letzter Minute vom britischen Premierminister David Lloyd George eingebrachte Forderung).

Brockdorff-Rantzau, (für ausländische Augen) der Prototyp des arroganten, steifen preußischen Aristokraten, hielt in (für ausländische Ohren) abstoßendem, kehligem Deutsch eine Protestrede, in der er vor allem hervorhob, dass er den Vorwurf der Kriegsschuld seines Landes zurückweise. Diesen Einspruch betrachtete er offenkundig nicht nur als moralisches Axiom, sondern auch als Rechtsgrundlage für den bevorstehenden Kampf gegen die Strafbestimmungen des Vertrages. Obwohl er zu den wenigen preußischen Adligen gehörte, die der neuen Demokratie positiv gegenüberstanden, kamen weder seine »Junkerart« noch der Inhalt seiner Rede bei den Vertretern der Alliierten und in der Öffentlichkeit der alliierten Länder gut an. Philip Kerr, einer von Lloyd Georges Mitarbeitern, bemerkte trocken: »Am Anfang verspürten alle eine gewisse Sympathie für den Hunnen, aber als Brockdorff-Rantzau zu Ende gesprochen hatte, hätten die meisten am liebsten den Krieg wiederaufgenommen.«[13]

Es gab vieles, was die deutschen Delegierten im alliierten Vertragsentwurf – zu Recht oder zu Unrecht – störte und verärgerte, und sobald der Vertrag übersetzt und in der Heimat veröffentlicht worden war, reagierten die Regierung und die überwältigende Mehrheit der Deutschen ebenso entsetzt. Als besonders empörend empfand man den Kriegsschuldparagraphen (Artikel 231). Er lautete:

»Die alliierten und assoziierten Regierungen erklären, und Deutschland erkennt an, dass Deutschland und seine Verbündeten als Urheber für alle Verluste und Schäden verantwortlich sind, die die alliierten und assoziierten Regierungen und ihre Staatsangehörigen infolge des ihnen durch den Angriff Deutschlands und seiner Verbündeten aufgezwungenen Krieges erlitten haben.«[14]

Rein praktisch gesehen, ist es verständlich, dass die deutsche Regierung diesen Artikel ablehnte. Umgekehrt ist nachvollziehbar, warum die Alliierten ihn in den Vertragstext aufgenommen hatten. Wenn Deutschland und

KAPITEL 8

seine Verbündeten nicht am Krieg schuld waren, war die Auferlegung von Reparationen weder moralisch noch rechtlich zu begründen, jedenfalls nicht, sofern sie über Zahlungen für Schäden in von den Deutschen besetzten Gebieten hinausgingen – die allerdings waren beträchtlich. Brockdorff-Rantzau erkannte dies ebenso wie insbesondere Lloyd George, der später in seinen Erinnerungen etwas verlegen schrieb: »Ich konnte den deutschen Standpunkt nicht akzeptieren, ohne unsere gesamte Begründung für den Kriegseintritt aufzugeben.«[15]

Weniger verständlich war die Leidenschaftlichkeit, mit der sich sowohl die deutsche Elite als auch die breite Öffentlichkeit gegen den Gedanken der »Kriegsschuld« wandten. Der zitierte Artikel konnte sicherlich als allgemeiner Vorwurf gegen Deutschland und seine Verbündeten, den Krieg verursacht zu haben, interpretiert werden. Immerhin mussten die alliierten Regierungen ihren Wählern Rede und Antwort stehen, die über vier Jahre Mühsal, Entbehrungen und häufig schreckliche persönliche Verluste ertragen hatten.

Dennoch: Die Reaktion des jüdischen Berliner Fabrikanten Oskar Münsterberg entsprach der deutschen Mehrheitsmeinung. Am 8. Mai, einen Tag nach Bekanntgabe der alliierten Friedensbedingungen, notierte er in seinem Tagebuch, an diesem »schwärzesten Tag des Krieges« versage alle Lebenslust und das Herz stocke. Dann fuhr er fort:

»Wo sind die schönen Reden von Humanität und Recht! Wo sind die Wilsonpunkte, nach deren Anerkennung vom Feind und von uns der Waffenstillstand geschlossen wurde! Soll alles Betrug gewesen sein? Soll jedes Recht und jeder Glaube schwinden?
Das kann nicht das Ende sein. Vorläufig steht es nur auf dem Papier und das Leben geht ruhig weiter, aber langsam, von Jahr zu Jahr steigend, entsprechend dem Aufbrauch der alten Vorräte, wird Sorge und Not einziehen, wird das ganze Volk verarmen und verzweifeln.
Nein, das kann noch nicht das Ende des militärisch im Felde unbesiegten Staates sein! Der Bogen ist überspannt, aber woher kommt die Rettung? Welche Wirkung würde die Ablehnung erzielen? Neue Revolution bei uns oder bei den Anderen. Nirgends scheint ein Lichtstrahl, nur schwarze Wolken!
Wozu noch das Leben?«[16]

DER »DIKTATFRIEDEN«

Auf alliierter Seite sahen dies die meisten etwas anders. Besonders in Frankreich und Großbritannien wären nur wenige bereit gewesen, nach einem derart schwer errungenen Sieg irgendeine schwammige Formulierung in Bezug auf die Kriegsschuld hinzunehmen. »Squeeze the Germans Till the Pips Squeak« (etwa: »Nehmt die Deutschen aus wie eine Weihnachtsgans«) war im Winter 1918/19 ein beliebter Slogan.

Allerdings spricht einiges dafür, dass die amerikanischen Verfasser dieses Artikels – darunter ein junger Jurist namens John Foster Dulles, der vierzig Jahre später unter Eisenhower Außenminister werden sollte – einfach ihre Anwaltsarbeit erledigen, das heißt, dafür sorgen wollten, dass ihre »Klienten« (die alliierten Regierungen) die »andere Seite« (Deutschland und seine Verbündeten) dazu brachten, wie in Schadensersatzprozessen üblich ihre Verantwortung einzugestehen. Im nächsten Artikel (232) wurde ausdrücklich festgestellt, dass man ungeachtet des Schuldeingeständnisses von Artikel 231 von Deutschland und seinen Verbündeten nicht erwarte, die Kosten absolut aller Kriegsfolgen zu tragen, und dass das Maß ihrer Zahlungsfähigkeit in die Berechnung des zu zahlenden Betrages einfließen werde.

Einen auffallenden Kontrast zur deutschen Reaktion bildete das Echo in Österreich und Ungarn. Beide Länder, Österreich im Vertrag von Saint-Germain und Ungarn im Vertrag von Trianon, waren mit demselben sogenannten Kriegsschuldartikel konfrontiert worden, mit dem einzigen Unterschied, dass nicht von »Deutschland und seinen Verbündeten«, sondern von »Österreich und …« beziehungsweise »Ungarn und …« die Rede war. Sie beklagten sich bitter über einige Aspekte der ihnen aufgezwungenen Friedensbedingungen, insbesondere über die enormen territorialen Verluste – weit größere, als Deutschland hinnehmen musste. Aber den Kriegsschuldvorwurf ignorierten sie weitgehend.

Gleichwohl waren die Deutschland aufgenötigten Bedingungen, wenn schon nicht ruinös, so doch eine Garantie für enorme zusätzliche Wirtschaftsprobleme und daraus resultierende politische Instabilität, und dies in einem Land, das bereits, um die Mittel für den Krieg aufzubringen, riesige Inlands- und beträchtliche Auslandsschulden angehäuft hatte.

Der Schock, den die Erkenntnis auslöste, dass es – wenigstens für Deutschland und die anderen Kriegsverlierer – keinen auf der »Solidarität der Völker« basierenden »demokratischen Frieden« geben würde, war zutiefst traumatisch, umso mehr, als die Deutschen sich an diese Hoffnung

KAPITEL 8

geklammert hatten. In den Wochen nach Brockdorff-Rantzaus qualvollem Auftritt vor den Alliierten im Hotel Trianon übersandte die deutsche Delegation den Siegern eine Note nach der anderen, um Änderungen des Vertrages zu fordern oder zu erbitten und bis zur Erschöpfung gegen seine ökonomischen, territorialen und moralischen Strafklauseln zu protestieren. Die Delegation vertrat ihren Standpunkt gut und machte bei den Repräsentanten der Siegermächte durchaus Eindruck. So notierte der militärische Berater Lloyd Georges, der britische Generalstabschef Henry »Jumbo« Wilson, in seinem Tagebuch: »Die Deutschen haben gemacht, was ich vorausgesehen hatte: sie haben einen vollständigen eigenen Entwurf vorgelegt, der sich auf die vierzehn Punkte stützt und viel einheitlicher ist als der unsere.«[17]

General Jan Christiaan Smuts aus Südafrika ging noch weiter und bezeichnete den Vertrag als einen »unmöglichen Frieden«; die Gebietsabtretungen seien »eine starke Bedrohung des künftigen Friedens Europas« und die Reparationsbestimmungen »undurchführbar«.[18] Als Afrikaander und früherer Burenkommandeur beteiligte er sich mit einem gewissen Recht an der Diskussion über solche Fragen, hatte er doch erst als Konsequenz aus den bemerkenswert konzilianten Friedensbedingungen der Briten nach dem Sieg über die Buren sein Schicksal mit dem des britischen Empire verknüpft.

Viele britische und amerikanische Unterhändler stimmten im großen Ganzen mit Smuts überein. Der Diplomat und Autor Harold Nicolson, der während der Verhandlungen in Paris war, schrieb düster: »Wenn ich die Deutschen wäre, würde ich mit keinem Strich unterzeichnen.«[19] John Maynard Keynes gab auf und kehrte nach Hause zurück, wo er sich daranmachte, seine berühmte Abrechnung mit dem Versailler Vertrag, *Die wirtschaftlichen Folgen des Friedensvertrages*, niederzuschreiben.[20] Sogar der Erzbischof von Canterbury äußerte ernste Bedenken. Tatsächlich machten die Alliierten einige kleine Zugeständnisse. Das Wichtigste war eine Volksabstimmung in Oberschlesien mit seiner gemischten deutsch-polnischen Bevölkerung.

Es verging über ein Monat, bis den Deutschen schließlich am 16. Juni 1919 mitgeteilt wurde, dass sie drei Tage Zeit hätten, um den alliierten Bedingungen zuzustimmen. Die führenden Mitglieder der deutschen Delegation reisten mit dem Zug nach Weimar, wo die Nationalversammlung immer noch tagte, um über den endgültigen Vertragstext Bericht zu erstatten.

Brockdorff-Rantzau hatte bereits klargestellt, dass er die Ablehnung der Bedingungen empfehlen werde, worin er von anderen deutschen Politikern, und zwar nicht nur Nationalisten, nachdrücklich unterstützt wurde. Scheidemann verwarf den alliierten Vertragsentwurf als »Mordplan«. »Der Vertrag«, sagte der Reichsministerpräsident in einer Protestversammlung im Auditorium der Berliner Universität, »ist unerträglich und unerfüllbar. Welche Hand müsste nicht verdorren, die sich und uns in diese Fesseln legt?«[21] In der Nationalversammlung erklärte deren Präsident, der Zentrumspolitiker Konstantin Fehrenbach, zunächst auf Latein, dann auf Deutsch:

> »Memores estote, inimici, ex ossibus ultor [Seid eingedenk, ihr Feinde, aus den Gebeinen (der Gefallenen) wird ein Rächer erstehen; H. A. W.]. Auch in Zukunft werden deutsche Frauen Kinder gebären und diese Kinder werden die Sklavenketten zerbrechen und die Schmach abwaschen, die unserem deutschen Antlitz zugefügt werden soll.«[22]

Schnell wurde klar, dass die Dreitagesfrist nicht einzuhalten war. Berlin erhielt weitere vier Tage Zeit, bis zum 23. Juni. Unterdessen brach das Kabinett, das anfangs zur Annahme neigte, auseinander. Am 20. Juni trat Scheidemann mit der Begründung zurück, nach seinen öffentlichen Äußerungen zu den alliierten Bedingungen könne er ihnen jetzt unmöglich zustimmen. Auch der Außenminister gab sein Amt auf – und verabschiedete sich wie der Ministerpräsident gänzlich aus der Politik.

Reichspräsident Ebert war mit einem unverrückbaren Stichtag konfrontiert. Wenn der Vertrag nicht bis zum 23. Juni um 19 Uhr unterzeichnet war, drohten die Alliierten in Deutschland einzumarschieren und den Vertrag mit Gewalt durchzusetzen. Obwohl Lloyd George ebenso wie seine Minister keineswegs erpicht darauf war, seine sich rasch demobilisierende Armee wieder in einen Konflikt zu schicken,[23] sah auch er keine andere Option. Dann gab Admiral Ludwig von Reuter, der Befehlshaber der in Scapa Flow in den Orkneys internierten Reste der deutschen Hochseeflotte, seinen Untergebenen am 21. Juni den Befehl zur Selbstversenkung. Nach den Bestimmungen des Versailler Vertrages sollten die Schiffe den Siegern übergeben werden. Die Nachricht von deren Selbstversenkung verhärtete die ohnehin schon entschlossene Haltung der Alliierten endgültig. Diese dreiste Trotzhandlung bestätigte die schlimmsten alliierten Vorurteile über Falschheit und Fanatismus der Deutschen.

KAPITEL 8

Am Ende wurde ein Reichskabinett aus Ministern gebildet, die bereit waren, den Friedensvertrag zu billigen. An ihrer Spitze stand ein weiterer Sozialdemokrat, der unbescholtene, aber, offen gesagt, dröge Gustav Bauer. Neuer stellvertretender Kanzler und Finanzminister war der Zentrumspolitiker Matthias Erzberger, der als Minister ohne Geschäftsbereich die Waffenstillstandskommission geleitet hatte und der prominenteste Unterzeichner des am 11. November 1918 in Compiègne geschlossenen Waffenstillstandsabkommens war.

Der aus Württemberg stammende Erzberger, Sohn eines Schneiders und Teilzeitpostboten, hatte sich als Journalist und Aktivist der katholischen Gewerkschaftsbewegung einen Namen gemacht, ehe er 1903 mit nur 28 Jahren in den Reichstag gewählt wurde. Bei gesellschaftlich Höherstehenden als ungehobelt geltend und dazu neigend, sich von seiner Sicht der Dinge mitreißen zu lassen, war Erzberger mit seinem brillanten Verstand und seiner phänomenalen Arbeitskraft ein Musterbeispiel für die neue Schicht der häufig aus bescheidenen Verhältnissen kommenden Berufspolitiker, die sich in Deutschland vor 1914 herausgebildet hatte.

Während des Krieges hatte er sich von einem fanatischen Verfechter eines Eroberungskrieges zum Vertreter einer gemäßigteren Position entwickelt und sich nachdrücklich, allerdings erfolglos für einen Kompromissfrieden eingesetzt. Infolgedessen war er zu einem Hassobjekt der nationalistischen, auf Annexionen beharrenden Rechten geworden. In den Monaten, die dem Vertragsentwurf der Alliierten vorausgingen, hatte er sich in einem Dauerkonflikt mit Brockdorff-Rantzau befunden, dessen hochtrabende Verweigerungshaltung er für romantischen Luxus hielt. Jetzt wurde er wegen seiner widerstrebenden Zustimmung zum Friedensvertrag und seinem Aufstieg in die neue Regierung umso mehr zum Ziel von Rechten, die angesichts der sich eintrübenden Nachkriegsaussichten Sündenböcke für Deutschlands unzumutbare Niederlage suchten und die Republik und deren Spitzenpersonal als Übel betrachteten, die um jeden Preis und mit allen Mitteln bekämpft werden mussten.

Erzberger war sich im Klaren darüber, dass eine Verweigerung der Vertragsunterzeichnung, so verlockend sie sein mochte, zu einer Katastrophe führen würde. Er sah eine alliierte Besetzung des Landes und dessen Zersplitterung in unbedeutende Kleinstaaten voraus, eine Zerschlagung der deutschen Industrie und eine noch größere Bürgerkriegsgefahr, als sie ohnehin schon bestand. Ganz zu schweigen von der Tatsache, dass das Reich,

DER »DIKTATFRIEDEN«

dem Ernährungsminister zufolge, am Rand einer noch dramatischeren Versorgungskrise stand.[24]

Deutschland würde durch den Vertrag Territorien verlieren, gewiss, aber das Land selbst und seine Infrastruktur würden erhalten bleiben. Immerhin hatten auf deutschem Boden keine Kämpfe stattgefunden. Sogar General Groener erkannte dies, wie einem Telegramm an Ebert aus diesen Tagen zu entnehmen ist, in dem er zur Einwilligung in den Vertrag riet. Eine Wiederaufnahme der Kampfhandlungen sei aussichtslos, gestand Groener ein. Die einzige Chance, zivilen Aufruhr im Innern und ein Chaos an den Grenzen zu vermeiden, bestehe darin, die Notwendigkeit der Unterzeichnung des Friedensvertrages darzulegen. Solange das Reich als Ganzes bestehen und mehr oder weniger Herr seines eigenen Schicksals bleibe, seien eine Erholung und ein Wiederaufstieg möglich.[25]

Am 22. Juni stimmte die Nationalversammlung mit 237 gegen 138 Stimmen, bei fünf Enthaltungen, für den Friedensvertrag, allerdings mit dem Vorbehalt, dass die »Kriegsschuldklausel« und der Abschnitt über die Auslieferung mutmaßlicher Kriegsverbrecher an die Alliierten gestrichen würden. Die Antwort aus Paris war unerbittlich: Deutschland habe das Gesamtpaket vorbehaltlos und ohne jede Änderung zu akzeptieren. Nach einer langen Diskussion im Kabinett und einer weiteren Debatte der Nationalversammlung wurde den Vertretern der alliierten Regierungen in Versailles am Nachmittag des 23. Juni schließlich die bedingungslose Annahme des Vertrages durch Deutschland mitgeteilt. Es war 17.40 Uhr, eine Stunde und zwanzig Minuten vor dem Auslaufen des alliierten Ultimatums.[26]

Unterzeichnet wurde der Vertrag am 28. Juni im Spiegelsaal des Versailler Schlosses, auf den Tag genau fünf Jahre nach dem tödlichen Attentat auf Erzherzog Franz Ferdinand in Sarajevo, dem Funken, der den Flächenbrand des Ersten Weltkrieges ausgelöst hatte. Aber nicht nur das Datum, auch der Ort war symbolträchtig. Im Versailler Spiegelsaal war am 18. Januar 1871 der preußische König von seinesgleichen in Gegenwart des Architekten der deutschen Einheit, Otto von Bismarck, zum Deutschen Kaiser ausgerufen worden. 48 Jahre später füllten um drei Uhr nachmittags alliierte Delegierte und Vertreter der Presse den Saal, um die Vertragsunterzeichnung mitzuerleben. Sobald die beiden deutschen Delegierten – der neue Außenminister, der Sozialdemokrat Hermann Müller, und der Verkehrsminister, der Zentrumspolitiker Johannes Bell – den riesigen Saal betraten, stürzten sich die Pressefotografen auf sie.

KAPITEL 8

Alles an der Zeremonie schien darauf angelegt zu sein, die Repräsentanten der besiegten Nation zu demütigen. Mit bleichem Gesicht und zitternder Hand setzten Müller und Bell, beide in formellem dunklen Anzug, mit eigens in Deutschland gekauften Füllfederhaltern, um kein Schreibgerät der Sieger benutzen zu müssen, ihre Namen unter das Dokument. Danach wurden sie aufgefordert, sitzen zu bleiben, und weitgehend ignoriert, bis die Vertreter sämtlicher alliierten Länder (und es waren viele) ebenfalls unterschrieben hatten. Dies dauerte eine Dreiviertelstunde. Die beiden Deutschen gaben sich gelassen. »Ich wollte den tiefen Schmerz des deutschen Volkes, das ich in diesem tragischen Augenblick vertreten musste«, schrieb Müller hinterher, »nicht den gierigen Blicken unserer bisherigen Feinde preisgeben.« Zurück im Hotel, brach ihm jedoch der kalte Schweiß aus. Die gesamte deutsche Delegation reiste noch am selben Abend ab.[27] Zu Hause empfing sie eine Nation in Trauer. Ernst Troeltsch schrieb in seiner regelmäßigen Kolumne als »Spektator«:

»In der Bevölkerung war die Wirkung eine sichtliche Einigung in Schmerz, Grimm und beleidigtem Ehrgefühl ... Man hörte wieder die Anklagen gegen eine Regierung, die sich von Wilsons Friedensphrasen habe betören lassen und um ihretwillen einen fast schon errungenen Sieg preisgegeben habe. Die ganze Legende kam wieder hoch, dass nur die Flaumacher der Heimat, die Juden und die Sozialdemokraten dem stolzen Heere das Rückgrat gebrochen hätten und dass bei weniger Sentimentalität der herrlichste Sieg unser gewesen wäre.«[28]

Von einer Welle irrationalen Hasses erfasst, verurteilten die nationalistische Rechte und mit ihr ein großer Teil der gebildeten Mittelschicht die Repräsentanten der Republik als Verräter. Dass Friedrich Ebert bis in die letzte Kriegsphase sein politisches Gewicht für den Krieg in die Waagschale geworfen und darüber hinaus zwei Söhne an der Front verloren hatte, spielte keine Rolle. Er und alle anderen Republikaner wurden als »Novemberverbrecher« verunglimpft. Obwohl Ebert für den Sturz der Monarchie verantwortlich gemacht werden konnte und Bell und Müller den Versailler Vertrag unterzeichnet hatten, wurde insbesondere Erzberger mit diesem vermeintlichen »Verrat« identifiziert. »Ich fürchte sehr«, schrieb Graf Kessler im Vorgriff auf die Ereignisse, »dass Erzberger das Schicksal Liebknechts teilen wird.«[29]

DER »DIKTATFRIEDEN«

Dieses Maß an Verachtung war vor allem deshalb unheilvoll, weil der Postbotensohn aus Württemberg soeben als Finanzminister mit der entscheidenden Aufgabe betraut worden war, die deutschen Finanzen vor dem Ruin zu bewahren. Seine Richtschnur war dabei ein sozialbewusster Katholizismus. Als Erstes wollte er erreichen, dass die Deutschen gerechte Steuern zahlten, denn das Reich brauchte für seine Erholung Geld. Obwohl während des Krieges Reformen durchgeführt worden waren, wurden die meisten Steuern immer noch von den Einzelstaaten erhoben, die im Kaiserreich eifersüchtig über ihre uralten Fiskalrechte gewacht hatten. Dies würde sich in der Republik ändern müssen. Erzberger hatte die Bundesstaaten bereits darüber informiert. Außerdem würden die Reichen mehr zahlen müssen:

»Der Staat wird durch radikale Gesetze und radikale Durchführung der Gesetze die Ungerechtigkeiten des Krieges wieder gutzumachen suchen. Die breiten Massen des Volkes warten seit der staatlichen Umwälzung auf das große Opfer der besitzenden Klassen.«

Aber auch vor einer anderen Gefahr warnte Erzberger die Deutschen, der Inflation, auch wenn er sie nicht so nannte. »Ob reich oder arm«, erklärte er, »wir alle tragen zu viel Papiergeld in der Tasche herum. Wenn das Steuerzahlen einsetzt, wird die Geldtasche dünner werden.«[30]

Nun, das war leichter gesagt als getan.

KAPITEL 9
Sozialer Friede um jeden Preis?

Die am 9. November 1918 ausgerufene deutsche Republik konnte sich nicht auf ein göttliches Existenzrecht stützen, wie es ihre monarchischen Vorgängerregime getan hatten. Sie präsentierte sich als demokratisch, egalitär und vor allem als ein Staat, dessen ganze Daseinsberechtigung es war, die Lage seiner Bürger zu verbessern und das Land gerechter zu gestalten. Trotz des gelegentlich verschlagenen Manövrierens hinter den Kulissen, um eine Umgestaltung der Gesellschaft nach bolschewistischem Vorbild zu verhindern, schufen die Vertreter des neuen Deutschlands in den ersten Tagen der Revolution das Fundament für einen Status quo, von dem sie annahmen, dass er die Loyalität der großen Mehrheit der Deutschen gewinnen würde – insbesondere der Industriearbeiter, die die Basis der Sozialdemokratischen Partei und daher der Republik bildeten.

Dass sich die Regierung des neuen Deutschlands verpflichtet fühlte, dies zu tun, war an sich bereits verdienstvoll, bildete aber auch die Grundlage für die gesamte gesellschaftliche und politische Entwicklung der Nachkriegsjahre. So verdienstvoll das Anliegen war, hatte es doch zur Folge, dass Weimarer Politiker, ob sie nun Sozialdemokraten waren oder nicht, Entscheidungen in der Regel mit Blick auf deren politischen und sozialen Nutzen trafen und ökonomische Erwägungen, selbst wenn sie offenkundig vordringlich waren, kaum berücksichtigten. Mit anderen Worten: Die Weimarer Republik ließ – als erster von vielen modernen Staaten – ihre Wirtschaft vor allem deshalb in eine Inflation abgleiten, weil sozialen und politischen Fragen einige Jahre lang absoluter Vorrang vor Wirtschaftsfragen eingeräumt wurde. Dies blieb so, bis die Regierung keine andere Wahl mehr hatte, als ihre Schwerpunktsetzung zu ändern. Doch daran war noch längst nicht zu denken.

Als Ebert am 10. November 1918 das berühmt-berüchtigte Telefongespräch mit Groener führte, setzte er einen Anpassungsprozess an den Status quo in Gang, damit sich seine überaus gemäßigte Version der »Revolution«

Ein Kriegsversehrter bettelt im Nachkriegsberlin.

durchsetzen konnte. Ein Hauptgrund, weshalb sich die Regierung in dieser Lage befand, war natürlich ihre Entscheidung, die kapitalistische Wirtschaftsform beizubehalten, denn dadurch war sie genötigt, den Kapitalisten des Landes das wirtschaftliche Überleben zu ermöglichen. Durch eine Umgestaltung der Wirtschaft nach bolschewistischem Muster wäre vielleicht eine Form zentraler Kontrolle eingeführt worden, die der Regierung Zwangsmaßnahmen an die Hand gegeben hätte (obwohl zugegebenermaßen auch die Bolschewiki während des russischen Bürgerkrieges mit einer gravierenden, wenn auch vorübergehenden Inflation fertigwerden mussten). Dies war jedoch nicht das, was Ebert und seine Mitstreiter wollten – und wahrscheinlich zu Recht.

Selbstverständlich predigten Ebert und seine Mehrheitssozialdemokraten in der Öffentlichkeit das Ende des Kapitalismus. Theoretisch wäre dadurch der Weg frei geworden, den Übergang zu einer neuen, effizienteren und verteilungsgerechteren verstaatlichten Wirtschaft im Rahmen einer demokratisierten, egalitären Gesellschaft einzuleiten. Doch hasste Ebert bekanntlich die soziale Revolution »wie die Sünde«. Deshalb die Übereinkunft mit Groener. Die Alternative zur sozialen Revolution war ein Sozialvertrag. In diesem Zusammenhang fand am 15. November 1918 in Berlin

KAPITEL 9

eine Zusammenkunft statt, die auf ihre Weise ebenso wichtig war wie das Groener-Telefonat, da sie wie dieses dafür sorgte, dass die Revolution vom 9. November, ungeachtet ihrer sonstigen Auswirkungen, nicht das Ende des deutschen Kapitalismus bedeutete. Wiederum reichten Männer, die sich als Repräsentanten der Arbeiterklasse betrachteten, dem bedrängten Establishment der alten Gesellschaft die Hand, und wiederum bestand das Ziel nicht in der Förderung, sondern in der Verhinderung radikaler Veränderungen.

Carl Legien war der mächtigste Mann in der sozialdemokratisch dominierten Gewerkschaftsbewegung, deren Mitgliederzahl von 2,5 Millionen vor dem Krieg auf weniger als eine Million gesunken war, um dann in den letzten Kriegsmonaten wieder deutlich zuzulegen und in den ersten Nachkriegswochen und -monaten, als die Männer von den Fronten nach Hause und an ihre Arbeitsplätze zurückkehrten, noch steiler anzusteigen. Im November 1918 war Legien, der wenige Wochen vor seinem fünfundsiebzigsten Geburtstag stand, nicht nur eine der herausragenden Persönlichkeiten der SPD, sondern gehörte auch zu der Handvoll Männer, die im Nachkriegsdeutschland wirklich etwas zu sagen hatten.

Im preußischen Thorn (Toruń), das seit 1918 zu Polen gehörte, geboren, war er nach dem frühen Tod seiner Eltern in einem Waisenhaus aufgewachsen und hatte dann eine Lehre als Drechsler absolviert. Angesichts dieser Herkunft war sein Aufstieg in der Gewerkschaft erstaunlich rasch vonstattengegangen. 1890 war er mit noch nicht einmal dreißig Jahren Vorsitzender der (sozialdemokratischen) Generalkommission der Gewerkschaften Deutschlands geworden. Von 1893 bis 1918 saß er als SPD-Abgeordneter im Reichstag. Während des Krieges war er aufgrund seines Rufs als pragmatischer und gewiefter Unterhändler in der Lage, zwischen Arbeitgebern, Regierung und Gewerkschaften zu vermitteln. Im Kampf darum, die Produktion auch in den dunkelsten Tagen des Krieges aufrechtzuerhalten, spielte er eine entscheidende Rolle.

Legien gegenüber saß an diesem 15. November der bekannteste – und auf seine Weise mysteriöseste – Industrielle im Nachkriegsdeutschland, der 48-jährige Hugo Stinnes. Als junger Mann war Stinnes, Sprössling einer wohlhabenden rheinisch-westfälischen Unternehmerfamilie, nicht auf die Universität gegangen, sondern hatte sich kurzzeitig im Einzelhandel versucht und einige Monate als Bergmann in der Zeche Wiethe gearbeitet, bevor er ein Jahr lang die Bergakademie in Berlin besucht hatte. Nach einem kurzen Intermezzo im Familienunternehmen hatte er sich mit nur 22 Jahren auf eigene Füße gestellt und eine Handelsfirma aufgebaut, die Hugo Stinnes GmbH.

Der Handel mit Kohle und später auch mit nahezu allem anderen war etwas, wofür Stinnes ein geradezu übernatürliches Talent besaß. Er übernahm mehrere Bergwerke, begann Briketts herzustellen und wandte sich schließlich der Eisen- und Stahlindustrie zu. Binnen weniger Jahre gehörten ihm 13 Dampfschiffe, mit denen er im Mittelmeer, im Schwarzen Meer sowie in Nord- und Ostsee Handel trieb. Er importierte unter anderem britische Kohle, die er aus seinem Lager in Newcastle nach Hamburg und Rotterdam verschiffen ließ. Außerdem spielte er über zwanzig Jahre lang eine wesentliche Rolle beim Aufbau eines künftigen Energieriesen, des Rheinisch-Westfälischen Elektrizitätswerks (RWE).

Vor allem aber erwies sich Stinnes als Meister auf dem Gebiet kreditfinanzierter Fusionen und synergistischer Zusammenschlüsse. 1914 war er nicht nur Industriemagnat und Reeder, sondern saß auch in den Aufsichtsräten vieler Industrieunternehmen und hatte in allen großen deutschen Kohle- und Eisenkonzernen, die im Kaiserreich eine enorme ökonomische und politische Macht besaßen, ein Wort mitzureden. Er war einflussreich, wurde für sein herausragendes Organisationstalent bewundert und wegen seines Ehrgeizes gefürchtet. Obwohl erst mittleren Alters, schätzte man sein Vermögen auf über vierzig Millionen Goldmark. Sein Betriebskapital indes bestand 1914, wie es hieß, immer noch nur aus den fünfzigtausend Mark, mit denen er 1893 begonnen hatte. »Das war die Zeit vor dem Kriege«, schrieb ein scharfsichtiger zeitgenössischer Beobachter Jahre später. »Der Löwe hatte zwar nach allen Seiten die Tatzen ausgestreckt, aber die Krallen noch nicht gezeigt.« Es folgte ein Porträt des Magnaten:

»Macht euch keine falsche Vorstellung von ihm. Er ist zeitlebens, im Aussehen, im Habit, in seiner legeren Haltung der Obersteiger der Zeche Wiethe geblieben. Groß, aber nicht lang. Aufrecht, aber nicht kerzengerade im Gang. Schlank nicht, aber auch nicht stark. Gesicht gewöhnlich. Schwarzes, kurzgeschorenes Haar. Spitzbart wie ein Oberlehrer. Gesicht gelblich. Augen etwas geschlitzt. Verschmitzt. Schlau. Wechselnd. Ohne Tiefe. Eher stechend. Ein vollendeter Bonhomme auf den ersten Blick. Kein Redner. Eher Beobachter. Wenn er aber spricht, kein Wort zu viel. Alles aufs Sachliche gestellt. Eine Rechenmaschine.

KAPITEL 9

Weiß jeden mit seiner ruhigen, kalten, überlegenen Sachlichkeit für den Augenblick zu erdrücken. Sein Sprechen ist ein scheinbar müdes Flüstern, Murmeln.«[1]

Während viele seiner ausländischen Unternehmen und einige seiner Schiffe während des Krieges vom Feind beschlagnahmt worden waren, expandierte Stinnes im Inland weiter, indem er, auf der Welle der stetig steigenden Kriegsproduktion reitend, immer mehr Eisen- und Stahlwerke übernahm oder sich an ihnen beteiligte. Zugleich wurde er zum ständigen Berater und geheimen Strippenzieher im OHL-Hauptquartier in Spa. In Erwartung eines Nachkriegsaufschwungs erwarb er zu einer Zeit, als die Schifffahrt daniederlag, Schifffahrtsgesellschaften und bestellte bei Kieler Werften weitere Schiffe. Er wollte eine Handelsflotte aufbauen, die so groß sein sollte, dass die Fluktuation der internationalen Frachtpreise ihn nicht mehr betraf. Ferner kaufte er riesige Waldgebiete in Ostpreußen auf, um den Nachschub an Kiefernholz, das er für seine Kohlebergwerke brauchte, sicherzustellen. Bei Kriegsende kontrollierte er zusammen mit seinen Geschäftspartnern eine große Zahl von Braunkohlelagerstätten, so dass sie in den riesigen Kraftwerken, die sie gebaut hatten, billig Strom erzeugen konnten. Außerdem hatte er begonnen, Zeitungen zu erwerben, was auf politische Ambitionen in der Nachkriegszeit hindeutete.

Stinnes war dabei, zum reichsten Unternehmer Deutschlands zu werden. »Wie viel Geld lag allein in neutralen Banken?«, fragte sein zeitgenössischer Biograf. »Wie viel musste neu untergebracht werden? Er konnte es schließlich nicht auf die Sparkasse legen: Geld musste, in unheimlich steigernder Progression, immer wieder Geld erzeugen. Und mit dem Gelde wuchs der Einfluss auf das Wirtschaftsleben, auf die gesamte Politik.«[2]

Dieser Mann saß am 15. November 1918 in Berlin Legien und den anderen Gewerkschaftern als Leiter einer Unternehmerdelegation gegenüber. Unter den Gewerkschaftsvertretern befanden sich neben Mitgliedern von Legiens linksgerichteter Generalkommission der Gewerkschaften auch Funktionäre der kleinen christlichen und liberalen Arbeiterorganisationen, aber im Wesentlichen handelte es sich um eine Diskussion zwischen Sozialdemokratie und Kapitalismus. Die Revolution vom 9. November hatte zwei Parteien an die Macht gebracht – MSPD und USPD –, die beide die Sozialisierung der deutschen Wirtschaft zum Ziel hatten, ob nun sofort (wie es die äußerste Linke forderte) oder im Lauf der Zeit (wie es den Gemäßigten vorschwebte). Mitte November 1919 besetzten Nichtsozialdemokraten keine Regierungsposten mehr. Für den Augenblick waren Legien und seine politischen Genossen die Macht im Land.

Tatsächlich waren Vertreter von Kapital und Arbeit vor dem Hintergrund des kriegsbedingten Arbeitsfriedens unter der Schirmherrschaft von Regierung und Militär während des gesamten Krieges regelmäßig zu Gesprächen zusammengekommen, um die Produktion zu sichern. Als das Land im letzten Kriegsherbst augenscheinlich in eine neue, instabilere Phase eintrat, war es zu konkreteren Verhandlungen zwischen Gewerkschaften und Arbeitgebern gekommen, in denen Erstere seit Langem bestehende Forderungen durchzusetzen versuchten und Letztere sondierten, was sie würden hergeben müssen, um das zu bewahren, was sie als »Ordnung im Haus« betrachteten.

Nach der Revolution bemühten sich nun die Unternehmer um ein Arrangement mit den neuen Mächten, wie immer es letztlich auch aussehen mochte.[3] Am 14. November sagte ein führender Vertreter der Stahlindustrie: »Jetzt kommt es aufs Geld nicht an ... wir müssen zunächst sehen, dass wir über das Chaos hinüberkommen.«[4] Und so setzten schließlich einige der unnachgiebigsten Industriekapitäne Deutschlands ihren Namen unter eine historische Vereinbarung zwischen Kapital und Arbeit, die nach den beiden Delegationsleitern »Stinnes-Legien-Abkommen« genannt wurde.

Es bescherte den Arbeitern den Achtstundentag ohne Lohnkürzungen – eine seit Langem erhobene Gewerkschaftsforderung –, die Anerkennung der Gewerkschaften als Vertreter der Arbeiterschaft, verpflichtende Tarifverträge sowie das Recht, in Betrieben mit mehr als fünfzig Beschäftigten »Arbeiterausschüsse« zu bilden. Außerdem garantierte die Industrie jedem einzelnen der bald aus dem Krieg heimkehrenden Männer – immerhin Millionen – die Wiedereinstellung. Um die Einhaltung dieser Vereinbarungen zu gewährleisten, wurde eine »Zentralarbeitsgemeinschaft der industriellen und gewerblichen Arbeitgeber- und Arbeitnehmerverbände Deutschlands« gebildet, an deren Vereinbarungen beide Seiten gebunden sein würden.[5]

Während aufgeschlossene Arbeitgeber dieses Abkommen mehr oder weniger akzeptabel fanden, zwang es hartgesottene Gewerkschaftsgegner unter den Unternehmern zu einer glatten Kehrtwende. Letztere waren besonders in der Schwerindustrie zu finden und in der Regel eng mit dem konservativ-nationalistischen Lager verbunden. Gleichwohl hatten die

KAPITEL 9

deutschen Unternehmer als Gruppe offenbar eingesehen, dass es besser war, Zugeständnisse zu machen, wie schmerzlich sie im Einzelnen auch sein mochten, als zu riskieren, alles an die Revolution zu verlieren, die im November 1918 durch das Reich schwappte. Die Optimisten unter ihnen hofften, die Arbeiter durch Einbeziehung in Entscheidungsprozesse zu einer (aus Unternehmersicht) realistischeren Einstellung zu bewegen; es gelte insbesondere, »ihnen die Gelegenheit zu geben, Einsicht zu nehmen in die wirtschaftliche Lage, in die wirtschaftlichen Auffassungen, in die wirtschaftlichen Zusammenhänge, die ja die Grundlage aller sozialpolitischen und Lohnforderungen bilden, um sie dann nicht etwa in Kämpfen zu besiegen, sondern sie zu überzeugen, wo die Grenze liegt, bis zu der sich Sozialpolitik und Wirtschaft vereinigen lassen«.[6]

Legien und die Gewerkschaften schienen, wie Ebert durch die Übereinkunft mit Groener, für relativ wenig viel aufzugeben. Immerhin erkannten sie durch das Abkommen an, dass die vorhandene Wirtschafts- und Gesellschaftsordnung in absehbarer Zukunft nicht abgeschafft, sondern lediglich verbessert werden sollte. Viele Arbeiter erwarteten als Ergebnis der Revolution einen sozialistischen Staat, in dem die Kapitalisten enteignet und an den Rand gedrängt werden würden. Dieses Ziel verfolgten, jedenfalls offiziell, selbst die gemäßigten Sozialdemokraten. Aber Legien war ein Macher, kein utopischer Radikaler. Das Abkommen, so konnte er den Gewerkschaftsmitgliedern sagen, war genau das, was die Sozialdemokraten immer gewollt hatten. In der Industrie waren die Arbeiter und ihre gewerkschaftlichen Vertreter jetzt am Entscheidungsprozess beteiligt und nicht mehr von ihm ausgeschlossen. Dies war ein entscheidender Schritt für die Arbeiterklasse, ein Teil des Lernprozesses, in dem sie sich das Wissen darüber aneignen konnte, wie man ein Unternehmen führt und dadurch unter schwierigen Nachkriegsbedingungen eine Zukunft für ein neues, demokratisches Deutschland aufbaut. Die Kapitalisten waren gezähmt, und ihre zweifellos vorhandenen Managerfähigkeiten konnten in eine sozial nützliche Richtung gelenkt werden. Bei einer sofortigen totalen Vergesellschaftung der Wirtschaft wäre man Gefahr gelaufen, das Kind der Effizienz und Vollbeschäftigung mit dem kapitalistischen Bade auszuschütten. So oder ähnlich lautete die Argumentation.[7]

Neben Eberts Übereinkunft mit dem Militär trug das Stinnes-Legien-Abkommen sicherlich dazu bei, dass der heranbrandende Radikalismus aufgehalten und die Bewegung des 9. November 1918 in eine »gebremste

Revolution« umgewandelt werden konnte. Die Arbeitgeber hatten ihre Unternehmen gerettet, und die Gewerkschaften kürzere Arbeitszeiten, bessere Bezahlung und das Versprechen erhalten, dass die heimkehrenden Soldaten Arbeit bekommen würden. Die Wirtschaft hatte beschlossen, nicht ans Geld zu denken, wie der Mann von der Stahlindustrie es ausgedrückt hatte, und hoffte, so »das Chaos« zu überleben. Sie überstand es tatsächlich und prosperierte sogar. Auf lange Sicht forderten all diese Nettigkeit und Kompromissbereitschaft jedoch einen Preis, und zwar nicht nur von den Kapitalisten.

Vier Jahre harter Arbeit und großer Opfer lagen hinter den Menschen, an der Heimatfront wie in den Schützengräben. Nach dem Friedensschluss wurde rasch deutlich, dass viele Deutsche nicht gewillt waren, jede beliebige Arbeit anzunehmen oder, wenn sie es taten, sich ihr mit jenem Pflichteifer zu widmen, der in der Vorkriegsära fast zu einer stereotypen Nationaleigenschaft geworden war. Arbeitgeber und Beamte beklagten eine neue Arbeitsunlust.

Außerdem wurden die Arbeiter wählerisch, was die Wirtschaftszweige betraf, in denen sie arbeiten wollten. Niemanden, so schien es, zog es noch in die Land- und Forstwirtschaft oder in den Bergbau – Branchen, die für die Erholung der Wirtschaft unerlässlich waren, in denen die Arbeit aber körperlich anstrengend war und eine hohe Toleranzschwelle für unangenehme Bedingungen erforderte. Vor allem die Heimkehrer zeigten sich abgeneigt. Diejenigen, die rechtzeitig vor Weihnachten 1918 aus dem Heer entlassen worden waren, zogen es vor, ihre Ersparnisse aufzubrauchen, soweit vorhanden, oder Arbeitslosenunterstützung zu beanspruchen, die auf Drängen lokaler Arbeiter- und Soldatenräte nun großzügiger ausfiel als zuvor, und abzuwarten, bis sich ihnen die Gelegenheit bot, eine gut bezahlte und vergleichsweise bequeme Arbeit anzutreten.[8]

Fürsorgebetrug wurde zu einem ernsthaften Problem, besonders in Berlin, wo Beobachter schätzten, dass 25 Prozent der Ansprüche unberechtigt waren. Mitglieder der Republikanischen Garde beispielsweise – die zu der relativ kleinen Zahl staatlich organisierter Milizen gehörte – beantragten offenbar zusätzlich zu ihrem Sold regelmäßig Arbeitslosenunterstützung. Zudem wurden Familienangehörige erfunden, oder man beantragte in dem Wissen, dass die Daten selten abgeglichen wurden, in zwei Berliner Bezirken gleichzeitig Wohlfahrtsleistungen.[9] Während des Krieges war der Schwarzmarkt erheblich gewachsen, die Hemmschwelle für Unehrlichkeit

KAPITEL 9

dagegen deutlich gesunken. Auf jeden Fall war die Auffassung verbreitet, dass diese Männer und ihre Familien aufgrund der Opfer, die sie während des Krieges gebracht hatten, ein Anrecht auf staatliche Unterstützung hatten. Das war verständlich, angesichts der Herausforderungen, vor denen die deutsche Wirtschaft stand, aber ungesund.

Noch komplizierter wurde die Situation dadurch, dass die Arbeitslosenunterstützung, die in der unmittelbaren Nachkriegszeit in die Verantwortung der Kommunen fiel, von Region zu Region sehr unterschiedlich bemessen war. In konservativen ländlichen Gebieten betrug sie vielleicht drei Mark pro Tag, während der Tagessatz im sozialistischen Berlin Anfang 1919 bei vier Mark lag und in Dresden sogar sechs Mark gezahlt wurden – Sätze, die in den folgenden Monaten auf Druck der Arbeitslosen und der revolutionären Räte rasch erhöht wurden.[10] Vorschläge, für das ganze Reich geltende Mindest- und Höchstsätze festzulegen, scheiterten. Drei oder vier Mark am Tag mochten in einer Großstadt völlig unzureichend sein, um Körper und Geist zusammenzuhalten, in entlegenen ländlichen Gebieten überstiegen sie aber wahrscheinlich den Lohn, den ein Arbeiter im Durchschnitt für einen Tag harter Arbeit erhielt. Eines war sicher: Diese Arrangements waren nicht geeignet, heimkehrende Soldaten davon abzuhalten, in die Städte zu strömen. Genauso wenig zielten sie darauf, die Arbeitskosten und damit den Preis der produzierten Waren zu senken.

Im weiteren Verlauf des Jahres 1919 versuchten die Behörden angesichts der vielen immer noch arbeitslosen demobilisierten Soldaten Druck auszuüben, um diese zur Annahme einer Arbeitsstelle, sei sie auch schlecht bezahlt, zu bewegen. Mit bescheidenem Erfolg. Es waren turbulente Zeiten, in denen Anweisungen der Behörden nicht mehr das Gewicht hatten wie früher und die Macht der Masse kaum zu zügeln war. Die Beamten der Arbeitsvermittlungen hatten, wie es einer von ihnen ausdrückte, gegen das Misstrauen der Arbeiter gegenüber den akademisch Gebildeten und besser Gekleideten anzukämpfen. In Leipzig wurden Beamte, die die Vorschriften durchzusetzen versuchten, »in der gröblichsten Weise beschimpft, beleidigt und sogar bedroht«. Es kam sogar zu tätlichen Übergriffen von Seiten Arbeitsloser.[11]

Trotz der riesigen Zahl an Heimkehrern, die der Arbeitsmarkt aufnehmen musste, stiegen Löhne und Preise stetig weiter.

Die Weimarer Verfassung, die im April 1919 schließlich verabschiedet wurde, garantierte in Artikel 163 nicht nur das Recht auf Arbeit, sondern auch eine Unterstützung im Fall der Arbeitslosigkeit:

»Jeder Deutsche hat unbeschadet seiner persönlichen Freiheit die sittliche Pflicht, seine geistigen und körperlichen Kräfte so zu betätigen, wie es das Wohl der Gesamtheit erfordert. Jedem Deutschen soll die Möglichkeit gegeben werden, durch wirtschaftliche Arbeit seinen Unterhalt zu erwerben. Soweit ihm angemessene Arbeitsgelegenheit nicht nachgewiesen werden kann, wird für seinen notwendigen Unterhalt gesorgt. Das Nähere wird durch besondere Reichsgesetze bestimmt.«[12]

Zwischen Oktober 1918, dem letzten Monat der umfassenden Kriegsproduktion, und Januar 1919 stieg die Arbeitslosigkeit steil an. Kriegsaufträge wurden storniert oder nicht erneuert, und aufgrund der chaotischen Zustände in einigen Industriegebieten – Elsass-Lothringen und das Saarland waren von Frankreich besetzt worden, in Oberschlesien waren Kämpfe mit Polen ausgebrochen – gab es Engpässe beim Nachschub von Kohle und anderen Rohstoffen. Die unvermeidliche Umstellung von der Rüstungsproduktion auf die Herstellung von Konsumgütern, deren Produktion in den Kriegsjahren drastisch zurückgegangen war, hatte noch nicht begonnen.

Dennoch sank die Arbeitslosenquote von Männern (zumindest derjenigen, die Gewerkschaftsmitglieder waren) in den knapp fünf Monaten zwischen Anfang Februar, als die Nationalversammlung in Weimar zusammentrat, und der Unterzeichnung des Versailler Vertrages Ende Juni 1919 von 6,2 auf 2,8 Prozent.[13] Diese Zahlen sind zwar wegen unvollständiger Meldungen an die Ämter etwas geschönt, lassen aber einen ebenso unbestreitbaren wie überraschenden Trend erkennen.

Der Rückgang war zum Teil durch die Entlassung von Frauen und ihre Ersetzung durch Männer erreicht worden. Im Laufe des Krieges hatten Frauen Arbeiten in der Industrie übernommen, die zu bewältigen ihnen vor 1914 nur wenige zugetraut hätten, körperlich anspruchsvolle Tätigkeiten in Zechen und Stahlwerken etwa. Es hatte sich gezeigt, dass sie zuverlässig waren und hart arbeiten konnten (und im Allgemeinen einen geringeren Lohn als Männer akzeptierten) – was die Behörden jedoch nicht davon abhielt, auf ihrer Entlassung zu bestehen.

KAPITEL 9

Bei Krupp in Essen beispielsweise wurden nach der Einstellung der Feindseligkeiten binnen weniger Wochen 52 000 Arbeiter entlassen, darunter 30 000 Frauen, denen es häufig widerstrebte, ihr altes Leben als Hausfrauen wiederaufzunehmen. Nur 500 Frauen blieben in dem Unternehmen beschäftigt. In einem etwas verlegenen amtlichen Bericht wurde eingestanden, dass sich die Frauen als »fleißig und anstellig« erwiesen hätten, während die Männer »wählerischer« seien und »schwere oder schmutzige Arbeiten entweder nicht annahmen oder nach kurzer Zeit niederlegten. So bedurfte es u. a. ganz besonders nachdrücklicher Maßnahmen, um die Arbeiterinnen aus den Kokereien, in denen sie mit für sie ganz ungeeigneten Arbeiten beschäftigt wurden, wieder zu entfernen.«[14]

Auch die verbreitete Unterbeschäftigung – ob nun Vollzeitbeschäftigte nur wenig zu tun hatten oder tatsächlich Kurzarbeit geleistet wurde – trug zum anscheinend positiven Beschäftigungsstand von Männern bei. In der Demobilmachungsverordnung wurde als Alternative zu Entlassungen eine 24-Stunden-Woche empfohlen.[15] Und die Arbeitgeber, von denen viele bei Kriegsende bemerkenswert gut dastanden und die angesichts ihrer Verwundbarkeit im neuen nachrevolutionären Staat vorübergehend zur Großzügigkeit neigten, konnten mit Aussicht auf Erfolg um Hilfe gebeten werden. In einem Bericht über die Demobilmachung des Heeres hieß es, die »Hauptlast der Umstellungsverluste« trügen

»Handel und Industrie. Die verhältnismäßig günstige Lage des Arbeitsmarktes wird nur durch die Fiktion aufrechterhalten, dass das Gewerbe den größten Teil der Arbeiter beschäftigen könne. Tatsächlich ist dies aber bei dem Fehlen des halben Kohlenbedarfes, dem Rohstoffmangel, der Fortdauer der Blockade, der Unsicherheit der Verhältnisse unmöglich. Die Kosten des Überganges müssen daher zum großen Teile durch die Reserven der Industrie gedeckt werden. Vermutlich sind diese nach der Hochkonjunktur des Krieges bei sehr vielen Betrieben nicht gering.«[16]

Außerdem nahmen die meisten Unternehmer an, dass sie die Lohnzuwächse, die in diesen politisch unruhigen Zeiten zur Wahrung des Arbeitsfriedens nötig waren, kompensieren konnten, indem sie die Preise ihrer Produkte erhöhten – mit anderen Worten, durch die Ankurbelung der Inflation.[17]

SOZIALER FRIEDE UM JEDEN PREIS?

Die Regierung war sich des Problems steigender Preise zwar bewusst, aber derart von der Aufrechterhaltung der Ordnung und der Ernährung der Bevölkerung in Anspruch genommen, dass sie offen eine ähnliche Strategie nach dem Motto »zahlen, was nötig« befürwortete. Als im Frühjahr 1919 einige Lebensmitteleinfuhren erlaubt wurden, war selbstverständlich ein reibungsloser Eisenbahnverkehr vonnöten, um die lebensnotwendigen Lieferungen ins Land schaffen zu können. Ohne sie drohten die Arbeitskräfte in den Bergwerken und Fabriken ihren Aufgaben körperlich nicht mehr gewachsen zu sein. Doch im Mai traten die Eisenbahner – deren Zahl während des Krieges stark gestiegen war – für höhere Löhne in den Streik. In einer Krisensitzung im Reichsernährungsministerium am 5. Mai in Berlin, zwei Tage vor der Bekanntgabe der schockierenden Bestimmungen des Versailler Vertrages, erklärte der preußische Finanzminister, der gemäßigte Sozialdemokrat Albert Südekum, unverblümt und nicht besonders elegant:

> »Jeder Preis und jedes Transportmittel ist recht, um die Lahmlegung des Eisenbahnverkehrs in Preußen hintenanzuhalten. Was nicht möglich ist durch Aufhebung der Inflation, das ist möglich und durchführbar, wenn die Möglichkeit zu arbeiten durch besondere Ernährung gegeben wird. Dabei ist keine Rücksicht zu nehmen auf die Valuta, die bei jedem ausländischen Kaufmann beeinflusst wird nur von dem Misstrauen gegenüber dem allgemeinen Stand der Dinge in Deutschland.«[18]

Mit anderen Worten, der Gedanke an die Inflation rangierte weit hinter demjenigen an den sozialen Frieden. Das Motto hieß buchstäblich: sozialer Friede um jeden Preis.

Doch wo sollte das Reich das Geld herbekommen? Immerhin stand es aufgrund der Kriegsausgaben bereits mit 160 Milliarden Mark in der Kreide. Erzberger gab mit der revolutionären Steuerreform, die er im Juli 1919 vorstellte, zumindest eine Teilantwort. Der Vorschlag lief auf den Vorrang der Reichsregierung in Steuersachen hinaus und eröffnete ihr damit zum ersten Mal in der deutschen Geschichte die Möglichkeit, einen eindeutigen Zusammenhang zwischen ihren politischen Maßnahmen und der Beschaffung des für deren Durchführung benötigten Geldes herzustellen. Die neue Republik war weiterhin eine Föderation, in der den Einzelstaaten erhebliche Rechte vorbehalten waren – ob nun dem riesigen Preußen mit über vierzig Millionen Einwohnern (zwei Dritteln der Reichsbevölkerung) oder dem winzigen Schaumburg-Lippe mit lediglich fünfzigtausend Einwohnern –, aber eine kohärente Verwaltung der Reichsfinanzen war unmöglich, solange das Instrument der Besteuerung überwiegend oder auch nur zu einem erheblichen Teil diesen historischen (und hartnäckig auf ihrer Unabhängigkeit bestehenden) Staatswesen vorbehalten war.

Das Reich übernahm unter anderem die Erhebung der Einkommen-, Umsatz-, Erbschafts- und Grunderwerbssteuer und ermächtigte sich selbst, von denen, die es sich nach ihrer Ansicht leisten konnten, einmalige Notfall- und Spekulationsabgaben zu erheben. Verglichen mit anderen Staaten wurde das nachrevolutionäre Deutschland ein ausgesprochen hoch besteuertes Land. Im Visier hatte Erzberger insbesondere Kriegsgewinnler und Spekulanten, jene gutgekleideten Leute, die Besuchern Berlins und anderer Großstädte auffielen, weil sie sich in vornehmen Restaurants mit Schwarzmarktspeisen vollstopften, während die Mehrheit Mühe hatte, sich überhaupt zu ernähren und anständig zu kleiden. Erzberger schuf das gesetzliche und administrative Fundament des modernen deutschen Steuersystems. Das Schulden- und Defizitproblem der Regierung löste er damit nicht. Dies sollte, wie sich herausstellte, erst der Inflation gelingen.

Erzberger brachte seine Steuerreform am 8. Juli 1919 in die Nationalversammlung ein. Am nächsten Tag wurde der Versailler Vertrag mit 209 Ja- bei 116 Gegenstimmen ratifiziert. Die Steuerreform wurde zwischen September und dem folgenden März in einzelnen Gesetzespaketen scheibchenweise verabschiedet.

Der übergewichtige und geradezu unanständig heitere und selbstbewusste Finanzminister hatte seinen Entwurf mit bemerkenswerter Energie, Klarheit und Entschlossenheit vorgestellt, war damit aber ins Auge eines Sturms geraten (oder hatte sich, muss man wohl sagen, selbst dorthin begeben), der von der wachsenden Wut der nationalistischen Rechten sowohl auf den Versailler Vertrag als auch auf die Steuerreform verursacht wurde. Die neuen Steuern würden besonders die alten, Land, Fabriken und Häuser besitzenden Schichten treffen, bei denen die Rechte viel Anklang und Unterstützung fand. Erzberger war derjenige, der 1917 die Resolution über einen »Frieden ohne Annexionen« vorgeschlagen, der im November 1918 das skandalöse Waffenstillstandsabkommen unterzeichnet und sich darüber hinaus offen für die Annahme des »Schmachfriedens« von Versailles ausgesprochen hatte. Viele machten ihn für die Schwächung der Moral und Verhandlungsposition des Reiches in dessen schwerster Stunde verantwortlich. Und nun verlangte er zu allem Überfluss auch noch, die Steuerlast der weniger Begüterten zu schmälern, die jener Schichten, die (jedenfalls aus ihrer Sicht) das Rückgrat Deutschlands bildeten, dagegen zu erhöhen.

»Das Kapitaleinkommen«, erklärte Erzberger, »muss eine erhebliche Vorbelastung vor dem Arbeitseinkommen tragen.«[19] Aber wozu? Um den rachsüchtigen Alliierten ungerechte Reparationen zu zahlen! So der Einwand der aufbegehrenden nationalistischen Rechten – trotz Erzbergers Versicherung, die zusätzlichen Einnahmen seien zweckgebunden. Die Behauptungen der Rechten waren schwer zu widerlegen. Denn wie immer die Erhebung und Verwendung der Steuern konkret auch gestaltet wurde, es traf zu, dass Reparationen einer »deutschen Bürgern auferlegten Steuer, die von der deutschen Regierung als Steuereintreiber der Alliierten erhoben« wurde, gleichkamen.[20]

Die Republik, das neue, egalitärere Steuersystem und die nationale Demütigung durch Versailles verbanden sich für die rechte Propaganda in der Gestalt Matthias Erzbergers. Er war wie geschaffen dafür, den Gegnern des Vertrages und der Republik als Feindbild zu dienen. Nach der Ermordung von Liebknecht und Luxemburg zog er wie kein anderer Weimarer Politiker den Hass der Extremisten auf sich.

Bei der antirepublikanischen Mittel- und Oberschicht besonders unbeliebt war das von Erzberger eingeführte sogenannte Reichsnotopfer, eine einmalige Vermögenssteuer. Staatsbürger mussten zwischen zehn und 65 Prozent zahlen (Letzteres bei einem zu versteuernden Eigentum von über sieben Millionen Mark), Unternehmen wurden durch die Bank mit zehn Prozent veranschlagt. Die Abgabe, die im Dezember 1919 Gesetzeskraft erlangte, rief einen Sturm der Entrüstung hervor, obwohl sie bis zu dreißig Jahre lang in Raten abbezahlt werden konnte (wenn auch mit Zinsen).

Erzbergers Reform war ebenso mutig wie notwendig, und sie wurde von der Nationalversammlung trotz des wütenden Widerstands der Rechten verabschiedet und anschließend umgesetzt. Sie löste zwar die Probleme des Landes nicht, könnte aber verhindert haben, dass sie noch schlimmer wurden.

Erzberger steckte voller Ideen, wie die deutschen Staatsfinanzen stabilisiert und aus seiner Sicht gerechter gestaltet werden konnten. Neben der Einführung neuer Steuern und der Erhöhung der Abgaben von Bessergestellten wollte er auch das Loch stopfen, das von der Kapitalflucht verursacht wurde und sich im Laufe des Jahres 1919 stetig vergrößerte, da reiche deutsche Bürger und Unternehmen aus Besorgnis über die Revolution, die drohende hohe Besteuerung und den weiteren Verfall der Mark immer mehr Geld und Sachwerte ins Ausland transferierten. Erzberger plante, die Meldepflicht der Banken von Transaktionen mit ausländischen Währungen zu verschärfen, und wollte außerdem hochwertige Banknoten und Wertpapiere von den Banken einziehen und überstempeln oder durch neue Papiere ersetzen lassen; die alten oder ungestempelten sollten ungültig werden. Dies würde sowohl die Kapitalflucht verhindern als auch die Bauern zwingen, den sprichwörtlichen Sparstrumpf zur Inspektion ans Tageslicht zu holen.[21]

Der hartnäckige Widerstand der Reichsbank, die eine solche Maßnahme für undurchführbar hielt, führte schließlich dazu, dass Erzberger sein Vorhaben widerstrebend fallen ließ. Doch inzwischen war die Idee in der Welt und trug zur weiteren Abwertung der Währung bei. Das Problem bestand darin, dass zwar der Umtausch von Mark in ausländische Währungen durch Deutsche schlecht war, weil er bedeutete, dass deutsches Vermögen aus dem Land abfloss, aber das Gegenmittel auch die großen und kleinen Markbestände von Ausländern in anderen Ländern in Mitleidenschaft gezogen hätte, die etwas Gutes waren, denn sie stärkten den Außenwert der Mark und trugen so dazu bei, die einheimische Inflation im Rahmen zu halten. Wenn Ausländer in Reaktion auf Maßnahmen wie die von Erzberger vorgeschlagene ihre Markbestände aufzulösen begannen, weil sie deren plötzlichen Wertverlust fürchteten, untergrub dies das Vertrauen in die deutsche Währung. Das angesehene Lübecker Handelshaus L. Possehl & Co. erläuterte dem preußischen Handelsministerium im September 1919 dieses verzwickte Problem:

»Die Spekulation des Auslandes in Marknoten ist heute bei dem stagnierenden Export unsere einzige Retterin. Es war unser Glück, dass in Dänemark jeder Bauer Marknoten und Markwerte gekauft hatte, in der Hoffnung, dass der Markkurs nach dem Frieden hoch gehen würde ... ebenso liegt es in Schweden, wo viele größere und kleinere Spekulanten sich unter Ausnutzung des niedrigen Kurses Reichsmark gekauft hatten. Alle diese Leute hoffen auf Eintritt normaler Verhältnisse in Deutschland und halten dann ein Anziehen des Markkurses für selbstverständlich ... Das nach Schweden gedrungene Gerücht, dass die Marknoten abgestempelt werden sollen, hat bei all diesen vielen Händen eine wahre Panik hervorgerufen ... Selbst bei vielen nordischen *Banken* entstand die Vorstellung, dass der Besitz an Marknoten wertlos werden könnte, wenn künftighin irgendeine Formalität übersehen würde. Jedenfalls haben daraufhin zahllose Hände vorgezogen, sich von einem vielleicht von Konfiskation bedrohten Besitz zu befreien und es sind dadurch ungeheure Posten von Markwerten auf den Markt geworfen worden.«[22]

Ungeachtet der zahlreichen Zwickmühlen dieser Art – und kaum eine Steuerreform, egal wo und wann sie durchgeführt wird, zeitigt keine unbeabsichtigte Folgen –, konnte kein Zweifel daran bestehen, dass die deutschen Finanzen in Ordnung gebracht werden mussten. 1913 hatte das Reich Schulden in Höhe von fünf Milliarden Mark gehabt. 1919 betrugen sie mit 153 Milliarden mehr als das Dreißigfache – und über die Hälfte waren keine langfristigen Schulden, sondern »schwebende« Verbindlichkeiten, die kurzfristig zurückgezahlt oder refinanziert werden mussten.

1913 hatten sich zwei Milliarden Mark in Umlauf befunden; 1919 waren es 45 Milliarden.[23] Etwas musste geschehen. Im fünften Jahrhundert hatte der vergnügungssüchtige spätere Heilige Augustinus Gott angefleht: »Gib mir Keuschheit, aber noch nicht jetzt!« Ganz ähnlich befand sich die deutsche Regierung seit 1919 in dem qualvollen Dilemma, nicht nur zu entscheiden, *wie* die bittere Medizin verabreicht werden musste, um die Finanzen des Landes zu stabilisieren, sondern auch, *wann*. Der Zeitpunkt schien nie der richtige, die Wiedereinführung der finanziellen Keuschheit allzu schmerzlich zu sein. So blieb die Steuerreform, die ihren Teil dazu beitrug, der am Boden liegenden deutschen Wirtschaft wieder auf die Beine zu helfen, die einzige Medizin, welche die Regierung der Republik in den ersten Monaten nach der Revolution zu verordnen wagte. Da wirkliche Einsparungen ausblieben, konnte sie die gewaltigen Probleme des Landes jedoch kaum verringern.

Kühnes, entschlossenes Handeln hatte seinen Preis. Genau genommen waren es mehrere: ökonomische, politische und soziale. All diese Kosten auf sich zu nehmen, konnte sich die noch schwache, neugegründete Republik nicht leisten. Zu vieles stand dagegen: rachsüchtige auswärtige Feinde und im Innern eine ruhelose, mit neuem Selbstbewusstsein auftretende

KAPITEL 9

Bevölkerung, die eine rasche, konkrete Verbesserung ihres Loses und ihres Lebensstandards erwartete sowie eine politische Rechte, die immer zahlreicher und aggressiver wurde.

Was Erzberger selbst betraf, einen Menschen, der Fehler beging, im Rückblick gesehen aber wahrscheinlich der mutigste Politiker Nachkriegsdeutschlands war, so sollte er zu gegebener Zeit den höchsten persönlichen Preis dafür bezahlen.

KAPITEL 10

Konsequenzen

Wie der scharfsichtige Professor Troeltsch im November 1918 bemerkte, als er die obere Mittelschicht Berlins wie gewöhnlich beim Sonntagsspaziergang im Grunewald sah, wurden die »Gehälter weiterbezahlt«. Zu den Besonderheiten der deutschen Finanzsituation gehörte es, dass schon seit der Vorkriegszeit, in Revolution wie Gegenrevolution, Sieg wie Niederlage, Monarchie wie Republik – und wenn wir schon einmal dabei sind, als der Goldstandard zusammenbrach ebenso wie zu Zeiten des Welthandelssystems der Vorkriegszeit – dieselben beiden Beamten an der Spitze der Reichsbank standen.

Rudolf Havenstein war bei Kriegsausbruch 57 Jahre alt gewesen, hatte 1919 also die sechzig überschritten. Der gelernte Jurist war mit Anfang dreißig in den Staatsdienst eingetreten und im Finanzministerium rasch aufgestiegen; im Jahr 1900 wurde er Präsident der preußischen Staatsbank, der Königlich-Preußischen Seehandlung, 1907 schließlich vielbewunderter Reichsbankpräsident. Diesem ebenso tatkräftigen wie gewissenhaften preußischen Staatsdiener stand als Stellvertreter, Berater und Vertrauter der vier Jahre ältere Otto Georg von Glasenapp zur Seite, ein Fachmann auf den Gebieten der Staatsschulden sowie des Geld- und Münzwesens. Die Währungsumstellung vom August 1914, als die Mark vom Gold entkoppelt wurde, war überwiegend Glasenapps Werk.

Ausgerechnet diese beiden herausragenden, patriotischen und offenbar verlässlichen Beamten sollten Deutschland und seine Währung unwillentlich in den Ruin führen. Beide waren von ihrer Ausbildung nicht Ökonomen und Finanziers, sondern Juristen, und beide waren Männer der Vorkriegszeit. Vor allem Glasenapp war umfassend gebildet. Sein Interesse galt insbesondere dem Werk des größten deutschen und vielleicht auch europäischen Universalgelehrten, Johann Wolfgang von Goethe; Glasenapp gehörte jahrelang dem Vorstand der Weimarer Goethe-Gesellschaft an. Er schrieb auch selbst; er soll, während er morgens zur Arbeit ging, die von seinem Sohn

KAPITEL 10

Reichsbankpräsident Rudolf Havenstein

angefertigten Übersetzungen indischer Gedichte im Kopf in geschliffene deutsche Verse übertragen haben.[1]

Nachdem die Reichsbank in den Kriegsjahren eine große Rolle bei der Verschuldung Deutschlands gespielt hatte, verlangte sie nun angesichts des Waffenstillstandes und der bevorstehenden Normalisierung der deutschen Wirtschaft von der revolutionären Regierung Einsparungen, während paradoxerweise die dubiose Stützung der Geldversorgung, die implizit den Wertverlust der Währung anheizte, weiter betrieben wurde. Allerdings konnten die »alten Herren« in der Jägerstraße nur Ratschläge geben und mahnen, erzwingen ließen sich ökonomische und finanzielle Maßnahmen von neuen demokratischen Ministern nicht, wenn diese sie nicht wollten oder als politisch inopportun betrachteten.

Erzbergers Reform und die von ihm eingeführten neuen Steuern waren Schritte in Richtung Sparpolitik, aber sie gingen nicht weit genug. Trotz gebremster Inflationsrate war es nicht einfach, nichtlohnabhängige Bürger wie Grundbesitzer, Unternehmer und Kaufleute zur Zahlung von Steuern zu überreden, und selbst wenn deutlich mehr Geld in die Staatskasse gespült werden sollte, untergrub die Tatsache, dass die Steuern im Nachhinein eingezogen wurden, den Nutzen der Maßnahme. Zudem konnten gewiefte

Steuerberater die Zahlung weiter hinauszögern, was den tatsächlichen Wert der Steuerforderung häufig erheblich schmälerte.

Der hoffnungsvollste Aspekt der deutschen Realwirtschaft war nicht eine drastische Steigerung der Steuereinnahmen, sondern die Tatsache, dass sich im zweiten Halbjahr 1919 die Lage auf dem Arbeitsmarkt zu verbessern begann, insbesondere im entscheidenden Kohlebergbau. Im Vergleich mit der Vorkriegssituation war die allgemeine Produktivität immer noch gering, wofür die Arbeitgeber vor allem den neu eingeführten Achtstundentag, verbreitete Kurzarbeit und einen allgemeinen Mangel an Disziplin auf Seiten der Arbeiter verantwortlich machten. Gleichwohl waren die Bergleute bereit, Sonderschichten zu fahren. Außerdem eröffneten sich für deutsche Unternehmen und Kommunen, die als kreditwürdiger galten denn der Gesamtstaat, wieder ausländische Kreditquellen in den USA und in neutralen Ländern wie Holland.[2]

Dennoch sank der Wert der Deutschen Mark gegenüber anderen Währungen weiter, insbesondere nachdem die drückendsten Umtauschbeschränkungen (die ihren Kurs während des Krieges künstlich hochgehalten hatten) aufgehoben worden waren und sie wieder überall auf der Welt gehandelt wurde. Hatte der Wechselkurs Anfang 1919 noch bei 8,90 Mark für einen Dollar gestanden, sank er im Mai nach Bekanntgabe der harten Bestimmungen des Versailler Vertrages auf 13,50 Mark und im Juli kurz nach Aufhebung der alliierten Blockade auf 16,50 Mark; im September schließlich erreichte er den Stand von 21 Mark für einen Dollar, auf dem er eine Zeit lang verharrte.[3] Bei Winterbeginn, als die Erwartung an die Fähigkeit und Bereitschaft Deutschlands, die alliierten Forderungen zu erfüllen, nachließ, sackte der Kurs der Mark erneut ab. Am letzten Tag des Jahres 1919 stand sie bei 49 Mark für einen Dollar, war also nur noch knapp halb so viel wert wie im September.[4] Gegenüber dem Vorkriegsstand hatte sie mittlerweile mehr als neun Zehntel an Wert verloren.

Am Sonnabend, dem 10. Januar 1920, trat der Versailler Vertrag zwischen Deutschland und den Alliierten in Kraft, obwohl die Vereinigten Staaten ihn noch nicht ratifiziert hatten (was sie nie tun sollten, denn der Vertrag fiel im März 1920 im Senat durch). Graf Kessler notierte düster, aber mit gewohnter Schärfe in seinem Tagebuch:

KAPITEL 10

»Heute ist der Friede in Paris ratifiziert worden; der Krieg zu Ende. Eine furchtbare Zeit beginnt für Europa, eine Vorgewitterschwüle, die in einer wahrscheinlich noch furchtbareren Explosion als der Weltkrieg enden wird. Bei uns sind alle Anzeichen für ein fortgesetztes Anwachsen des Nationalismus.«[5]

Obwohl Kessler die Republik unterstützte und trotz seiner Weltläufigkeit und seiner kosmopolitischen Herkunft – seine Mutter war Irin, und er selbst war zum Teil in England aufgewachsen –, betrachtete er den Versailler Vertrag wie die meisten Deutschen, ob sie nun Konservative, Liberale oder gemäßigte Linke waren, als Schande. Die »Kriegsschuldklausel« fußte in den Augen dieser Deutschen auf einer bösartigen Fiktion der Sieger, und der Vertrag insgesamt galt als ungerechte Zwangsmaßnahme, der man offen oder versteckt trotzen musste.

Die äußerste Linke nahm einen völlig anderen Standpunkt ein. Für sie waren bis zu dem Zeitpunkt, als die Bolschewiki in Russland die Macht übernahmen, sämtliche Kriegsteilnehmer bloß kapitalistische Hyänen, die sich um die Beute des Imperialismus stritten. Das kaiserliche Deutschland habe sich verhalten wie der Rest der Bande auch, nicht besser und nicht schlechter. Diese Ansicht mochte die Kommunisten und den linken Rand der Sozialdemokraten in Gegensatz zu ihren Landsleuten setzen, doch in der Kriegsschuldfrage lagen die Dinge nicht so einfach. Da der Krieg nicht das Werk der deutschen Massen gewesen sei, so das Argument, sondern das ihrer undemokratischen Vorkriegsregierung und des internationalen kapitalistischen Systems insgesamt, könnten dem Volk keine »Schuld« angelastet und ihm daher auch keine Strafen auferlegt werden. Kurz, selbst für die äußerste Linke, die der alten Elite Kriegstreiberei und dem Militär Untaten in den besetzten Gebieten und nicht zuletzt die rücksichtslose Opferung von Millionen Proletariern vorwarf, war der Gedanke einer deutschen Alleinschuld unerträglich.

Trotz aller Aufregung über die Kriegsschuldfrage gab es einige wenige deutsche Politiker, die glaubten, dass man sich dem Problem der Verantwortlichkeit, selbst wenn es auf eine kleine Elite beschränkt war, zum Wohl des Landes stellen musste. Im Winter 1918/19, hatte der glücklose sozialistische bayerische Ministerpräsident Kurt Eisner die Veröffentlichung geheimer Berichte gefördert, die bayerische Diplomaten 1914 während der Julikrise aus Berlin gesandt hatten. Sie schienen eine starke deutsche (oder – aus

KONSEQUENZEN

bayerischer Sicht – eher preußische) Verantwortung für den Kriegsausbruch zu bestätigen. Die Publikation war ein kühner, idealistischer Schritt, der, wie Eisner hoffte, die Alliierten veranlassen würde, die neuen Kräfte, die jetzt in Deutschland regierten, in freundlicherem Licht zu sehen. Tatsächlich brachte er nur die Rechte und das Militär gegen sich auf, die ihm »Verrat« vorwarfen – sicherlich mit ein Grund für seine Ermordung im April 1919, die ein deutliches Vorzeichen der Gewalt war, die noch kommen sollte.

In Berlin nahm unterdessen eine Regierungskommission unter Leitung des altgedienten Sozialdemokraten Karl Kautsky die Dokumente des Auswärtigen Amtes über die Ereignisse im Juli und August 1914 unter die Lupe. Die Kommission kam wie ihr Münchner Gegenstück zu dem Schluss, dass der Kaiser und seine Berater nach der Ermordung Erzherzog Franz Ferdinands in Sarajevo durch einen serbischen Nationalisten die »Falken« in Österreich-Ungarn zu ihrer aggressiven Antwort an Serbien ermuntert hatten. Daraus folgte, dass die deutsche Elite (nicht zu verwechseln mit dem deutschen Volk), die anscheinend von dem Gedanken an einen Präventivkrieg gegen Russland besessen war, einen Großteil der Verantwortung für den Ausbruch des Ersten Weltkriegs übernehmen musste. Der Bericht, den Kautsky im April 1919 vorlegte, wurde jedoch zurückgehalten; zum einen fanden die meisten Minister, einschließlich der Sozialdemokraten, die darin dargelegte Sicht der Ereignisse unannehmbar, zum anderen fürchteten sie negative Folgen für die laufenden Friedensverhandlungen.

Welche Wirkung dieser Bericht – der zugegebenermaßen unausgewogen war und den deutschen keine vergleichbaren Dokumente der anderen beteiligten Mächte gegenüberstellte – auf die öffentliche Meinung in Deutschland gehabt hätte, wenn er im Frühjahr nach dem Waffenstillstand veröffentlicht worden wäre, kann niemand sagen. Kautsky selbst glaubte wie Eisner, die darin enthaltenen Dokumente würden einerseits die Alliierten veranlassen, das neue, aufrichtige revolutionäre Deutschland in günstigerem Licht zu sehen, und andererseits die Republik im Inland festigen, da die abgrundtiefe Unverantwortlichkeit des alten Regimes so deutlich zutage trete. Dem konnten nicht viele beipflichten, am wenigsten Ministerpräsident Scheidemann, und so wurde die Veröffentlichung untersagt.

Die nationalistische Rechte hatte dagegen keine Skrupel, ihre Auffassungen zu verbreiten. So verlieh Generalfeldmarschall von Hindenburg, als er im November 1919 vor einem Untersuchungsausschuss der Nationalversammlung aussagte, der »Dolchstoß«-Legende mit der Kraft seiner Persönlichkeit enormes Gewicht. Nach seiner Auffassung war nicht die militärische Niederlage, sondern eine politische Verschwörung von Marxisten, Pazifisten und Juden am Zusammenbruch des Kaiserreiches schuld. Die nationalistische Rechte griff seine Äußerungen begierig auf und benutzte sie, um den Deutschen eine von Grund auf falsche Darstellung über die Ursachen und das Ende des Krieges zu vermitteln, die zu ihren eigenen politischen Zwecken passte und den Tenor der Debatte in den folgenden Jahren prägen sollte.[6] Eine begründete Zurückweisung der alleinigen Kriegsschuld Deutschlands wurde in die Leugnung jeglicher Kriegsschuld umgemünzt, in eine Massenfantasie, Deutschland sei ein vollkommen unschuldiges Opfer.

Die sogenannten Weimarer Parteien (SPD, USPD, Zentrum, DDP), die von Anfang an für die Republik eingetreten waren, bestritten die These von der Alleinschuld Deutschlands ebenfalls und lehnten daher auch die Zahlung von Reparationen ab (Wiedergutmachungsforderungen für in den besetzten Gebieten angerichtete Schäden waren etwas anderes; sie wurden, abgesehen von der äußersten Rechten, von den meisten Deutschen als berechtigt angesehen). Gleichwohl waren es die Abgeordneten dieser Parteien, die im Juli 1919 den Versailler Vertrag mehrheitlich durch die Nationalversammlung brachten, samt »Kriegsschuldartikel« und allem, und die mit dem Versuch, einen Protest gegen Artikel 231 unterzubringen, gescheitert waren. Die nationalistischen Rechten betrachteten diese Parteien und die daraus gebildeten Regierungen, die mit erschreckender Häufigkeit wechselten – in den ersten fünf Jahren der Republik sieben Mal –, daher als Verräter. Das Land war, anders ausgedrückt, zutiefst gespalten, allerdings nicht in Bezug auf die Unannehmbarkeit des Vertrages: Fast alle stimmten darin überein, dass dieser ungerecht und unmoralisch sei.

Im Sommer 1919 lautete die Frage, ob man den Vertrag ablehnen und riskieren sollte, dass die Alliierten ihre Drohungen wahrmachten, oder ob man formal zustimmen und dann versuchen sollte, Mittel und Wege zu finden, seine schlimmsten Bestimmungen auszuhebeln. Die Spaltung der öffentlichen Meinung war nicht so eindeutig, wie es im Rückblick aussieht. In der schicksalhaften Woche nach der Bildung einer neuen Regierung am 21. Juni 1919 hatte es oft den Anschein, als wäre unter den neuen Umständen in der Nationalversammlung keine Mehrheit für den Vertrag zu finden. Erst als Groener die Politiker von der Unmöglichkeit einer Wiederaufnahme der Feindseligkeiten überzeugte, schwenkten die Abgeordneten der

KONSEQUENZEN

Zentrumspartei – die durch ihre Konfession geeint waren, aber ansonsten ein Spektrum von rechts-nationalistisch bis beinah sozialistisch-radikal vertraten – um und stimmten für den »Diktatfrieden«.[7]

Als letztes, schwaches Echo des »Burgfriedens« von 1914 bis 1918 gestanden die rechts-nationalistischen Abgeordneten in der Nationalversammlung während der Debatte über den Vertrag auch jenen Abgeordneten, die für seine Annahme stimmten, ehrenwerte »vaterländische« Gründe für diesen Schritt zu, auch wenn sie ihre Entscheidung für falsch hielten. Tragischerweise sollte sich dieser Ausbruch von Vernunft (oder Heuchelei, denn Verantwortung für das Land zu übernehmen, war das Letzte, was die Nationalisten zu diesem Zeitpunkt wollten) als kurzlebig erweisen.

So nahmen Außenminister Müller und Arbeitsminister Bell den Zug nach Versailles – der von ihren französischen Gastgebern absichtlich bei langsamer Fahrt durch Gebiete geleitet wurde, die unter deutscher Besatzung zerstört worden waren[8] – und unterzeichneten den Vertrag, den sie wie die Mehrheit ihrer Landsleute aus vollem Herzen verabscheuten.

Der Regierungskurs firmierte fortan als »Erfüllungspolitik«. Das heißt, die deutsche Regierung akzeptierte, wenn auch unter Druck, formal den Vertrag und enthielt sich jeder offenen Verletzung seiner Bestimmungen. Aber während sie dem Anschein nach versuchte, die Vertragsbestimmungen zu »erfüllen«, bemühte sie sich ständig zu zeigen, dass dies unmöglich sei. Dabei setzte sie jede ihr nützlich erscheinende Waffe aus Politik, Propaganda und Ökonomie ein – einschließlich der Währungsmanipulation.

Die abschließenden Beratungen der Nationalversammlung über den Versailler Vertrag waren unter anderem dadurch unterbrochen worden, dass General Maercker, der bekannte Freikorpsmann, dem ihre Sicherheit anvertraut worden war, verkündete, seine Truppen würden im Falle der Zustimmung zu den Friedensbedingungen nicht länger zur Regierung halten. Glücklicherweise wurde diese Warnung von einem kurz darauf eintreffenden Telegramm Groeners in den Hintergrund gedrängt, das trotz Groeners wie üblich vagen Formulierungen so interpretiert werden konnte, dass die Armee hinter Minister Noske und damit hinter der gesamten Regierung stand. Dennoch: Auch in den Streitkräften wurde die Unterzeichnung des Vertragswerks vehement abgelehnt. Nach dessen Bestimmungen war das Heer auf 100 000 Mann zu verkleinern, die zusammen mit einer 15 000 Mann starken Marine die neue Reichswehr bilden würden. Eine Luftwaffe war Deutschland nicht gestattet. Die Oberste Heeresleitung und der Generalstab sollten aufgelöst werden, weshalb Generalfeldmarschall Hindenburg und sein Stellvertreter Groener am 25. Juni 1919 von ihren Posten zurücktraten.

Noske wurde offiziell zum Reichswehrminister ernannt. Ihm direkt untergeben war der Chef des Truppenamtes, Generalmajor Hans von Seeckt, dem wiederum der Kommandeur der Reichswehrtruppen in Preußen, Oberst (und bald General) Walther Reinhardt, unterstand. Wie sich herausstellte, war das Truppenamt, abgesehen von der Bezeichnung, die wiederbelebte Heeresleitung. Wie in vielen anderen Bereichen der »Erfüllungspolitik« gehorchte man bei der Reorganisation der deutschen Armee lediglich dem Buchstaben, nicht aber dem Geist des Versailler Vertrages.

Graf Kessler hatte in seinem missmutigen Tagebucheintrag vom 10. Januar über die Ratifizierung des Versailler Vertrages vorausgesagt, dass sie dem Nationalismus in Deutschland Auftrieb geben würde. Er behielt recht, aber die Situation war kompliziert und wurde im Frühjahr 1920 immer verwickelter.

Im Frühjahr 1920 erschien *Die wirtschaftlichen Folgen des Friedensvertrages,* die deutsche Übersetzung von John Maynard Keynes' Buch *The Economic Consequences of the Peace,* das Ende 1919 in Großbritannien, Anfang 1920 in Amerika herausgekommen war. Keynes war kurz vor der Übergabe des Vertragsentwurfs im Juni 1919 enttäuscht aus dem britischen Verhandlungsteam in Versailles ausgeschieden und hatte sich ins Charleston Farmhouse zurückgezogen, das Landhaus in Sussex, das er sich mit seinen Bohemienfreunden von der Bloomsbury Group teilte. Dort schrieb er, hauptsächlich im Juli und August 1919, in einiger Hast eine leidenschaftliche, knappe, aber beißende Generalattacke auf das Friedensabkommen nieder. Das Buch erregte Aufsehen und wurde zu einem höchst einflussreichen internationalen Bestseller, der Keynes Weltruhm einbrachte. Aus deutscher Sicht war es deshalb gelungen, weil es die meisten Einwände der Berliner Regierung gegen den Vertrag bestätigte. Auch der brillante Ökonom und Berater der britischen Regierung Keynes fand ihn unmöglich! Erfreut über die Unterstützung aus dieser Ecke und deren Erfolg, begann eine Kommission aus führenden deutschen Bankiers (von denen einige Keynes gut kannten) neue Änderungsvorschläge für den Vertrag auszuarbeiten.[9]

KONSEQUENZEN

Positive Signale kamen anfangs auch aus der Wirtschaft. Zudem schien Deutschland im Kampf gegen die im Vertrag verordneten Beschränkungen und Strafen nach und nach Erfolge zu verzeichnen. Durch eine Vereinbarung mit Frankreich wurde das sogenannte Loch im Westen geschlossen, jene französisch besetzten Gebiete, die dem deutschen Zoll bis dato entzogen gewesen waren und wo es daher in erheblichem Ausmaß zu Schmuggel und Kapitalflucht gekommen war (obwohl zweifelhaftes deutsches Geld trotz Erzbergers Versuch, den Abfluss deutschen Vermögens zu unterbinden, in der Schweiz und den Niederlanden noch immer am sichersten war). Die Alliierten hatten ihre Forderung, deutsche »Kriegsverbrecher« auszuliefern, um ihnen den Prozess zu machen, fallen gelassen und gestattet, dass sie in Deutschland vor Gericht gestellt wurden, was schließlich auch geschah – mit absehbar lächerlichen Ergebnissen. Und obwohl keine direkten internationalen Kredite nach Deutschland flossen, hatten einige kleinere amerikanische Finanzinstitute begonnen, deutschen Unternehmen und Kommunen Geld zu leihen. Darüber hinaus kauften Amerikaner in Erwartung steigender Markkurse Schuldverschreibungen und Wertpapiere, die sie den Deutschen mit einem satten Gewinn wieder zu verkaufen hofften.[10]

Nach einem schwindelerregenden Kurssturz auf 75 Mark pro Dollar Ende Januar 1920 und 93,50 Mark am 22. Februar hatte sich die Mark in der ersten Märzwoche bei rund 90 Dollar, mit deutlicher Tendenz zur Besserung, stabilisiert.[11] Am 11. März fand in Berlin ein Expertentreffen statt, an dem unter anderen der USPD-Theoretiker und künftige Finanzminister Rudolf Hilferding teilnahm. Die Expertenrunde dachte ernsthaft darüber nach, eine gewisse Korrelation zwischen heimischen und internationalen Preisen herzustellen und so die Gelddruckmöglichkeiten der Reichsbank einzuschränken. Auf lange Sicht sollte sogar die Rückkehr zum Goldstandard vorbereitet werden.[12]

Währenddessen bewahrheitete sich Kesslers Furcht vor einem Erstarken der nationalistischen Rechten. Am 26. Januar 1920 hatte der junge ehemalige Fähnrich Oltwig von Hirschfeld, kurz zuvor zwangsdemobilisiert und entschlossen, mit dem prominentesten »Versailler Verräter« »abzurechnen«, zwei Mal auf Matthias Erzberger geschossen. Der erste Schuss traf die Schulter, und der zweite wurde von der Uhrenkette des Ministers abgelenkt. Es war eine Warnung vor dem Kommenden. Hirschfeld wurde nicht wegen versuchten Mordes, sondern wegen gefährlicher Körperverletzung angeklagt, zu nur 18 Monaten Gefängnis verurteilt und nach vier Monaten aus »Gesundheitsgründen« auf Bewährung freigelassen.[13]

Nach der Ratifizierung des Versailler Vertrages wurde deutlich, dass sich die ablehnende Haltung der Angehörigen der neuen Reichswehr und der weiterexistierenden Freikorps, zwischen denen es eine Vielzahl persönlicher Verbindungen gab, gegenüber der deutschen Republik verhärtete. Immerhin mussten die Streitkräfte nach der Vertragsunterzeichnung eine erhebliche Verkleinerung hinnehmen. Und obwohl es ein Zugeständnis der Alliierten gewesen war, dass die rund neunhundert »Kriegsverbrecher« vor deutsche Gerichte kamen, war allein schon die Vorstellung, die deutsche Regierung könne einem solchen Vorgehen zustimmen, für die große Mehrheit des Offizierskorps ein Gräuel und brachte die republikanische Regierung weiter in Verruf. Obwohl formal zum Reichswehrministerium gehörig und ein direkter Untergebener des sozialdemokratischen Ministers Noske, wahrte Seeckt in seinen politischen Beziehungen eine kühle Distanz. Die Regierung konnte sich allerdings damit trösten, dass der nächste in der Hierarchie, General Reinhardt, zu den wenigen der Republik wohlgesinnten Offizieren gehörte. Der Kommandeur der Reichswehrtruppen in Berlin, General Walther Freiherr von Lüttwitz, war indes erzreaktionär eingestellt. Er stand seit Langem mit rechten Extremisten im Parlament und anderswo sowie mit ultranationalistischen Freikorpsführern in Verbindung, mit denen er besprach, wie man neue Reichstagswahlen erzwingen und Deutschland eine stärker autoritär geprägte Verfassung aufnötigen könnte.

Ende Februar näherte sich die Krise ihrem Höhepunkt, als Noske teilweise der alliierten Forderung nach einer Reduzierung der deutschen Streitkräfte nachgab und die Auflösung des wohl schlagkräftigsten (und zutiefst politischen) Freikorps anordnete, der 5000 Mann starken »Marine-Brigade Erhardt«, benannt nach ihrem Anführer, Korvettenkapitän Hermann Erhardt. Der ehemalige Kommandeur eines Torpedobootes hatte im Januar 1919 antirevolutionäre Matrosen und Soldaten organisiert, um einen kommunistischen Putsch in seinem Heimathafen Wilhelmshaven zu vereiteln. Anschließend hatte er eine regelrechte Privatarmee aufgebaut, die an der Niederschlagung mehrerer linker Aufstände in Nord- und Mitteldeutschland beteiligt war, bevor sie eine bedeutende Rolle bei der brutalen Auslöschung der bayerischen Räterepublik spielte. Noch im selben Jahr hatte sie eingegriffen, um einen polnischen Aufstand im umstrittenen Oberschlesien zu unterdrücken.

KONSEQUENZEN

Im Winter 1919/20 war die kampfgestählte und schwer bewaffnete Brigade Erhardt, wie sie kurz genannt wurde, in Döberitz bei Berlin stationiert, wo sie in engem Kontakt mit Lüttwitz' regulären Truppen stand. Ihr inzwischen 38-jähriger, von Ehrgeiz und Verachtung für die Nachkriegsregierung zerfressener Kommandeur hatte begonnen, den Sturz der jungen Demokratie zu planen, um eine radikal-nationalistische Diktatur zu errichten, die, so seine Fantasievorstellung, Deutschland wieder zu seiner Vorkriegsstellung verhelfen würde.

Kaum ein Jahr, nachdem die Revolution das alte System auf den Müllhaufen der Geschichte befördert hatte, sah sich Deutschland mit einer neuen Gewaltdrohung konfrontiert. Diesmal von Seiten der Rechten.

KAPITEL 11

Der Putsch

Als Noske die Auflösung der Brigade Erhardt anordnete, entzündete er unwillentlich eine Lunte.

Am 10. März 1920 forderte General Lüttwitz in einem Gespräch mit Noske und Reichspräsident Ebert, sowohl der Verkleinerung der Streitkräfte als auch den von den Alliierten erzwungenen »Kriegsverbrecherprozessen« Einhalt zu gebieten. Außerdem verlangte er die sofortige Auflösung der Nationalversammlung, die direkte Wahl des Reichspräsidenten – Ebert war von der Nationalversammlung mit einfacher Mehrheit gewählt worden –, die Berufung von Experten, das heißt Konservativen, an die Spitze des Auswärtigen Amtes und der Ministerien für Wirtschaft und Finanzen sowie die Entlassung des republikfreundlichen Generals Reinhardt. Zu guter Letzt wollte er selbst zum Oberbefehlshaber der Reichswehr befördert werden. Oh, und Noske müsse die Anordnung, die unter dem Kommando von Korvettenkapitän Erhardt stehende »Marine-Brigade« aufzulösen, zurücknehmen.[1]

Dieser außergewöhnlichen Forderungsliste eines Möchtegern-Militärdiktators konnten ein sozialdemokratischer Präsident und ein ebenfalls sozialdemokratischer (wenn auch militärfreundlicher) Minister nur zurückweisen, und so geschah es. Am nächsten Tag gab Noske die Entlassung von General Lüttwitz bekannt. Daraufhin rückte in der Nacht vom 12. auf den 13. März die Brigade Erhardt in voller Kampfausrüstung aus ihrer Kaserne am westlichen Stadtrand von Berlin aus und marschierte auf die Stadtmitte zu, mit dem Regierungsviertel als Ziel. Auf den Helmen der Männer prangte ein weißes Symbol, das rasch zum Erkennungszeichen der äußersten Rechten wurde: ein Hakenkreuz.

Unterdessen hielt sich Wolfgang Kapp, der vermeintliche zivile Putschführer, im Hintergrund. Kapp, ein 61-jähriger hoher preußischer Beamter, der 1917 die fanatisch nationalistische und imperialistische Vaterlandspartei mitgegründet hatte, war in einem vornehmen Viertel Berlins in der Wohnung einer Bewunderin, der Frau eines früheren deutschen Botschafters bei der Hohen Pforte, untergetaucht.[2] Nachdem die Freikorpskräfte um etwa sieben Uhr früh am 13. März die Reichskanzlei besetzt hatten, wurde Kapp zum Reichskanzler und Lüttwitz, der militärisch starke Mann des Möchtegern-Regimes, zum Reichswehrminister ausgerufen.

Es schien alles erstaunlich einfach zu gehen. Das lag unter anderem daran, dass die Regierung aus Berlin geflohen war. Wie zu Beginn des linken Spartakusaufstands im Vorjahr hatten die Minister die unangenehme Tatsache erkennen müssen, dass sie über keine verlässlichen Truppen verfügten, deren Schutz sie sich hätten anvertrauen können. Der Grund dafür war jedoch ein völlig anderer als im Januar 1919, als der Spartakusbund versucht hatte, den Reichstag zu besetzen. Über einen Besuch in der Reichskanzlei, wo Ebert, Noske und die anderen Kabinettsmitglieder am frühen Morgen zu einer Notfallsitzung zusammengekommen waren, schrieb der führende Sozialdemokrat Otto Braun:

»Als ich das große Bibliothekszimmer durcheilte, stand dort u. a. eine Gruppe Offiziere, v. Seeckt und andere. Ich sehe noch das süffisante Lächeln auf ihren Gesichtern, als wollten sie sagen: Zurück, du rettest den Freund nicht mehr. Im Nebenzimmer stieß ich auf den preußischen Kriegsminister General Reinhardt, der mir kurz berichtete, was geschehen war. Die meuternden Truppen von Döberitz marschierten unter Führung von Ehrhardt und Lüttwitz auf Berlin. Er hätte sich dafür erklärt, ihnen mit der Waffe entgegenzutreten, aber die Kommandeure der in Berlin stehenden Truppen hätten erklärt: Reichswehr kämpfe nicht gegen Reichswehr.«

Auf Brauns an Reinhardt gerichtete Frage, ob die Haltung der Reichswehr anders wäre, wenn die Truppen, auf die sie schießen sollte, für den Kommunismus kämpfen würden, lächelte der General nur »verständnisinnig«.[3] Kurz darauf beschloss das Reichskabinett mehrheitlich, Berlin zu verlassen. Als es seine Zelte in Dresden aufschlagen wollte, erlebte es eine weitere Demütigung, da der dortige Kommandeur, derselbe General Maercker, der schon der Nationalversammlung in Weimar den Schutz verweigert hatte, zu verstehen gab, dass er nicht bereit sei, für die legitime Regierung zu den Waffen zu greifen. Also zog die Kabinettskarawane nach Stuttgart weiter, wo es den Ministern gelang, einen temporären Regierungssitz einzurichten.

KAPITEL 11

Während ihrer unerwartet langen Reise durch Mittel- und Südwestdeutschland fanden die sozialdemokratischen Kabinettsmitglieder Zeit, mit den Gewerkschaftsführern in Berlin Verbindung aufzunehmen. Die aktive Unterstützung der Reichswehr mochten sie nicht besitzen, aber auf die großen Bataillone der organisierten Arbeiterschaft konnten sie immer noch zählen, und sie hatten beschlossen, sie einzusetzen. Karl Legien und die anderen Gewerkschaftsführer, einschließlich derer, die weit links von ihm standen, stimmten einhellig dafür, in Berlin zum Generalstreik aufzurufen.

Doch schon vor dem Streikaufruf hatte sich gezeigt, dass der Putsch nur mäßige Erfolgschancen hatte, und in den folgenden Stunden und Tagen wurden sie immer dürftiger. Politisch kluge Reichswehroffiziere, darunter von Seeckt, waren zwar nicht bereit, den Aufstand mit Gewalt niederzuschlagen, erkannten aber, dass von dessen Scheitern vor allem die äußerste Linke profitieren würde – eben jene »Bolschewisten«, vor denen sie das deutsche Volk hatten schützen sollen und die jetzt mit mehr Überzeugungskraft als bisher behaupten konnten, die einzige Alternative zur Diktatur des Militärs sei die des Proletariats.

Zudem führten die meisten Staatsbediensteten die Anweisungen des neuen Regimes nicht aus. In den Berliner Ministerien, die jetzt vorgeblich in der Hand von Kapps Anhängern waren, gehorchte die überwiegende Mehrheit der Beamten ihren Abteilungsleitern, die vielleicht nicht allesamt Sympathien für die Republik hegten, aber fast ausnahmslos zur legitimen Regierung standen. Nur bei ultrakonservativen, monarchistischen hohen Beamten und Militärs aus dem hinterwäldlerischen Ostpreußen fand Kapp Unterstützung; immerhin war er einer von ihnen.

Der Generalstreik begann am Sonnabend, dem 13. März, und obwohl er erst am nächsten Montag, dem ersten regulären Arbeitstag der Woche, in vollem Umfang griff, ließen die Lähmung des Verkehrs, der Stromversorgung und der Kommunikationsmittel sowie die Schließung von Fabriken und Geschäften zusammen mit der Weigerung der Beamten, die Anweisungen der Möchtegern-Regierung auszuführen, wie ein Historiker schreibt, »die Aufrufe des ›Reichskanzlers‹ Kapp wirkungslos verpuffen und entzogen jeder tatsächlichen Regierungstätigkeit der Putschisten den Boden«.[4]

Als die ersten Putschtruppen am Sonnabendmorgen in Berlin einmarschierten, vernahm der Beamtensohn Sebastian Haffner, damals 13 Jahre alt

DER PUTSCH

und noch wie seine Schulkameraden nationalistisch eingestellt, die ehrfürchtige Ankündigung, dass jetzt »der Kaiser wiederkäm«. Doch schon am Abend machten sich die ersten Folgen des Streiks bemerkbar:

> »Man erfuhr auch weiterhin keine [Neuigkeiten], denn bereits am Abend gab es keine Zeitungen, und übrigens, wie sich nachher herausstellte, auch kein Licht. Am nächsten Morgen gab es, zum ersten Mal, auch kein Wasser. Auch die Post bestellte nicht. Es fuhren auch keine Verkehrsmittel. Und die Läden waren geschlossen. Es gab, mit einem Wort, überhaupt nichts.«

Die Bewohner von Haffners gutbürgerlichem Viertel waren gezwungen, sich Wasser mit Eimern an alten öffentlichen Brunnen von der Straßenecke zu holen und das kostbare Nass vorsichtig nach Hause zu tragen. Demonstrationen gab es, nach Haffners Erinnerung, anders als während der Revolution keine, auch keine Straßendiskussionen. Und die wenigen, die in seinem Viertel den Putsch unterstützten, machten sich zum Narren:

> »Am Montag fiel auch wieder die Schule aus ... Unser Turnlehrer, der sehr ›national‹ war (alle Lehrer waren ›national‹, aber niemand mehr als die Turnlehrer), erklärte zwar mehrfach mit Überzeugung: ›Man merkt doch gleich, dass eine ganz andere Hand am Steuer ist.‹ Aber, um die Wahrheit zu sagen, man merkte überhaupt nichts, und auch er sagte das wohl nur, um sich darüber hinwegzutrösten, dass er überhaupt nichts merkte.
> Wir zogen von der Schule aus nach den ›Linden‹, aus einem dunklen Gefühl heraus, dass man an großen vaterländischen Tagen ›Unter den Linden‹ sein müsse, und auch in der Hoffnung, man werde dort etwas sehen oder etwas erfahren. Aber es war nichts zu sehen und nichts zu erfahren. Ein paar Soldaten standen gelangweilt hinter überflüssigerweise aufgebauten Maschinengewehren herum. Niemand kam, sie anzugreifen. Alles wirkte eigentümlich sonntäglich, besinnlich und friedlich. Das machte der Generalstreik.«[5]

Am 18. März berichtete Morgan Philips Price vom *Manchester Guardian* lakonisch: »Wir leben in Berlin jetzt ohne Licht, Gas und Wasser. Die neue Regierung sitzt wie eine Ratte in der Falle.«[6]

KAPITEL 11

Der Kampf verlief nicht völlig friedlich. Es kam immer wieder zu bewaffneten Zusammenstößen zwischen Anhängern der Republik und Putschisten. Walter Koch, der Gesandte der sächsischen Regierung in Berlin, berichtete von regelmäßigen Schusswechseln im Regierungsviertel, wo sich sein Büro und seine Wohnung befanden:

»Überhaupt knallte es Tag und Nacht um unser Haus, so dass wir die Möbel tunlichst aus der Schusslinie rückten. Es kam öfter am Tage vor, dass vom Potsdamer Platz der Ruf ›Straße frei‹ ertönte. Es war amüsant, zu sehen, wie dann die zahlreichen Passanten wie die Mäuse in die Hauseingänge strömten. Die Kugeln der Maschinengewehre machten in der Budapester Straße üble Querschläger. Wenn das Rattern der Maschinengewehre verstummte, wagten sich die Leute allmählich wieder aus den Häusern, und 10 Minuten später flutete der Verkehr wiederum, als ob nichts vorgefallen wäre.«[7]

Wie auch immer: Schon am 15. März hatten die Putschisten insgeheim Gespräche mit einigen Kabinettsmitgliedern aufgenommen, die geblieben waren, als der Rest der Regierung aus der Hauptstadt floh. Es ging das Gerücht von einem »Kompromiss« um. Die in Berlin verbliebenen Minister gaben aus der verständlichen Furcht, der Generalstreik, ob friedlich oder nicht, könnte aus dem Ruder laufen, und in dem Bemühen, Frieden und Normalität in der Hauptstadt wiederherzustellen, mehr Boden preis als die geflohenen Minister, die in der Sicherheit der Provinz ebenso verständlicherweise Haltung bewahrten. Es war offenkundig, dass der Putsch sein Hauptziel verfehlt hatte. Darüber hinaus wären angesichts der zur Verteidigung der Republik mobilisierten Gewerkschaften und der (vielfach bewaffneten) Anhänger der äußersten Linken Zugeständnisse an die antidemokratische Rechte nur als krasse Provokation aufgefasst worden.

Am 17. März floh Kapp aus Berlin und gelangte mit einem falschen Pass nach Schweden. Lüttwitz suchte in Ungarn Zuflucht, wo eine rechte, monarchistische Regierung an die Stelle des Räteregimes der unmittelbaren Nachkriegszeit getreten war. Auch andere Putschisten suchten das Weite, häufig wie Kapp mithilfe eines falschen Passes.

Was die Brigade Ehrhardt anging, so mochten ihre Männer Haffner an jenem Montagnachmittag Unter den Linden auf dem Höhepunkt des Generalstreiks friedlich erschienen sein, aber als sie am 18. März wieder aus

DER PUTSCH

Berlin abrückten, waren sie alles andere als gelassen. Als sie in voller Montur, samt Hakenkreuz am Helm, unter den Klängen des Deutschlandliedes durchs Brandenburger Tor abzogen, bedachten Zuschauer am Pariser Platz sie mit abfälligen Bemerkungen. Daraufhin eröffneten die Freikorpsmänner sofort das Feuer. Zwölf Menschen wurden getötet und dreißig verwundet. Die Kluft in der deutschen Gesellschaft, die in der fatalen Neigung vieler Deutscher zum Ausdruck kam, andere, deren politische Einstellung sie ablehnten, als minderwertig zu betrachten, verbreiterte sich auf beunruhigende Weise.[8]

Doch es sollte noch schlimmer kommen. Diesmal war es nicht die Rechte, die sich erhob, sondern die Linke. Auch außerhalb Berlins war zum Generalstreik aufgerufen worden, unter anderem in den Industriegebieten in Sachsen und an der Ruhr, und nun weigerten sich die Streikenden, zum Alltag zurückzukehren, obwohl der Putsch vorbei war. Die äußerste Linke warf der Regierungskoalition aus Sozialdemokraten, Liberalen und Zentrum Schwäche vor, da sie es zugelassen hatte, dass die Freikorps und das Militär derart außer Kontrolle gerieten, und nutzte die Krise, um revolutionäre Forderungen zu erheben und die Situation zu einem Beinaheaufstand zu verschärfen. Insbesondere in Leipzig und im Ruhrgebiet wurden Zusammenstöße mit Reichswehr und Freikorps, die zur Verteidigung der Republik angetreten waren, mit voller Absicht – manche würden sagen: mit Feuereifer – zu regelrechten Schlachten ausgeweitet, die tage- und manchmal sogar wochenlang dauerten.

Im Ruhrgebiet kosteten die Kämpfe zwischen den linken Militanten der sogenannten Roten Ruhrarmee auf der einen und Freikorps- und Reichswehreinheiten auf der anderen Seite in der ersten Aprilhälfte über tausend Arbeiter (die, wie man annimmt, zumeist nach ihrer Festnahme erschossen worden waren) und 208 Reichswehrsoldaten das Leben; weitere 123 Soldaten wurden vermisst. Die Kampfhandlungen zogen sich hin, bis der Arbeiteraufstand im Mai endgültig niedergeschlagen wurde.[9]

Die Schwierigkeit bestand darin, dass das Kampfgebiet formal eine »entmilitarisierte Zone« war, wo die Reichswehr nicht operieren durfte. Als Reaktion auf ihren Einsatz gegen den Ruhraufstand besetzte die französische Armee Frankfurt am Main und mehrere Nachbarstädte, wie Offenbach und Darmstadt. Besonders die Teilnahme von Kolonialtruppen löste Empörung aus. Als am ersten Tag der Besetzung marokkanische Soldaten in Frankfurt inmitten einer protestierende Menschenmenge ihren Offizier aus den Augen verloren, schossen sie wahllos in die Menge und töteten und verwundeten mehrere Zivilisten.[10] »Am Main ist der französische Militarismus eingerückt wie in Feindesland«, erklärte Reichskanzler Hermann Müller den aufgebrachten Abgeordneten der Nationalversammlung. »Senegalneger liegen in der Frankfurter Universität und beim Goethehaus.«[11]

Eines hatte der Kapp-Lüttwitz-Putsch trotz seines Scheiterns erreicht: Er hatte gezeigt, wozu deutsche Nationalisten weniger als anderthalb Jahre nach der Revolution fähig waren. Außerdem war er, wie die anschließenden Kämpfe an der Ruhr deutlich gemacht hatten, der Funke gewesen, der einen Bürgerkrieg innerhalb der Gewerkschafts- und Arbeiterbewegung entzündete und die Spaltung zementierte, die eine vereinigte Linksregierung in Deutschland unmöglich machte und zur Folge hatte, dass das Reich bis zum Ende der Weimarer Zeit von schwachen Koalitionsregierungen regiert wurde.

Am merkwürdigsten war, dass all diese schrecklichen Entwicklungen getrennt voneinander stattzufinden schienen. Das Reich war groß und traditionell von lokalen Interessen und Loyalitäten geprägt. Selbst wenn in den Städten und Industriezentren epochemachende und häufig blutige Ereignisse stattfanden, ging das Leben in der Provinz davon nahezu unberührt weiter. »Eben diese Vielfalt war es«, schreibt ein Chronist des »deutschen Bürgerkriegs«,

»die einer gemeinsamen bewussten Anstrengung in jeder revolutionären oder gegenrevolutionären Gruppe im Wege stand. Eine Revolution in Berlin brauchte noch lange nicht in ganz Deutschland gleichgerichtete Konsequenzen auszulösen, und ein Erfolg der Gegenrevolution in einem Teil Deutschlands bedeutete nicht von vornherein, dass sie auch in anderen Teilen des Landes erfolgreich sein musste. Diese Vielfalt in der kulturellen und sozialen Struktur des deutschen Staates mag teilweise eine Erklärung liefern dafür, warum das brisanteste revolutionäre Ereignis im Gefolge des Kapp-Putsches, der Arbeiteraufstand an der Ruhr im März und April 1920, nicht nur mit einem Fehlschlag endete, sondern darüber hinaus im Bewusstsein der meisten Deutschen außerhalb der unmittelbar betroffenen Gebiete kaum über die Bedeutung eines gewöhnlichen Tagesereignisses hinausgelangte.«[12]

DER PUTSCH

Das ist zutreffend, und doch hielt manches in Deutschland unverbrüchlich zusammen, ganz gleich, welchen Landesteil man betrachtet und welche politische Einstellung dort vorherrschte. Das galt vor allem für das Militär, das sich trotz allem unter diesen gefährlichen Nachkriegsbedingungen rasch zu einem selbstbewusst auftretenden Staat im Staate entwickelte. Anfang 1920 hätten keine zwei Städte politisch unterschiedlicher sein können als das sozialdemokratisch regierte Berlin und das reaktionäre München, wo seit der gewaltsamen Zerschlagung der bayerischen Räterepublik im späten Frühjahr 1919 die nationalistische Rechte das Sagen hatte. Aber die Reichswehrverbände beider Städte sprachen miteinander.

So kam es, dass am 16. März 1920, als der Putsch noch im Gange war, ein Militärflugzeug aus München auf einer Landebahn am Rand eines alten preußischen Übungs- und Paradeplatzes in Berlin-Tempelhof landete. Zwei Männer, einer in den Fünfzigern, der andere gerade dreißig Jahre alt, entstiegen der Maschine und verlangten, zum Hauptquartier der Putschisten gebracht zu werden. Sie hatten ein Empfehlungsschreiben eines in München stationierten Nachrichtenoffiziers der Reichswehr, eines Hauptmann Karl Mayr, bei sich und sollten die Putsch-»Regierung« über die Ereignisse in München in Kenntnis setzen und gleichzeitig die Situation in Berlin sondieren. Zu ihrem Leidwesen stellten sie fest, dass sie die Reise umsonst unternommen hatten. Der Kapp-Putsch stand kurz davor, endgültig zu scheitern. Sie trafen nie mit dem »Reichskanzler« zusammen, der sich bereits auf seine Flucht vorbereitete. Die beiden Männer flogen unverrichteter Dinge nach München zurück. Wenn sie etwas mitnahmen, dann vielleicht die Erkenntnis, wie man einen Staatsstreich nicht durchführt.

Der ältere Besucher hieß Dietrich Eckart und war ein nationalistischer Schriftsteller, Dichter und Hansdampf der Münchner Literaturszene. Der jüngere war ein Protegé von Mayr, der seinen Berliner Mitverschwörern den Besuch eines »guten deutschen Mannes, wenn auch etwas blindwütigen Antisemiten« angekündigt hatte.[13] Sein Günstling war noch nicht ganz 31 Jahre alt und, obwohl bereits in der Politik der äußersten Rechten aktiv, bis zu seiner förmlichen Demobilmachung am 1. April 1920 weiterhin Gefreiter der Reichswehr. Sein Name war Adolf Hitler.

Ungeachtet des erbärmlichen Scheiterns des ersten ausgewachsenen Umsturzversuchs der Nationalisten blieb Hauptmann Mayr mit Wolfgang Kapp in Verbindung. Ein halbes Jahr später berichtete er dem Exilanten in Schweden:

151

»Die nationale Arbeiterpartei muss die Basis geben für den starken Stoßtrupp, den wir erhoffen. Das Programm ist gewiss noch etwas unbeholfen und vielleicht auch lückenhaft. Wir werden es ergänzen. Sicher ist nur, dass wir unter dieser Fahne doch schon recht viele Anhänger gewonnen haben. Seit Juli vorigen Jahres schon suche ich ... die Bewegung zu stärken ... Ich habe sehr tüchtige junge Leute auf die Beine gebracht. Ein Herr Hitler z. B. ist eine bewegende Kraft geworden, ein Volksredner 1. Ranges. In der Ortsgruppe München haben wir über 2000 Mitglieder, während es im Sommer 1919 noch keine 100 waren.«[14]

KAPITEL 12
Die Erholung

Trotz der Aufstände der äußersten Linken, die nach dem Kapp-Lüttwitz-Fiasko an der Ruhr und anderswo ausbrachen, stellte die Rückkehr der legitimen Regierung nach Berlin für den Augenblick das vorsichtige Gefühl, dass Fortschritte gemacht wurden, wieder her.

Die Gewerkschaften forderten jetzt als Preis für die Rettung der Regierung politische Veränderungen. Um ihrer Forderung Nachdruck zu verleihen, führten sie den Streik noch ein, zwei Tage fort – und die Veränderungen kamen. Der farblose Gewerkschafter Gustav Bauer, der sich als schwacher Kanzler erwiesen hatte, trat nach 219 Tagen von seinem Amt zurück und folgte damit einem Muster, das für den Rest der ersten deutschen Demokratie die Regel sein sollte. Noske verlor seinen Posten als Reichswehrminister, da er sein Versprechen, das Militär auf der Seite der Regierung zu halten, augenscheinlich nicht eingelöst hatte. Der hochgewachsene frühere Korbflechter aus dem preußischen Kernland Brandenburg hatte den Generalen vertraut, und sein Vertrauen war missbraucht worden. Graf Kessler notierte drei Monate später über ein Gespräch mit Noske, dem er zufällig während einer Bahnreise begegnet war: »Auf meine Frage, warum er Lüttwitz nicht früher entlassen habe, antwortete er: Lüttwitz sei ihm als streng religiös geschildert worden, er hätte einen Eid geschworen, den er halten würde; außerdem würde es das Offizierskorps verstimmen, wenn er Lüttwitz entlassen würde.« Kessler fügte in seiner typischen Mischung aus Menschenfreundlichkeit und ätzendem Snobismus hinzu:

»Noske ist offenbar ein ganz ehrlicher und eingefleischter Militarist, den die Offiziere mit Hilfe seiner Vorurteile und mit Schlagworten an der Nase herumgeführt haben. Er hat etwas von einem Bären mit einem Nasenring. Sieht übrigens, obwohl ›stellungslos‹, recht wohlhabend aus, fährt erster Klasse, trägt funkelnagelneue gelbe Schuhe und vertilgt unterwegs große Mengen Schinkenbrote und Bier. Wenn nicht so viel unschuldiges Blut an seinen Fingern klebte, wäre er eine etwas komische, fast sympathische Figur.«[1]

Bauers Nachfolger wurde Außenminister Hermann Müller, ein weiterer Sozialdemokrat, aber einer von ungleich härterer, gewandterer Art. Er konnte allerdings kaum mehr tun, als die Regierung zusammenzuhalten und Neuwahlen zu organisieren. Es war höchste Zeit, erneut das deutsche Volk zu befragen. Die Regierungskritiker auf der Rechten wie der Linken hatten recht, wenn sie darauf hinwiesen, dass die Nationalversammlung, die gewählt worden war, um der Republik eine Verfassung zu geben, bereits länger existiere, als es für die Erledigung ihrer Aufgabe nötig gewesen wäre, und von einem richtigen Parlament ersetzt werden müsse. Schließlich wurden für Juni 1920 Wahlen angesetzt. Die Vorzeichen für die Regierungsparteien standen, was ihre Beliebtheit bei den Wählern anging, nicht gut.

Während des Kapp-Putsches, als der Generalstreik Berlin gelähmt hatte, hatten auch die Wechselstuben und Telegrafenbüros geschlossen, so dass kein offizieller Kurs für die Mark festgelegt worden war. Für London, New York und die anderen Finanzzentren der Welt galt dies nicht. Vor dem Putsch hatte es Anzeichen für eine Verbesserung des Mark-Dollar-Verhältnisses gegeben. Die deutsche Währung hatte sich zwischen dem 7. und 11. März auf dramatische Weise gefestigt, von 91,40 auf 68,90 Mark für einen Dollar.[2] »Wechselkurserholung« kommentierte die Londoner *Times* den Geschäftsverlauf an der New Yorker Börse an diesem 11. März. In erster Linie fand die *Times* die starke Entwicklung der Mark, die in einer Woche fünfzig Prozent an Wert gewonnen habe, bemerkenswert. Als weitere positive Zeichen verwies sie auf massive Ankäufe deutscher Kommunalanleihen im Gegenwert von einer Million Dollar am Tag, eine Verbesserung der deutschen Handelsbilanz sowie das Gerücht, die Alliierten beabsichtigten, die Beschränkungen der deutschen Kreditaufnahme im Ausland aufzuheben.[3] An dem Tag, an dem der enthusiastische *Times*-Artikel erschien, begann der Kapp-Putsch.

Drei Tage nach Beginn der Krise vermerkte die *Times* einen Absturz der deutschen Währung von 267,50 Mark für ein Pfund Sterling am vorherigen Mittwoch, dem 10. März, auf 370 Mark am Dienstag, dem 16. März. Von diesem Tiefstand erholte sie sich jedoch wieder leicht und schloss bei

DIE ERHOLUNG

337,50. Da man für ein Pfund etwa 3,65 Dollar zahlen musste, lag die Mark gegenüber dem Dollar also bei 92,50, was einem Verlust von rund einem Drittel in nur wenigen Tagen bedeutete.[4] Einen Tag, bevor die deutschen Börsen am Donnerstag, dem 25. März, nach dem Ende von Putsch und Generalstreik wieder öffnen sollten, mussten rund 75 Mark für einen Dollar gezahlt werden. Bei diesem Stand blieb es bis zum Ende der Woche. Am nächsten Mittwoch, vor den Osterfeiertagen, stand der Kurs bei 71. Am 6. April eröffnete der Handel mit einem Kurs von 66,90, und am 9. April lag er bei 57,60 – so niedrig wie seit Anfang Januar nicht mehr. Für den Rest des Monats schwankte er um die Marke von 60.[5]

Die Mark schien einen vertretbaren Wert zu behaupten. Die Republik hatte gewalttätige Angriffe der reaktionären Rechten und der revolutionären Linken abgewehrt. Bald würden Neuwahlen stattfinden und für eine neue Regierung sorgen. Die Arbeitslosen- und Handelszahlen sahen gleichermaßen gut aus. Nichts davon kam zur Unzeit. Während der rasanten Inflation des vorangegangenen Winters hatte Morgan Philips Price, der Korrespondent des *Manchester Guardian,* über die Belastungen der deutschen Arbeiter geschrieben:

»Gerade habe ich die folgenden Zahlen des Monatsbudgets eines Berliner Straßenbahnfahrers, der eine Frau und eine zwölfjährige Tochter hat, erhalten. Sein Monatslohn beträgt 400 Mark ... Damit sind die folgenden Ausgaben zu begleichen:

	Mark
Miete	55
Steuern	20
Schulgeld	16
Heizung und Beleuchtung	38
Wäsche	12
Fahrtkosten	17
Kleidung	25
Schuhe	12
Taschengeld, Zeitungen, Reparaturen	25
Lebensmittel	180
SUMME	400

KAPITEL 12

Die 180 Mark ... für Lebensmittel müssen für drei Personen einen Monat lang reichen. Als ich neulich im Restaurant des Hotel Adlon war, stellte ich fest, dass ein Mittagessen ohne Wein dort 30 Mark kostet. Mit weniger als 60 Mark allein fürs Essen kommt man dort nicht über den Tag. Mit anderen Worten: In einem vornehmen Berliner Restaurant gibt eine einzige Person an einem Tag so viel fürs Essen aus, wie jemand aus einer Arbeiterfamilie für den ganzen Monat zur Verfügung hat ... Das Essen der Familie, deren Budget ich oben wiedergegeben habe, besteht an den meisten Tagen aus Schwarzbrot, Kartoffeln und Gemüse. Manchmal wird ein Pfund Butter zu einem Spekulationspreis von 28 Mark gekauft [das heißt auf dem Schwarzmarkt]. Das muss dann sechs Wochen bis zwei Monate reichen.«[6]

Im April 1920, nach dem Kapp-Putsch, hieß es in einem Artikel der liberalen Londoner Sonntagszeitung *The Observer*, die Angehörigen der unteren Mittelschicht in Deutschland würden zu »Zwangsvegetariern«:

»Sie bekommen von Anfang bis Ende des Jahres kein Fleisch zu schmecken. Ein Ei ist ein seltener Luxus ... Für Engländer, die ins Rheinland reisen, ist es nichts Ungewöhnliches, für ein Mittagessen zu zweit 350 Mark zu bezahlen. Aber dieser Betrag entspricht dem Lohn, den ein deutscher Arbeiter für drei Wochen Schinderei erhält.«[7]

Und das Elend – es fällt schwer, diese britischen Reporter, wie wohlmeinend sie auch waren, nicht als das zu sehen, was man heute zynisch »Elendstouristen« nennt – war nicht auf die Unter- und die untere Mittelschicht beschränkt. Auch recht bekannte Vertreter der geistigen Elite mussten, wenn sie ein festes Gehalt bekamen, eine demütigende Einschränkung ihres Lebensstandards hinnehmen. Der Korrespondent des *Observer* berichtete weiter:

»Ein englischer Geschäftsmann, der während des jüngsten Generalstreiks genötigt war, von Berlin nach Köln zu reisen, musste 40 000 Mark für die einfache Strecke bezahlen und darüber hinaus garantieren, den Garagenbesitzer zu entschädigen, falls dem Auto etwas geschehen sollte. 40 000 Mark! Das Jahresgehalt des Direktors eines der größten deutschen Museen beträgt 30 000 Mark, die hohen Steuern noch nicht abgezogen. Dieser Direktor war, obwohl er seinen englischen Besucher, der ihm in vielerlei Hinsicht behilflich sein konnte, gern bewirtet hätte, nicht in der Lage, ihm in seinem fast palastartigen Haus ein Sandwich oder einen Keks anzubieten. Es gab praktisch keine Lebensmittel im Haus.«

Dennoch hatte es im Frühsommer 1920, obwohl in weiten Teilen Deutschlands noch Chaos und Mangel herrschten, den Anschein, als würde endlich Stabilität einkehren. Die Inflation war aufgehalten worden; nun konnte man sie vielleicht auch besiegen.

Inflation herrschte bei allen Kriegsteilnehmern, nicht nur bei den Verlierern. In Großbritannien stieg der Großhandelspreisindex zwischen 1913 und 1919 auf mehr als das Doppelte, in Frankreich ähnlich wie in Deutschland auf das Dreieinhalbfache. Sogar Amerika erlebte eine Verdopplung der Vorkriegspreise. In Großbritannien stieg der Preisindex zwischen Mai 1919 und Mai 1920 um weitere vierzig Prozent von 246 auf 325 (1913 = 100), in Amerika um weitere 25 Prozent. In Frankreich, dem Siegerland mit den schwersten Wirtschafts- und Finanzproblemen, betrug der Anstieg zwischen April 1919 und 1920 spektakuläre 77 Prozent.[8]

Jeder der Kriegsteilnehmer hatte riesige Summen für Dinge ausgegeben, die nicht als Waren für den menschlichen Verbrauch gelten konnten, und Geld gedruckt oder geliehen, um sie zu kaufen. Dann kam der Frieden, und zu der Erleichterung über das Ende der Gewalt gesellte sich die bohrende Sorge, wie die Rechnung bezahlt werden sollte.

Als Späteinsteiger in den Krieg und 1918 einzige Großmacht, die einen Überschuss investieren konnte, anstatt ein Defizit finanzieren zu müssen, überstand nur Amerika den Konflikt ohne ernsthafte Beschädigungen seiner Wirtschaft und seiner finanziellen und fiskalischen Strukturen. Sogar Großbritannien, dessen Finanzlage bei Kriegsbeginn außerordentlich gut gewesen war – es wies damals den niedrigsten Schulden-Einkommen-Quotienten aller europäischen Länder auf[9] –, hatte bis zum dritten Kriegsfrühjahr die vormals blühende Wirtschaft des Empire nahezu ausgetrocknet.

Der Kriegseintritt der Vereinigten Staaten auf Seiten der Alliierten im April 1917 war der Deus ex Machina, der das finanziell erschöpfte Großbritannien davor bewahrte, die mittlerweile für das alliierte Unterfangen existenziellen amerikanischen Güter – Lebensmittel, Rohstoffe und Munition –

nicht mehr bezahlen zu können. Dass ausgerechnet der riskante deutsche Übergang zum uneingeschränkten U-Boot-Krieg, den Ludendorff und die Ultranationalisten gegen den Rat nüchternerer Köpfe in der Reichselite durchgesetzt hatten, den USA als Casus Belli diente, war eine Ironie der Geschichte. Denn so wurde Großbritannien (mitsamt der Entente) ausgerechnet von den schärfsten Feinden des britischen Empire in Berlin gerettet. »Wird Amerika abgeschnitten von Deutschland«, hatte der deutsche Bankier Max Warburg, ein unerschütterlicher Gegner des uneingeschränkten U-Boot-Krieges, 1916 kalkuliert, »so heißt das die Finanzkraft Deutschlands für den Krieg um 50 Prozent vermindern und die Englands und Frankreichs um 100 Prozent erhöhen.«[10]

Deutschland hatte seine Kriegführung hauptsächlich mit heimischen Kriegsanleihen finanziert und sich trotz einiger Anleihen im neutralen Ausland – bei Kriegsende schuldete es Holland 1,5 Milliarden Goldmark und anderen Neutralen noch einmal so viel – weit weniger auf ausländisches Geld verlassen als die Entente. Auch deshalb befand es sich nach dem Krieg in einer anderen Lage als diese.

Gewiss, seinen eigenen Bürgern schuldete der deutsche Staat eine gewaltige Summe, aber wer hätte die Rückzahlung erzwingen können? Im Übrigen war ein Jahreszins von fünf Prozent auf den Nennwert der Kriegsanleihen preisbereinigt bei Kriegsende bereits viel weniger wert als 1914, und ihr Wert nahm zwischen 1918 und 1920 weiter drastisch ab. Bereits jetzt, da die Inflation das Hyperstadium noch nicht erreicht hatte – tatsächlich stagnierte sie im späten Frühjahr 1920 –, war ein großer Teil der deutschen Kriegsschulden im Grunde liquidiert. Niemand drückte dies klarer aus als Keynes, dem von Anfang an klar war, was in Deutschland geschah: »Durch fortgesetzte Inflation können Regierungen sich insgeheim und unbeachtet einen wesentlichen Teil des Vermögens ihrer Untertanen aneignen.«[11]

Die größten Schulden, die auf Deutschland in der Nachkriegszeit zukamen, waren vielmehr die Reparationen. Während sich die Mark nach dem Kapp-Putsch erneut festigte, stritten sich die Alliierten jedoch weiter darüber, wie hoch und welcher Art die Wiedergutmachungsleistungen sein und wie sie verteilt werden sollten. Die Verhandlungen, die überwiegend im belgischen Spa geführt wurden, zogen sich bis Anfang 1921 hin. Für Deutschland und die anderen Kriegsverlierer war dieser Wartezustand ebenso qualvoll wie destabilisierend.

DIE ERHOLUNG

Die Probleme erwuchsen unter anderem aus der zu Kriegszeiten entstandenen Verflechtung der Schulden auf alliierter Seite. Die Vereinigten Staaten hatten den europäischen Alliierten zusammengenommen rund zehn Milliarden Dollar geliehen, wobei Großbritannien häufig als Vermittler auftrat. Bei Kriegsende schuldete Frankreich vier Milliarden Dollar den USA direkt und drei Milliarden Großbritannien, das seinerseits bei Amerika mit 4,7 Milliarden in der Kreide stand, während es selbst von anderen Alliierten, darunter kleineren Mächten, 11,1 Milliarden zu erhalten hatte. Großbritannien verließ sich deshalb darauf, dass Frankreich und die anderen Staaten ihre Schulden beglichen, damit es die seinen bei den USA zurückzahlen konnte, während Frankreich mit den deutschen Reparationen rechnete.[12]

Man kann sich daher vorstellen, wie die Schulden-kontra-Reparationen-Schaukel nach Kriegsende immer höher ausschlug. Ungeachtet der Frage, wie berechtigt die Deutschland auferlegten finanziellen Strafen waren, erklärt diese Sachlage, warum insbesondere Frankreich – aber auch Großbritannien, so sehr es dies zu verbergen suchte – auf seiner Milliardenbeute bestand. Legt man den Vorkriegskurs der Goldmark zugrunde, schuldeten die Alliierten den Vereinigten Staaten 42 Milliarden Goldmark.

Die Umrechnung in Goldmark ist nützlich, weil auf diese Weise verständlich wird, was die zwischen den Alliierten diskutierten Reparationssummen bedeuteten. Bezieht man die durch die Kämpfe in Nordfrankreich und die anschließende deutsche Besetzung verursachten Schäden ein, die sich auf schätzungsweise sieben bis elf Milliarden Dollar beliefen, und legt den Mittelwert von neun Milliarden Dollar zugrunde, dann ergibt sich eine weitere Schuld von 38 Milliarden Goldmark. Zusammen mit den alliierten Schulden bei den USA kommt man also bereits auf eine Summe von 80 Milliarden Goldmark.

Die belgische Wirtschaft lag bei Kriegsende am Boden. Im Frühjahr 1919 verzeichnete das Land immer noch eine Arbeitslosenquote von 75 Prozent und verlangte für zivile Schäden, Kriegsschulden und Pensionen mindestens drei Milliarden Dollar (12,6 Milliarden Goldmark). In diese Summe noch nicht eingerechnet war eine Entschädigung für die Finanztricks der Deutschen während der vierjährigen Besetzung, etwa die Überschwemmung der belgischen Wirtschaft mit Papiermark, die im Laufe des Krieges rasch an Wert verloren hatte, aber weiterhin zu dem lächerlich hohen Zwangskurs von 1,25 belgischen Francs für eine Mark bewertet worden war. Die Kosten dieses Zwangsumtausches beliefen sich nach Schätzung der belgischen Regierung auf 7,5 Milliarden Francs.[13] Damit steigt die Gesamtsumme unserer Rechnung auf 95 bis 100 Milliarden Goldmark. Und dies waren keineswegs die einzigen finanziellen Verluste, welche die Alliierten erlitten hatten und für die sie möglicherweise eine Entschädigung verlangen würden.

Verständlicherweise wollte keine Regierung der Siegerstaaten ihren Steuerzahlern sagen müssen, dass dieses Geld, das, wie ihnen über vier Jahre lang eingebleut worden war, für einen gerechten Krieg gegen eine brutale deutsche Tyrannei verwendet wurde, nun nicht vom besiegten Feind, sondern von ihnen selbst aufgebracht werden sollte. Diese Sorge wirkte sich nicht nur auf die Deutschland auferlegten Strafen aus, sondern vielleicht noch stärker auf das Erscheinungsbild dieser Bestrafung. Reparationen waren eine komplizierte Angelegenheit, und die Regierungen der Siegerstaaten waren nicht darüber erhaben, dies auszunutzen, indem sie vergleichsweise milde Bestimmungen hinter starken Worten und geringere Nettozahlen hinter beeindruckenden Bruttozahlen verbargen.

Reparationen waren für die siegreichen Alliierten (mit Ausnahme des Kreditgebers Amerika) also eine Möglichkeit, ihre eigenen Anleihen ohne zusätzliche schmerzliche Einschnitte zurückzuzahlen. Wären die amerikanischen Kredite, wie manche erwartet und viele gehofft hatten, erlassen worden, wäre der Drang, Deutschland derart niederdrückende Reparationen aufzubürden, erheblich geringer ausgefallen. Doch die Vereinigten Staaten gaben keinen Nachlass. Kongress und Regierung waren sich einig, dass es sich bei den Krediten an die Alliierten während des Krieges um kommerzielle Darlehen handele, die vollständig zurückzuzahlen seien. Bereits im November 1918, kurz nach dem Waffenstillstand, hatte die britische Regierung auf ihre erste Anregung, die Schulden zu erlassen, vom amerikanischen Finanzminister William McAdoo eine schroffe Abfuhr erhalten.[14] Wegen dieses Beharrens auf der restlosen Rückzahlung der amerikanischen Kredite sprach der englische Volksmund bald nicht mehr von »Uncle Sam«, sondern von »Uncle Shylock«.

Deutschland fand sich also nicht nur in der Rolle des Kriegsverlierers wieder, sondern auch, zumindest anfangs, in der eines ohnmächtigen Zuschauers bei einem komplexen und gefährlichen ökonomischen Nachkriegsspiel. Die Schuldnernationen unter den Siegern – praktisch alle, außer den USA – mussten einige Jahre lang Exportüberschüsse erzielen, um das Gold für die Schuldentilgung zu verdienen. In dieser Hinsicht ging es

Deutschland nicht anders. Es hatte ebenfalls hohe Schulden, einen großen Teil davon indirekt bei den USA, der in Form von Reparationsforderungen von dessen Schuldnern Großbritannien, Frankreich, Belgien und anderen eingetrieben wurde. Deshalb musste auch Deutschland nach dem Krieg seine Steuern erheblich erhöhen, um Geld in die Staatskasse zu bekommen. Darüber hinaus brauchte das Reich, da die Alliierten Reparationen nicht in Papiermark, sondern nur in harter, goldgedeckter Währung akzeptierten, einen spektakulären Anstieg seiner Exporte, um die Devisen einzunehmen, mit denen es seine Verbindlichkeiten begleichen konnte.

Mit anderen Worten: Alle europäischen Länder mussten in den Nachkriegsjahren einen großen Exportüberschuss erzielen. Aber wer sollte ihre Waren kaufen? Schließlich hatte überall, außer in Deutschland, ein Wirtschaftsabschwung eingesetzt. Wenn Großbritannien, Frankreich, Belgien und andere – auch Deutschland – Überschüsse erwirtschaften wollten, brauchten sie jemanden, der ein Defizit auf sich nahm. Und wer sollte das sein? Das Land, dem all das Geld gehörte, Amerika also? In Europas Träumen vielleicht, in der Wirklichkeit niemals.

Die Vereinigten Staaten waren weitgehend autark und insbesondere bei Rohstoffen wie Nahrungsmitteln Nettoexporteur. Für die Rolle des Großabnehmers europäischer Güter waren sie nicht gerade prädestiniert, zumal ihre Wirtschaft stark geschützt war. Dieser Schutz wurde sogar noch verstärkt, als Ende 1920 der republikanische Präsidentschaftskandidat Warren G. Harding mit einer »Amerika zuerst«-Kampagne, die niedrigere Steuern und noch höhere Schutzzölle verhieß, die Wahl gewann. Beides zählte zu den unverrückbaren Glaubensartikeln der republikanischen Anhänger in Industrie und Landwirtschaft. Das Problem, so versicherte Hardings Handelsminister Herbert Hoover, vermutlich unaufrichtig, lasse sich zum Teil dadurch angehen, dass die Amerikaner europäische Dienstleistungen in Anspruch nahmen, insbesondere durch vermehrten transatlantischen Tourismus nach Europa.

In Wirklichkeit bestand aus Sicht der in Geld schwimmenden amerikanischen Banken der einzige Weg, die Quadratur des Kreises zu lösen, darin, den Europäern Geld zu leihen, damit diese den Aufschwung anstoßen konnten, der sie in die Lage versetzen würde, ihre Kriegsschulden zurückzuzahlen.[15] Wie sehr diese Strategie der heutigen ähnelt, mit der einen Kreditkarte Schulden zu machen, um diejenigen auf dem Konto einer anderen zu bezahlen, ist offensichtlich.

KAPITEL 12

Verschärft wurde das internationale Schuldenproblem durch innenpolitische Entscheidungen westlicher Regierungen nach dem siegreich beendeten Krieg. Sowohl Amerika als auch Großbritannien, die damals tonangebenden Mächte, beschlossen, finanzielle Stabilität über Produktion, private über soziale Wohlfahrt und Kapital über Arbeit zu stellen und damit den während des Krieges verfolgten Trend umzukehren.

In Großbritannien hatte die in einer Nachkriegsperiode normale Freisetzung der aufgestauten Nachfrage nach Konsumgütern zu einem spektakulären Boom geführt, der im April 1920 abrupt abbrach, als die Bank von England die Zinssätze deutlich erhöhte. In Amerika verfolgte die Notenbank eine ähnliche Strategie. Die Folge dieser Parteinahme für einen ausgeglichenen Haushalt, Ausgabenkürzungen und Verknappung der Geldmenge war in beiden englischsprachigen Großmächten ein Wirtschaftsabschwung, der damals, wenn auch nicht für lange, »Große Depression« genannt wurde.[16] Mitte 1921 war zwischen einem Fünftel und einem Viertel der sozialversicherten Bevölkerung Großbritanniens arbeitslos: 2,4 Millionen Menschen.[17]

Sogar in Großbritannien löste die harte neue Wirtschaftspolitik Streiks und Unruhen aus. Zur Rechtfertigung ihrer Strategie griff die Regierung zu Floskeln, mit denen sie die Ängste der Mittelschicht auszunutzen versuchte. In Amerika war die politische Atmosphäre durch die Furcht vor der »roten Gefahr« geprägt. Generalbundesanwalt Alexander Mitchell Palmer führte Verhaftungen und Deportationen ausländischer Aktivisten und Agitatoren durch, die sogenannten Palmer-Razzien, und Streiks wurden immer öfter mit Gewalt gebrochen.

Also noch einmal, wohin sollte Deutschland, angesichts der Krise auf seinen beiden größten Auslandsmärkten, exportieren, um das Gold zu verdienen, das die Alliierten gemäß den Bestimmungen des Versailler Vertrages bald von ihm verlangen würden? Zudem befand es sich politisch weiterhin in einem äußerst schlechten Zustand. In den beiden stabilsten Demokratien der Welt, Großbritannien und den USA, mochte es möglich sein, die Bevölkerung einer schonungslosen wirtschaftlichen Nachkriegskur zu unterziehen, aber konnte das gerade erst demokratisierte Deutschland, wo sich die politischen Lager unversöhnlich, wenn nicht gar gewaltbereit gegenüberstanden, eine solche Strategie riskieren? Die Anhänger der Weimarer Republik beantworteten diese Frage einmütig mit Nein, und wenn der internationale Wert der Mark geopfert werden musste, um die Demokratie zu retten, dann sollte es eben so sein.

KAPITEL 13
Goldlöckchen und die Mark

Zweck der Wahl, die im Juni 1920 in Deutschland abgehalten wurde, war es, die Nationalversammlung durch den ersten Nachkriegsreichstag zu ersetzen. An die Stelle einer vor allem verfassunggebenden Versammlung sollte endlich ein Parlament mit Gesetzgebungs- und Regierungskompetenz treten. Es war sicherlich richtig, dies zu tun, aber wenn die Regierung mit dem Ruf an die Wahlurne das Ziel verfolgte, das Land weiter zu stabilisieren, dann hätte sie sich kaum stärker verkalkulieren können. Denn die Wahl offenbarte, soweit es die chaotischen Ereignisse der ersten Jahreshälfte nicht schon getan hatten, dass jedwede Einigkeit, die das Land durch die Revolution und den schmerzlichen Prozess des Friedensschlusses getragen hatte, der Vergangenheit angehörte.

Die gemäßigten Parteien erlitten verheerende Verluste. Der Stimmenanteil der Mehrheitssozialdemokraten, die im Januar 1919 knapp 38 Prozent der Stimmen und 165 Mandate erhalten hatten, sackte auf 21,7 Prozent ab, was 102 Reichstagssitzen entsprach. Auch die anderen Regierungsparteien mussten Verluste hinnehmen, am deutlichsten die liberale Deutsche Demokratische Partei, deren Anhängerschaft, die vor allem aus der gebildeten Mittelschicht kam, von 18,6 drastisch auf 8,3 Prozent geschrumpft war.

Die meisten Stimmen hatte die MSPD an die USPD verloren, die ihren Stimmenanteil von 7,6 auf 17,9 Prozent gesteigert hatte und statt 22 nun 84 Abgeordnete stellte. Die junge Kommunistische Partei kam auf 2,1 Prozent. Der zweitgrößte Gewinner war die rechts der Mitte stehende liberale Deutsche Volkspartei unter Führung von Gustav Stresemann, dessen Attacken auf den Versailler Vertrag und Erzbergers drückende neue Steuern in der bedrängten Mittelschicht gut angekommen waren. Die Rechtsliberalen konnten eine Verdreifachung ihres Stimmenanteils von 4,4 auf 13,6 Prozent verzeichnen, die ihnen 65 anstelle von bisher 19 Mandaten einbrachte. Auch die nationalistisch-rechte und eisern antidemokratische Deutschnationale Volkspartei profitierte von der allgemeinen Enttäuschung und gewann

KAPITEL 13

71 Reichstagssitze. Von insgesamt 459 Sitzen im neuen Reichstag hatten die bisher regierenden Parteien nur 205 gewonnen. Bis zum Ende des Jahrzehnts sollte das Land unter schwachen, instabilen Regierungen leiden, die einem unaufhörlichen Sperrfeuer von Seiten der nationalistischen Rechten, der es offenbar nie an Mitteln fehlte, ausgesetzt waren. Auf lange Sicht musste sich diese Dauerkritik negativ auf die allgemeine Wahrnehmung der Demokratie auswirken.

Fürs Erste jedoch würde die neue deutsche Regierung der öffentlichen Meinung und der politischen Mathematik folgend weiter rechts stehen müssen als ihre Vorgängerin. Zum ersten Mal seit der Revolution würde der Kanzler aus einer nichtsozialistischen Partei kommen müssen. Der mehrheitssozialdemokratische Kanzler Müller trat zurück, und der 68-jährige Zentrumspolitiker Konstantin Fehrenbach bildete eine Minderheitsregierung aus Zentrumspartei, DDP und DVP, die damals erstmals im Kabinett vertreten war. Die Koalitionsregierung konnte sich lediglich auf 170 Abgeordnete stützen und war daher in den meisten wichtigen Fragen auf die Unterstützung der MSPD angewiesen. Auch intern war die Koalition nicht stabil. Die DVP lehnte sowohl die Republik – zumindest theoretisch – als auch den Versailler Vertrag ab. Außerdem hing sie von der finanziellen Unterstützung vieler mächtiger Industrieller wie Hugo Stinnes ab, weshalb sie besonders wirtschaftsfreundlich und antisozialistisch auftrat. Der Traum von einem demokratischen Deutschland war noch nicht ausgeträumt, aber dem von einem sozialdemokratischen Deutschland setzte die Reichstagswahl von 1920 sicherlich ein Ende.

Sofern es nach der Abwehr des Kapp-Putsches die begrenzte Gelegenheit zur Eindämmung der Inflation gegeben hatte – und wenn es eine gab, dann wahrscheinlich in diesem Zeitraum –, besaßen Fehrenbach und seine Minister leider nicht die Instrumente, um die Chance zu nutzen. Fehrenbach war ein anständiger Mann, der zuvor als Präsident der Nationalversammlung Erfahrung darin gesammelt hatte, Kompromisse zu erreichen. Doch nach der Juni-Wahl 1920 waren er selbst und sein Kabinett dazu verdammt, ihren Einfallsreichtum vor allem darauf zu verwenden, über die Interpretation des Versailler Vertrages und die Höhe der Reparationen zu feilschen, anstatt darauf, wie sich das Land aus der Finanzmisere befreien ließ.

Wie es das Schicksal wollte, erreichte die Mark Ende Juni 1920 mit 37,95 den günstigsten Stand gegenüber dem Dollar seit über einem Jahr. Gute Neuigkeiten! Nur dass die Kurserholung Probleme in anderen Bereichen der

Wirtschaft zur Folge hatte. In jenem Frühjahr wurde der Staatssekretär im Finanzministerium Julius Hirsch auf einem Bahnhof von einem kommunistischen Agitator aufgehalten, der ihm ein Plakat entgegenhielt, auf dem zu lesen war: »Seht, was dieser ›Genosse‹ Hirsch euch gebracht hat. Erst versprach er, die Mark wieder stark zu machen. Nun ist sie höher, aber wir können nichts mehr exportieren. Statt Inflation hat er uns Arbeitslosigkeit und Hunger gebracht.«[1] Es traf sicherlich zu, dass die Stärkung der Mark, obwohl im Prinzip eine positive Entwicklung, die Konkurrenzfähigkeit deutscher Produkte auf dem Weltmarkt schwächte und deshalb die Arbeitslosigkeit verschärfte. Je stärker die Mark, desto mehr Deutsche wurden arbeitslos. Der folgenden Aufstellung von Wechselkursen und Arbeitslosenquoten der Jahre 1920/21 ist eine eindeutige Korrelation zu entnehmen:

Monat	Dollarpreis in Mark	Arbeitslosenquote (in Prozent)
1920		
April	72,00	1,9
Mai	57,50	2,7
Juni	39,30	4,0
Juli	37,95	6,0
August	42,25	5,9
September	49,75	4,5
Oktober	61,55	4,2
November	77,87	3,9
Dezember	62,18	4,1
1921		
Januar	74,72	4,5
Februar	65,48	4,7
März	60,93	3,7
April	62,55	3,9
Mai	65,65	3,7
Juni	63,30	3,0
Juli	74,92	2,6
August	74,92	2,2
September	84,41	1,4
Oktober	124,37	1,2
November	124,37	1,4
Dezember	217,00	1,6

KAPITEL 13

Es gibt Anhaltspunkte dafür, dass sich ausländische Verbraucher im Spätfrühling und Frühsommer 1920 gegen die internationalen Preise deutscher Produkte zu sträuben begannen, während die einheimischen in einen »Käuferstreik« traten, vielleicht weil sie noch niedrigere Preise erwarteten oder weil sie sich die Waren nach den deftigen Preissteigerungen während des letzten Inflationsschubs wirklich nicht leisten konnten.[2] Infolge der unangenehmen Situation, welche die mittlerweile ungewohnte Stärke der Mark zwischen Mai und August 1920 schuf, scheinen das Finanzministerium und die Reichsbank tatsächlich insgeheim gemeinsame Anstrengungen unternommen zu haben, um ein weiteres Ansteigen des Markkurses zu verhindern.

Die Behörden sahen ihre Aufgabe offenbar darin, den Wechselkurs der Mark auf einem »Goldlöckchen«-Stand zu halten: nicht so hoch, dass der Export darunter litt, und nicht so niedrig, dass das Wirtschafts- und Finanzchaos im Reich vergrößert wurde. Genauer gesagt: Nur mit einem vernünftigen Wechselkurs konnte sich das Reich die lebenswichtigen Nahrungsmittelimporte zur Versorgung der arbeitenden Bevölkerung weiterhin leisten. Ein Kurs von 60 bis 70 Mark für einen Dollar, bei dem die Mark 1920/21 zumeist lag, entsprach offenbar diesem »nicht zu heißen und nicht zu kalten« Wert, den die deutsche Finanzelite für den besten hielt.[3] Mit anderen Worten: Es gab selbst zu diesem relativ günstigen Zeitpunkt keinen Anreiz, die Währung aktiv zu stärken und damit die Inflation zu stoppen oder gar umzukehren.

AEG-Präsident Walther Rathenau, der Sohn des Konzerngründers, heroische Mitarchitekt der deutschen Kriegswirtschaft, Bestsellerautor und schließlich demokratische Politiker, erklärte im Januar 1921 in einer Sitzung im Auswärtigen Amt, man müsse um jeden Preis verhindern, dass die anglo-amerikanische Wirtschaftskrise Deutschland anstecke. In dem amtlichen Vermerk über die Sitzung heißt es:

> »Er fürchte die Inflation nicht. Wenn er eine außerhalb der Tagesordnung liegende Bemerkung machen dürfe, so sollten wir, wenn jetzt die Krise, die in ihrer ganzen Größe schon in England ausgebrochen sei, auch zu uns herüberkäme, die Notenpresse noch etwas mehr arbeiten lassen und im Lande zu bauen anfangen, damit wir durch diese Beschäftigung der Krise einen Damm entgegensetzen können. Es sei nicht richtig, wenn man sage, die Notenpresse mache uns kaputt.«[4]

Fatale Worte. Vorerst hatte die fragile Stabilität jedoch Bestand. In dieser Zeit fanden zwei weitere Regierungswechsel statt, nicht infolge von Neuwahlen, sondern durch Koalitionswechsel. Fehrenbachs Regierung zerbrach Anfang Mai 1921, als die Alliierten auf einer Konferenz in London, der letzten einer schier endlosen Reihe von Verhandlungsrunden nach Versailles, Deutschland endlich die Reparationsrechnung präsentierten, auf die es seit November 1918 gewartet hatte. Sie belief sich auf 132 Milliarden Goldmark (rund 31,5 Milliarden Dollar nach dem Vorkriegskurs). Die im Januar 1921 zunächst anvisierte Summe von 269 Milliarden Goldmark (rund 64 Milliarden Dollar) war also erheblich reduziert worden. So atemberaubend (und erstaunlich variabel) diese Zahlen waren, wurden sie doch von allen Seiten ausgesprochen ernst genommen. Jedenfalls hatte es den Anschein. Immerhin verknüpften die Alliierten ihre Forderung mit der Drohung, das Ruhrgebiet zu besetzen, wenn Deutschland sie nicht akzeptierte und den Zahlungsplan nicht einhielt.

Trotz aller Anstrengungen des Reichskanzlers, die DVP zur Zustimmung zum sogenannten Londoner Ultimatum zu bewegen, fiel seine Regierung auseinander, sobald eine Entscheidung gefordert war. Die Rechtsliberalen von der DVP konnten die Republik als Realität anerkennen und sogar in die Regierung eintreten, aber die Realität des Versailler Vertrages vermochten sie nicht zu akzeptieren – noch nicht. Dabei war das Ultimatum zwar markig formuliert – auch zweieinhalb Jahre nach Kriegsende musste man an all die wütenden französischen und britischen Wähler denken –, in der Sache jedoch bei genauem Hinsehen weit weniger schroff.

Der Zahlungsplan zum Beispiel teilte die Zahlung der deutschen Verbindlichkeiten in drei Serien von Schuldverschreibungen (Bonds) auf: A, B und C. Die »A-Bonds« stellten den Gegenwert der 20 Milliarden dar, die Deutschland seit 1919 hätte zahlen müssen, aber nicht gezahlt hatte. »B-Bonds« waren zur Entschädigung von Kriegsschäden gedacht. Beide Serien wurden mit sechs Prozent verzinst und hatten zusammen einen Wert von 50 Milliarden. Die restlichen 82 Milliarden Goldmark waren durch die Ausgabe der »C-Bonds« zahlbar, deren Rolle etwas unbestimmt blieb, aber mit der Begleichung interalliierter Schulden zu tun hatte. Sie sollten allerdings erst ausgegeben werden, wenn Deutschland sich als fähig erwiesen hatte, die Schuldverschreibungen der Serien A und B zu tilgen. Die Tilgung dieser vorrangigen Schuldverschreibungen sollte sich aus einer festen Jahresrate (man rechnete mit zwei Milliarden Goldmark) und einer variablen Zahlung in Höhe von 26 Prozent der deutschen Exporte im jeweiligen Jahr (nach den Zahlen für 1921 rund eine Milliarde Goldmark) zusammensetzen. Dies ergab für 1921 einen Betrag von etwa drei Milliarden Goldmark.

Der nahezu rein theoretische Charakter der »C-Bonds« wurde deutlich, wenn man den tatsächlichen Stand des deutschen Exports in der eingeschränkten, protektionistischen Weltwirtschaft der Nachkriegszeit betrachtet. Die Republik erzielte in den Jahren 1920 bis 1922 mit ihren Exporten im Durchschnitt 4,8 Milliarden Goldmark. Ein Viertel davon (grob gerechnet der auf den Export bezogene Anteil der Reparationen) war rund eine Milliarde. Vor der Ausgabe von »C-Bonds« hätte sich, nach der Berechnung eines Fachmanns, der Export auf 22 Milliarden Goldmark im Jahr mehr als vervierfachen müssen; Deutschland hätte also doppelt so viel exportieren müssen wie unter den günstigen, liberalen Handelsbedingungen des Jahres 1913.[5] Die Wahrscheinlichkeit, dass dies jemals erreicht wurde, verringerte sich zusätzlich dadurch, dass die amtlichen deutschen Import-Export-Statistiken notorisch unzuverlässig waren. Laut einem deutschen Finanzjournalisten hatte kein Geringerer als Staatssekretär Hirsch eingestanden,

> »dass sowohl die Einfuhr wie die Ausfuhr in der Statistik falsch erscheint, und zwar zum Zweck der Kapitalflucht. Die Einfuhr wird höher angegeben mit dem Zweck, den tatsächlich nicht gebrauchten Betrag auf diese Weise besser im Ausland belassen zu können, und es wird gleichzeitig die Ausfuhr niedriger angegeben mit dem gleichen Zweck, den höheren Erlös im Ausland zu belassen.«[6]

Der Trick mit den »C-Bonds« bedeutete, dass die Alliierten die deutschen Verbindlichkeiten auf 50 Milliarden Goldmark gesenkt hatten oder sogar auf 41 Milliarden, wenn man die Summen einbezieht, die Deutschland seit 1919 in Geld oder Sachwerten bereits gezahlt hatte.[7] Über die »C-Bonds« soll der damalige belgische Ministerpräsident gespottet haben, die Reparationskommission könne sie »in einen Schubkasten legen, ohne dass sie sich die Mühe machen müsste, sie abzuschließen, denn kein Dieb käme in die Versuchung, sie zu stehlen«.[8]

Manche Politiker in Deutschland erkannten sofort, dass die Belastung, wenngleich immer noch unangenehm und nach ihrer Ansicht ungerecht, keineswegs so groß war, wie die meisten ihrer Landsleute erwartet hatten. Einen Tag nach Bekanntgabe des Londoner Ultimatums erklärte ein Zentrumspolitiker in einer Sitzung der Reichstagsfraktion, »dass die Entente nur die 50 Milliarden M. anfordern wird, nicht aber die Restsumme. Diese habe man nur aus innerpolitischen Gründen angefordert.«[9]

Die »innerpolitischen Gründe« waren indes eine zweischneidige Sache. In den alliierten Ländern sah die Öffentlichkeit die nominelle Summe von 132 Milliarden und freute sich. Die deutsche Öffentlichkeit betrachtete dieselbe Summe, ignorierte den technischen Taschenspielertrick, durch den diese – zumindest auf absehbare Zeit – drastisch reduziert wurde, und war empört. Weder die alliierten Regierungen, die ihre relative Mäßigung vor ihren Wählern verbergen wollten, noch die deutsche Regierung, die im Zuge ihrer langfristigen Kampagne zur Vermeidung der Reparationszahlungen die ökonomische Belastung durch die alliierte Forderung eher noch übertreiben wollte, hatten ein Interesse daran, die Wahrheit ans Licht zu bringen.

Gleichwohl waren 50 Milliarden Goldmark, wie immer man den Zahlungsplan bewerten mochte, eine gewaltige Summe. Zudem musste die deutsche Regierung bis Ende August über eine Milliarde in einer anerkannten ausländischen Währung (dem Dollar, wie sich herausstellte, der weiterhin in Gold umtauschbar war) oder akzeptierbaren Schatzwechseln aufbringen. Diese Forderung wurde erfüllt, aber erst nach haarsträubenden Finanzmanövern. So wurden beispielsweise kurz vor dem Ablaufen der Frist 560 Kisten mit Gold der Reichsbank auf vier Dampfschiffe verladen, auf den Devisenmärkten in aller Eile riesige Mengen von Papiergeld verkauft, mehrere Großunternehmen dazu gedrängt, dem Staat Geld aus ihren umfangreichen Devisenbeständen zu leihen, und mithilfe des Repräsentanten der Mendelssohn Bank in den Niederlanden bei einem niederländisch-britischen Bankenkonsortium ein Kredit in Höhe einer Viertelmilliarde in harter Währung aufgenommen.[10]

Auf diese Weise brachte die Regierung das Geld für die Alliierten rechtzeitig genug zusammen, um einen Zahlungsverzug und die angedrohte Besetzung des Ruhrgebietes zu vermeiden. Aber die Winkelzüge, die man machen musste, um das Geld zu bekommen, ließen für künftige Zahlungen nichts Gutes ahnen, zumal der Verkauf solcher Mengen an Papiergeld in so kurzer Zeit die Devisenmärkte verschreckt hatte. Die relative Stabilisierung der Mark im Ausland war damit zu Ende. Der Kurs fiel von rund 65 Mark für einen Dollar im Mai auf 85 im September, und im Laufe des Herbstes sollte sich die Abwärtsbewegung noch beschleunigen.

KAPITEL 13

Die entsetzte und vielfach heftige Reaktion der deutschen Öffentlichkeit auf das alliierte Reparationsultimatum brachte enorme politische Probleme für die neue Regierung mit sich. Nachdem die DVP aus Protest über das Abkommen aus der Koalition ausgetreten war, hatte Josef Wirth, ein jüngerer Zentrumspolitiker, eine Koalition mit den Mehrheitssozialdemokraten ausgehandelt, die bereit waren, den Gesetzesantrag zur Annahme des alliierten Ultimatums zu billigen. Die psychologische Wirkung auf die Deutschen und ihr Vertrauen in die Zukunft – von der Währung ganz zu schweigen – war tief und nachhaltig. Nachdem sie fast zwei Jahre in einem »Narrenparadies« gelebt hatten, hatten sie schließlich erfahren (zumindest dachten sie es), wie hoch die Stumme war, über die sie den Alliierten im Juni 1919 in Versailles einen vordatierten Blankoscheck ausgestellt hatten.

1806 hatte Preußen, wie jeder Schuljunge – und jeder deutsche Nationalist – wusste, Napoleon eine riesige Entschädigung an Geld, Land und Männern gezahlt. 1815 hatte man die Rollen getauscht, und das besiegte Frankreich hatte der Koalition, die über Napoleon gesiegt hatte, Reparationen zahlen müssen. 1871 war Frankreich im Frieden von Frankfurt zu der berüchtigten Reparationszahlung von fünf Milliarden Goldfrancs an das neue Deutsche Reich gezwungen worden, einer Summe, die auf der Grundlage dessen errechnet worden war, was Napoleon 1805 dem besiegten Preußen abgepresst hatte. In all diesen Verträgen mit ihren harten finanziellen Strafen für die Verlierer der Kriege, deren rechtlichen Schlusspunkt sie setzten, war zum Zeitpunkt der Unterzeichnung genau festgelegt, welche Entschädigungen zu zahlen waren. Und sie wurden gezahlt.

Der Versailler Vertrag war der erste, in dem die Höhe der Reparationen offengelassen wurde, und dabei war es jahrelang geblieben. Unter diesen Umständen kann es kaum überraschen, dass die Mark taumelte, als die Alliierten endlich ihre Rechnung vorlegten. Sie sollte in ihrer damaligen Form nie wieder einen Stand erreichen wie im Frühjahr 1921. Von nun an ging es nur noch bergab.

Matthias Erzberger war zwar im Juni 1920 in den Reichstag gewählt worden, aber schon vorher nicht mehr Finanzminister gewesen. Er war kurz vor dem Kapp-Putsch unter Umständen zum Rücktritt gezwungen worden, die die meisten Beobachter zu dem Schluss kommen ließen, dass er politisch erledigt war.

Der ehemalige Bankier Karl Helfferich, das Finanzgenie, das 1915 im Reichstag offen erklärt hatte, dass die Alliierten für den Krieg würden zahlen müssen, hatte sich unter dem Einfluss der Niederlage und des Versailler Vertrages politisch weit nach rechts bewegt. Er war jetzt ein leidenschaftlicher und lautstarker Anführer der antirepublikanischen nationalistischen Opposition und hatte es sich zur Aufgabe gemacht, Erzberger zu stürzen. In seiner Haushaltsrede im Juli 1919 hatte der Finanzminister Helfferichs angeblich nachlässiger Amtsführung zu Kriegszeiten als Staatssekretär des Reichsschatzamtes öffentlich die Schuld sowohl an der Höhe des deutschen Nachkriegsdefizits als auch an den riesigen Gewinnen gegeben, die Waffen- und Munitionsfabrikanten ungehindert hatten einstreichen können. Helfferich antwortete mit einem Pamphlet mit dem Titel »Fort mit Erzberger!«, in dem er dem reformerischen Finanzminister seinerseits korrupte Beziehungen zu Großunternehmen vorwarf.

Erzberger sah sich genötigt, Helfferich wegen Beleidigung zu verklagen – während dieses Prozesses war Erzberger eines Tages beim Verlassen des Gerichtsgebäudes von dem Möchtegern-Attentäter Oltwig von Hirschfeld angeschossen worden. Helfferich wurde zwar der üblen Nachrede schuldig gesprochen, aber lediglich zu einer Geldbuße von 300 Mark verurteilt. Viele der während des Verfahrens vorgelegten Beweise hatten Erzberger in einem ausgesprochen unvorteilhaften Licht erscheinen lassen. Wesentliche Teile von Helfferichs Anschuldigungen waren vom Gericht als berechtigt angesehen worden; zudem habe Helfferich, wie der Richter in für die damalige Justiz typischer Weise anmerkte, aus »vaterländischen Beweggründen« gehandelt. Die *Hamburger Morgenpost* hatte derweil ihr zugespielte Kopien von Erzbergers Steuererklärung veröffentlicht, die angeblich den Verdacht der Steuerhinterziehung nahelegten. Erzberger trat noch am selben Tag zurück.[11]

Seit dem Frühjahr 1920 hatte Erzberger sich im Hintergrund gehalten. Allerdings plante er, wie bei einem Mann mit seinem Talent und seiner Tatkraft kaum anders zu erwarten, die Rückkehr auf die politische Bühne. Bestärkt wurde er darin durch weitere Gerichtsentscheidungen, die ihn von dem Vorwurf der Steuerhinterziehung und verschiedener anderer finanzieller Manipulationen entlasteten. Während die Anstrengungen der Reichsbank, die von den Alliierten verlangte Tranche von einer Milliarde Goldmark zusammenzukratzen, die Zeitungsseiten füllten und auf der Rechten die Gefühle gegen Politiker hochkochten, die sich dem Londoner Ultimatum gebeugt hatten, verließ Erzberger im Spätsommer Berlin, um in heimatlicher Umgebung in Südwestdeutschland, in Bad Griesbach im Schwarzwald, eine Kur anzutreten.

Er war sich vollauf bewusst, welchen Hass er bei den Nationalisten hervorrief. Seiner Tochter Maria soll er im Frühjahr 1921 gesagt haben: »Die Kugel, die mich treffen soll, ist schon gegossen.«[12] Am 26. August 1921 begab er sich mit seinem Freund und Parteikollegen Karl Diez auf seinen üblichen Morgenspaziergang. Etwa um elf Uhr wurden sie von zwei jungen Männern beschossen, die zwischen den Bäumen auf der Lauer gelegen hatten. Erzberger wurde schwer verwundet, konnte aber einen Abhang hinunter fliehen und hoffte, den Angreifern entkommen zu sein. Anderthalb Jahre zuvor war Hirschfelds zweite Kugel von seiner Uhrkette abgeprallt. Diesmal hatte er nicht so viel Glück. Die Attentäter verfolgten ihn unerbittlich und schossen auf ihn, bis er reglos am Boden lag. Dann standen sie über ihm und schossen ihm noch zwei Mal in den Kopf. Es war ein brutaler Auftragsmord.[13]

Die Polizei nahm Ermittlungen auf und konnte die Täter auch rasch identifizieren, allerdings ohne sie belangen zu können. Die beiden jungen Männer, beide Ende zwanzig, hießen Heinrich Schulz und Heinrich Tillessen. Ersterer war ein ehemaliger Heeresleutnant, Letzterer der Sohn eines Artilleriegenerals und ehemaliger Torpedobootoffizier. Beide hatten als fanatische Nationalisten und Gegner des deutschen Nachkriegsstaates der Brigade Erhardt angehört und im Vorjahr am Kapp-Putsch teilgenommen.

Erhardt war direkt für den Mordanschlag auf Erzberger verantwortlich. Nach dem gescheiterten Putsch vom März 1920 hatte er in dem Bewusstsein, dass er, soweit es die Berliner Regierung anging, ein gezeichneter Mann war, sein Freikorps aufgelöst und sich in die reaktionäre Hochburg München begeben, wo er den Schutz mächtiger Freunde in den Behörden genoss. In den folgenden Monaten hatte er treue Anhänger um sich geschart und eine Verschwörergruppe mit dem Decknamen »Organisation Consul« aufgebaut. Die Gruppe, deren Zweck die Ermordung von Politikern und in der Öffentlichkeit stehenden Persönlichkeiten war, die angeblich während des Krieges und danach Deutschland »verraten« hatten, verfügte bald über ein loses Netzwerk von Ablegern im ganzen Land. München blieb jedoch ihr Nervenzentrum und Rückzugsort.

Schulz und Tillessen gehörten beide der Organisation Consul an und waren für das Attentat auf Erzberger ausgewählt worden. Nach der Tat flohen sie nach München, wo man sie mit falschen Pässen ausstattete und nach Ungarn weiterschickte. Dort war ein »weißes« Terrorregime an die Stelle des roten getreten, dessen Behörden neben Schulz und Tillessen vielen anderen flüchtigen Angehörigen der deutschen Rechten Zuflucht gewährten.[14]

Erzbergers Ermordung zeigte zunächst einmal, dass die nationalistische Rechte bereit war, jeden zu töten, dem sie die Schuld an der Lage Nachkriegsdeutschlands gab (ein Urteil, das sie selbstverständlich aufgrund ihrer eigenen Vorurteile fällte); sie zeigte indes auch, und dies war noch erschreckender, dass die gemäßigten antirepublikanischen Kräfte solche Gewalttaten, obwohl sie sich nicht aktiv an ihnen beteiligten, tolerierten, wenn nicht gar guthießen. Die altehrwürdige *Kreuz-Zeitung*, das Sprachrohr der konservativen preußischen Grundbesitzer, verglich Erzbergers Mörder mit Brutus, Wilhelm Tell und Charlotte Corday, die 1793, als der französische Revolutionsterror seinen Höhepunkt erreicht hatte, den jakobinischen Demagogen Jean Paul Marat in seiner Badewanne erstochen hatte. Der ähnlich gesinnte *Berliner Lokal-Anzeiger* war überzeugt, dass »jedes andere Land … solchen Verschwörern unbegrenztes Verständnis entgegenbringen« würde, und in Ostpreußen, dem Kernland des Kapp-Putschs, verlangte eine Lokalzeitung: »Hass müssen wir säen!« Weiter hieß es in dem Kommentar:

»Ein Mann, der wie Erzberger wohl die Hauptschuld am Unglück unseres Vaterlandes hatte, musste, solange er am Leben war, eine stete Gefahr für Deutschland bleiben. Es mag roh und herzlos klingen, solche Worte einem Toten nachzurufen, aber durch Gefühlsduselei kommen wir nicht weiter … nur durch Extreme kann Deutschland wieder das werden, was es vor dem Krieg war.«[15]

Ernst Troeltsch, der zu der schon immer kleinen und jetzt rasch abnehmenden Zahl von liberalen Akademikern gehörte, prophezeite zwei Wochen später weitere politische Morde:

»Die gegenwärtigen Reichsminister und andere Personen erhalten massenhaft anonyme Todesdrohungen, und sie wissen, dass damit nicht zu spaßen ist. Vor Monaten bereits sagte mir einer der Herren, das Minister-Sein sei heute unbehaglich; er wisse wohl, dass es zu einer Affäre von Kopf und Kragen geworden sei, halte es aber für seine Pflicht, auszuharren.«[16]

Erzbergers langfristige Hinterlassenschaft sollte noch anerkannt werden. Er schuf das moderne deutsche Steuersystem und hätte noch mehr für sein Land tun können, wenn er nicht im Alter von nur 46 Jahren ermordet worden wäre. Doch dies zu würdigen blieb der Nachwelt vorbehalten. Damals zählte sowohl auf der Rechten als auch auf der Linken, bei autoritär Gesinnten wie bei Demokraten vor allem die Symbolkraft. Die Regierung reagierte mit einer Verordnung, die antirepublikanische Propaganda und die Glorifizierung verfassungsfeindlicher und aufrührerischer Taten verbot. Bayern, von dessen Behörden die Organisation Consul und ihre Mörder gedeckt wurden, weigerte sich jedoch, die Verordnung umzusetzen, und die Zentralregierung konnte nichts daran ändern.

Angesichts der heiklen Mittelbeschaffung für die Zahlung der Reparationsrate von einer Milliarde Goldmark, der Ermordung eines der Gründerväter der Republik, des neuerlichen Kursverlusts der Mark und des steten Preisanstiegs für lebensnotwendige Bedarfsgüter schien Deutschland im Spätsommer 1921 wirtschaftlich und politisch zum Untergang verurteilt zu sein. Nur dass es in den folgenden Monaten nicht unterging, sondern einen Aufschwung erlebte.

KAPITEL 14
Der Aufschwung

Kurz vor dem dritten Jahrestag des Kriegsendes war Deutschland nicht das einzige Land in der Welt, in dem Gewalt und politisches Chaos herrschten. Wie 1920 war auch 1921 ein turbulentes Jahr. Es gab Rassenunruhen in Tulsa in Oklahoma, bei denen 21 Weiße und 60 Schwarze starben. In Portugal fielen der Ministerpräsident und mehrere Kabinettsmitglieder einem Staatsstreich zum Opfer. Auch der japanische Ministerpräsident wurde ermordet. Ebenso der spanische. Russland wurde weiterhin von einem Bürgerkrieg und einer Hungersnot erschüttert. In Anatolien waren griechische und türkische Truppen in einen blutigen Krieg verstrickt. Der gestürzte Kaiser und König von Österreich-Ungarn, Karl I., unternahm zwei Mal erfolglos den Versuch, den ungarischen Thron zurückzuerlangen. In Italien wurde ein aufstrebender Demagoge namens Benito Mussolini ins Parlament gewählt, zusammen mit 29 weiteren Vertretern einer aggressiven neuen politischen Bewegung, die sich *Fascisti* nannte und kein Hehl daraus machte, dass sie bei nächster Gelegenheit die Macht übernehmen wollte. Großbritannien befand sich, bis im Juli ein Waffenstillstand erklärt wurde, in einem grausamen, kostspieligen Krieg mit irischen Nationalisten, die für ihre Insel die Unabhängigkeit forderten. Im Zuge der Kämpfe hatte die Londoner Regierung eine offiziell anerkannte paramilitärische Truppe ähnlich den Freikorps aufgestellt, die wegen der Farben ihrer hastig zusammengestellten Uniform von den meisten Iren geringschätzig »Black-and-Tans« genannt wurden.

Zu den politischen Turbulenzen kam in den meisten Ländern eine wirtschaftliche Nachkriegskrise hinzu. In Großbritannien war es nach dem Boom von 1918/19 im Jahr 1920 nicht weiter aufwärtsgegangen, und 1921 sank die Industrieproduktion rapide um 31 Prozent. In Amerika folgte einem Wachstum von drei Prozent ein Rückgang von 21 Prozent, der 1921 zu einer Arbeitslosenquote von rund 12 Prozent führte.[1] Frankreich erlebte nach einem Wachstum von acht Prozent im Jahr 1920 einen Abschwung von 12 Prozent. In Großbritannien lag die Arbeitslosenquote unter Gewerkschaftsmitgliedern 1921 bei 17 Prozent. Im Gegensatz dazu wuchs die Industrieproduktion in Deutschland 1920/21 um 45 und im nächsten Jahr um 20 Prozent, während die Arbeitslosenquote unter Gewerkschaftsmitgliedern (deren Zahl damals bei neun Millionen lag) von 4,5 Prozent im Januar 1921 auf ein Rekordtief von 0,9 Prozent im April 1922 sank.[2]

In Deutschland gab es offenbar, nach den Zahlen zu urteilen, einen Aufschwung. Und doch war nahezu überall von Elend und Mangel die Rede. Die billige und immer billiger werdende Mark – deren Wert seit dem Sommer 1921 stetig abnahm – sorgte trotz der in den meisten Industrieländern herrschenden Wirtschaftskrise für eine Zunahme der deutschen Exporte. Aber außerhalb einer kleinen Schicht von Industriellen, Spekulanten und Schwarzmarkthändlern wirkte sich dies kaum auf den allgemeinen Lebensstandard aus. Es wurden bereits Stimmen laut, die fragten, wie das sein könne. So etwas hatte man in einer modernen Industrienation noch nicht erlebt.

»Deutscher Handelsboom und sinkende Mark: wie lange noch?«, lautete eine Schlagzeile des *Manchester Guardian* im Oktober 1921. Unterüberschriften wiesen auf »Wilde Börsenspekulationen« und »Steigende Lebenshaltungskosten« hin. Die Krise wegen der Reparationszahlung von einer Milliarde Goldmark und der anschließende Verfall des Wechselkurses hätten, wie der Berliner Korrespondent der Zeitung schrieb, zu »wilden Spekulationen an den deutschen Aktienbörsen« geführt,

> »wilderen als jemals zuvor. Dem Publikum scheint es gleich zu sein, was es kauft, solange es nur Mark loswird. Die Geldentwertung hat drei Folgen: Erstens blüht die deutsche Industrie in beispielloser Weise. Die Gewinne sind enorm, große Dividenden werden gezahlt, der Export ist angeregt, die Produktion steigt, und die Arbeitslosigkeit ist fast verschwunden. Zweitens steigen die Lebenshaltungskosten, und der Lebensstandard sinkt. Drittens haben andere Länder härter denn je mit der deutschen Konkurrenz zu kämpfen.«

Aber das Paradox war nicht zu übersehen:

> »In den letzten drei Monaten sind die Lebenshaltungskosten in Deutschland um rund 40 Prozent gestiegen, und sie werden wahrscheinlich in zunehmendem Tempo weiter steigen. Die Kaufkraft

selbst von Vollzeitlöhnen nimmt stetig ab. Die Getreidepreise haben den höchsten Stand seit Abschaffung der Zwangswirtschaft* erreicht. Der Weizenpreis ist in den letzten zwei Wochen um rund 300 Mark pro Tonne und der von Roggen um rund 250 Mark gestiegen. Eisenbahnfahrten sollen um 30 Prozent teurer werden ... Ein Kilo Kartoffeln kostete am 5. Februar eine Mark und am 4. Juni neun Mark. Heute kostet es 10 Mark. Deutsche Kinder zeigen wieder Symptome von Unter- und Fehlernährung. Menschen mit festen Gehältern spüren den Druck immer deutlicher ...«[3]

Drei Jahre waren seit Kriegsende vergangen, und viele Deutsche litten immer noch. Wer also profitierte von dem Boom, den Deutschland in dieser Anfangsphase der Inflation erlebte, während sich die übrige Welt in einem Abschwung befand?

Im September 1917, nach dem amerikanischen Kriegseintritt, hatte der deutsch-jüdische Großreeder und Kaiserfreund Albert Ballin ausgesprochen, was sich, wie er hoffte, als Grundwahrheit über die wahrscheinliche Nachkriegsposition Deutschlands erweisen würde:

»Ich halte unsere völlig in Unordnung geratene Valuta für ein vortreffliches Mittel, den Hass gegen uns und die Abneigung, mit uns Geschäfte zu machen, bei unseren Feinden bald aufzulösen. Der Amerikaner, der für seinen Dollar nicht mehr, wie früher, für Mk. 4,20 Waren bei uns erhält, sondern für Mk. 6,20, wird bald sein Herz für uns wieder entdecken.«[4]

1920 hatte die Währung weiter gelitten, und 1921/22 setzte sich diese Tendenz fort. Ballin war längst tot. Die deutsche Niederlage, der Verlust der meisten seiner Schiffe und die Beschlagnahmung der restlichen durch die Alliierten war für den Direktor der berühmten Hamburg-Amerika Linie offenbar zu viel gewesen. Am 9. November 1918 hatte er eine Überdosis Schlaftabletten genommen.

Dennoch erwies sich seine Voraussage teilweise als richtig. Dass die Inflation für die deutsche Exportindustrie von Vorteil war, lag auf der

---

* Gemeint ist die zentralisierte, staatlich gelenkte Kriegswirtschaft, insbesondere in Bezug auf die Verteilung von Lebensmitteln und die Festlegung von deren Preis.

Hand. Während der Wechselkurs der Mark abstürzte, wurden deutsche Waren auf ausländischen Märkten immer billiger. Gestützt wurden die Preisstrategien deutscher Unternehmen auch durch die Tatsache, dass die Arbeiter, insbesondere die Gewerkschaftsmitglieder, zwar ständig höhere Löhne forderten, diese Erhöhungen aber auf einer niedrigen Ausgangsbasis beruhten. Die Notwendigkeit von inflationsangepassten Lohnsteigerungen wurde zudem dadurch abgemildert, dass der Staat weiterhin Lebensmittelpreise stützte und die Rentenkontrolle der Kriegszeit aufrechterhalten wurde (welche Folgen dies für die staatliche Defizitkontrolle – oder deren Mangel – hatte, ist eine andere Frage).

Patriotische britische, französische oder amerikanische (auch dänische oder holländische) Geschäftsleute mochten es vorziehen, im eigenen Land einzukaufen, aber die deutschen Produkte waren qualitativ hochwertig und ihre Preise in dieser Zeit unwiderstehlich. Darüber hinaus war es üblich, dass deutsche Großunternehmen und Konzerne ihre Auslandsgeschäfte über teilweise oder ganz in ausländischem Besitz befindliche Tochterunternehmen abwickelten, insbesondere solche mit Sitz in den Niederlanden. Es war eine recht geschickte Strategie, da deutsche Produkte mit dem Etikett »Made in Germany« in früheren Feindländern immer noch auf erhebliche Ablehnung stießen.[5] Das deutsche Nettosozialprodukt stieg 1920 um zehn und 1921 um sieben Prozent.[6]

Unterdessen konnten deutsche Industrielle ihre Waren ausführen und im Gegenzug Devisen dafür bekommen, die sie entweder als Absicherung gegen einen weiteren Verfall der Mark (und um Erzbergers ärgerliche Steuern zu umgehen) horten oder zu einem günstigeren Kurs als zu dem Zeitpunkt, da die Waren hergestellt wurden, in die heimische Währung umtauschen konnten. Da der Anstieg der Inlandspreise dem Abstieg des Wechselkurses hinterherhinkte, war alles, was die Unternehmer dann in Deutschland erwarben – seien es Firmen, Maschinen, Immobilien, Land oder anderes –, außerordentlich preiswert.

1920 berichtete ein britischer Journalist, dass zwar der Außenwert der Mark gegenüber dem Pfund deutlich unter einem Penny liege, ihre Kaufkraft innerhalb Deutschlands aber zweieinhalb bis drei Penny betrage. Das heißt, wenn ein deutscher Unternehmer seine Exportgewinne zu einem bestimmten Kurs zurücktauschte, war er augenblicklich in der Lage, drei oder vier Mal so viel zu kaufen, wie es einem gewöhnlichen Deutschen mit seiner schwerverdienten Papiermark möglich war.

DER AUFSCHWUNG

Als der internationale Wert der Mark im Spätsommer 1921 erneut abzurutschen begann und der Wechselkurs sich so schnell und so häufig änderte, dass die Inlandspreise immer weniger mit ihm mithalten konnten, erweiterten sich die Chancen für gewiefte Geschäftsleute mit Zugang zu Devisen sogar noch größer. Auf jeden Fall hatte es nicht den geringsten Sinn, rasch an Wert verlierendes Papiergeld auf einem Bankkonto liegenzulassen und seinem Dahinschwinden zuzusehen, wie es die in einer weniger glücklichen Lage befindlichen oder weniger weltgewandten Angehörigen der alten Mittelschicht notgedrungen taten.

Die reichen Industriellen kauften und kauften und wurden, weniger in Papiermark denn in Sachwerten gemessen, immer reicher. Einer Minderheit der Deutschen ermöglichte die Flucht in »Sachwerte« die Anhäufung solider Reichtümer im wachsenden Finanzchaos. Der bekannte deutsche Industrielle Emil Guggenheimer, Vorstand des Berg- und Maschinebaukonzerns MAN, bemerkte reumütig und nur leicht übertrieben, sie »alle seien eigentlich nicht mehr Fabrikanten, sondern Spekulanten geworden«.[7]

Sogar Curt Riess' Siefvater, der einstige Uniformschneider deutscher Herrscherhäuser, der jetzt Maßanzüge für die Wohlhabenden anfertigte, folgte dem pragmatischen Zeitgeist. Da er feststellte, dass die über drei Meter Stoff, die er für einen Anzug verarbeitete, mehr kosteten als der vereinbarte Festpreis zum Zeitpunkt der Fertigstellung wert war, ging er dazu über, nur noch gegen Bezahlung in harter Währung, in Dollar, Pfund oder Schweizer Franken, zu arbeiten. Auf diese Weise hielt er sich über Wasser, während viele seiner Kollegen bankrottgingen.[8] Dass es Gesetze gab, die sein Geschäftsgebaren verboten, kümmerte den Herrenschneider ebenso wenig wie die Millionen anderen, die ihr Vermögen auf diese Weise schützten. Schließlich bestand die Strafe, falls tatsächlich einmal ein Geschäftsinhaber juristisch belangt wurde, für gewöhnlich in einer Geldbuße – zahlbar in rasch verfallender Papiermark.[9]

Einzelne retteten also ihre Lebensgrundlage und genossen weiterhin den Lebensstandard, der ihnen nach eigenem Empfinden zustand. Auf einer ganz anderen Ebene ermöglichten diese Umstände es Hugo Stinnes, der menschlichen »Rechenmaschine«, zum mächtigsten Unternehmer Deutschlands und, einigen Verschwörungstheoretikern zufolge, geheimen Herrscher des Landes aufzusteigen. 1920 schrieb er mit einer »Mischung aus Verachtung und Stolz« ans Finanzamt:

»Das Reich, das heute 236 Milliarden Schulden hat und dessen Schuldenlast von Monat zu Monat wächst, dessen Kreditfähigkeit durch den Stand seiner Valuta hinreichend gekennzeichnet ist, das Noten auf Noten druckt ohne jede Deckung und das längst bankrott ist …, dieses arme im Zusammenbruche befindliche Reich kann keine Garantien geben oder in Aussicht stellen, auf die ein Kaufmann seine Bilanz gründen kann. Die Grundlage für mein Geschäft ist mein persönlicher Kredit im In- und Auslande. Dieser Kredit ist bisher unerschüttert, ich kann heute im In- und Auslande jeden benötigten Kredit haben.«[10]

Zugang zu heimischen Krediten zu niedrigen Zinssätzen, insbesondere von der Reichsbank, und zu ausländischen Währungen, mehr brauchte es nicht. In einer Inflation konnte jemand wie Stinnes, dank der Reichsbankstrategie der automatischen Kreditvergabe an die deutsche Industrie, nahezu unbegrenzte Summen zu günstigen Zinssätzen leihen und darüber hinaus damit rechnen, dass die Kredite, wenn er sie zurückzuzahlen begann, real weniger wert sein würden – und zwar im Laufe der Zeit sehr viel weniger.

Von Millionen als Verkörperung der schändlichen Auswüchse des Kapitalismus gehasst, entsprach Stinnes erstaunlich wenig dem Stereotyp des Plutokraten. Fotografien aus der Zeit, als er sich auf dem Höhepunkt seiner Macht und seines Reichtums befand, zeigen eine schlanke, unauffällige Gestalt. Wenn er auf der Straße oder an einem anderen öffentlichen Ort fotografiert wurde, schaute er oft mit misstrauischem Unbehagen in die Kamera. Selbst auf Familienfotos wirkt er angespannt. Wenn er unterwegs war – und er reiste viel –, trug er einen etwas schäbigen, altmodischen dunklen Anzug und eine Melone. Seine Erscheinung glich eher einem Jedermann aus einem Charlie-Chaplin-Film als einem Superschurken aus der Wirtschaft.

Der mächtigste deutsche Wirtschaftsboss lebte mit Frau und sieben Kindern in einer überraschend bescheidenen Villa in seiner Heimatstadt Mühlheim an der Ruhr. Die Ehe war in jeder Hinsicht glücklich, und er war ein liebevoller, wenn auch anspruchsvoller Vater. Seine Tochter Clärenore (geb. 1901) fungierte als seine Sekretärin und seine »Augen und Ohren«. Der persönlich eher schüchterne Stinnes, der mit hoher Stimme und starkem westfälischen Akzent sprach, war ein unerschütterlicher Optimist. In schwierigen Situationen pflegte er, seinem Sohn Edmund zufolge, zu sagen: »Ich gebe die Hoffnung nie auf. Wenn man mich hängen will, der Strick mir

Der »Inflationskönig« Hugo Stinnes

schon um den Hals liegt, dann denke ich immer daran, wie oft so ein Strick schon gerissen ist.«[11]

Auf seiner Visitenkarte bezeichnete sich Stinnes nicht als Industriellen oder Unternehmenschef, sondern schlicht als »Kaufmann aus Mühlheim«. Das war typisch für ihn. Da man ihn insbesondere mit der deutschen Inflation in Zusammenhang bringt, wird häufig vergessen, dass er schon vor dem Krieg, als die Preise mehr oder weniger stabil waren, ein großes Vermögen erworben hatte. Jedenfalls besaß er einen kühl berechnenden Verstand und einen unerschütterlichen Charakter und war damit perfekt für die Achterbahnfahrt des inflationären Nachkriegsdeutschlands ausgerüstet.[12]

Während die deutsche Wirtschaft ins Schlingern geriet, wurden Hugo Stinnes und Männer wie er (es waren ausschließlich Männer) immer reicher. Dies traf selbst dann noch zu, als das ökonomische und soziale System in seinen Grundfesten erschüttert wurde. Das neue demokratische Deutschland schien paradoxerweise in noch größerem Maße Spielball einer kleinen Elite zu sein, als es das Kaiserreich vor dem Krieg je gewesen war.

KAPITEL 14

Ungeachtet aller Statistiken machte das Land drei Jahre nach der Revolution den Eindruck eines frühen Beispiels für die Herrschaft des »einen Prozent« über die »99 Prozent«.

Jeder Deutsche, ob Industrieller oder Privatmann, der, während die Inflation an Fahrt gewann, Zugang zu Devisen hatte, befand sich in einer höchst vorteilhaften Situation. Die wichtigsten Eigentümer von Devisen waren natürlich ausländische Institutionen und Einzelpersonen, vornehmlich Amerikaner. Nach dem Ersten Weltkrieg waren alle Länder, außer den Vereinigten Staaten, verschuldet. Die Amerikaner schwammen geradezu in Geld; der Dollar war plötzlich zur härtesten Währung der Welt geworden, und das Geld wollte angelegt oder verliehen werden.

1920, nachdem der anfängliche Kursverfall der Mark vorübergehend abgeflaut war – als sie bei einem Kurs von rund sechzig Mark für einen Dollar verharrte –, dachten viele Amerikaner, jetzt könne der Kurs der Mark nur noch nach oben gehen. Immerhin war Deutschland in gewisser Hinsicht künstlich in diese Beinahe-Armut getrieben worden. Aus dieser Perspektive gesehen, war das Nachkriegsdeutschland dasselbe Land wie das Vorkriegsdeutschland – einer der wichtigsten Motoren der Weltwirtschaft –, wenn auch zugegebenermaßen mit einigen Beulen aus dem vierjährigen Kampf, in dem es zu Fall gekommen war. Warum sollten diese siebzig Millionen fleißiger, gut ausgebildeter Menschen nicht rasch wieder in die wirtschaftliche Oberliga Europas aufsteigen, mit vollen Auftragsbüchern in der Wirtschaft, einer zur Ruhe gekommenen politischen Szene und einer Währung, die ihre einstige Stärke zurückgewonnen hatte? Wer an der Mark festhielt, bis sie wieder ungefähr den Vorkriegsstand erreicht hatte, würde nach dieser Annahme einen riesigen Gewinn einstreichen können.

Für die meisten Deutschen war ein amerikanischer Kredit – oder, wie man heute so fröhlich sagt, ein »Bail-out« – in der Nachkriegszeit so etwas wie der heilige Gral. Jeder Anteil an dem Geld, das darauf wartete, von den reichen Cousins aus Amerika investiert zu werden – und man darf nicht vergessen, dass viele Millionen Amerikaner deutscher Herkunft waren –, würde Deutschland eine Atempause verschaffen und ihm helfen, die ihm von Belgien, Frankreich und Großbritannien aufgebürdeten Reparationsforderungen zu erfüllen. Und nicht nur das. Mit jedem Kredit und jeder Investition in Deutschland würde das Interesse Amerikas an der Zukunft des Landes zunehmen, was darauf hoffen ließ, dass die Reichsregierung im

Kampf gegen die Forderungen der anderen Siegermächte die Unterstützung Washingtons erlangen würde. Ein nach einem »Bail-out« aufgrund von Reparationen bankrottgegangenes Deutschland hätte nicht allein zu leiden. Auch amerikanische Banken und Investoren würden viel Geld verlieren.

Allerdings würde es noch Jahre dauern und einiger tiefgreifender Veränderungen bedürfen, bevor staatliche Kredite der Vereinigten Staaten nach Deutschland vergeben werden konnten. In der Zwischenzeit war Deutschland seit dem Frühjahr 1919 das Ziel einer wachsenden Zahl ausländischer Spekulanten, die aus dem Absturz der Mark Gewinn schlagen wollten, indem sie darauf setzten, dass sich der Abwärtstrend eines Tages umkehren und der Kurs wieder steigen würde. 1919/20 schätzte man, dass mindestens 36 Prozent der Einlagen in den sieben wichtigsten Berliner Banken aus solchen Quellen stammten.[13] Im Oktober 1920 wurden auf dem amerikanischen Markt deutsche Industrieaktien im Wert von 100 Millionen Dollar (was zu diesem Zeitpunkt rund sechs Milliarden Papiermark entsprach) und kommunale Schuldverschreibungen im Wert von 30 Millionen Dollar (1,8 Milliarden Mark) verkauft. Daneben gab es eine Vielzahl von amerikanischen Institutionen und Einzelpersonen, die in Erwartung eines Kursanstiegs mit Mark und Markoptionen spekulierten. Solche Optionen wurden von Brokerfirmen angeboten, die wagemutigen Investoren saftige Gewinne versprachen.[14]

Die deutsche Regierung und der Finanzsektor des Landes hatten gegen diese Spekulationswelle nichts einzuwenden. Zwar wurde das Reich auf ungesunde Weise von solchen unzuverlässigen Devisenquellen abhängig – immerhin handelte es sich nicht um langfristige, produktive Investitionen in Deutschland, sondern um spekulatives Kapital, das jederzeit wieder abgezogen werden konnte –, Tatsache war aber auch, dass das Reich und seine Institutionen zu diesem Zeitpunkt im Grunde nur auf diesem Weg Finanzmittel von den Siegermächten, insbesondere den Vereinigten Staaten, erhalten konnten.

Der Kaufrausch des Auslands hielt eine Weile an und trug zur Stützung des Markkurses bei. Für Deutschland trat der Zufluss spekulativen Kapitals, wie Keynes es damals ausdrückte, an die Stelle »seines vieldiskutierten internationalen Kredits, und dies zu den denkbar leichtesten Bedingungen – was die Zinsen angeht, gibt es zumeist keine, und was das Kapital angeht, ist es nur insoweit rückzahlbar, wie Deutschland selbst es entscheidet, wenn es darangeht, den Wert der Papiermark festzulegen«.[15]

KAPITEL 14

Vor einer förmlichen Kontrolle privater Auslandsinvestitionen schreckte die US-Regierung zwar zurück, aber sie war verständlicherweise besorgt darüber, dass amerikanische Unternehmen und Einzelpersonen ihr Geld nach Europa und insbesondere nach Deutschland pumpten, ohne in jedem Fall die Risiken bedacht zu haben. Und im Sommer 1921 begann der Kurs der Mark erneut zu sinken. Tatsächlich schätzte der republikanische Finanzminister Herbert Hoover, dass Amerikaner mit schlechten Auslandsinvestitionen, unter anderem in Deutschland, annähernd 500 Millionen Dollar (über zwei Milliarden Vorkriegsgoldmark) verloren hatten.[16] Dabei war die deutsche Inflation noch nicht ernsthaft außer Kontrolle geraten. Nach jüngsten Schätzungen belief sich der spekulative Kapitaltransfer nach Deutschland in den ersten Nachkriegsjahren insgesamt auf über 15 Milliarden Goldmark (3,5 Milliarden Dollar).[17]

Jedoch nicht nur naive Investoren verloren damals Geld. Der brillante Ökonom Keynes, der sich sein Leben lang im Allgemeinen äußerst erfolgreich als Spekulant auf den Finanzmärkten betätigte, vertraute auf die Grundtatsachen der deutschen Wirtschaft und setzte 1919, trotz seiner düsteren Voraussage über die Auswirkungen des Versailler Vertrages auf Deutschland, ebenfalls Geld auf die Mark. Die Anlage kostete ihn 20 000 Pfund, überwiegend eigenes Geld; diese Summe entspricht einem heutigen Wert von mindestens einer halben Million Pfund. Indirekt eingestehend, dass er nicht besser war als andere Spekulanten, schrieb er zwei Jahre später:

»Jeder in Europa und Amerika kaufte Markscheine. Sie wurden von jüdischen Wanderhändlern in den Straßen der Hauptstädte gehandelt und von Friseurgehilfen in den entlegensten Städten in Spanien und Südamerika feilgeboten ... Das Argument war dasselbe ... Deutschland sei ein großes und starkes Land; eines Tages werde es sich erholen; wenn das geschieht, werde sich auch die Mark erholen, was einen riesigen Gewinn einbringen werde. So wenig wussten Bankiers und Dienstmädchen von Geschichte und Ökonomie.«

Mittlerweile war Keynes auch klar, dass es in dem Spiel, auf das Deutschland und seine einstigen Feinde sich eingelassen hatte, keine Gewinner geben würde:

DER AUFSCHWUNG

»Doch man darf nicht annehmen, dass Deutschland keine Strafe bezahlt hätte. In der modernen Welt ist Organisation auf lange Sicht mehr wert als materielle Ressourcen. Durch den Verkauf von Papiermark hat Deutschland die Materiallager, welche Krieg und Blockade geleert hatten, wieder einigermaßen aufgefüllt, allerdings um den Preis gegenwärtiger und künftiger Desorganisation. Es hat die gebildete Mittelschicht, die Quelle seiner geistigen Stärke, um die meisten Mittel ihrer Existenz gebracht; und das Chaos und die Arbeitslosigkeit in der Industrie, welche das Ende des gegenwärtigen inflationären Aufschwungs wahrscheinlich mit sich bringen wird, könnten der Arbeiterklasse, der Quelle seiner politischen Stabilität, den Geist verwirren. Das Geld der Bankiers und Dienstmädchen, das, wenn es vorsichtig und klug verwendet worden wäre, beinah ausgereicht hätte, um Europa wiederherzustellen, ist verschwendet und weggeworfen worden.«[18]

Nachdem die deutsche Regierung durch das Londoner Ultimatum vom Mai 1921 zu hektischem Handeln gezwungen worden war, um die erste Tranche der Reparationen zahlen zu können, begann der Kurs der Mark erneut zu fallen. Ein weiterer Absturz folgte nach der Ermordung Erzbergers Ende August, die fast auf den Tag genau mit der letzten Frist für die Reparationszahlung zusammenfiel und zeigte, dass die fieberhafte Wirtschaftstätigkeit in keiner Weise dazu beitrug, die endemische politische Gewalt in Deutschland einzudämmen. Noch drastischer sackte der Kurs der Mark gegenüber dem Dollar ab, nachdem im Oktober 1921 das reiche oberschlesische Industrie- und Bergbaugebiet trotz einer Volksbefragung, bei der die Mehrheit der Bevölkerung für den Verbleib beim Reich gestimmt hatte, Polen zugesprochen wurde. Damit wurde Deutschland nicht nur einer weiteren wesentlichen Komponente seines ökonomischen Vorkriegspotenzials beraubt, sondern der Rechten wurde eine weitere Gelegenheit geboten, sich über die Ungerechtigkeit der Sieger zu erregen, diesmal sogar zu Recht.

Bei Handelsschluss am ersten Arbeitstag im Januar 1922 dümpelte der Kurs der deutschen Währung bei 186 Mark für einen Dollar dahin, nachdem er nur vier Monate zuvor bei knapp 75 gestanden hatte. Die deutschen Fabriken produzierten ungerührt weiter. Im Dezember lag die Arbeitslosenquote bei gerade einmal 1,6 Prozent. Georg Bernhard, Chefredakteur der *Vossischen Zeitung* und prominentes Mitglied der DDP sowie des Reichswirtschaftsrates, eines staatlich geförderten Forums zur Diskussion

KAPITEL 14

ökonomischer Fragen, schlug in seinem Neujahrskommentar denn auch einen optimistischen Ton an. »Der Leidensweg des deutschen Volkes beginnt aus dem Tal hinaufzuführen«, las man am 1. Januar in der *Vossischen Zeitung*. »Ein beträchtliches Stück der Wanderung durch die Finsternis ist im abgelaufenen Jahre zurückgelegt worden.« In Bezug auf die Inflation zeichnete Bernhard jedoch ein weniger rosiges Bild:

»Dass die Inflation in Deutschland abgebaut werden muss, ist nun allmählich schon zum Schlagwort geworden. Aber es hat sich bisher noch keiner getraut. Jeder, der die wirtschaftlichen Dinge und Zusammenhänge kennt, weiß auch, warum. Die Inflation ist ein riesengroßer Betrug, der wohlgefällige Bilder vor die Sinne gaukelt. Die lebhafte Geschäftstätigkeit, das Steigen aller Preise und Löhne bedeutet zwar Ausverkauf unter dem wirklichen Preis, bedeutet Bewucherung der Massen als Konsumenten und Unterbezahlung aller Arbeitskräfte als Produzenten. Aber weil die Summen steigen, an denen noch der alte Vorstellungsinhalt klebt, wird es nur langsam oder gar nicht gemerkt, und weil jeder, der arbeiten will, Arbeit und Entlohnung findet, so verstärkt die günstige Arbeitsmarktstatistik den Dunst und den Nebel, die uns umlagern. Demgegenüber bedeutet die Deflation ein grausames Erwachen, wie nach dem Opiumrausch.«[19]

KAPITEL 15
Keine Helden mehr

Am 17. April 1922 erschien im *Manchester Guardian* ein bewundernder Artikel über Walther Rathenau, den neuen Außenminister der deutschen Republik. Anlass war eine Rede, die Rathenau am Tag zuvor in Genua gehalten hatte, wo eine weitere internationale Konferenz stattfand. Wie auf den anderen ging es auch auf dieser, dreieinhalb Jahre nach dem Ende der Feindseligkeiten, darum, Ordnung in das anhaltende Nachkriegsdurcheinander zu bringen.

In den ersten Jahren nach dem Ersten Weltkrieg fanden viele Konferenzen statt, aber diejenige in Genua ragte heraus, weil zum einen 34 Staaten und zum anderen erstmals auch die sogenannten Parias teilnahmen. Dies verdankten sie dem Drängen von Lloyd George, einem der Hauptorganisatoren des Treffens.

Deutschland, der Verlierer des Ersten Weltkrieges und vermeintliche Hauptschuldige an seinem Ausbruch, begegnete den anderen Ländern zum ersten Mal wieder auf Augenhöhe; Gleiches galt für das revolutionäre Russland, das gerade dabei war, Bürgerkrieg und Hunger hinter sich zu lassen, von den Großmächten noch nicht anerkannt und von internationalen Foren bisher ausgeschlossen war. Man misstraute dem kommunistischen Regime in Moskau, wollte aber Zugang zu den riesigen Rohstoffreserven des Landes haben: Holz, Erdöl, Erze.

Thema der Genueser Konferenz war vorgeblich der wirtschaftliche Wiederaufbau. Unter anderem hatte Lloyd George, der zu Hause politisch und ökonomisch unter Druck stand und verzweifelt einen internationalen Erfolg brauchte, die Wiederanknüpfung von Wirtschaftsbeziehungen im Auge, so dass Russland und Deutschland erneut als Partner einbezogen werden konnten. Russland sollte die Rohstoffe und Deutschland die Fertigprodukte und Investitionsgüter liefern (und ein Teil der deutschen Gewinne zur Zahlung der weiterhin problematischen Reparationen abgezweigt werden). Dies würde nicht nur Russland und Deutschland nützen, sondern durch den

KAPITEL 15

Ansteckungseffekt, so die Annahme, auch zu einer Wiederbelebung der gesamten europäischen Wirtschaft beitragen.[1]

Veränderung lag in der Luft, und obwohl die Reparationen offiziell nicht auf der Tagesordnung standen, rückte Rathenau sie in den Vordergrund. Seit Mai 1921 im Kabinett Wirth zunächst Wiederaufbauminister, war er im Januar 1922 zum Außenminister ernannt worden. Dass er fließend und akzentfrei Englisch, Französisch und Italienisch sprach, war sicherlich kein Nachteil. Indem er seinen guten internationalen Ruf in die Waagschale warf und seine Beziehungen nutzte, hatte er zugunsten seines Landes eine regelrechte »Charmeoffensive« in Gang gesetzt, und die Rede, die er im Garten einer von der deutschen Delegation angemieteten Villa vor einem internationalen Publikum hielt – zu dem unter anderen John Maynard Keynes gehörte –, war ein bedeutender Teil dieser Anstrengung.

In der Frühlingssonne stehend, erklärte Rathenau den versammelten europäischen Granden, die Probleme, vor denen die Welt stehe, seien im Wesentlichen geistiger und moralischer Natur. In der Praxis habe Europa alles, was es besitze, auch zehn Jahre zuvor schon besessen. Aber »gewaltige Irrtümer und Abirrungen« hielten die Welt davon ab, einen Weg durch das Nachkriegslabyrinth zu finden. »Der erste Irrtum«, zitierte der *Manchester Guardian* den deutschen Außenminister, »ist der des Friedens. Alle reden vom Frieden, als ob es ihn in Europa gäbe.« Gewiss befänden sich die Kanonen in ihren Bastionen, man könne vom Rhein bis zur Weichsel laufen und werde keinen einzigen Schuss hören. »Dennoch gibt es keinen Frieden. Frieden bedeutet etwas Positives, nicht bloß etwas Negatives.« Die anderen beiden Irrtümer seien die Abrüstung – ein Unsinn, da bisher nur Deutschland abgerüstet habe – und die Schulden. Ganz Europa werde von einem »Teufelskreis« der Schulden eingeschnürt. Rathenau bezog Frankreich und Russland mit ein, die er als die beiden anderen Opfer dieses Übels betrachtete. Alle bräuchten vorübergehend Anleihen, um diese Krise zu überstehen:

»Ich weiß, dass mein illustrer Freund Keynes mir in dieser Hinsicht nicht gänzlich zustimmen wird. Wir müssen den Kreis zeitweise vergrößern, um atmen zu können. Denn drei Nationen können nicht warten. Diese sind Frankreich, Deutschland und Russland. Nur wir verstehen Frankreichs furchtbare finanzielle Schwierigkeiten.
Deutschlands Schwierigkeiten werden weniger verstanden. Wir leben von unserem eigenen Fett. Unsere Konjunktur ist eine Blase. Unsere

Unternehmen zahlen Dividenden – aber in Märchengold. Wir verspeisen die Ressourcen, die unsere Vorfahren in generationenlanger Arbeit angesammelt haben. Das wird ein Ende haben.

Das Barometer unserer Stellung ist der Dollarkurs an der Berliner Börse. Zur Zeit steht er bei rund 300 Mark für einen Dollar. Lassen Sie die Nadel in die Richtung von 400, 500 und 1000 für einen Dollar ausschlagen, dann sind wir den Weg Österreichs gegangen. Dann wird es für Gespräche über Reparationen zu spät sein, und wir werden über Wohltätigkeit reden müssen.«[2]

Im Januar 1921, als Rathenau noch einfacher Berater der Regierung war, hatte er es anders gesehen. Damals stand der Kurs noch bei 60 Mark für einen Dollar, und die Möglichkeit einer Inflation galt als notwendiges Übel. Jetzt, bei einem Kurs von 300, war sie nur noch von Übel.

Wenn Rathenau die deutsche Position vertrat – insbesondere gegenüber Frankreich –, hatte er nichts zu verlieren. Nachdem Deutschland im August 1921 eine Geldzahlung geleistet hatte, hatte die deutsche Regierung sofort wieder begonnen, auf die Armut des Landes zu verweisen und ein Moratorium und/oder einen Kredit zu verlangen, um dem Land zu helfen, seine Angelegenheiten in Ordnung zu bringen.

Bei einem Treffen in Wiesbaden im Oktober 1921 hatten die Franzosen unter dem gemäßigt linken Ministerpräsidenten Aristide Briand Kompromissbereitschaft angedeutet, und Rathenau, damals noch Wiederaufbauminister, und sein französisches Pendant hatten eine entsprechende Vereinbarung unterzeichnet. Auch ein Kredit der Bank von England schien möglich zu sein, wurde im Dezember 1921 allerdings abgelehnt. In französisch-britischen Gesprächen in Cannes im Januar 1922 überredete Lloyd George Briand – manche sagen, er nötigte ihn – dazu, Deutschland zur Konferenz in Genua einzuladen, wenn auch unter der Bedingung, dass die Reparationen und Versailles nicht auf die Tagesordnung gesetzt wurden.

Leider waren viele französische Politiker, darunter Staatspräsident Alexandre Millerand und der Fraktionschef der patriotischen Rechten in der Abgeordnetenkammer, Raymond Poincaré, dennoch der Ansicht, Briand habe französische Interessen verraten. Er wurde am 12. Januar aus dem Amt gedrängt, und an seine Stelle trat Poincaré, der in der Reparationsfrage für eine harte, um nicht zu sagen unnachgiebige Linie stand.

KAPITEL 15

Die Konferenz von Genua zog sich, aller netten Reden des neuen, allgemein beliebten deutschen Außenministers zum Trotz, sechs Wochen lang hin, vom 10. April bis zum 19. Mai 1922. Ein Hauptproblem war die Abwesenheit der Amerikaner, in deren Augen sie nur ein weiteres von Lloyd Georges unnützen »Zauberkunststücken« war, das keinen Ersatz für die einzige langfristige Lösung der Schwierigkeiten des Kontinents darstellte: echte politische Fortschritte. Und da Amerika damals der Zahlmeister der Welt war, bestand kaum eine Aussicht darauf, dass auf der Konferenz substanzielle Ergebnisse erzielt werden würden.[3]

Darüber hinaus gab es noch ein anderes Problem. Am Ostersonntag 1922, dem 16. April (einen Tag nach Rathenaus Gartenansprache), trafen im Badeort Rapallo, nur dreißig Kilometer an der Küste entlang von Genua entfernt, insgeheim Vertreter Russlands und Deutschlands zusammen und schlossen ein Abkommen über die gegenseitige diplomatische Anerkennung, die Aufgabe aller finanziellen Forderungen – einschließlich Reparationen –, die Wiederaufnahme des Handels nach dem Meistbegünstigungsprinzip sowie eine umfassende wirtschaftliche Zusammenarbeit (die bis in die Endphase der Weimarer Republik 1932/33 fortdauern sollte).

Dieser Vertrag von Rapallo war eine große Überraschung und kam besonders Lloyd George ungelegen. Denn gleichzeitig hinkte die Konferenz von Genua ihrem glanzlosen Ende entgegen, ohne dass etwas beschlossen wurde, das für die Entwicklung Europas von Bedeutung gewesen wäre. Lloyd George mochte enttäuscht sein – seine bereits angeschlagene Koalitionsregierung sollte im Oktober stürzen –, doch die Franzosen waren wütend. In ihren Augen war das deutsch-russische Abkommen sowohl eine Ursache für das Scheitern der Konferenz als auch ein Ergebnis arglistiger Täuschung. Was Rathenau betraf, so hatte er gegen den Vertrag von Rapallo gekämpft, weil er befürchtete, die Beziehungen zu den Westmächten könnten auf den Stand der düsteren Tage von 1919 zurückfallen. Erst als deutlich wurde, dass Russland sich andernfalls mit Frankreich, Großbritannien und den anderen Mächten verständigen könnte, so dass Deutschland erneut allein dazustehen drohte, lenkte der Außenminister ein.

Die endgültige Entscheidung für den Vertrag mit Russland wurde in der Nacht vom 15. auf den 16. April während einer »Pyjamaparty« in Rathenaus Hotelsuite gefällt. Um die Gutwilligkeit der Briten nicht zu verspielen, wollte Rathenau sie von der Absicht, den Vertrag zu unterzeichnen, informieren. Doch dessen Architekt, Adolf Georg Otto »Ago« von

Maltzahn, Staatssekretär und mächtiger Chef der Ostabteilung des Auswärtigen Amtes, drohte für diesen Fall mit Rücktritt. Auf diese Weise wurde der Vertrag von Rapallo zu einer der berüchtigtsten diplomatischen Bomben des 20. Jahrhunderts.[4]

Insbesondere im deutschen Finanzministerium hegte man weiterhin ernste Zweifel, ob ein Bündnis mit Russland klug sei. Finanzminister Andreas Hermes, der an der Konferenz von Genua teilnahm, hielt es für wichtiger, einer Änderung des Reparationsabkommens den Boden zu bereiten; der Nutzen des Vertrags mit Russland sei dagegen unmöglich abzuschätzen. »Es genüge nicht, wenn wir den Russenvertrag in der Tasche hätten«, setzte er dem Kabinett auseinander, »wir müssten auch einen Fonds von Vertrauen bei den Alliierten für die Reparationsfrage mit nach Hause nehmen.« Staatssekretär Julius Hirsch formulierte es bissiger und pointierter, indem er die Sorge äußerte, man habe »für die russische Taube auf dem Dache« möglicherweise den »fetten Reparationsspatz in der Hand« geopfert.[5]

Die Reaktion auf Rapallo ließ nicht lange auf sich warten. Am 24. April bezeichnete der französische Ministerpräsident Poincaré den Vertrag in einer Rede offen als feindseligen Akt und schloss eine militärische Reaktion nicht aus, sollte Deutschland seine vertraglichen Verpflichtungen nicht erfüllen. In Frankreich erörterte man in Militär und Regierung die Möglichkeit, Berlins Wohlverhalten durch die Besetzung des Ruhrgebietes zu erzwingen.

Dass die Wechselkurse ebenso sehr vom politischen wie vom ökonomischen Geschehen abhingen, zeigte das Auf und Ab der Mark im Frühjahr und Frühsommer 1922. Anfang April war sie auf 326 Mark für einen Dollar abgerutscht, bevor sie sich aufgrund der Hoffnungen auf ein positives Ergebnis in Genua wieder etwas erholte und dann inmitten der breiten Zustimmung in Deutschland zum Vertrag von Rapallo auf 252 hochschoss. Mitte Mai, nachdem sich Genua als Schlag ins Wasser erwiesen und Paris ablehnend auf Rapallo reagiert hatte, sackte der Kurs der Mark wieder auf 314 ab. Dann fand Anfang Juni in Paris eine Bankenkonferenz statt, welche die Hoffnung auf einen internationalen Kredit weckte, mit dem das Reparationspatt hätte überwunden werden können. Diese Hoffnung beförderte die Mark am 2. Juni auf den Stand von 272. Doch auch diese Konferenz wurde zu einer Enttäuschung; niemand wollte Deutschland Geld leihen, ehe es nicht seine Finanzen geordnet hatte, was die Kreditangelegenheit auf unbestimmte Zeit vertagte und die Stimmung an den Märkten niederdrückte. So landete die Mark am 11. Juni bei 318 Dollar.[6] Doch in einem etwas ermüdenden Kommentar der *Vossischen Zeitung* am nächsten Arbeitstag – Montag, dem 12. Juni – wurde eher die Stärke des Dollars gegenüber der Mark als umgekehrt deren Schwäche hervorgehoben:

»Am Devisenmarkt kam heute die Wirkung der Anleihevertagung scharf zum Ausdruck. Der Dollar, der am Sonnabend mit 297 geschlossen hatte, ging sprunghaft in die Höhe und streifte während der Vormittagsstunden zeitweise einen Kurs von 322. Späterhin erfuhr die Tendenz eine leichte Entspannung, da die Spekulation teilweise Gewinnsicherungen vornahm. Der Dollarkurs senkte sich infolgedessen auf 315, befestigte sich aber bald wieder darauf und pendelte zwischen 316 und 318.«[7]

Während viele deutsche Politiker insgeheim Vorbehalte gegen Rapallo gehabt hatten – sogar Reichspräsident Ebert hatte seine Zweifel –, nahm die Öffentlichkeit den Vertrag im Allgemeinen positiv auf. Deutschland hatte einen Freund im Osten gewonnen und gezeigt, dass es sich von den Alliierten nicht einschüchtern ließ. Der Reichstag ratifizierte den Vertrag mit nur wenigen Stimmenthaltungen von Abgeordneten der nationalistisch-konservativen und scharf antibolschewistischen Deutschnationalen Volkspartei. Die noch kleine, aber immer vehementer auftretende Kommunistische Partei posaunte ihre Zustimmung natürlich laut heraus. Graf Kessler hielt die Konferenz von Genua insgesamt, zumindest aus deutscher Sicht, für einen Erfolg:

»Ihre Ergebnisse waren für Deutschland seine Wiedereinreihung als Großmacht in das europäische Konzert, ein großer Gewinn an Vertrauen für die neue deutsche Außenpolitik, die in Rathenau und Wirth verkörpert war, und der Rapallo-Vertrag, der nach einem kurzen Sturm sich als Grundlage neuer vertraulicher Beziehungen auch zu England bewährt hatte.«[8]

Der merkwürdige ökonomische »Aufschwung«, der Deutschland in den ersten Monaten des Jahres 1922 noch immer durch diese schwierige Zeit zu tragen schien, vermochte indes weder die äußerste Linke noch die äußerste Rechte von ihrer unermüdlichen Propaganda abzuhalten. Die Linken wetterten gegen die kapitalistische, »nationale« Welt von Stinnes und Rathenau, die Rechten gegen die sozialistische, »antinationale« Welt von Ebert, Reichskanzler Wirth und Rathenau.

Als Patriot und Erbe eines großen Firmenimperiums musste Rathenau Sozialisten und Kommunisten, trotz seiner offensichtlichen Intelligenz und seines dringend gebrauchten politischen Ideenreichtums, verdächtig sein. Die Antipathie des anderen extremen politischen Lagers war gewalttätigerer Art. Als Jude und Verfechter der Republik zog der neue Außenminister zwangsläufig den blanken, giftigen und letztlich irrationalen Hass der nationalistischen Rechten auf sich.

Nach Rapallo veröffentlichte der deutschnationale Reichstagsabgeordnete Wilhelm Henning einen Artikel, in dem er Gift und Galle über den Außenminister seines Landes ausspie. Henning grub die Ermordung des deutschen Botschafters Wilhelm Graf von Mirbach-Harff im Juli 1918 in Moskau aus, um diese dunkle Episode als Vehikel für propagandistische Beschimpfungen und antisemitische Mythenbildung zu benutzen. Ein Minister, der einen Pakt mit Mirbachs Mördern schließe – tatsächlich hatten nicht Bolschewiki, sondern unzufriedene Mitglieder der Partei der Sozialrevolutionäre die Tat begangen –, trete die »Ehre« Deutschlands mit Füßen. Henning weiter:

»Kaum hat der internationale Jude Rathenau die deutsche Ehre in seinen Fingern, so ist davon nicht mehr die Rede ... Die deutsche Ehre ist keine Schacherware für internationale Judenhändel ... [Sie] wird gesühnt werden. Sie aber, Herr Rathenau, und Ihre Hinterleute werden vom deutschen Volke zur Rechenschaft gezogen werden ...«[9]

In einem nationalistischen Trinklied jener Zeit wurden Rathenau, ein Jude, und Wirth, ein Katholik, mit abstoßender Brutalität als Abschaum in einen Topf geworfen:

»Wenn einst der Kaiser kommen wird,
schlagen wir zum Krüppel den Wirth,
knallen die Gewehre, tack, tack, tack,
aufs schwarze* und das rote Pack:

---

* Schwarz war die Farbe der katholischen Zentrumspartei.

KAPITEL 15

Haut immer feste auf den Wirth!
Haut seinen Schädel, dass es klirrt!
Knallt ab den Walther Rathenau,
die gottverdammte Judensau.«[10]

Die Spartakistin Rosa Luxemburg, der bayerische Ministerpräsident Kurt Eisner, der USPD-Politiker Hugo Haase waren allesamt Juden gewesen und ermordet worden. Aber auch der schwäbische Katholik Erzberger und der aus der örtlichen Mittelschicht stammende bayerische USPD-Politiker Karl Gareis waren im Sommer 1921 rechten Attentätern zum Opfer gefallen. Am Pfingstsonntag, dem 4. Juni 1922, entkam ein weiterer »arischer« Politiker, der erste Kanzler (mit dem Titel eines Ministerpräsidenten) der Republik, Philipp Scheidemann, einem Attentat rechter Verschwörer. Wie Erzbergers Mörder waren auch sie junge Fanatiker aus dem Dunstkreis der Organisation Consul.

Scheidemann, der sich als Oberbürgermeister seiner Geburtsstadt Kassel im politischen Vorruhestand befand, ging mit seiner Tochter und seinem kleinen Enkel im Park Wilhelmshöhe spazieren, als einer der Verschwörer auf ihn zutrat, in der Hand eine Klistierspritze, deren Gummiballon mit Blausäure gefüllt war. Der Mann versuchte die Spritze dicht genug vor Scheidemanns Gesicht zu halten, um ihm die Blausäure in Mund und Nase spritzen zu können.

Scheidemann hatte bereits zahlreiche Morddrohungen erhalten, insbesondere nach der Ermordung Erzbergers, und trug deshalb außer Haus stets eine Pistole bei sich. Er geriet zwar ins Stolpern, konnte aber zwei Schüsse abgeben, mit denen er die Angreifer in die Flucht schlug. Dann brach er zusammen und war einige Minuten bewusstlos, bis ein zufällig vorbeikommender Arzt die bei dem Anschlag benutzte Substanz richtig erkannte und ihn wiederbelebte. Der bizarre Angriff hätte tödlich enden können, wenn Scheidemann das Gift eingeatmet hätte. Aber offenbar hatte er in dem Augenblick keinen Atemzug getan.[11] Er erholte sich völlig von dem Anschlag.

Als Jude, Intellektueller und Anhänger der Republik, der gleichwohl, soweit es seine »rassische« Herkunft erlaubte, einst dem kaiserlichen Regime nahegestanden hatte, war Rathenau für nationalistische Extremisten das perfekte Ziel. Er kannte das persönliche Risiko, das er als Vertreter der Republik einging. Schon vor seinem Eintritt als Wiederaufbauminister ins

Kabinett Wirth im Mai 1921 war er Gegenstand antisemitischer Schmähungen und Anzüglichkeiten gewesen. Es wird erzählt, dass es der Junggeselle Rathenau, nachdem er die Ernennung zum Minister angenommen hatte, nicht über sich brachte, seiner ehrfurchtgebietenden Mutter, mit der er in seiner Villa im Grunewald zusammenwohnte, die Neuigkeit mitzuteilen. Als er am nächsten Tag, wie üblich, mit ihr zu Mittag aß, herrschte eine gespannte Stimmung am Tisch, bis sie schließlich das Schweigen brach.

»Walther«, fragte die Matriarchin, »warum hast du mir das angetan?«

Sie hatte offensichtlich die Zeitung gelesen.

»Ich musste es ja, Mama«, antwortete der neu ernannte Minister, »weil sie keinen anderen gefunden haben.«[12]

Nach seinem Eintritt ins Kabinett wurde aus der antisemitischen Dünung eine regelrechte Brandung.

Obwohl man in Genua allgemein von Rathenau beeindruckt war, endete die Konferenz nahezu uneingeschränkt als Fehlschlag. Auf deutscher Seite hegte man dennoch weiterhin die Hoffnung, dass das von der alliierten Reparationskommission gebildete Bankierskomitee einen Plan für ein langfristiges Darlehen vorlegen werde, das Deutschland den Handlungsspielraum verschaffen würde, den es brauchte, um seine Finanzen zu stabilisieren und gleichzeitig den Reparationsverpflichtungen nachzukommen. Doch am 2. Juni 1922 wurde auch diese Hoffnung enttäuscht, größtenteils aufgrund des französischen Widerstandes. Poincaré wäre nur dann bereit gewesen, einen Kredit für Deutschland in Erwägung zu ziehen, der gemäß der Empfehlung des Bankierskomitees mit einer Reduzierung der geforderten Reparationen einhergehen sollte, wenn Amerika mit einer entsprechenden Kürzung des französischen Anteils an den interalliierten Schulden einverstanden gewesen wäre. Doch damit war, wie der mächtige New Yorker Bankier J. P. Morgan bestätigte, nicht zu rechnen.[13]

Dennoch hatte man Fortschritte erzielt. Während der Reichstag die von den Alliierten geforderten neuen Steuern, die sechzig Milliarden Mark einbringen würden, noch nicht beschlossen hatte und wenig darauf hindeutete, dass er gewillt war, es zu tun, kam er der alliierten Forderung nach Entlassung der Reichsbank aus der staatlichen Kontrolle nach. Am 26. Mai verabschiedete er ein Reichsbank-Autonomiegesetz, das die direkte Unterstellung der Bank unter den Reichskanzler und die automatische Verpflichtung, zur Deckung des Staatshaushalts ausgegebene Reichsschatzwechsel zu diskontieren, aufhob, was im Wesentlichen bedeutete, dass die Regierung die Reichsbank nicht mehr zum Gelddrucken zwingen konnte.

Aus Sicht der Alliierten war dies ein wichtiger Schritt auf dem Weg zu geordneten Verhältnissen in Deutschland, und er genügte ihnen als Zeichen für eine Bewegung in die richtige Richtung, um am 31. Mai eine Zahlungsfrist verstreichen zu lassen, ohne die Strafen zu verhängen, welche die Reparationskommission Deutschland auf Drängen des stets misstrauischen Poincaré angedroht hatte. Wie sich herausstellte, sollte Reichsbankpräsident Havenstein aus eigenem Antrieb noch lange Zeit fortfahren, Geld zu drucken, doch dies wusste zu diesem Zeitpunkt noch niemand (und das Autonomiegesetz trat ohnehin erst im Juli 1922 in Kraft).

Unterdessen trafen von jenseits des Atlantiks etwas hoffnungsvoller stimmende Nachrichten ein. Die Idee eines Kredits war immer noch im Gespräch. Amerikaner hatten aufgrund der fortgesetzten Abwertung der Mark herbe Verluste hinnehmen müssen. Da sich jedoch ihre eigene Wirtschaft von der kurzen, aber heftigen Nachkriegsdepression zu erholen begann, suchten sie nach Gelegenheiten, nach Europa zu exportieren und dort zu investieren. Doch dazu musste sich Europa zunächst von der Krise erholen. In der Wall Street und in Washington stimmte man jetzt allgemein darin überein, dass man Deutschland nüchtern und besonnen gegenübertreten sollte.

J. P. Morgan jr., einer der berühmtesten (und berüchtigtsten) Bankiers der Vereinigten Staaten, der als Vertreter Washingtons ins Bankierskomitee entsandt worden war, hatte den Franzosen die schlechte Nachricht über den Schuldenerlass beziehungsweise dessen Ausbleiben verkündet. Aber auch nach der Bekanntgabe, dass der Kredit an Deutschland auf unbestimmte Zeit verschoben worden war, fanden er und andere amerikanische Finanziers, dass etwas unternommen werden müsse.

Morgans Ansicht war interessant. Als Anglophiler bekannt, der während des Krieges eifrig transatlantische Kredite für Großbritannien und Frankreich organisiert hatte, hegte er tiefe antideutsche Gefühle und achtete darauf, dass sein Konzern keine Geschäfte mit dem Reich machte. Nicht einmal Gemälde für seine Sammlung wollte er aus deutschen Quellen erwerben.[14] Dennoch war er kein vernagelter Bürokrat. Bei einem Treffen auf höchster Ebene mit dem französischen Ministerpräsidenten Poincaré und dem britischen Schatzkanzler Robert Horne am 19. Juni 1922 legte er, dem Sitzungsprotokoll zufolge, seine Auffassung offen dar:

KEINE HELDEN MEHR

»Allgemein gesagt, scheint Mr. Morgan zu denken, die Alliierten müssten sich darüber klar werden, ob sie ein schwaches Deutschland, das nicht zahlen könne, oder ein starkes, das zahlen könne, wollen. Wenn sie ein schwaches Deutschland wollten, müssten sie es wirtschaftlich schwach halten; aber wenn sie wollten, dass es zahlt, müssten sie Deutschland erlauben, in einer unbeschwerten Atmosphäre zu leben, die einem erfolgreichen Geschäftsleben zuträglich sei. Dies bedeute freilich, dass man ein starkes Deutschland bekäme, und ein wirtschaftlich starkes Deutschland wäre in gewisser Weise auch aus militärischer Sicht stark.«

Dem stimmte Horne von britischer Seite weitgehend zu:

»Das Problem sei, dass es sich in einem Teufelskreis befinde. Deutschland sage, es könne die Ausgabe von Papiergeld nicht stoppen und seine Schuldverschreibungen nicht zurückzahlen, solange es nicht in der Lage sei, einen Auslandskredit aufzunehmen, und es könne keinen Auslandskredit aufnehmen, solange es seine Schuldverschreibungen nicht bezahlen könne. Dies sei der Teufelskreis, in dem es sich befinde.«[15]

Deshalb wollten Amerikaner und Briten Deutschland etwas Bewegungsfreiheit zugestehen. Poincaré beharrte jedoch auf seiner Auffassung, dass Deutschland die Inflation bewusst nutze, um den Verpflichtungen aus dem Versailler Vertrag nicht nachkommen zu müssen. Daran war etwas Wahres. Hugo Stinnes hatte im Mai 1922 im Auswärtigen Ausschuss des Reichstages wie üblich mit verblüffender, um nicht zu sagen brutaler Offenheit erklärt:

»Was die jetzt geforderte Stilllegung unserer Notenpresse anbelangt, so dürfe nicht verkannt werden, dass in unserem Notendrucken eine Art Notwehr gegen die übertriebenen Forderungen des Versailler Vertrages läge. Zur Durchsetzung dieser Forderungen hätten die Franzosen als einziges Druckmittel die Drohung mit weiteren Okkupationen. Eine solche Okkupation brächte ihnen aber kaum einen Vorteil.«

Doch die offensichtlichen Meinungsverschiedenheiten unter den Alliierten und der daraus folgende Stillstand halfen der deutschen Wirtschaft in keiner Weise. Was die aktuelle Situation anging, so glaubte Stinnes, die Franzosen würden bluffen, während Poincaré überzeugt war, dass die Deutschen logen.[16] Dieses von beiderseitigem Unverständnis geförderte gegenseitige Misstrauen ließ nichts Gutes ahnen.

Mit diesen unheilvollen Aspekten der Situation im Kopf nahm Rathenau eine Einladung des amerikanischen Botschafters Alanson B. Houghton zu einem Abendessen am 23. Juni 1922 an. Ebenfalls eingeladen war Oberst James A. Logan, ein amerikanischer Beobachter bei der alliierten Reparationskommission. Im Tischgespräch wurde unter anderem die Krise der Kohleversorgung angeschnitten, die in den vorangegangenen Wochen furchtbar kompliziert geworden war. Im Rahmen der Versailler Reparationen war Deutschland verpflichtet, Frankreich und Belgien hochwertige Kohle zu liefern. Dies hatte jedoch zur Folge, dass Deutschland dringend benötigter Brennstoff für seine eigene boomende Industrie fehlte. Tatsächlich hatte die Republik jüngst, nachdem sie bereits gezwungen gewesen war, zu Weltmarktpreisen Kohle aus Großbritannien zu importieren, kurz davor gestanden, ihre Eisen- und Stahlwerke teilweise zu schließen.

Rathenau wollte den Amerikanern das ganze Ausmaß der Krise vor Augen führen. Außerdem wusste er, dass Stinnes mit einer Industriellendelegation, die von der Regierung Zugeständnisse in der Kohlefrage erreichen wollte, in Berlin weilte. Deshalb schlug er gegen 22.30 Uhr vor, den »König der Ruhr« aus seinem Hotel herüberzubitten, damit er das Problem aus Expertensicht erläutere. So geschah es.

In Anwesenheit dieses mächtigen zusätzlichen Gastes wandte sich das Gespräch bald anderen Themen als der Kohlekrise zu, und so diskutierten Rathenau und Stinnes mit ihren amerikanischen Gastgebern bis tief in die Nacht über Reparationen und die Inflation. Drei Stunden lang verteidigten die beiden Deutschen die Politik ihrer Regierung. Interessanterweise verteidigten sie, trotz der wirtschaftlichen und sozialen Verwerfungen, die sie mit sich brachte, auch die Inflation als eine »politische Notwendigkeit«. Nach Stinnes' Ansicht ging es um »Geld oder Leben«, und er selbst, fügte er hinzu, würde, »wenn er gezwungen wäre, zwischen beidem zu wählen, stets das Geld aufgeben«. Beide Deutschen erklärten, die Inflation könne erst bekämpft werden, wenn Deutschland einen Kredit zur Stabilisierung und eine vernünftigere Reparationsvereinbarung erhalten habe.

Rathenau trat, wie es seine Art war, weniger schroff auf als Stinnes. Nach seiner Ansicht war die Inflation bereits zu weit gegangen, und er bedauerte insbesondere den Schaden, den sie der gebildeten Mittelschicht zugefügt hatte, in der er als Intellektueller – anders als Stinnes – viele Freunde und Bekannte hatte. Aber auch er gab zu, dass die Inflation ein »notwendiger Kapitaltransfer von einer Schicht zu einer anderen« sei, wie es sich für Deutschlands Nachkriegsarmut schicke. Schließlich könne »ein so arm gewordenes Volk wie das deutsche auch den Reichtum und das Rentnertum größerer Schichten der Bevölkerung nicht ... ertragen«. Letztlich konnte sich Deutschland Professor Troeltsch und dessen privilegierte Akademikerkollegen nicht mehr leisten.[17]

Logan berichtete später, Rathenau sei auch wegen der unablässigen politischen Gewalt in Deutschland bedrückt gewesen, die nicht nur an sich schlecht sei, sondern auch die Stimmung im Land untergrabe. Um sie den Amerikanern verständlich zu machen, verglich er die Situation in Deutschland mit derjenigen »eines gesunden Mannes, der gegen seinen Willen für lange Zeit in eine Irrenanstalt eingesperrt wird, mit dem Ergebnis, dass er sich nach und nach dem Geisteszustand seiner Leidensgenossen anpasst«.[18]

Um halb zwei Uhr früh begleitete Rathenau Stinnes zu dessen Hotel, dem vornehmen Esplanade am Potsdamer Platz. Dort unterhielten sie sich bis um vier Uhr weiter. Stinnes behauptete später, die alten Differenzen zwischen ihnen – wegen ihrer unähnlichen Temperamente und Weltsicht, ihrer oft in Grundfragen gegenteiligen Ansichten – wären nicht mehr vorhanden gewesen. Dies habe sich an jenem Abend gezeigt. Inwieweit Stinnes recht hatte, ließ sich nicht mehr nachprüfen, denn diese Nacht war die letzte in Rathenaus Leben.

Der Außenminister schlief am Sonnabend, dem 24. Juni, verständlicherweise lange und trat erst um 10.30 Uhr aus der Haustür seiner Villa in der Koenigsallee 65 in Grunewald. Draußen wartete sein Auto, ein relativ bescheidenes NAG-Kabriolett, auf ihn, um ihn die rund zehn Kilometer zum Auswärtigen Amt zu fahren, wo er zu einer Routinesitzung mit Konsulatsmitarbeitern erwartet wurde.

Rathenau setzte sich, für jedermann sichtbar, auf die Rückbank des offenen Wagens. Obwohl er ständig Todesdrohungen erhielt, hatte er weder einen Leibwächter bei sich noch andere Sicherheitsmaßnahmen ergriffen.

KAPITEL 15

Walther Rathenau in seinem offenen Wagen

Der Chauffeur steuerte den Wagen aus der Auffahrt hinaus und bog in gemächlichem Tempo in die Koenigsallee ein. Nach wenigen hundert Metern wurde er langsamer, um die scharfe S-Kurve zu nehmen, bevor die Koenigsallee in den Kurfürstendamm mündete. An der Kurve waren Arbeiter auf einer Baustelle beschäftigt. Einer von ihnen schilderte einem Journalisten, was dort als Nächstes geschehen war:

»Gegen ¾11 kamen aus der Richtung Hundekehle* die Koenigsallee hinunter zwei Automobile. In dem vorderen, langsamer fahrenden Wagen, der etwa die Mitte der Straße hielt, saß auf dem linken Rücksitz ein Herr, man konnte ihn genau erkennen, da der Wagen ganz offen, auch ohne Sommerverdeck war. In dem hinteren, ebenfalls ganz offenen Wagen, einem großen sechssitzigen, dunkelfeldgrau gestrichenen starkmotorigen Tourenwagen saßen zwei Herren in langen nagelneuen Ledermänteln mit ebensolchen Lederkappen, die nur eben noch

---

* Damals ein südlich der Koenigsallee gelegenes Waldstück mit einem Jagdhaus gleichen Namens.

KEINE HELDEN MEHR

Tatortfoto der Stelle, an der Rathenau ermordet wurde

das Gesichtsoval freiließen. Man sah, dass beide völlig bartlos waren, Autobrillen trugen sie nicht.

Die Koenigsallee im Grunewald ist eine sehr stark befahrene Automobilstraße, so dass man nicht auf jedes Auto achtet, das vorbeikommt. Auf dieses große Auto haben wir aber doch alle gesehen, weil uns die feinen Ledersachen der Insassen ins Auge stachen. Das große Auto überholte den kleineren Wagen, der langsamer fast auf den Schienen der Straßenbahn fuhr, wohl weil er zu der großen S-Kurve der Königsallee ausholen wollte, fast auf der rechten Straßenseite und drängte ihn stark nach links, fast an unsre Straßenseite heran. Als der große Wagen etwa um eine halbe Wagenlänge voraus war, und der einzelne Insasse des anderen Wagens nach rechts herübersah, ob es wohl einen Zusammenstoß geben würde, bückte sich der eine Herr in dem feinen Ledermantel nach vorn, ergriff eine lange Pistole, deren Kolben er in die Achselhöhle einzog, und legte auf den Herrn in dem anderen Wagen an. Er brauchte gar nicht zu zielen, so nah war es, ich sah ihm sozusagen direkt ins Auge, es war ein gesundes offenes Gesicht, wie man so bei uns sagt, so 'n Offiziersgesicht. Ich nahm

KAPITEL 15

Deckung, weil die Schüsse auch uns hätten treffen können. Da krachten auch schon die Schüsse, ganz schnell, so schnell wie bei einem Maschinengewehr.
Als der eine Mann mit dem Schießen fertig war, stand der andere auf, zog ab – es war eine Eierhandgranate – und warf sie in den anderen Wagen, neben dem er dicht herfuhr. Vorher war der Herr schon auf seinem Sitz zurückgesunken, ganz zusammengesunken und lag auf der Seite. Jetzt hielt der Chauffeur an, ganz an der Erdener Straße, wo ein Schutthaufen war, und schrie ›Hilfe – Hilfe‹. Der fremde große Wagen sprang plötzlich mit Vollgas an und brauste durch die Wallotstraße ab, die in einer starken Kurve an mehreren Neubauten, deren Steinhaufen bis auf die Straße liegen, vorbei wieder in die Königsallee mündet. Wir haben alle an dem großen Wagen keine Nummer gesehen, er hatte auch hinten am Wagen keine Beleuchtungsanlage.
Das Auto mit dem Erschossenen stand inzwischen an der Bordschwelle, der Chauffeur duckte sich, in dem gleichen Augenblick gab's einen Krach und die Handgranate explodierte. Der Herr im Fond wurde von dem Druck ordentlich hochgehoben, auch das Auto machte einen kleinen Sprung. Wir liefen gleich alle hin und fanden auf dem Damm dabei neun Patronenhülsen und den Abzug der Eierhandgranate. Von dem Auto waren Teile des Furnierholzes abgesprungen. Der Chauffeur warf seinen Wagen wieder an, ein junges Mädchen stieg in den Wagen und stützte den schon bewusstlosen, wohl schon toten Herrn und in großer Fahrt fuhr das Auto den gleichen Weg, den es gekommen war, durch die Koenigsallee zurück zur Polizeiwache, die etwa 30 Häuser weiter am Ende der Koenigsallee nach Hundekehle zu liegt. Dort muss es wohl die Schupo alarmiert haben, denn nach 10 Minuten kamen zwei Beamte auf Rädern an und fragten nach dem Auto, der eine sauste die Wallotstraße, der andere die Koenigsallee lang, dem Auto nach. Das Auto hatte aber schon mindestens eine Viertelstunde Vorsprung.«[19]

Dies war das Schicksal – der bittere Lohn – des Mannes, der weniger als zwölf Stunden zuvor noch zusammen mit dem führenden Industriellen des Landes in der Residenz des amerikanischen Botschafters für die deutschen Interessen gekämpft hatte: auf einer öffentlichen Straße während der Fahrt zu seinem Büro, wo es eine alltägliche, sogar langweilige Amtspflicht zu erfüllen galt, durch die Hand eines in teures Leder gekleideten jungen Mannes mit einem »Offiziersgesicht« und einer Maschinenpistole zu sterben.

Nach dem Mord an Rathenau arbeitete die Regierung ein Gesetz zum »Schutze der Republik« aus. Es lief auf die Schaffung eines eigenen Staatsgerichtshofs hinaus, vor dem künftig die Anstiftung von, die Verabredung zu und die Beteiligung an Gewalttaten verhandelt werden sollten, die sich gegen den Weimarer Staat und dessen Repräsentanten richteten. Den Tätern drohten neu festgesetzte, schwere Strafen.

Es wurde nicht konkret gesagt, welche Feinde der Republik gemeint waren, aber Reichskanzler Wirth rief kurz nach dem Mord an Rathenau, vielleicht in der Erregung des Augenblicks, im Reichstag aus: »Dieser Feind steht rechts!«[20] Er drückte das Entsetzen und den Abscheu aus, die alle Anhänger der Republik und die meisten Deutschen empfanden, ausgenommen jene, die der immer noch relativ kleinen, aber wachsenden ultranationalistischen Minderheit angehörten. Am 27. Juni, dem Tag von Rathenaus Beisetzung in Berlin, gingen Hunderttausende auf die Straße, darunter riesengroße Arbeiterkolonnen. Um zwölf Uhr mittags stand überall im Land die Arbeit still. Es war ein machtvolles Zeichen der Einigkeit darüber, was Deutschland mit diesem Mann verloren hatte. Das nicht zur Jahreszeit passende Wetter – Sonnenschein wechselte mit heftigem Regen ab – konnte die Menschenmassen nicht abhalten. Graf Kessler, ein Freund Rathenaus, beschrieb die Szenerie im Reichstag, wo die Trauerfeier stattfand:

> »Der Sarg stand erhöht aufgebahrt hinter dem Rednerpult unter einem mächtigen schwarzen Baldachin, der von der Decke hing. Der Saal war schwarz ausgeschlagen und mit einem wahren Meer von Blumen und Blattpflanzen geschmückt. Neben dem Sarge an der Rückwand, rechts und links vom schwarzen Baldachin, standen vier mächtige Palmen; vor dem Sarge war die Rednertribüne mit einem großen, schrägen schwarzen Schleier bedeckt, auf dem gewaltige, herrliche Blumenkränze lagen, an den erhöhten Regierungstischen hingen ebenfalls große, verschiedenfarbige Blumenkränze, der eine immer dicht neben dem andren, mit langen Schleifen in den Farben der Republik, Schwarz-Rot-Gold ... Die Tribünen selbst, ebenso wie der Saal, waren dicht gefüllt. Kein Sitz war leer, auch nicht bei den Deutschnationalen.

Mittelpunkt, und alles durch seine Größe und seinen Ernst beherrschend, war unter einer mächtigen Reichsflagge mit dem Reichsadler der Sarg, neben dem links ein mächtiger roter und rechts ein mächtiger roter Kranz lagen.
Um zwölf führte der Reichskanzler die alte Mutter herein in die Kaiserloge, auf den noch mit einem gekrönten W gezierten Platz. Die alte Frau war wachsbleich und steinern, wie gemeißelt unter ihren Schleiern, offenbar ganz Selbstbeherrschung. Ihr weißes, verschleiertes, schmerzgebleichtes Gesicht war das, was mich am meisten ergriff. Sie blickte immer ganz unbeweglich hinunter auf den Sarg.«[21]

Der Berliner Korrespondent des *Manchester Guardian* berichtete, dass monarchistische Fahnen völlig aus den Berliner Straßen verschwunden gewesen seien.[22] Auch in anderen Städten versammelten sich riesige Menschenmengen, um gegen den Mord zu protestieren: In Hamburg sollen es 300 000 gewesen sein, in Leipzig 200 000 sowie in München und Köln jeweils 150 000.[23] In Bad Oeynhausen, einem Kurort an der Weser mit rund sechstausend Einwohnern, erlebte der damals elfjährige Rudolf Pörtner mit, wie ein Nachbar seinen Eltern die Neuigkeit überbrachte:

»Er hieß Metzger, war Meister in der Zigarrenfabrik, in der auch mein Vater tätig war, und wohnte ›gleich nebenan‹, wie wir in einem firmeneigenen Haus. Er war Sozialdemokrat und als solcher in die Oeynhausener Stadtvertretung gewählt worden. Seiner Würde als ›Ratsherr‹ entsprechend, pflegte er daher betont gravitätisch aufzutreten …
Nun sah ich ihn vom Küchenfenster aus dem Haus stürzen und unter Verzicht auf jegliche Etikette in Hausschuhen, hemdsärmelig und mit offener Weste auf unsere Haustür zusteuern. Schon klingelte es Sturm, und als mein Vater ihm öffnete, rang er sichtlich um Atem.
›Haben Sie's schon gehört?‹, brachte er fassungslos hervor. ›Rathenau ist ermordet worden.‹ Auch mein Vater war bestürzt, ja wie vom Blitz getroffen, und sprach von einem schrecklichen Verbrechen. Die beiden Nachbarn besprachen das Ereignis dann noch fast eine halbe Stunde und waren sich darin einig, dass ›dieser Mann‹ der einzige gewesen sei, dem man hätte zutrauen können, den Karren aus dem Dreck zu schieben.«[24]

Zweifellos empfand die große Mehrheit der Deutschen – mit Ausnahme der äußersten Rechten – Rathenaus Ermordung als beispiellose Gräueltat. Anders als der Mord an Finanzminister Erzberger, der sich, ungeachtet all seiner Talente, sowohl wirtschaftlich als auch politisch in dubiose Machenschaften verstrickt hatte, war Rathenau ein Muster an Kompetenz und Integrität, und sein Tod war ein schwerer Schlag für die junge Republik.

Sebastian Haffner schrieb später immer noch aufgewühlt, wenn auch vielleicht etwas zu enthusiastisch: »Hätte man diese Massen an diesem Tage aufgefordert, Schluss zu machen mit denen, die damals noch ›Reaktionäre‹ hießen und in Wahrheit bereits die Nazis waren, sie hätten es ohne Weiteres getan, rasch, durchgreifend und gründlich.«[25]

Die reaktionäre bayerische Regierung lehnte, wie kaum anders zu erwarten, das neue Gesetz ab, weil es angeblich ihre souveräne Jurisdiktion untergrub. Als der Reichstag es einen Monat nach Rathenaus Tod schließlich verabschiedete, entfachte er damit gleichzeitig eine Dauerkrise zwischen der Reichsregierung in Berlin und der immer separatistischer gesinnten (und militant rechtsgerichteten) bayerischen Regierung, die sich bis in die Mitte des Jahrzehnts hinziehen sollte. Am Ende erließ die aufmüpfige Regierung in München anstelle des Reichsgesetzes eine eigene Verordnung zum Schutz der Republik, die zwar dessen Strafbestimmungen übernahm, die Strafverfolgung aber vom Staatsgerichtshof zum Schutz der Republik auf die bayerischen Gerichte übertrug (die für ihren mangelnden Eifer bei der Verfolgung rechtsextremer Verbrecher bekannt waren). Die Reichsregierung protestierte, doch wenn sie nicht militärisch gegen Bayern vorgehen wollte, konnte sie kaum etwas tun.

Was Rathenaus Mörder betrifft, so handelte es sich um junge ehemalige Freikorpsmänner, die wie so viele der damaligen Attentäter mit der Organisation Consul verbunden waren. Der 23-jährige preußische Beamtensohn Erwin Kern, der im Krieg Marineoffizier gewesen und zu diesem Zeitpunkt als Jurastudent eingeschrieben war, hatte mit der Maschinenpistole geschossen. Die Handgranate geworfen hatte der 26-jährige Hermann Fischer, Sohn eines Dresdner Kunstprofessors und ebenfalls ein ehemaliger Frontkämpfer, der nach dem Krieg ein Ingenieurstudium absolviert hatte.

Da ihr Auto unweit des Tatorts eine Panne hatte, mussten sie ihre Flucht zu Fuß fortsetzen, und nachdem es ihnen nicht gelungen war, an Bord eines nach Schweden fahrenden Schiffs zu gehen, waren sie durch Nord- und Mitteldeutschland gezogen und hatten im Freien geschlafen oder bei Sympathisanten übernachtet, ihren Verfolgern bei der größten Menschenjagd, die Deutschland je gesehen hatte, immer einen Schritt voraus. Auf die Männer war ein Kopfgeld von einer Million Mark ausgesetzt worden. Am 17. Juli 1922, mehr als drei Wochen nach dem Mord, wurden sie schließlich in der Burg Saaleck in Sachsen-Anhalt, rund 230 Kilometer südöstlich von Berlin, aufgespürt, wo ihnen ein Mitglied der Organisation Consul Unterschlupf gewährt hatte. Auf die Anzeige von zwei jungen Wanderern hin – die Belohnung für ihre Ergreifung war inzwischen durch öffentliche Spenden auf vier Millionen Mark gestiegen –, wurden sie von der Polizei gestellt. In der anschließenden Schießerei fand Kern den Tod, während Fischer, nachdem er die Leiche seines Kameraden in eine würdevollere Lage gebracht hatte, Selbstmord beging.

Insgesamt wurden 13 junge Männer, allesamt aus »gutem Hause«, wegen der Beteiligung an dem Mordkomplott gegen Rathenau vor Gericht gestellt, darunter der künftige bekannte Autor und Pazifist Ernst von Salomon, Sohn eines hohen Polizeibeamten, sowie der Fahrer des bei der Tat verwendeten Autos, der 20-jährige Berliner Beamtensohn Ernst Werner Techow. Sie wurden von dem neuen Staatsgerichtshof abgeurteilt und erhielten relativ harte Strafen, vergleicht man sie mit den Urteilen, welche die Weimarer Gerichte, die dafür bekannt waren, »auf dem rechten Auge blind« zu sein, sonst verhängten.[26] Techow entging nur knapp dem Todesurteil, indem er in letzter Minute ein Geständnis ablegte. Hilfreich war sicherlich auch die Veröffentlichung eines außergewöhnlichen Briefes von Rathenaus Mutter an seine Mutter, in dem sie ihm verzieh. Die beiden Frauen kannten sich offenbar gesellschaftlich aus der Vorkriegszeit.[27]

Reichskanzler Wirth, der schon bis zu Rathenaus Ernennung im Januar das Auswärtige Amt mitgeleitet hatte, übernahm erneut die Amtsgeschäfte des Außenministers, und seine Regierung schleppte sich weiter dahin.

KAPITEL 16
Furcht

Die Abendausgabe der *Vossischen Zeitung* vom 24. Juni 1922 machte mit einer großen Schlagzeile zu Rathenaus Ermordung auf, darunter ein erster, nicht ganz zutreffender Bericht über das Attentat und die Ankündigung einer Trauerfeier im Reichstag sowie als letzte, kleinere Schlagzeile: »Der Eindruck auf die Börse – Dollar bis 355«.
Bis zum 1. Juli sank der Kurs auf 402 Mark für einen Dollar, Ende Juli stand er bei 670. Aber es sollte noch schlimmer kommen, viel schlimmer. Ungeachtet seiner ökonomischen Grundlagen wird es jedem Land, dessen beste politische Köpfe regelmäßig ermordet werden, schwerfallen, das Vertrauen der Welt zu gewinnen. Und in Deutschland, wo nichts auf eine Erholung der Mark in absehbarer Zukunft hindeutete, stellte man sich offensichtlich längerfristig auf die Inflation ein. Das war kein gutes Vorzeichen.

Der Deutschen begann sich eine »Inflationsmentalität« zu bemächtigen. Die Erwartung steigender Preise wurde zu einem festen Bestandteil des Systems. Bis zu diesem Jahr waren die Inlandspreise hinter dem Kurs der Mark hinterhergehinkt, mit der Folge, dass man mit in Mark umgetauschten Devisen, wenn man schnell war, in Deutschland billig einkaufen konnte. Inzwischen aber achteten Kaufleute, Arbeiter und Beamte gleichermaßen darauf, Gehälter und Preise rasch einander anzupassen, so dass viele Preise in Deutschland so gut wie ständig stiegen. Im öffentlichen Dienst auf Reichs-, Länder- und Kommunalebene sowie bei Eisenbahn und Post, die sich in Staatsbesitz befanden, forderten die Gewerkschaften regelmäßig Zulagen zu Löhnen und Gehältern als Inflationsausgleich, und Reich, Länder, Städte und Gemeinden gewährten sie, gemäß dem Grundsatz, den sozialen Frieden um jeden Preis aufrechtzuerhalten.
Dies brachte ein rasantes Wachstum der Geldmenge mit sich. Im privaten Sektor hatten sich die Unternehmen bereits an regelmäßige Lohnerhöhungen gewöhnt, die mit Preissteigerungen an die Konsumenten weiter-

gegeben wurden. Im Verkehr zwischen Unternehmen wurden Preisskalen üblich, was bei den Käufern für Bitterkeit sorgte, denn aufgrund der Zeit, die zwischen Bestellung und Lieferung verging, zahlten sie für Güter und Dienste am Ende mehr als den ursprünglich vereinbarten Preis.

Der Vorteil der Mark im Auslandsgeschäft schmolz und damit auch der Vorsprung Deutschlands in puncto Konkurrenzfähigkeit auf dem Weltmarkt. Die Inflation verlor den Nutzen, den sie für Deutschland gehabt hatte, doch die Regierung schreckte vor dem ökonomischen und sozialen (das heißt letztlich: politischen) Preis der Währungsstabilisierung zurück. »Die Deutschen«, fasst ein führender Wirtschaftshistoriker die damalige Lage zusammen,

>»lebten jetzt in der Furcht sowohl vor der Ab- als auch vor der Aufwertung der Mark. Erstere ließ die Preise steil ansteigen, so dass ... die Arbeiter selbst nicht wussten, welche Lohnerhöhung sie fordern sollten, und die Arbeitgeber, die aus der Mark in Güter flohen und in hektische Aktivität verfielen, keine andere Wahl hatten, als nachzugeben. Die Öffentlichkeit schien von der Plötzlichkeit und Schnelligkeit der jüngsten Abwertungen völlig überrascht worden zu sein. Gleichzeitig fürchteten alle, die deutschen Preise könnten auf Weltmarktniveau steigen und der gesamte Inflationsboom zusammenbrechen.«[1]

Im Ausland verstand man die veränderte Situation nur zu gut. Hatten Versuche der deutschen Regierung, die Mark auf den Devisenmärkten zu stützen, schon vor dem 24. Juni kaum gefruchtet,[2] so gab es, nachdem Rathenau, der einzige deutsche Politiker von wirklich internationalem Format, brutal von der Bühne entfernt worden war, kaum noch etwas, das eine Panik aufhalten konnte. Ludwig Bendix, ein in Amerika ansässiger deutschstämmiger Finanzexperte, der der deutschen Regierung nahestand, berichtete am 3. Juli aus New York: »Während bis Mitte vorigen Monats das ständige deutsche Angebot von Reichsmark verhältnismäßig willige Aufnahme gefunden hat, fehlt es seitdem an jeder spekulativen Nachfrage für die deutsche Valuta. Damit ist ein wichtiger Halt, den die Reichsmark bisher gehabt hat, verlorengegangen.«[3]

Bis ins Jahr 1922 hinein hatte sich im Ausland ein Rest an Vertrauen gehalten. Jetzt, da das einst stolze, ordentliche Deutschland an eine Bananenrepublik zu erinnern begann – der damals seit etwa zwanzig Jahren

FURCHT

bekannte Begriff bezog sich eigentlich auf instabile lateinamerikanische Länder mit einer oft labilen Währung –, war es nicht überraschend, dass die Mark immer weniger Abnehmer fand.

Der stets erfrischende Zufluss ausländischen Spekulationskapitals war versiegt. Georg Bernhard, Chefredakteur der *Vossischen Zeitung* und angeblich einer der bestbezahlten Journalisten der Welt, erklärte am 14. Juli 1922: »[W]ir stehen vor der Situation, dass es in Deutschland nur noch eine einzige Geldquelle gibt: das ist die Reichsbank …«[4]

Die Reichsbank akzeptierte nach wie vor pflichtschuldig die Flut staatlicher Schatzwechsel, obwohl sie nicht mehr dazu gezwungen war und diese immer schwerer an Investoren zu verkaufen waren. Außerdem vergab sie weiterhin Kredite an die deutsche Industrie und druckte, um all dies tun zu können, unablässig neues Geld. Der Wechsel- und Scheckbestand der Reichsbank hatte sich von Dezember 1921 bis Ende Juli 1922 von 922 Millionen auf 6,58 Milliarden versiebenfacht.[5]

In dieser Zeit fand Deutschland mit dem Argument, dass eine weitere Abschwächung der Reparationsbestimmungen nötig sei, um den Staatsbankrott zu vermeiden, bei Briten und Amerikanern langsam Gehör.[6] Aber nicht bei den Franzosen. Auch angesichts einer neuerlichen Kapitalflucht aus Deutschland in sicherere Gefilde schien nichts an der immer chaotischer werdenden Finanzsituation den stets misstrauischen Poincaré davon überzeugen zu können, dass die deutsche Regierung nicht trickste. Nach seiner Ansicht war Deutschland durchaus nicht unfähig, die Reparationszahlungen zu leisten, sondern simulierte den Bankrott, um Frankreich das Geld vorzuenthalten, das es ihm schuldete. Die Frage lautete also, ob Deutschland nicht zahlen konnte oder nicht zahlen wollte. Die Franzosen nahmen Letzteres an.

Doch vielleicht spielte das alles keine Rolle mehr. Die Entwicklung hatte mittlerweile eine Eigendynamik gewonnen. Während die Mark Woche um Woche an Wert verlor, brauchte Deutschland Devisen jetzt nicht, um Reparationen zahlen oder im Ausland Güter kaufen zu können, sondern um einen sicheren Wertspeicher aufzubauen und eine feste Tauschwährung zu besitzen. Staatssekretär Hirsch hatte den Trend wie üblich schon früh erkannt. Nach seiner Ansicht spielte der »Pessimismus« die entscheidende Rolle, wie er Anfang Juli erklärte. Da Berichten aus New York zu entnehmen war, dass dort kaum gegen die Mark spekuliert wurde, zog er den Schluss, dass die »einzige wirkliche dauernde Quelle« des Währungsverfalls im Land selbst lag.[7] Der enorme Devisenbedarf Deutschlands resultierte nicht mehr aus seinen ausländischen Verbindlichkeiten, sondern diente nun zur Absicherung des Zahlungsverkehrs im Inland. Wie die immer unverkäuflicher werdenden Reichsschatzwechsel auf die Reichsbank zurückfielen, fiel die gesamte Inflation auf das deutsche Volk selbst zurück.[8]

Jetzt traten alle fatalen Symptome zutage. Vom Juli 1922 an war die allgemein anerkannte Definition der Hyperinflation erfüllt: Die Inlandspreise stiegen Monat für Monat um fünfzig Prozent.

KAPITEL 17
Verlierer

Für Leute mit Geld war das Deutschland der Inflationszeit das Schlaraffenland. Es waren gute Zeiten für stark fremdfinanzierte Unternehmer wie Hugo Stinnes, für Hypothekennehmer, deren Raten Monat für Monat und sogar Woche für Woche schrumpften, sowie für alle, die beweglich genug waren, um je nach Bedarf zwischen Geld und Waren – jenen magischen »Sachwerten« – hin und her zu wechseln, insbesondere, wenn sie Zugang zu Devisen hatten.

Für Gläubiger aller Art, für Sparer und für Investoren, die von fixen Erträgen abhingen, waren die Zeiten schlecht. Ein großer Teil der alten Mittel- und unteren Oberschicht musste drastische, wenn nicht sogar katastrophale Einbußen ihres Lebensstandards hinnehmen. Wenn die Inflation in der Weimarer Republik eine soziale Umwälzung auslöste, dann kamen diese Menschen bei der großen Umschichtung am schlechtesten weg.

Was die Handarbeiter betraf, womit jene gemeint sind, die Wochenlöhne erhielten, so hatten sie von der kürzeren Arbeitszeit und der größeren Arbeitsplatzsicherheit nach der Revolution profitiert, auch wenn die Löhne in der Regel niedriger waren als vor dem Krieg. In den ersten Nachkriegsjahren konnten sie offenbar, trotz aller Schwankungen, gut überleben und in manchen Fällen sogar (relativ gesprochen) prosperieren. Dies galt vor allem dann, wenn sie gewerkschaftlich organisiert waren. Ein Teil der Ärmsten befand sich jedoch in einer weit schlechteren Situation als vor dem Krieg.

Rentner, die in der Weimarer Republik, verglichen mit anderen europäischen Ländern, theoretisch recht großzügig versorgt wurden, litten ebenfalls schwer unter der Inflation, obwohl der Staat regelmäßig versuchte, den Preisanstieg auszugleichen.

Geht man der Frage nach, wer von der ökonomischen Situation in Deutschland in diesen Jahren profitierte und wer zu den Verlierern zählte, wird vor allem eines klar: Die Lage war der in anderen großen, hochent-

KAPITEL 17

wickelten westlichen Ländern diametral entgegengesetzt. Die Politik der deutschen Regierung unterschied sich erheblich von derjenigen, die in Großbritannien, den Vereinigten Staaten und Frankreich betrieben wurde, auch wenn Letzteres immer noch mit einem starken, vom Krieg verursachten inflationären Trend zu kämpfen hatte.

In dem Bestreben, die Schulden zu verringern und die riesigen Summen für die Bezahlung der Kriegsanleihen aufzubringen, die in den Siegerstaaten (wie auch in Deutschland) zum großen Teil von wohlhabenden Bürgern und reichen Institutionen gezeichnet worden waren, erhöhte man in Frankreich und Großbritannien die Zinssätze, schnallte den Gürtel enger und versuchte die hohen Löhne, die ein Kennzeichen der Kriegswirtschaft gewesen waren, zu stabilisieren und, wenn möglich, zu senken. Mit anderen Worten: Während des Krieges, als die ununterbrochene Aufrechterhaltung der Produktion absolute Priorität besaß, war die Industriearbeiterschaft vor allen anderen sozialen Gruppen bevorzugt worden. Doch der Frieden änderte alles. Nachdem der Nachkriegsboom es diesen Volkswirtschaften ermöglicht hatte, gewissermaßen im Handumdrehen von der Kriegs- auf die Friedensproduktion umzusteigen, änderten die Regierungen ihre Wirtschafts- und Steuerpolitik. Nun wurden nicht mehr Arbeiter und Schuldner bevorzugt, sondern Sparer, Anleihebesitzer und Unternehmer.

Besonders nachdrücklich wurde dieser Kurswechsel zur Nachkriegssparsamkeit in Großbritannien vollzogen, wo der hochverschuldete Staat – zumal im Bewusstsein, dass das mächtigste Land des neunzehnten Jahrhunderts nationales und wirtschaftliches Prestige an das aufstrebende Amerika abgeben musste – die Inflation zu dämpfen versuchte, und zwar schnell. Letztlich wollte man so bald wie möglich zum Goldstandard zurückkehren und den Vorkriegskurs des Pfunds gegenüber dem Dollar (der eine goldgedeckte Währung geblieben war) wieder erreichen. Dazu bedurfte es einer stringenten Steuer- und Zinspolitik sowie einer Reduzierung staatlicher Verschwendung und Maßlosigkeit aller Art, also einer klassischen Sparpolitik.

Die Regierung war sich im Klaren darüber, dass sie dem Vorwurf chronischer Verschwendung aufgrund des enormen Ausbaus der Bürokratie zu Kriegszeiten eine breite Angriffsfläche bot. Der zum Imperium der Brüder Harmsworth, der Lords Northcliffe und Rothermere, gehörende Teil der britischen Presse – wie die *Times* und die *Daily Mail* – setzte denn auch eine massive und höchst wirkungsvolle Kampagne zu diesem Thema in Gang, die eine regelrechte »Verschwendungspanik« auslöste. Die beiden Pressemagnaten unterstützten sogar »Antiverschwendungs«-Kandidaten, die tatsächlich bei drei Nachwahlen gewannen.[1] In der britischen Politik ging es daher seit 1921 vor allem um Einsparungen bislang ungekannten Ausmaßes, die insbesondere die Sozialausgaben, den Wohnungsbau sowie Bildung und Verteidigung betrafen.

Zu den Unterhauswahlen im November 1918 nach dem Waffenstillstand hatte Lloyd Georges Regierung »a land fit for heroes« versprochen. Stattdessen verwirklichte sie ein systematisches Sparprogramm, dessen Auswirkungen auch die heimkehrenden Soldaten zu spüren bekamen. Am berüchtigtsten waren die von einem Ausschuss unter Vorsitz von Eric Campbell Geddes vorgeschlagenen Einschnitte. Geddes, der als Eisenbahnunternehmer in Kanada zu Reichtum gelangt war, empfahl mit der Rigorosität eines Mannes, dessen Vermögen sich zum großen Teil im Ausland befand, die öffentlichen Ausgaben um 87 Millionen Pfund zu kürzen – eine damals gigantische Summe, die ungefähr zehn Prozent des britischen Bruttoinlandsproduktes entsprach.

Zwar wurden nur weniger als zwei Drittel der vorgeschlagenen Kürzungen umgesetzt, dennoch waren die Folgen – zusammen mit steuerlichen Veränderungen und einer Erhöhung der Zinssätze – für Wirtschaft und Gesellschaft drastisch. Die neue Politik roch nach wiederauflebendem Klassenkampf, und zwar einem, der sich gegen die Arbeiterklasse richtete. Dies löste eine Streikwelle aus, die bis Mitte des Jahrzehnts anhielt, und trug zum raschen Aufstieg der Labour Party bei. Rein praktisch gesehen, bewirkten die Einsparungen, einschließlich der »Geddes-Axt«, tatsächlich eine Reduzierung der Lebenshaltungskosten. Die Inflation konnte, wie beabsichtigt, unter Kontrolle gebracht werden.

In Frankreich machten die Nachkriegszinszahlungen für Inlandsschulden (darunter Kriegsanleihen von Privatpersonen und Institutionen) bis zu fünfzig Prozent des Staatshaushaltes aus. Das Land war, wie es der Historiker Dan Silverman ausgedrückt hat, zur »Geisel der Zinszahlungen für Staatsschulden« geworden, die eine »politische Zeitbombe« darstellten. Ausländische Banken und Anleger, die Francs hielten, wollten von Frankreichs Zahlungswilligkeit überzeugt werden, von Deutschland war wenig zu erhalten. Also sorgte die französische Regierung anderweitig dafür, dass die Besitzer von Staats- und Kriegsanleihen – neben einigen reichen Einzelpersonen überwiegend Banken, Versicherungen und so weiter – auf jeden Fall ihre Zinsen bekamen. »Um den Zinsdienst leisten zu können, musste die Regierung einer Gruppe riesige Summen nehmen und sie einer anderen geben.« Zu leiden hatte, wie in Großbritannien, die arbeitende Bevölkerung, während zu den Nutznießern vor allem die Großbourgeoisie und mächtige Finanzinstitutionen zählten. Es lief in der Tat auf einen »Sozialismus der Reichen« hinaus.[2]

In Deutschland konnte von antiinflationärer Sparpolitik nicht die Rede sein.

Aus Neigung wie aus Notwendigkeit war die neue republikanische Regierung weit davon entfernt, den klugen Anleihebesitzer und Sparer zu schützen; stattdessen begünstigte sie weiterhin die Industriearbeiterschaft, die das Geld, das sie verdiente, in der Regel gleich wieder ausgab. Insbesondere strebte sie um jeden Preis Beschäftigung an, und sei es durch Jobs im aufgeblasenen Staatssektor. Immerhin war das Wohlergehen der Massen die *raison d'être* und Lebensversicherung der Weimarer Republik.

Auch nachdem die umfangreichen Verstaatlichungspläne 1920 aufgegeben worden waren, galten die während des Krieges eingeführten Bestimmungen über die Bezuschussung von Arbeitsplätzen – insbesondere im Staatssektor – weiter, Lebensmittelpreise und Mieten wurden weiterhin zum Nutzen der Arbeiter gestützt. Und natürlich fuhr der Staat fort, Geld zu drucken, um dies zu finanzieren. Infolgedessen schritt die Inflation voran, langsam zuerst und dann immer schneller. Anleihebesitzer, Rentiers (die von den Erträgen ihrer Investments lebten) und Sparer blieben sich selbst überlassen.

Das deutsche Pendant der Einzelpersonen und Institutionen, die in Frankreich und Großbritannien nach dem Krieg von der Deflations- und Sparpolitik profitierten, war die alte, von Akademikern, Juristen und Beamten dominierte Schicht des Bildungsbürgertums. Diese deutschen Standesgenossen fanden sich nun jedoch in einer gänzlich anderen Situation wieder. Sie hatten sich immer auf vermeintlich »sichere« Anlagen, wie deutsche Staatsanleihen, Sparbriefe und Rentenpapiere verschiedenster Art, verlassen, deren Zinsen ihnen halfen, ihren Lebensstil aufrechtzuerhalten, oder ihn in vielen Fällen erst ermöglichten. Mit dem Verfall der Mark und dem daraus folgenden Rückgang der Einkünfte aus festverzinslichen Anlagen, insbesondere aus deutschen Kriegsanleihen – in welche diese besonders patriotisch gesinnte Schicht in überproportionalem Maß investiert

VERLIERER

hatte –, setzte eine ruinöse Entwicklung ein, die das politische Klima vergiftete. Im Gegensatz zu ihren britischen und französischen Pendants, die vor den verheerenden Auswirkungen der Inflation geschützt waren, ließ der deutsche Staat die Besitzer von Kriegsanleihen vollkommen im Stich, und dies offenbar in voller Absicht.

Damals und später ist häufig die Frage gestellt worden, ob es Deutschland möglich gewesen wäre, einen gemäßigten mittleren Kurs zu steuern, der die Masse der Arbeiter in Beschäftigung gehalten und der Mittelschicht eine gewisse Solvenz garantiert hätte.

Großbritannien beispielsweise stand nach dem Zweiten Weltkrieg vor einem riesigen Schuldenberg, der überwiegend aus Verbindlichkeiten gegenüber den Vereinigten Staaten bestand. Dennoch gelang es der im großen Ganzen effektiv arbeitenden Labour-Regierung, die Churchills Kriegskoalition abgelöst hatte, die Schulden abzubezahlen und gleichzeitig einen Wohlfahrtsstaat und ein kostenloses Gesundheitssystem aufzubauen sowie die Vollbeschäftigung aufrechtzuerhalten, und zwar ohne dass die Mittelschicht, auch wenn sie sich in der Nachkriegszeit im Allgemeinen etwas schäbig und verarmt fühlte, in den Ruin getrieben wurde. Tatsächlich ging es ihr gut genug, um in den fünfziger Jahren, nach dem Ende der linken Sparpolitik, wieder zu prosperieren.

Etwas Ähnliches hätte theoretisch auch nach 1918 in Deutschland funktionieren können – wenn es eine vergleichbare Solidarität zwischen allen Gesellschaftsschichten wie in Großbritannien nach 1945 gegeben hätte; wenn die Regierung, wie im Nachkriegsengland, ein klares Mandat für ihre Politik gehabt hätte; wenn die immer schwächeren Regierungen, die nach 1920 in Deutschland gebildet wurden, nicht von ihrer eigenen Uneinigkeit und einer extremen, um nicht zu sagen, gewalttätigen rechten Opposition behindert worden wären; und wenn Deutschland vor allem die Schulden, die es nach 1918 hatte – überwiegend die Kosten und Reparationen, die zu zahlen es im Versailler Vertrag zugesagt hatte –, als Verpflichtungen wirklich anerkannt hätte, wie es Großbritannien, und sei es auch widerstrebend, hinsichtlich der in Amerika aufgenommenen Mittel nach dem Zweiten Weltkrieg getan hat.

De facto aber verfolgten selbst jene Politiker, die für die Erfüllung der Vertragsbestimmungen, einschließlich der Reparationsforderungen, eintraten, diese Politik nur, um zu demonstrieren, dass sie ihr nicht gerecht wer-

KAPITEL 17

den konnten. Über das gesamte politische Spektrum hinweg betrachtete so gut wie niemand die Schulden, die Deutschland laut Versailler Vertrag bei den Siegermächten hatte, als berechtigt.

Noch einmal: Viele, wenn nicht die meisten Deutschen hätten jeglichen Versuch, die deutsche Wirtschafts- und Finanzpolitik so zu gestalten, dass man zur Zahlung der Reparationen in der Lage gewesen wäre, als Verrat angesehen. Und die wahrscheinlichen politischen und sozialen Kosten eines solchen Kurses wären nur unter Bedingungen tragbar gewesen, die in Deutschland nach 1918 nicht erfüllt waren: eine starke Regierung, eine allgemein anerkannte moralische Verpflichtung zum Schuldendienst und eine unerschütterliche soziale Solidarität.

Der Nachkriegsaufschwung, den Deutschland erlebte und dessen Fortsetzung man auch dann noch zuließ, als andere Länder ihre volkswirtschaftliche Entwicklung deflationierten, war im Kern inflationärer Art. Und der stillschweigende Konsens war, dass ein inflationärer Boom besser war als gar keiner.

Sebastian Haffner hat beschrieben, welche Risse sich in der deutschen Gesellschaft auftaten, und zwar nicht nur zwischen Republikanern und Republikfeinden, sondern auch zwischen denen, die inmitten des sonderbaren Nachkriegsbooms Mittel und Wege fanden, gut zu leben und zu Wohlstand zu kommen, und denen, die davon ausgeschlossen waren. Aktien boten eine Möglichkeit, sein Geld zu investieren, bevor dessen Wert dahingeschwunden war. Es war allerdings eine riskante Anlage. Doch solange Unternehmen ihre Produkte verkauften und wuchsen, wie es zwischen 1919 und 1922 zumeist der Fall war, passte der Markt den Wert der Aktien rasch der inflationären Entwicklung an. Er sorgte also dafür, dass der Wert der Investition erhalten blieb und, wenn der Anleger Glück hatte und ein Unternehmen sich gut schlug, sogar stieg. Sebastian Haffner sah es seinen jungen Mittelschichtfreunden im Berlin der beginnenden Hyperinflation an, wem es gelungen war, sich der neuen Zeit anzupassen, und wem nicht:

> »Den Jungen, Flinken ging es gut. Über Nacht wurden sie frei, reich, unabhängig. Es war eine Lage, in der Geistesträgheit und Verlass auf frühere Erfahrung mit Hunger und Tod bestraft, aber Impulshandeln und schnelles Erfassen einer neuen Lage mit plötzlichem ungeheurem Reichtum belohnt wurde. Der einundzwanzigjährige Bankdirektor trat

auf, wie auch der Primaner, der sich an die Börsenratschläge seiner etwas älteren Freunde hielt. Er trug Oscar-Wilde-Schlipse, organisierte Champagnerfeste und unterhielt seinen verlegenen Vater.«[3]

Anderswo im Land nutzten junge Bankangestellte, wie die »Risikospieler« in der Wall Street und in der City von London am Anfang des 21. Jahrhunderts, den Zugang zu Devisen für ein ausschweifendes Leben. In Hamburg nahm der Bankangestellte Hermann Zander nach seiner kurzen Dienstzeit bei den antikommunistischen Freikorps eine Tätigkeit als Devisenhändler bei der Commerzbank auf. Er beschreibt in munteren Worten die Vorteile der Stellung, die er während der Hyperinflation innehatte:

> »In diese Zeit fällt die sich immer rascher drehende Inflation, wobei ich die Möglichkeit hatte, auf Valuta (Geld fremder Währung) auszuweichen. Was nach Feierabend noch an Reichsmark übrig war, wurde verjubelt oder in Ware umgesetzt. Wir waren ein fideler Kollegenkreis, zu dem auch dann und wann mein Vater stieß.«

Manche Tage waren lustiger als andere und verlangten nach elterlicher Führung:

> »Einmal passierte es, dass wir nach dem letzten Trunk in ›Mampes Stuben‹ auf dem Jungfernstieg noch weiter wollten. Wir stiegen in einen Wagen der HEDAG (Hamburger-Electrische-Droschkenwagen AG) und landeten unversehens in der Herbertstraße (eine Bordellstraße). Mein Vater bemerkte das und sprach die denkwürdigen Worte: ›Hermann, mein Sohn, hier sind wir fehl am Platze!‹«[4]

Sebastian Haffners Vater, ein hoher Beamter, lehnte es selbstverständlich ab, auf dem schwarzen Markt zu handeln. Aber auch an anderen, legalen Geschäften wollte er sich nicht beteiligen:

> »Ja, mein Vater war einer von denen, die die Zeit nicht verstanden, oder nicht verstehen wollten, wie er sich schon geweigert hatte, den Krieg zu verstehen. Er begrub sich hinter dem Leitspruch ›Ein preußischer Beamter spekuliert nicht‹ und kaufte keine Aktien.«[5]

KAPITEL 17

Haffner senior verkörperte den einstigen Stolz Deutschlands, die Creme des sogenannten Bildungsbürgertums, jene klassisch gebildete Elite, die seit dem achtzehnten Jahrhundert in den kleinen und großen Monarchien des alten Deutschen Reiches die höheren Beamten, die Juristen, Pfarrer, Schriftsteller und Akademiker gestellt hatte. Bis 1914 hatte sie, trotz des Aufstiegs der neuen, aggressiven Schicht der Fabrikanten und Manager einerseits und der ambitionierten jungen Angestellten und Facharbeiter andererseits, ihren Lebenszuschnitt und ihren Sozialstatus aufrechterhalten können. Der Fortbestand dieser kleinen, aber unverhältnismäßig einflussreichen Elitegruppe – deren damaliger Anteil an der Bevölkerung, zählte man ihre Familien mit, auf weniger als ein Prozent geschätzt wird (in absoluten Zahlen: zwischen 500 000 und 750 000 Menschen)[6] – hing stets von ererbtem Geld und überkommenen Privilegien ab. Es war zu einem guten Teil dieser Tatsache geschuldet, dass 1913 rund 15 Prozent des Nationaleinkommens aus Investments stammten. Im Laufe der Inflation verringerte sich dieser Anteil drastisch und sank auf bloß noch drei Prozent.[7]

Die gebildete Mittelschicht, ob ihr Einkommen nun aus Honoraren, Anwaltsgebühren oder Beamtengehältern bestand, verfügte nicht über den schillernden Reichtum von Großunternehmern oder adligen Großgrundbesitzern. Aber die Einkünfte kamen regelmäßig und waren in stabilen Zeiten hoch genug, um, klug angelegt, den Angehörigen dieser Schicht ein Leben in großzügigen Wohnungen oder Villen zu erlauben. Vor allem aber stellten sie – bis Krieg und Inflation dazwischenkamen – sicher, dass die Männer jeder neuen Generation den entscheidenden Schritt unternehmen konnten, an einer Traditionsuniversität eines der traditionellen Fächer zu studieren und auf diese Weise die Qualifikation zu erwerben und die Beziehungen (häufig in schlagenden Studentenverbindungen) zu knüpfen, die ihnen wie schon ihren Vätern eine Karriere im Staatsapparat, in Jurisprudenz oder Wissenschaft eröffneten.

Doch die alte, glatte Vorkriegslaufbahn gehörte der Vergangenheit an. Im Sommer 1921 füllten 92 Prozent der Studenten der Technischen Hochschule in Dresden einen Fragebogen über ihre Finanzlage aus. Damals (als sich die Mark vorübergehend bei einem Kurs von 60 bis 70 stabilisiert hatte) hielt man 450 bis 500 Mark im Monat für ausreichend, um Studenten einen minimalen Lebensstandard zu ermöglichen. Von 865 Befragten verfügten 217 über 450 Mark oder mehr im Monat; die anderen, immerhin 648, mussten mit weniger auskommen, häufig mit viel weniger. Ein knappes Viertel der Studenten hatte rund 300 Mark zur Verfügung, ein weiteres Viertel noch weniger, und neun Studenten mussten mit nur 100 Mark auskommen. An anderen Universitäten war die Situation ähnlich.[8]

In der Nachkriegszeit nahm die Zahl von Werkstudenten deutlich zu, von jungen Leuten aus frisch verarmten Mittelschichtfamilien, die ihr Studium selbst finanzieren mussten, während ihre Väter noch mit mehr oder weniger großzügigen elterlichen Zuwendungen studiert hatten. Heutigen Lesern mag die Idee des Werkstudenten nicht ungewöhnlich erscheinen – und tatsächlich war es in Amerika schon in den zwanziger Jahren durchaus üblich, sich das Geld für sein Studium durch Arbeit selbst zu verdienen –, aber im gesellschaftlichen und politischen Kontext Deutschlands nach dem Ersten Weltkrieg war dieses Phänomen aus Sicht des Bildungsbürgertums ein erschreckendes Zeichen für sozialen und damit (nach dem Empfinden dieser bisher privilegierten Schicht) auch für nationalen Niedergang.

Typisch für die Inflationszeit war jedoch, dass jemand, der bereit war, zu improvisieren und über den Tellerrand hinauszusehen – von der Abkehr von sozialen Konventionen ganz zu schweigen –, nicht nur seinen Lebensunterhalt bestreiten, sondern auch vorankommen konnte. Ein solcher Werkstudent aus einer einst wohlhabenden Mittelschichtfamilie erinnerte sich später daran, wie seine Familie nach dem Tod seines Vaters zurechtkam und wie er sein Studium finanzierte:

»Mein Vater hinterließ ein Vermögen von achthunderttausend Mark, aber im Sommer 1922 war der Kurs auf vierhundert Mark für einen Dollar gefallen. Von Monat zu Monat wurde es schlimmer. Von den letzten fünfundsechzigtausend Mark kaufte meine Mutter schließlich eine Schreibmaschine und begann, Abschlussarbeiten für Studenten zu tippen, um ihre jüngsten Kinder durchzubringen. Ich ging in jenem Frühjahr nach Holland und suchte nach irgendeiner Möglichkeit, an harte Währung zu kommen. In den Kohlegruben bei Limburg fand ich Arbeit. Wir arbeiteten ganz unten, auf der Sohle der Mine, und hackten mit Spitzhacken, was wir konnten. Es war ungeheuer heiß, um die vierzig Grad, und staubig, aber am Ende der Frühlingsferien hatte ich fünfzig Gulden zusammengespart und dachte darüber nach, wie ich der Inflation ein Schnippchen schlagen könnte. Ich benutzte die Gulden als Sicherheit für einen kurzfristigen Bankkredit, den ich mit den abgewerteten Märkern zurückzahlte. Dann nahm ich

KAPITEL 17

einen neuen Kredit auf. Auf diese Weise finanzierte ich mir ein ganzes Semester in Heidelberg und hatte am Ende immer noch dieselben fünfzig Gulden.«[9]

Das war ein untypischer Fall. Vielleicht war es, so traurig es klingt, von Vorteil, dass der Vater gestorben und eine Frau zum Oberhaupt der Familie geworden war und alle wussten, dass das Motto jetzt lautete: »Sauve qui peut!«

Schon während des Krieges hatte die gebildete Mittelschicht Einbußen hinnehmen müssen. Doch jetzt stand sie sowohl wirtschaftlich als auch psychologisch unter enormem Druck. Höhere Beamte wie Haffners Vater oder der Museumsdirektor, der im Frühjahr 1920 das Mitleid eines britischen Journalisten geweckt hatte, traf es besonders hart. 1920 betrug der reale Wert ihrer Gehälter nur noch rund ein Fünftel dessen, was sie 1913 wert gewesen waren.[10] Und dennoch beharrten diese Männer auf dem Grundsatz »Ein preußischer Beamter spekuliert nicht«.

Die Frau eines preußischen Beamten und Mutter seiner Kinder konnte sich jedoch nicht in ein Behördenbüro zurückziehen und so tun, als hätte sich nichts verändert. Als die Inflation im Sommer 1921 wieder Fahrt aufnahm, mochte es fürs Geschäft gut sein, aber eine Frau wie Haffners Mutter verlor endgültig die Privilegien einer Frau Oberregierungsrat und wurde wie alle anderen zur Überlebenskünstlerin:

»Am 31. oder ersten des Monats bekam Vater sein Monatsgehalt, das unseren Lebensunterhalt darstellte – Bankguthaben und Sparbriefe waren längst wertlos geworden. Wie viel das Gehalt wert war, war schwer abzuschätzen; sein Wert schwankte von Monat zu Monat; einmal konnten hundert Millionen eine beachtliche Summe darstellen, wenig später war eine halbe Milliarde ein Taschengeld. Auf jeden Fall versuchte mein Vater, eine Monatskarte für die U-Bahn so schnell wie möglich zu kaufen, so dass er wenigstens im nächsten Monat zur Arbeit und nach Hause fahren konnte, obwohl dieses Transportmittel einen beträchtlichen Umweg und Zeitverlust mit sich brachte. Dann wurden Schecks für die Miete und das Schulgeld ausgestellt, und am Nachmittag ging die ganze Familie zum Friseur. Was übrig blieb wurde meiner Mutter ausgehändigt – und am nächsten Tag stand die ganze Familie, auch das Dienstmädchen, nur nicht mein Vater, um vier oder fünf Uhr früh auf und fuhr mit dem Taxi zum Großmarkt. Dort wurde ein Großeinkauf organisiert und innerhalb einer Stunde wurde das Monatsgehalt eines Oberregierungsrats für unverderbliche Speisen ausgegeben. Riesige Käse, ganze Schinken, Kartoffeln zentnerweise wurden in das Taxi geladen. Wenn der Platz nicht ausreichte, besorgte das Dienstmädchen mit einem von uns noch einen Handkarren. Ungefähr um acht Uhr, noch vor Schulanfang kehrten wir nach Hause [zurück], mehr oder weniger für eine einmonatige Belagerung versorgt. Und das war das Ende. Es gab einen Monat lang kein weiteres Geld.«[11]

Seit den euphorischen Tagen des August 1914 hatte die Mittelschicht einen Niedergang ihres Lebensstandards und ihrer sozialen Stellung hinnehmen müssen. Bei höheren Beamten kam nun hinzu, dass sie aufgrund ihrer unverändert konservativ-monarchistischen Einstellung die Vorherrschaft in den Behördenkorridoren verloren. Insbesondere in Preußen und anderen sozialdemokratisch regierten Ländern begannen demokratische Politiker gleichgesinnte »politische Beamte« in ihre Ressorts zu berufen, um sicherzustellen, dass Reformen und Veränderungen nicht durch die alte Garde aus der Vorkriegszeit blockiert wurden. So häuften sich die Kränkungen und Verletzungen.[12]

Gleichwohl hatte die gebildete Schicht immer noch Vorteile. Haffners Bericht zeigt, dass das monatlich ausgezahlte Beamten- oder Akademikergehalt immer noch für einen Großeinkauf ausreichte. Dies wurde umso wichtiger, da die Inflationsrate immer weiter anstieg, so dass sich die Preise wöchentlich oder sogar täglich änderten. Dicht am Existenzminimum lebende Handarbeiter, insbesondere wenn sie in Kurzarbeit oder unregelmäßig beschäftigt waren, mussten Tagespreise zahlen. Sie lebten buchstäblich von der Hand in den Mund.

Auch wenn ihre Ersparnisse mehr oder weniger wertlos geworden waren, verfügte die Mittelschicht in der Regel über Reserven, etwa in Form von hochwertigerer Kleidung, als ein Arbeiterhaushalt sich leisten konnte. Außerdem besaß sie bessere, haltbarere Haushaltsgegenstände und beschäftigte für die Küchen- und Hausarbeit häufig weiterhin ein Dienstmädchen. Ein zusätzliches Paar Hände im Haushalt bedeutete auch, dass mehr Zeit vorhanden war, um nach guten, preiswerten Lebensmitteln zu suchen und sich vor den Geschäften anzustellen, denn die Versorgungsengpässe wegen der Inflation ließen die Schlangen dort, wo es etwas zu kaufen gab, immer länger werden.[13] Ferner bewohnte die Mittelschicht für gewöhnlich geräumigere Wohnungen oder Häuser und konnte daher durch Zimmervermietung ein zusätzliches Einkommen erzielen.

Doch dies alles konnte nicht verhindern, dass sie sowohl ein starkes Verlustgefühl als auch ein Gefühl der kollektiven Demütigung verspürte. Heinz Flügel musste als Jugendlicher mit ansehen, wie sein Vater, ein Berufsdiplomat, obwohl erst in den Fünfzigern, nach und nach in den Ruhestand abgeschoben wurde. Jetzt fuhren sie in der Eisenbahn auf den Holzbänken der vierten Klasse in die immer seltener werdenden Sommerurlaube. Sie bewohnten noch die Familienvilla im Berliner Vorort Zehlendorf, aber der Alltag war deutlich schwieriger geworden. Viele Jahre später schrieb Flügel:

> »Ich sehe in der Erinnerung, wie mein Vater, der es gewohnt war, dass man ihn bediente, in unserer Wohnung die Öfen versorgte, und während wir mit unseren Schularbeiten beschäftigt waren, die schweren Kohleneimer, ohne zu klagen, aus dem Keller in die erste Etage schleppte. Heute verwundert dergleichen wohl weniger; damals wirkte der Umschlag abrupt.«[14]

Auch Ernst Troeltsch sprach, obwohl er ein international angesehener Gelehrter war und eine Position im preußischen Kultusministerium bekleidete, von knappen Budgets und Selbstbescheidung nach dem Motto »aus alt mach neu«, zu der selbst ein Haushalt wie der seine genötigt war. Für Arbeiter waren es schlechte Zeiten, denn die »Teuerung«, wie die Inflation von den meisten genannt wurde, senkte ihren ohnehin schon niedrigen Lebensstandard noch weiter. Aber für die gebildete Mittelschicht bedeutete die Eintrübung ihrer Aussichten sowohl in sozialer als auch in ökonomischer Hinsicht einen schwindelerregenden Abstieg. Einst wie selbstverständlich vorhandene Dinge befanden sich jetzt nicht einmal mehr in Reichweite.

So war sich Ernst Troeltsch, wie er im März 1922 schrieb, nur zu deutlich bewusst, dass er sich wie die meisten deutschen Akademiker und sogar Bildungseinrichtungen aufgrund des Wechselkurses der Mark ausländische Bücher und Zeitschriften nicht mehr leisten konnte. Auch Auslandsreisen verboten sich von selbst: »Alles Luxus an Kunst und Wissenschaft, alles Reisen ist in diesen Kreisen zu Ende.« Das waren besondere Demütigungen, welche diejenigen, die noch über Geld verfügten, und insbesondere Ausländer nicht nachvollziehen konnten. Sie führten zu der Hauptfrage,

»wie es den Deutschen eigentlich gehe. Die Franzosen sehen im Allgemeinen nur die Luxushotels und Vergnügungsstätten, die sie mit deutschem Geld oder mit besserer Valuta bezahlen. Sie sehen die Läden der Großstädte und den Taumel der Genusssucht. Es sei sehr wichtig, von vertrauenswürdigen Personen zu erfahren, wie es wirklich stehe. Da ist nun aber sehr schwer, bestimmt zu antworten. Dem Privatmann stehen wenig statistische Zahlen zu Gebote und den amtlichen glaubt man nicht. Wissen wir im Grunde doch selbst darüber nur durch zufällige Einzelbeobachtungen und können wir selbst unsern eigenen Zustand schwer abschätzen. Klar ist das geradezu verzweifelte Elend der Kleinrentner und Pensionisten. Die Ersteren zehren vielfach an ihrem Vermögen mit der Hoffnung oder der Absicht, nach dessen Verbrauch zu sterben. Sehr schwierig sind die Verhältnisse in Arbeiterfamilien mit Kindern. Die Notwendigkeit, zur freien Wirtschaft zurückzukehren und die Staatszuschüsse einzustellen, bedeutet hier mit den steigenden Preisen steigende Not. Fast so verzweifelt wie für die Kleinrentner ist die Lage für Künstler, Schriftsteller und allerhand Bohème. Höchst empfindlich ist die Herabdrückung der Lebenshaltung in dem ganzen sogenannten Mittelstande und dem Beamtentum. Es sind die neuen Armen, die den neuen Reichen gegenüberstehen. Alles Einkommen geht für Wohnung, Beheizung und Ernährung drauf; in den übrigen Dingen lebt man so gut es geht von alten Sachen und nützt seine alten Kleider aufs Äußerste aus ... Aber die alten Sachen werden verbraucht werden und dann wird die Not bitter sein, von der unendlich schwierigen Wohnungslage gar nicht zu reden.«[15]

Die Männer aus der gebildeten Mittelschicht begannen sich als »intellektuelles Proletariat« zu begreifen. Die Lücke zwischen ihnen und der unteren Mittelschicht der Angestellten und selbständigen Handwerker hatte sich verkleinert, und sie fühlten sich gegenüber den Angehörigen dieser Schicht nicht mehr automatisch überlegen. Eine Mischung aus nostalgischer Wut über das Verlorene und Groll über das, was ihnen weiterhin genommen wurde, ließ sogar diejenigen, die die Revolution und die Republik anfangs hingenommen hatten, immer weiter in Richtung der antidemokratischen Rechten rücken.

Auf den unteren Ebenen der gesellschaftlichen Pyramide hatte die Inflation schon in dieser frühen Phase verheerende Auswirkungen. Die An-

KAPITEL 17

gehörigen dieser Schichten mochten an einen niedrigeren Lebensstandard als die Mittelschicht gewöhnt sein, aber auch sie hingen von festen Einkünften ab. Am schwersten traf es diejenigen, die von einer Grundrente oder Sozialleistungen aller Art lebten.

Der verlorene Krieg hatte 525 000 Witwen, 1,3 Millionen Waisen und 1,5 Millionen Kriegsversehrte hervorgebracht, die alle vom Staat unterstützt werden mussten, und dies aus einem im Vergleich zur Vorkriegszeit deutlich geringeren Sozialprodukt. Ihre Renten machten einen großen Teil der öffentlichen Ausgaben aus. Für den Anfang der zwanziger Jahre sind kaum Zahlen zu finden, aber in der Mitte des Jahrzehnts beliefen sich diese Kosten auf zwanzig Prozent des Staatshaushaltes (in Großbritannien lag ihr Anteil nur bei sieben Prozent).[16] Hinzu kamen diejenigen, die das Rentenalter erreicht hatten und nach dem in den achtziger Jahren des neunzehnten Jahrhunderts beschlossenen revolutionären Sozialversicherungssystem Anspruch auf eine Rente hatten. Bismarcks berühmtes Modell beruhte auf Anlagemöglichkeiten mit niedrigem Risiko, die der Rentenkasse in Zeiten der Währungsstabilität stete Einnahmen garantiert hatten. Jetzt jedoch, als die Mark nach dem Jahr der Stabilisierung erneut an Wert verlor, warfen sie nur (verschwindend) geringe Einnahmen ab.[17]

Unterdessen erhielten Kriegerwitwen, Waisen und Kriegsversehrte Zahlungen aus kommunalen Fonds, die von 1920 an nach den fiskalischen Zentralisierungsbestimmungen von Erzbergers Steuergesetz zumeist anteilig von der Reichsregierung gefüllt wurden. Schon 1919 waren die Kommunen hochverschuldet gewesen, zum großen Teil wegen der Kriegsopfern und deren Familien zustehenden Sozialleistungen, und hatten sich angewöhnt, zusätzlich zu ihren Steuereinnahmen Anleihen auf den Finanzmärkten zu platzieren. Ende 1921 fiel es den deutschen Städten noch schwerer, das für den Unterhalt ihrer Bedürftigen benötigte Geld aufzubringen. Die ausländischen Anleihemärkte, die seit 1919 ergiebige Jagdgründe für ausgabefreudige Kommunen gewesen waren, trockneten aus, da die Investoren in New York, Amsterdam, London, Buenos Aires und anderswo jede Anlage mit einer Verzinsung in Mark zu meiden begannen. Deshalb war die Reichsregierung genötigt, wenigstens einen Teil der gewaltigen Kriegsrentenkosten zu übernehmen – womit sie einen weiteren Grund hatte, Geld zu drucken, ohne deshalb den Kriegsversehrten und den Familien und Kindern der Gefallenen in ausreichendem Maß Unterstützung leisten zu können.

VERLIERER

Die Behörden führten strenge, komplizierte und manchmal willkürlich wirkende Prüfungen der Bezugsberechtigung ein und bestanden zum Beispiel darauf, dass Kriegerwitwen sich Arbeit suchten. Ein Teil der Arbeitsplätze im öffentlichen Dienst war Kriegsversehrten vorbehalten, aber für Frauen gab es keine derartigen Vorkehrungen. Als die Inflation richtig in Gang gekommen war, fielen die von Zuwendungen abhängigen Armen noch weiter zurück. Die »natürliche« Lösung einer Wiederverheiratung kam für viele Witwen nicht infrage, zumal der Krieg, in dem zwei Millionen Männer gefallen waren, ein enormes Ungleichgewicht zwischen den Geschlechtern hinterlassen hatte:

»Man muss sich ... vor Augen halten, dass diese bizarren Maßnahmen noch im Umfeld einer hektisch arbeitenden Wirtschaft und einer sehr geringen Arbeitslosigkeit ergriffen wurden. Während sich eine Unterschicht aus Rentnern, Witwen, Waisen und Invaliden mithilfe einer unzureichenden Sozialhilfe und verschiedener Armenfürsorgeangebote mehr schlecht als recht über Wasser hielt, teilten nur wenige Arbeitslose dieses Schicksal.«[18]

Besondere Bitterkeit rief der Unterschied zwischen den Gehältern der Beamten, welche die staatlichen Zuwendungen genehmigen oder verweigern konnten, und dem Lebensstandard der Empfänger dieser Leistungen hervor. Beispielsweise erhielten im Januar 1922, als der sogenannte Mindesteinkommensindex bei 1600 Mark stand, ein vollinvalider ehemaliger Soldat 1034 und eine Kriegerwitwe 716 Mark, während Beamte im Durchschnitt 1965 Mark verdienten.

Die guten Absichten des Weimarer Staates, die erklärten Ziele seiner Gründer, das fortschrittlichste Sozialsystem und die vollkommenste Demokratie der Welt aufzubauen, kamen immer mehr unter die Räder, je mehr die Inflation, die dem Land dem Anschein nach Arbeit und Wohlstand bescherte, die Budgetpläne der Regierung zunichtemachte.

Unterdessen schossen die Preise in die Höhe. Die Lebenshaltungskosten, einschließlich derjenigen für Kleidung, stiegen allein von August bis September 1922 um 71,5 Prozent.[19] »Der beispiellose Absturz der Mark in den letzten Tagen unterscheidet sich von früheren Kursstürzen«, schrieb Morgan Philips Price vom *Manchester Guardian* am 4. August 1922 aus Berlin. »Diesmal ist es eine allgemeine Panikwelle ...«[20]

KAPITEL 17

Die Panik war durchaus begründet. Im Mai 1922 konnte die Regierung bekannt geben, dass die Steuereinnahmen des Vorjahres rund dreißig Prozent über der geplanten Summe lagen. Da die Planzahlen jedoch in Papiermark festgelegt worden waren und diese seither drastisch an Wert verloren hatte, waren die absoluten Zahlen mehr als bedeutungslos. Die realen Steuereinnahmen waren weiter geschrumpft, und das Haushaltsdefizit war entsprechend gewachsen. Im selben Monat stammten nur noch 20,87 Prozent des Staatshaushaltes aus Steuereinnahmen; der Rest – abzüglich eines geringen Prozentsatzes, den Post und Eisenbahn beisteuerten – wurde durch von der Reichsbank diskontierte Schatzwechsel aufgebracht. Und da die Erwartung, dass es der Regierung gelingen werde, in absehbarer Zukunft einen Überschuss zu erzielen und so das Defizit zu verringern, von Juni 1922 an gegen Null tendierte, waren sowohl deutsche als auch ausländische Institutionen und Einzelpersonen immer weniger bereit, staatliche Schuldverschreibungen zu erwerben.[21]

Als die staatliche Finanzkrise sich verschärfte, reagierte die Regierung mit rücksichtslosen Einschnitten bei den Sozialleistungen. Der Lebensstandard der sozial Benachteiligten, die der Fürsorge bedurften, hinkte immer weiter hinter dem sich beschleunigenden Anstieg der Lebenshaltungskosten hinterher. Sie waren dazu verurteilt, sich abzumühen, zu betteln oder Schlimmeres zu tun – selbst Kriegsversehrte und die Frauen und Kinder ihrer gefallenen Kameraden, die alles für ihr Land gegeben hatten und vom Staat eigentlich erwarten durften, dass er ihnen ein bescheidenes Auskommen ermöglichte.

Positiv war für deutsche Familien während des Krieges und in der unmittelbaren Nachkriegszeit, soweit dieser Zeit überhaupt positive Aspekte abzugewinnen waren, dass die Mieten strenger staatlicher Kontrolle unterlagen. Solange ein Mieter einen Mietvertrag besaß und nicht umzog, nahm der Anteil des Familieneinkommens, der für das Dach über dem Kopf ausgegeben werden musste, im Laufe der Inflation stetig ab und näherte sich schrittweise der Null. So gaben ausgewählte Arbeiterhaushalte 1907 im Durchschnitt 19,7 Prozent des Haushaltseinkommens für die Miete aus; 1917 waren es nur noch acht Prozent, 1919 dann 7,3 Prozent und auf dem Höhepunkt der Inflation gerade einmal 0,3 Prozent.[22]

Für Vermieter war dies natürlich weniger positiv. Zwar konnten sie wegen der Inflation Hypotheken rascher abzahlen, aber gleichzeitig waren die

Einnahmen aus ihren Immobilien miserabel. Hauseigentümer, die häufig nicht reich waren, sondern als Handwerker, Geschäftsinhaber oder kleine Kaufleute einst gut verdient hatten und in Mietshäuser investiert hatten, um ihr Geld anzulegen und eine zusätzliche Einkommensquelle zu haben, bildeten eine weitere Schicht, die in der Weimarer Republik schwere Einbußen hinnehmen musste.

Da der Wohnungsbau in den Kriegsjahren im Grunde eingestellt worden war und es anschließend kaum einen Anreiz gab, ihn wiederaufzunehmen, herrschte insbesondere in den Großstädten eine chronische Wohnungsnot. Deshalb war der vorhandene Wohnraum erheblich überbelegt, mit allen schädlichen Folgen, die dies für die physische und seelische Gesundheit hatte. Louis Lochner, der spätere Chef des Berliner Büros von Associated Press, der in dieser Zeit in der deutschen Hauptstadt eintraf, gewann den gleichen Eindruck wie andere Ausländer auch – die Cafés seien »überfüllt von modisch gekleideten Damen und Herren«. Doch dann begann er die Nebenstraßen zu erkunden, abseits der Reviere der Wohlhabenden:

»In meinen ersten Berliner Tagen besuchte ich eine Kinderfürsorge, ein überaltertes, baufälliges Haus mit ausgetretenen Treppen. In dem langen Korridor stand eine Reihe wartender Männer, Frauen und Kinder, die ausnahmslos kränklich, abgemergelt und unterernährt aussahen. Kinder, die man für acht, höchstens neun halten mochte, waren in Wahrheit dreizehn Jahre alt. Wie man mir sagte, gab es damals 15 000 tuberkulöse Kinder in Berlin, 23 Prozent aller Berliner Kinder waren laut Bericht des städtischen Gesundheitsamtes unterernährt.«[23]

Die Probleme waren nicht auf Berlin beschränkt. Laut einer 1923 veröffentlichten Untersuchung über große Arbeiterfamilien in Düsseldorf schliefen im Durchschnitt 3,7 Personen in einem Schlafraum und 1,9 pro Bett. In einem Armenviertel von Mannheim, wo besonders viele Fürsorgeempfänger lebten, verfügten 96 von 220 untersuchten Familien nicht über die als ausreichend geltende Zahl von Betten – eines für jeden Erwachsenen und eines für jeweils zwei Kinder. Manche besaßen zwar genügend Betten (vermutlich Klappbetten), konnten sie aber nicht aufstellen, weil ihnen der Platz dafür fehlte. Trunkenheit, Inzest und Gewalt waren an der Tagesordnung.[24]

KAPITEL 17

In den großen Mietskasernen, in denen die Durchschnittsfamilien in den Großstädten wohnten – am berüchtigtsten war dafür Berlin –, waren die Hinterhöfe und Wohntrakts wie triste Matrjoschkas aneinandergereiht: vorn, wo es Licht und Luft gab, lagen die besten Wohnungen und weit hinten am letzten Hof die billigsten, dunkelsten und feuchtesten. Zusammen mit dem Nachkriegsmangel an preiswerten, guten Lebensmitteln und Reallöhnen, die selten auch nur in die Nähe des Vorkriegsniveaus kamen, trug diese Wohnsituation zur Verschlechterung der Lebensbedingungen bei. Selbst während der Phase der anscheinenden Vollbeschäftigung stieg die Zahl der Erkrankungen aufgrund von Entbehrungen und Armut steil an.

1921 schätzte man den Anteil der Kleinkinder, die aufgrund von Vitamin-D-Mangel infolge schlechter Ernährung, aber auch durch schlichten Mangel an Sonnenlicht an Knochenerweichung erkrankten, auf 27,8 Prozent der bis zu sechs Monate alten, auf 41,1 Prozent der sechs bis zwölf Monate alten, auf 40,2 Prozent der zwölf bis 18 Monate alten, auf 32,4 Prozent der 18 bis 24 Monate alten und auf 59 Prozent der über zwei Jahre alten Kinder. Die erfassten Zweijährigen waren unmittelbar nach Kriegsende geboren, als die fortdauernde alliierte Blockade Engpässe bei der Versorgung mit Grundnahrungsmitteln verursacht hatte. In Lübeck hatte sich der Anteil der Tuberkuloseerkrankungen bei zweijährigen Kleinkindern von zwölf Prozent vor dem Krieg auf 23 Prozent erhöht; bei Fünf- und Sechsjährigen war der Anteil von 33 auf 50 Prozent gestiegen. In Stuttgart hatten 1922 vierzig Prozent der Gewerbeschülerinnen Schilddrüsenprobleme, die auf Jodmangel in ihrer Nahrung zurückzuführen waren.[25]

Diese Probleme waren nicht auf Kinder beschränkt. Ein 1913 geborener Arbeitersohn verlor in dieser Zeit zwei erwachsene Brüder, die an Tuberkulose starben. Beide waren gegen Kriegsende zum Heer eingezogen worden und hatten sich an der Front mit der Krankheit angesteckt. Im Rückblick schreibt er:

»Erst später ist mir bewusst geworden, welchen fast übermenschlichen seelischen und körperlichen Belastungen meine Mutter in der Zeit des Sterbens ihrer ältesten Söhne ausgesetzt war. Noch heute vermag ich es kaum zu fassen, dass sie die im Nordstadt-Krankenhaus liegenden Brüder jeden zweiten Tag besuchte und am dazwischenliegenden Tag mit mir zur Poliklinik im selben Krankenhaus ging, zu Fuß natürlich, über eine Stunde weit, denn für die Straßenbahn reichte das Geld nicht. Dankbar gedenke ich auch der Solidarität von Freunden und Genossen, die uns Jungen reihum zum Essen einluden, obwohl ihre materielle Situation kaum besser war als die unsere.«[26]

Bemerkenswert und erstaunlich ist dabei, dass zwar die Eltern mancher dieser Kinder arbeitslos oder Pensionäre der einen oder anderen Art waren, viele, wenn nicht die meisten aber Arbeit hatten. Als Beispiel sei hier ein unglückliches Paar angeführt, beide Fabrikarbeiter (in welcher Stadt, wird nicht erwähnt), das sich eine kleine Wohnung mit seinen Kindern aus verschiedenen Beziehungen teilte. Da der Fall 1924 zusammen mit anderen veröffentlicht wurde, kann man annehmen, dass die Fakten aus den Jahren 1922/23 stammen. Die Familie bewohnte eine Zweizimmerwohnung mit Küche, die sich sechs Personen teilten: der Mann, die Frau, zwei Jungen von acht beziehungsweise sechs Jahren, ein fünfjähriges Mädchen und ein zwölf Jahre altes Mädchen aus einer früheren Beziehung der Frau. Das Paar war schon seit einiger Zeit geschieden. Der Mann war wegen Belästigung seiner Stieftochter zu zehn Monaten Gefängnis verurteilt worden. Nach seiner Freilassung kehrte er in die Wohnung zurück. Er wusste sonst nicht, wohin; außerdem wollte er, wie er erklärte, mit seinen biologischen Kindern zusammen sein. Die Frau erlangte ein Räumungsurteil gegen den Mann, das ihn zum Auszug zwang, doch er weigerte sich zu gehen. Der nächste Schritt – einen Gerichtsvollzieher zu engagieren, um ihn aus der Wohnung zu werfen – überstieg die finanziellen Möglichkeiten der Frau. Also blieb ihr Ex-Mann, wo er war. In dem Bericht des zuständigen Sozialarbeiters heißt es weiter:

»Das Zusammenleben der geschiedenen Eheleute in einer Wohnung scheint eine endlose gegenseitige Quälerei zu sein.
Augenblicklich ist noch die Stieftochter, an der s. Zt. das Sittlichkeitsverbrechen begangen wurde, für 10 Tage auf Urlaub bei der Mutter daheim. Das kleine Mädchen ist deshalb die ganze Nacht beim Vater. Beide Eheleute machen keinen guten Eindruck. Der Mann war und wird wohl auch heute noch schwerer Trinker sein. Freiwillig räumt keiner von beiden die Wohnung. Die Mutter, die eine Zeitlang gut für die Kinder sorgte, ist jetzt völlig gleichgültig geworden. Die Ehescheidung, das Räumungsurteil, nichts ändert etwas an dem tatsächlichen

Zustand, und die dauernde Unterbringung der ihrer Verwahrlosung entgegensehenden Kinder in städtischen Heimen wird endgültig an deren Überfüllung scheitern.«[27]

Offenbar bildete dieser Fall keine Ausnahme. Von den Einzelheiten einmal abgesehen, war er ein Beispiel von vielen aus den Akten der Sozialarbeiter.

Da niemand einen Anreiz hatte, zum Vermieter zu werden oder neue Häuser zu bauen, die den Wohnungsmangel lindern würden, beschloss die Regierung Anfang 1922 ein Gesetz, das Mieten bis zum Dreifachen des seit dem Kriegsausbruch im Jahr 1914 eingefrorenen Standes gestattete. Bis zum Jahresende hatten sich die Lebenshaltungskosten indes mehr als verdreifacht, so dass der Effekt des Gesetzes verpuffte.

Gleichwohl war der Gedanke, in Ziegelsteine und Mörtel zu investieren – sofern man es sich leisten konnte –, verlockend. Für jene, die im Gegensatz zu Rentnern, verarmten Mittelschichtangehörigen und der von der Hand in den Mund lebenden Arbeiterklasse Geld übrig hatten, das sie nicht für den unmittelbaren Lebensunterhalt brauchten, war der Erwerb von »Sachen«, von materiellen Vermögenswerten, der Schlüssel zum Überleben oder gar zu Wohlstand in diesen unsicheren Zeiten. Am wichtigsten war jedoch, das Geld loszuwerden, denn schon am nächsten Tag konnte es wertlos sein. Die Lockerung der Mietkontrolle war, wie der *Manchester Guardian* berichtete, das Startsignal für eine neue Investitionswelle:

»Für den Rückgang der Arbeitslosenzahl, die in dieser Woche auf 50 000 sank, ist der Boom verantwortlich, der jüngst in der Bauwirtschaft eingesetzt hat. Diese plötzliche Aktivität hat zwei Gründe. Der ältere ist der, dass es die glücklichen oder unglücklichen Besitzer von zu viel Papiermark danach verlangt, sie trotz geradezu unglaublicher Baukosten gegen etwas Handfestes in Ziegelsteinen und Mörtel einzutauschen. Der neuere folgt dem soeben verabschiedeten Gesetz auf dem Fuße, das es Vermietern erlaubt, Mieten um einen festen Prozentsatz des Vorkriegsstandes zu erhöhen. Dies nutzt der Mittelschicht im selben Maß, wie es ihr schadet, denn Hauseigentum war vor dem Krieg die sicherste Methode, Ersparnisse anzulegen, und dank der drastischen Vorschriften zur Eindämmung der Profitmacherei auf Seiten der Vermieter stehen viele pensionierte Paare, die ein beachtliches Immobilienvermögen von Mietwohnungen besitzen, heute vor dem Verhungern. Die neuen Vorschriften gestatten im ganzen Land einen Mietanstieg auf 300 Prozent des Vorkriegsstandes. So ist der Bau eines Hauses mit zwölf oder zwanzig Wohnungen zur neuesten Form eines profitablen Investments geworden.«[28]

Das andere aktuelle Spekulationsobjekt waren Möbel. Auch sie wurden gehortet, in derselben Hoffnung, dass sich der Wohnungs- und Immobilienmarkt ebenso wie die Inflation in ein, zwei Jahren entspannen würde, so dass die Menschen plötzlich Möbel bräuchten, um ihre neuen Häuser einzurichten. Der Trend war seit Jahren unverkennbar gewesen. Nun begannen sich diejenigen, die es sich leisten konnten, mit allem, was sie hatten, auf die Jagd nach »Sachen« zu machen.

KAPITEL 18

Nachtreten

Am 22. November 1922, vier Jahre und elf Tage nach dem Waffenstillstand, mit dem der Erste Weltkrieg endete, unternahm Reichspräsident Ebert einen verzweifelten Schritt zur Rettung der Republik, deren Geburtshelfer er in den Tagen der Niederlage gewesen war. Nachdem alle Versuche, zur Bekämpfung der ernsten Finanzkrise eine breite Koalition zu schmieden, gescheitert waren, zeigte der ehemalige SPD-Vorsitzende, welchen Weg er seit der Revolution zurückgelegt hatte: Er überging die üblichen Politiker und ernannte einen »Fachmann«, den konservativen Geschäftsmann Wilhelm Cuno, der vorgeblich keiner Partei nahestand, zum Reichskanzler.

Der neue Kanzler war nicht einmal Mitglied des Reichstages. Der Präsident besaß gemäß der Verfassung eine Vielzahl von Sonderrechten, die ihm eingeräumt worden waren, um die Republik gegen politische Unruhestifter zu schützen. Dass Ebert sie jetzt genutzt hatte, haben Historiker als erstes, verstohlenes Beispiel dafür bezeichnet, was in der Weimarer Republik zu einer ungesunden Gewohnheit werden sollte: das Regieren durch präsidiale Notverordnungen.

Für den *Manchester Guardian* war die Entscheidung des Reichspräsidenten ein »neues und vielleicht gefährliches Experiment«. Die Londoner *Times*, die Cuno anfangs als Mann von »Takt« beschrieb, der Linke und Rechte gleichermaßen zur Verteidigung Deutschlands um sich scharen könne, bezeichnete schon einen Tag nach seiner Ernennung sein Kabinett als rechtslastige »Flickschusterei«, über die »niemand ein gutes Wort« sage und von der niemand erwarte, »dass sie lange Bestand haben wird«. Auch nach Ansicht der *Vossischen Zeitung* handelte es sich keineswegs um ein »unpolitisches« Kabinett aus Experten und Geschäftsleuten; vielmehr habe man es mit der Wiederauferstehung der alten konservativen Elite zu tun. Die *New York Times* hatte ebenfalls ihre Zweifel an dem neuen Kanzler. Ihre Schlagzeile, gleichfalls eine Art Flickwerk, lautete:

NACHTRETEN

»KABINETT CUNO STELLT SICH FREITAG DEM REICHSTAG;
Baron von Rosenberg, der designierte Außenminister, hat sich noch nicht geäußert.
KEINE POLITIK IM MINISTERIUM.
Der neue Kanzler sagt, er habe vor, die Wirtschaftslage unparteiisch anzugehen.«[1]

In Deutschland, wo seit Juli Hyperinflation herrschte (also ein monatlicher Preisanstieg von mehr als fünfzig Prozent), kostete ein Dollar am Morgen des 22. November 6300 Mark – und dies nach einem positiven »Hüpfer«, den die Ernennung der neuen, vermeintlich wirtschaftsfreundlichen Regierung in Berlin ausgelöst hatte. Mit anderen Worten: Im Vergleich zum Stand von Anfang 1922 war die Mark nur noch rund ein Zwanzigstel wert; gegenüber dem Vorkriegskurs war es sogar nur ein Tausendfünfhundertstel.[2] Nun setzte Ebert also sein Vertrauen in ein »Kabinett der Wirtschaft« unter einem Mann, der als Organisationsgenie galt.

Der 1876 im damals preußischen Sachsen (heute Thüringen) geborene Wilhelm Carl Josef Cuno war eine hochgewachsene vornehme Erscheinung und ein äußerst erfolgreicher Manager. Er entstammte einer soliden Beamtenfamilie. Traditionsgemäß hatte er den Doktor der Rechte erworben und war dann wie sein Vater in den preußischen Staatsdienst eingetreten. Im Finanzministerium war er rasch zum Geheimen Rat aufgestiegen (womit ihm die Anrede »Exzellenz« zustand), bevor er während des Krieges Chef der Reichsgetreidestelle wurde und schließlich im Finanzministerium das Referat für kriegswirtschaftliche Fragen übernahm. 1917 schied er aus dem Staatsdienst aus und wechselte als Protegé Albert Ballins ins Direktorium der einst mächtigen, mittlerweile aber arg gebeutelten HAPAG.

Nach Ballins Selbstmord im November 1918 wurde Cuno an die Spitze des Unternehmens berufen. Durch den ungewöhnlich schnellen Wiederaufbau der Reederei unter seiner Leitung zog er internationale Aufmerksamkeit auf sich. Die »bemerkenswerte Wiederbelebung der Unternehmenstätigkeit seit dem Krieg«, schrieb die *Times,* zeige, »wie gerechtfertigt diese Berufung war. [Die HAPAG] hat die Linien nach Nord- und Südamerika, Afrika und Fernost sowie auf der Ostsee und an der Levante rasch wieder eingerichtet, indem sie sich mit britischen und amerikanischen Schifffahrtslinien zusammentat, und die Flotte wird ständig durch neue Schiffe vergrößert.«[3]

KAPITEL 18

Angesichts der Bedeutung, die Washington und die Wall Street in der Reparations- und Kreditfrage hatten, war für Cunos Ernennung auch sein Ruf als gewiefter Verhandlungspartner gegenüber angelsächsischen Ländern im Allgemeinen und den Vereinigten Staaten im Besonderen entscheidend. Immerhin hatte er von den Amerikanern für die HAPAG bekommen, was er wollte.

Cuno hatte sich – schon damals von einigen als potenzieller Retter angesehen – bereits seit einiger Zeit im Dunstkreis der Politik bewegt und war 1921 für den Posten des Finanzministers im Gespräch gewesen, aber von den Sozialdemokraten abgelehnt worden. Jetzt bekam er seine Chance in dem hohen Amt, das ihm seine Bewunderer gewünscht hatten. Rathenau hätte seine Berufung nicht überrascht (oder beeindruckt). Auf der Genueser Konferenz, wo der HAPAG-Direktor als Berater anwesend gewesen war, hatte er trocken bemerkt, Cuno sei »eine dicke Zigarre, man werde sie wegen ihrer schönen Bauchbinde doch einmal rauchen müssen«.[4]

Bis 1920 hatte Cuno der DVP angehört, ehe er aus Protest gegen die zweideutige Haltung der Parteiführung zum Kapp-Putsch austrat. Im Vergleich mit den Schwerindustriellen, die den autoritären, gewerkschaftsfeindlichen rechten Parteiflügel beherrschten und der Partei die größten Spenden zukommen ließen, galt er als gemäßigt. Dennoch wollten die Sozialdemokraten sich nicht an seinem Kabinett beteiligen, erklärten sich aber zu themenbezogener Zusammenarbeit bereit. Es war also, trotz aller Bekundungen, einen »Neuanfang« schaffen zu wollen, lediglich eine weitere Minderheitsregierung. Dabei erwartete man viel von einem Mann, der zwar offensichtlich unternehmerische Qualitäten besaß, jedoch kaum über politische Erfahrung verfügte. Außer Frage stand, dass Deutschland einen stringenteren Kurs steuern musste, und zwar unter einem Kanzler, der wusste, was er tat. Im Juni hatte die Regierung Wirth die Reparationszahlungen aufgeschoben und die Mark damit weiter ins Trudeln gebracht. Im Juli hatte Wirth unter Hinweis auf den Kursverlust der Mark und den steilen Anstieg der Inflation im Inland bekannt gegeben, dass Deutschland im laufenden Jahr sowie in den beiden folgenden Jahren keine Geldzahlungen mehr leisten werde. Die »Erfüllungspolitik« zerbröckelte und wurde durch einen Kurs, der Konfrontationen nicht scheute, ersetzt.

Während der Sommer in den Herbst überging, verlangte Frankreich gleichwohl weiterhin die Zahlung des ihm zustehenden Geldes. Sollte sie nicht erfolgen, würde man die deutsche Wirtschaft als Preis für ein um-

NACHTRETEN

Reichskanzler Cuno (links) und Reichspräsident Ebert im August 1923

fassendes Reparationsmoratorium einer ganzen Reihe von direkten Kontrollen unterwerfen. Amerikaner und Briten kündigten die gemeinsame Reparationspolitik auf, nachdem es ihnen im August auf einer weiteren Konferenz in London nicht gelungen war, die Franzosen dazu zu bewegen, eine Verringerung der Reparationen auf ein tragbareres Maß zu erwägen. Das war für Deutschland eine schlechte Nachricht, denn nun fiel die mäßigende Wirkung der beiden angelsächsischen Mächte fort. Der französische Ministerpräsident schwor, allein weiterzumachen und »produktive Pfänder« einzufordern, materielle Garantien, dass die Reparationszahlungen an Frankreich und Belgien tatsächlich erfolgten und nicht ständig in eine unbestimmte Zukunft verschoben wurden. Die neue deutsche Regierung wiederum setzte das gefährliche Spiel fort, Sachreparationen entweder zu verzögern oder in zu geringer Menge zu liefern, immer mit der Klage verbunden, wie sehr diese Lieferungen die deutsche Wirtschaft belasteten.

Im November 1922 wurde allgemein ein französischer Einmarsch ins Ruhrgebiet erwartet, um die Kontrolle über die wertvollsten deutschen Industrieanlagen zu übernehmen. Dies trug nicht gerade dazu bei, das Vertrauen in Deutschland oder seine Währung zu stärken. Dennoch war Deutschland, trotz der Hyperinflation, auch Ende 1922 weiterhin die zweitgrößte Volkswirtschaft der Welt.[5] Allerdings glich das Land einem außer Kontrolle geratenen Eisenbahnzug voller unglücklicher Fahrgäste, der mit zunehmender Geschwindigkeit einem unbekannten Ziel entgegenraste. In der ersten Klasse betrachtete das Spitzenpersonal der jungen Republik mit zunehmender Panik die immer schneller vorbeisausende vernachlässigte Landschaft, ohne zu wissen, was es tun sollte, außer die eigene Schuld zu leugnen und sie den Alliierten, die all diese Reparationen verlangten, in die Schuhe zu schieben.

In der zweiten Klasse schmiedeten diejenigen, die bis vor kurzem die erste Klasse belegt hatten, von Wut zerfressen insgeheim Pläne, wie sie dorthin zurückgelangen konnten, und sei es mit Mord und Totschlag. In den beengten und schlecht ausgestatteten Gängen der dritten Klasse schließlich entwickelte sich eine Konfrontation zwischen der wachsenden Kommunistischen Partei und den neuen ultrarechten Massenorganisationen – allen voran Adolf Hitlers Nationalsozialisten –, die sich um Anhänger aus der unteren Mittelschicht und der Arbeiterklasse stritten. Alle schrien Parolen. Jeder beschimpfte jeden, auch vermeintliche Verbündete. Ständig brachen Tätlichkeiten aus. Niemand trat auf die Bremse. Dies zu tun, wäre dem Eingeständnis gleichgekommen, dass der deutsche Zug zu entgleisen drohte.

Der Mord an Rathenau hatte die deutsche Politik sicherlich in Angst und Schrecken versetzt. Doch es ist unwahrscheinlich, dass die Lage im Herbst 1922 wesentlich positiver gewesen wäre, wenn er nicht begangen worden wäre. Möglicherweise hätte sich die Mark etwas besser gehalten, und das Ausland hätte es mit einem deutschen Außenminister zu tun gehabt, dem es mehr Vertrauen entgegenbrachte. Aber die Grundtatsachen oder besser Grundmängel wären dieselben geblieben: Es gab keine Erfolge bei der Durchsetzung der eigentlich effektiven neuen Steuergesetze, deren das Land dringend bedurft hätte, um das Haushaltsdefizit zu schließen und den Reparationsverpflichtungen nachkommen zu können; keine Verkleinerung der aufgeblähten Bürokratie; keine Einschnitte in die endlosen Zuschüsse für die großen »Arbeitsplatzmaschinen« der staatlichen Eisenbahn und Post mit ihrem gewaltigen Personalüberhang; keine Einschränkung der Niedrigzinskredite der Reichsbank an die Wirtschaft – und natürlich keinen Plan für die Stabilisierung der Währung.

Franzosen und Belgier argwöhnten, dass die deutsche Regierung diese notwendigen Maßnahmen nicht deshalb unterließ, weil sie nicht in der Lage war, sie zu ergreifen, sondern weil sie es nicht wollte. Nach ihrer Ansicht setzte der Eisenbahnzug der deutschen Inflation seine rasende Fahrt fort, weil die Deutschen die Bremsen zerstört hatten. Briten und Amerikaner waren überwiegend zu dem Schluss gelangt, dass Deutschlands Probleme echt waren, ohne jedoch praktische Konsequenzen aus dieser Einsicht zu ziehen. Vor allem die Vereinigten Staaten bestanden darauf, dass die während des Krieges gewährten interalliierten Kredite zurückgezahlt wurden, insbesondere von ihrem größten Schuldner Frankreich. Solange diese Forderung bestehen blieb, würde der Druck auf Deutschland nicht nachlassen.

Im Nachhinein betrachtet, war es daher nicht überraschend, dass Cuno, als er – seiner Rolle als tatkräftiger neuer Regierungschef entsprechend – eine Reihe von kühnen, energischen Initiativen unternahm, um das Reparationspatt aufzulösen, bei Poincaré und seinem Chefunterhändler Jacques Seydoux auf Granit biss. Eine sofortige Reparationszahlung von zwanzig Millionen Goldmark, finanziert durch einen internationalen Kredit? Danach ein drei- bis vierjähriges Moratorium, in dem nur die Reparationen in Form von Gütern geleistet werden sollten? Ein dreißigjähriger »Rheinlandsicherheitspakt«? Nein, nein und nochmals nein.

Auf zwei alliierten Konferenzen im Dezember 1922 in London und im Januar 1923 in Paris wurden sämtliche von Cuno unterbreiteten Vorschläge abgelehnt. Zwar machte der neue konservative britische Premierminister Andrew Bonar Law – Lloyd George hatte im Oktober 1922 abtreten müssen – Frankreich auf der Pariser Konferenz ein überaus komplexes und nicht besonders großzügiges Angebot, das unter anderem einen britischen Verzicht auf einen Teil der französischen Kriegsschulden beinhaltete. Vorgesehen war aber auch, dass Frankreich Deutschland einen Teil der Reparationsverpflichtungen nachließ und zudem auf den größten Teil des Goldes im Wert von einer Milliarde Goldmark verzichtete, das es bei der Bank von England als Sicherheit für Kriegskredite hinterlegt hatte. Außerdem sollte kein Geld nach Frankreich fließen, weder um das Loch in dessen Staatskasse zu stopfen, noch um den Wiederaufbau in den ehemals besetzten Gebieten zu finanzieren. »Wir haben Deutschland gemeinsam niedergerungen, und nun will einer von uns nachtreten, während es am Boden liegt, und der andere will von ihm ablassen«, beklagte sich Bonar Law in Bezug auf die aggressiven französischen Forderungen.

Die Situation spitzte sich zu, als die Alliierten am 26. Dezember den Verzug bei den als Reparationen geforderten Lieferungen von Schnittholz und Telegrafenmasten feststellten. Darüber hinaus wurde Deutschland,

KAPITEL 18

nachdem die Alliierten sich auf der Pariser Konferenz nicht auf eine finanzielle Regelung hatten einigen können, die Frankreich womöglich zur Zurückhaltung bewogen hätte, am 9. Januar mit einer Stimmenmehrheit von drei zu eins in der Reparationskommission (Frankreich, Belgien und Italien, wo seit kurzem ein gewisser Mussolini an der Macht war, gegen Großbritannien) auch schuldhafter Verzug bei den Kohlelieferungen vorgeworfen. 1922 hatte das Land anstelle der vereinbarten 13,8 nur 11,7 Millionen Tonnen geliefert (immerhin war dies eine weit ernstere oder zumindest weniger lächerliche Angelegenheit als die Holzlieferungen). Damit drohte die Anwendung von Gewalt, die zwei Tage später tatsächlich erfolgte. Am 11. Januar überschritten französische und belgische Truppen die Grenzen der seit 1919 gemäß den Bestimmungen des Versailler Vertrages besetzten Gebiete und stießen auf bisher deutsch regiertes Gebiet vor.

In Essen beobachteten die Menschen auf den Straßen missmutig, wie der Stolz Frankreichs ihre Stadt besetzte, das Zentrum der deutschen Schwerindustrie. Allein in dieser Stadt wurden schließlich sechstausend französische Soldaten stationiert. Am 16. Januar hatten die französisch-belgischen Truppen die Kontrolle über das gesamte Ruhrgebiet bis nach Dortmund im Osten übernommen, ein Gebiet mit 4,25 Millionen Einwohnern, in dem sich (nach der Abtretung Oberschlesiens an Polen) 72 Prozent der deutschen Kohleförderung, 54 Prozent der Roheisen- und 53 Prozent der Rohstahlproduktion befanden.[6]

Laut der Proklamation, mit der die französisch-belgischen Truppen die Besetzung verkündeten, waren sie einmarschiert, um eine aus siebzig französischen und belgischen (sowie zwei italienischen) Ingenieuren bestehende Kommission zu schützen, deren Aufgabe es war, deutsche Bergwerke und Betriebe als »produktive Pfänder« für deutsche Reparationszahlungen zu überwachen. Diese Mission Interallié de Contrôle des Usines et des Mines (Interalliierte Kommission zur Kontrolle von Fabriken und Bergwerken, MICUM) sollte sicherstellen, dass die von deutschen Bergleuten geförderte Kohle beschlagnahmt und in die anspruchsberechtigten Länder abtransportiert wurde.

Am Vorabend der Besetzung war der deutschen Regierung in einer Note unbekümmert mitgeteilt worden, Frankreich denke »nicht daran ..., zu einer militärischen Operation oder zu einer Besetzung politischer Art zu schreiten. Sie entsendet einfach ins Ruhrgebiet eine Mission von Ingenieuren und Beamten, deren Zweck deutlich umschrieben ist. Sie muss dafür

NACHTRETEN

sorgen, dass Deutschland die im Vertrag von Versailles enthaltenen Verpflichtungen achtet.« Die Verbände, die unter der harmlos klingenden Bezeichnung »begleitende Truppe« zum »Schutz« dieser Mission einrückten, bestanden aus 70 000 bis 100 000 französischen und belgischen Soldaten, deren Ausrüstung indes ein äußerst militärisch anmutendes Arsenal aus Panzern, leichter Artillerie und Maschinengewehren umfasste.[7]

Die deutsche Regierung war überraschend schlecht auf die Krise vorbereitet. Dabei hatte man in den vorangegangenen Wochen allgemein den Eindruck gehabt, dass ein Einmarsch der Franzosen und Belgier immer wahrscheinlicher wurde. Auf den Devisenmärkten hatte sich diese Erwartung deutlich widergespiegelt: Am 2. Januar fiel die Mark gegenüber dem Dollar auf 7260 und am 5. Januar, nach dem Scheitern der Pariser Konferenz, auf 8700. Am Mittwoch, dem 10. Januar, einen Tag vor der Besetzung, als eine französisch-belgische Militäroperation unvermeidlich zu sein schien, stürzte sie auf einen Stand von 10 250 ab.

Doch die Behörden in Berlin hatten kaum Vorkehrungen für eine Besetzung getroffen. Man hatte weder Kohle noch sonstige Rohstoffe eingelagert, um den Rest des Landes versorgen zu können, wenn das wichtigste Kohleabbaugebiet in ausländische Hände fallen sollte. Das Gleiche galt für die Finanzen. Ein neunter Nachtrag zum Haushalt von 1922 trat gerade in Kraft, und ein zehnter wurde vorbereitet. Beide Maßnahmen, die in der Periode der Hyperinflation üblich geworden waren, hatten nichts mit dem Ruhrgebiet zu tun. Der zehnte Nachtrag betraf ausschließlich inflationsbedingte Gehaltserhöhungen für Beamte. Es gab keinen umfassenden Organisationsplan, und ein Gesetzentwurf darüber, wie die zu erwartenden massiven Kosten der Ruhrbesetzung aufgebracht werden sollten, wurde erst am 29. Januar in den Reichstag eingebracht; verabschiedet wurde er sogar erst am 16. Februar.[8]

Kirdorf, Thyssen, Stinnes und Co. hatte die Besetzung dagegen nicht derart unvorbereitet getroffen. Die gewieften Herren des Rheinisch-Westfälischen Kohlen-Syndikats hatten den Verwaltungssitz ihres mächtigen Kartells, einschließlich der technischen Akten und der wichtigsten technischen Mitarbeiter, insgesamt sechshundert Personen, am 9. Januar von Essen mehrere hundert Kilometer nördlich ins sichere Hamburg verlegt.[9] Die einzelnen Zechen sollten ihren Kurs gegenüber den Franzosen und Belgiern selbst festlegen. Auf diese Weise wollte man den Besatzern die Ausbeutung der Bergwerke erschweren, und so kam es auch.

KAPITEL 18

Die fehlende Vorbereitung der Regierung lässt sich nur damit erklärten, dass weder Reichskanzler Wirth, der bis zu seinem Sturz am 22. November für die Planung zuständig gewesen war, noch sein Nachfolger Cuno, der seit dem 22. November im Amt war, damit rechnete, dass die Franzosen ihre Drohung, ins Ruhrgebiet einzumarschieren, wahrmachen würden. Ironischerweise könnte die Trägheit deutscher Regierungskreise zum Teil auf die engen Beziehungen zurückzuführen sein, die der Reparationsguru Keynes zu deutschen Entscheidungsträgern unterhielt. Ende August 1922 hatte der große Ökonom, der seit der Veröffentlichung der *Wirtschaftlichen Folgen des Friedensvertrages* in den Augen von Deutschen nichts falsch machen konnte, als Ehrengast der dortigen Übersee-Woche Hamburg besucht. An diesem Ereignis, das allgemein als eine Maßnahme im Rahmen der deutschen Bemühungen um einen internationalen Kredit angesehen wurde, nahmen auch Reichspräsident Ebert, General Groener (inzwischen Verkehrsminister) und zahlreiche andere Würdenträger teil. Am 26. August hielt Keynes eine Rede. Vorgestellt wurde er von keinem Geringeren als Cuno, damals noch HAPAG-Direktor, der ihn als den Mann lobte, der am meisten für die veränderte Einstellung der englischsprachigen Welt zu Deutschland getan habe. Keynes' Rede wurde von einem jubelnden Publikum ebenso günstig aufgenommen. »Ich glaube nicht«, versicherte er, »dass Frankreich seine Drohung, den Krieg wiederaufzunehmen, wahrmachen wird«, um dann fortzufahren:

> »Vor ein oder zwei Jahren hätte Frankreich mit der nötigen inneren Überzeugung so handeln können. Aber nicht heute. Das Vertrauen der Franzosen in die offizielle Reparationspolitik ist gründlich erschüttert ... Im tiefsten Innern wissen sie, dass sie an der Realität vorbei geht. Aus vielen Gründen schrecken sie jedoch davor zurück, die Tatsachen einzugestehen. Sie wissen sehr gut, dass sie sich durch illegale Gewaltakte ihrerseits moralisch und gefühlsmäßig isolieren, ihre Finanzen ruinieren und keinerlei Vorteile gewinnen. M. Poincaré ... mag scharfe Reden halten und nutzlose kleine Übergriffe veranlassen ... aber er wird nicht im großen Rahmen handeln. Je größer er redet, je weniger wird er tun ...«

»Die Deutschen«, fügte Keynes hinzu, »tun gut daran, kühl zu bleiben und sich nicht zu sehr zu beunruhigen.«[10]

NACHTRETEN

Die mangelnde Vorsorge seitens der Regierung war dennoch bemerkenswert, nicht nur, weil mit der Ruhrbesetzung gerechnet werden musste, sondern auch, ungeachtet ihrer Wahrscheinlichkeit, wegen der abzusehenden ungeheuren Folgen. Die französisch-belgische Besetzung des bedeutendsten Industriegebietes in Deutschland (und Europa) war letztlich – trotz der Tatsache, dass es keinen militärischen Widerstand gegeben hatte – ein kriegerischer Akt.

Obwohl es Selbstmord gewesen wäre, wenn sich die Reichswehr der französischen Armee – der zu diesem Zeitpunkt größten Militärmacht auf dem europäischen Kontinent – entgegengestellt hätte, ähnelte die Situation in vielerlei Hinsicht der von 1914. Ganz sicher war die leidenschaftliche Reaktion der großen Mehrheit der Deutschen inner- und außerhalb der besetzten Gebiete mit der aufgepeitschten Stimmung bei Ausbruch des Ersten Weltkrieges vergleichbar. Außer den Kommunisten, die, bis Moskau ihnen eine andere Haltung vorschrieb, ihren üblichen Kurs verfolgten und nach allen Seiten austeilten, verurteilten alle anderen wichtigen Parteien und Institutionen das französische Vorgehen und unterstützten jede Art von Gegenwehr. Das Land erlebte vorübergehend eine Wiederkehr des Burgfriedens aus der Kriegszeit.

Ausdruck der nationalen Entschlossenheit, der französischen Inbesitznahme eines derart wertvollen Landesteils etwas entgegenzusetzen, war die Politik des »passiven Widerstandes«. Am 11. Januar wies Ernst Stutz, der Reichskommissar für die Kohleverteilung, der nach dem Rückzug des Kohlen-Syndikats aus der Feuerzone die oberste Autorität an der Ruhr war, die Bergwerke an, die Kohlelieferungen an die Besatzungsmächte einzustellen.[11] Aber was, wenn französische und belgische Militärbehörden sie zwangen, trotzdem zu liefern? Am 19. Januar erteilte die Regierung Cuno der Reichsbahn die Anweisung, keine Kohle mehr nach Frankreich und Belgien zu befördern. Arbeiter und Angestellte der Reichsbahn, auch diejenigen in den »alten«, das heißt legitim besetzten Gebieten, sollten nur Anweisungen deutscher Behörden befolgen.[12] Außerdem ermahnte die Reichsregierung die Bevölkerung des Ruhrgebiets, ausschließlich mit friedlichen Mitteln Widerstand zu leisten. Dies erwies sich angesichts der patriotischen Gefühle auf deutscher Seite und des immer drastischeren Vorgehens der französischen Besatzer bei der Durchsetzung ihrer Anweisungen allerdings als schwierig.

Die französischen und belgischen Besatzer reagierten mit Härte und häufig verstörend inhuman auf die offizielle deutsche Politik der verweiger-

KAPITEL 18

ten Zusammenarbeit. Über das Ruhrgebiet wurde das Kriegsrecht verhängt. Deutsche Zoll- und Steuerforderungen wurden für ungültig erklärt. Bergwerksbesitzer, die sich französischen Anordnungen widersetzten, wurden verhaftet und mit Geldstrafen belegt. Deutsche Beamte, die die Zusammenarbeit mit den Besatzern verweigerten, wurden festgenommen und zusammen mit ihren Familien von Soldaten über die neue »Grenze« zum nichtbesetzten Deutschland abgeschoben, häufig unangekündigt und mit erheblicher Brutalität. Während der Besetzung wurden annähernd 150 000 deutsche Zivilisten – Beamte, Eisenbahner, Polizisten, Angestellte von Bergwerken und Fabriken – von den französischen Behörden aus dem Ruhrgebiet ausgewiesen. Wie viele sich aufgrund der Entsagungen und drohenden Verfolgung von sich aus zur Flucht entschlossen, ist nicht bekannt.[13]

Im Februar 1923 wurde zwischen dem Ruhrgebiet und dem unbesetzten Deutschland eine Zollschranke errichtet. Ursprünglich dazu gedacht, deutsche Zolleinnahmen zu konfiszieren, um die Besatzungskosten zu decken, entwickelte sie sich rasch zu einem Wirtschaftsinstrument. Für den Handel zwischen dem Ruhrgebiet und dem übrigen Deutschland wurden Genehmigungen verlangt, der »Export« von Kohle und Rohstoffen ins Reich wurde verboten, und bei anderen Gütern wurde eine Exportabgabe von zehn Prozent erhoben. Es war in vielerlei Hinsicht eine zweite Blockade.

Bei der Umsetzung der Verweigerungspolitik gegenüber den Besatzern arbeiteten Bergwerksbesitzer und -manager, zumindest am Anfang, mit Gewerkschaften und Arbeitern zusammen. Die Führungen und Mitglieder der Gewerkschaften – Katholiken, Sozialisten, sogar Kommunisten – hielten den Provokationen der Besatzer und ihren unablässigen und immer schärfer werdenden Einschüchterungsmaßnahmen viele Wochen stand. Obwohl man sich in späteren Jahrzehnten eher an die gewalttätigen Sabotageakte der äußersten Rechten erinnerte, bildeten die Arbeiter, die zumeist entschiedene Anhänger der Nachkriegsrepublik und ihrer Sozialpolitik waren, mit ihrem weniger dramatischen Alltagsmut das Rückgrat des Widerstandes.[14] Der Korrespondent des *Manchester Guardian* im Ruhrgebiet, Morgan Philips Price, ein guter Reporter, wenn auch ein Sympathisant der Bolschewiki, glaubte, der frühe gewalttätige Widerstand gegen die Franzosen gehe auf das Konto von »aus München stammenden Schlägern«. Mitte Februar 1923 schrieb er:

Ein französischer Soldat bewacht 1923 eine Kohlelieferung aus dem Ruhrgebiet.

»Letztere terrorisieren Ladenbesitzer, um sie dazu zu bringen, Franzosen nichts mehr zu verkaufen. Die geplagten Händler befinden sich in ernsten Schwierigkeiten, droht ihnen doch von beiden Seiten der Ruin. Nachts werfen diese deutschnationalen Banden Fenster ein und verwüsten die Geschäfte von allen, die ihnen missfallen. Gegen diese Banden haben die Arbeiter in einer ganzen Reihe von Bergwerken und Metallfabriken mit Gummistöcken und Drahtrollen bewaffnete Wachen gebildet, um sich gegen ihre eigenen Nationalisten zu verteidigen, denn zur Polizei haben sie kein Vertrauen …«[15]

Es traf sicherlich zu, dass vor allem ehemalige sowie aktive Freikorpsmänner, von denen viele gut ein Jahr zuvor am bewaffneten Widerstand gegen Polen in Oberschlesien beteiligt gewesen waren, den Kern der gewaltbereiten Widerstandsbewegung bildeten. Da sich Bayern und speziell München bis 1923 zu einem »sicheren« Hafen der Freikorpsbewegung entwickelt hatten, besaß Prices Erwähnung von »aus München stammenden Schlägern« eine gewisse Berechtigung, aber Tatsache war auch, dass sich bereits seit 1920 in den legal von Frankreich besetzten Gebieten ein nationalistischer Untergrund organisiert hatte und der Ruhrkampf in vielerlei Hinsicht lediglich eine Ausweitung von dessen früheren Aktivitäten darstellte.[16]

Die Kehrseite des passiven Widerstandes – ob nun durch absichtliche Untätigkeit, Streiks oder Werksschließungen – war, dass die Berliner Regierung Unternehmer und Arbeiter gleichermaßen für die Nachteile entschädigte, die sie durch die Sabotage der französischen Anstrengungen, das Ruhrgebiet wirtschaftlich auszubeuten, erlitten. Den Unternehmern wurden die »unproduktiven Löhne«, die sie ihren untätigen Arbeitern zahlten, von der Reichsregierung erstattet, anfangs zu sechzig, später zu hundert Prozent. Außerdem wurde ihnen für Produktions- und Gewinnausfälle aufgrund von Untätigkeit oder der Beschlagnahme der Produktion durch die Besatzer Kredit eingeräumt. Der aufmerksame Morgan Philips Price kommentierte diese Entwicklung, die sich im Lauf des Jahres zu einem offenen Skandal auswuchs, mit bitterer Ironie:

> »Siebzig Prozent der Schwerindustrie liegen still, große Teile der Koks- und Schmelzöfen sind erkaltet, und die meisten von ihnen sind es nicht wert, wieder in Betrieb genommen zu werden. Es gibt Anzeichen dafür, dass die deutschen Konzerne deswegen keine Träne vergießen. Es gibt an der Ruhr mehr Kokereien und Hüttenwerke, als zur Befriedigung jedes möglichen Bedarfes auf dem deutschen und dem Weltmarkt, der seit dem Krieg zurückgegangen ist, benötigt werden. Die Konzerne werden für die ausgekühlten Öfen vom Reich in Goldwerten bezahlt, die sie umgehend im Ausland investieren, wodurch sie zum weiteren Verfall der Mark beitragen.«[17]

Auch die Löhne von Arbeitern und Angestellten der Reichsbahn, die entweder aus der besetzten Zone ausgewiesen worden waren und im Reich häufig kein Obdach fanden oder aufgrund ihrer Arbeitsverweigerung von der französisch-belgischen Eisenbahnverwaltung – der Régie des Chemins de Fer des Territoires Occupés – nicht beschäftigt wurden, zahlte der Staat. Diejenigen, die ihr Zuhause verloren hatten und vertrieben worden waren, hatten viel zu erdulden, aber für andere waren diese Zahlungen ein warmer Regen, der von seinen manchmal leicht beschämten Nutznießern »Cuno-Rente« genannt wurde.[18] »Cuno-Rentnern« ging es, an den (zugegebenermaßen miserablen) Maßstäben der Zeit gemessen, nach Meinung vieler so gut, dass sich schnell Gerüchte über betrügerische Ansprüche verbreiteten.[19]

Deutschland brachte sich selbst, wie schon im Krieg, als es in Erwartung des Sieges enorme Schulden angehäuft hatte, in eine Alles-odernichts-Situation, in welcher der Zweck die Mittel heiligte. Nur: Was würde ein »Sieg« über Frankreich im Ruhrkonflikt konkret bedeuten?

Ob richtig oder falsch, die bedingungslose Hilfe für das Ruhrgebiet war ausgesprochen kostspielig, und der einzige Weg, sie zu leisten, bestand darin, noch mehr Geld zu drucken. Die Geldpressen liefen rund um die Uhr. So kann es kaum überraschen, dass die Mark am 5. Februar bei einem Stand von 42 250 nur noch ein Viertel ihres Wertes vom 15. Januar hatte, als ihr Kurs bei knapp 12 000 gelegen hatte – was wiederum einen katastrophalen Absturz gegenüber den Kursen in der Zeit vor Rathenaus Ermordung darstellte. Kaum gedruckt, wurden immer größere Mengen Papiermark ins Ruhrgebiet geschickt, um den Widerstand aufrechtzuerhalten.

Um die entscheidende finanzielle Unterstützung des Ruhrkampfes aus Berlin zu neutralisieren, beschlagnahmten die französischen und belgischen Behörden an den neu errichteten Zollstationen so viel Geldlieferungen wie möglich. Mehr als einen kleinen Teil konnten sie jedoch nie aus dem Verkehr ziehen,[20] denn die Geldtransporteure bewiesen großen Einfallsreichtum und Mut. Das Geld wurde in Fahrzeugen mit doppeltem Boden verstaut, die in der Hoffnung, dass die Franzosen sie nicht verdächtigen würden, häufig von Frauen gefahren wurden, oder es wurde durch die dichten Wälder am Rande des Ruhrgebiets geschmuggelt. Sogar das Labyrinth von Bergwerksstollen, das sich in manchen Fällen kilometerweit unter der »Grenze« erstreckte, wurde für die Geldeinfuhr benutzt; die Kuriere konnten im unbesetzten Deutschland, als Bergleute verkleidet, hinabsteigen und einige Zeit später in der besetzten Zone wieder herauskommen.[21]

Der passive Widerstand war eine Kraftprobe. Anfangs schien es, als hätten die Besatzer einen Fehler gemacht. Die Entschlossenheit der Deutschen überraschte sie; sie waren auf die fast vollständige Schließung der Bergwerke nicht vorbereitet und zudem nicht in der Lage, auch nur die kleinen Kohlemengen, die sie an den Gruben fanden, abzutransportieren. Frankreich, dessen eigene Währung jetzt rasch an Wert verlor, sah sich genötigt, teure britische Kokskohle für seine Eisen- und Stahlindustrie zu kaufen, womit es den eigentlichen Grund für die Ruhrbesetzung ad absurdum führte. Im Februar und März musste über ein Drittel der französischen Hochöfen heruntergefahren werden. Es hatte ganz den Anschein, als würde sich die Prophezeiung bewahrheiten, dass Frankreich sich durch die Ruhrbesetzung selbst mehr schaden würde als Deutschland.

KAPITEL 18

Anfang März 1923 wurden 11 000 französische und belgische Eisenbahner ins Ruhrgebiet versetzt, um dort in Abwesenheit ihrer deutschen Kollegen den Eisenbahnverkehr in Gang zu halten. Auch ausländische Arbeitskräfte wurden angeworben, darunter polnische Bergleute, die in den Kohlegruben eingesetzt wurden. Langsam wurde klar, dass Frankreich trotz der hohen Moral der Deutschen und der Kosten der Besetzung mit aller Macht erreichen wollte, dass der Einmarsch sich auszahlte.

Mit den Bedingungen in dem besetzten Gebiet verschlechterte sich auch das Verhältnis zwischen den französisch-belgischen Truppen und der Bevölkerung. Es gab Zusammenstöße zwischen Arbeitern und französischen Soldaten, beispielsweise am 31. März in der Krupp-Gießerei in Essen, wo eine französische Armeeeinheit eingerückt war, um eine große Zahl von Fahrzeugen zu requirieren. Nachdem der Widerstand gegen die Soldaten eskaliert war, verloren 13 Arbeiter das Leben und 41 wurden verwundet. Doch nicht die beteiligten französischen Soldaten mussten sich dafür verantworten, sondern die Werksleitung von Krupp. Konzernchef Gustav Krupp von Bohlen und Halbach wurde von einem französischen Gericht zu 15 Jahren Gefängnis und einer Geldstrafe von 100 Millionen Mark verurteilt; mehrere seiner Mitarbeiter erhielten ebenfalls Haftstrafen.

Im Mai ging von Dortmund eine Streikwelle aus, die einem Aufstand sehr nahekam und in deren Verlauf weitere zwanzig Arbeiter von französischen Soldaten erschossen wurden.[22]

Auch eine kleine, aber nicht unerhebliche Zahl von gewaltsamen Widerstandsaktionen gegen die französischen Besatzer war zu verzeichnen. Unter Missachtung der Mahnungen aus Berlin, ausschließlich friedliche Mittel anzuwenden, führte eine als »Organisation Heinz« bekannte Gruppe erfahrener ehemaliger Freikorpsmänner unter der Führung des fanatischen, ultranationalistischen Heinz Hauenstein im März und April gewalttätige Sabotageakte aus. So sprengte sie Eisenbahngleise, um den Abtransport von Kohle nach Frankreich und Belgien zu unterbrechen. Dabei benutzte sie Sprengladungen aus ausgehöhlten Kohlestücken, in die Sprengstoff und ein Zünder gesteckt worden waren. Ihre Anschläge erfolgten höchstwahrscheinlich mit Zustimmung des Reichswehrministeriums; vom Generalstab in Berlin kamen Geld und Anweisungen, die Oberst Joachim von Stülpnagel dem Wehrkreiskommando VI in Münster, das unmittelbar außerhalb des besetzten Gebietes lag, übermittelte, von wo aus sie weitergeleitet wurden. Auch zu hohen Krupp-Managern und zur Essener Handelskammer hatte die Gruppe Verbindungen.[23]

Sabotage allein reichte der Gruppe aber nicht. Sie beobachtete überdies das französische Hauptquartier in Essen, den früheren Sitz des Kohlen-Syndikats, und notierte sich, welche Deutschen dort ein- und ausgingen. Acht von ihnen wurden als Verräter »hingerichtet«.[24]

In der Nacht vom 7. auf den 8. April 1923 wurde ein junger Mann namens Albert Leo Schlageter von den Franzosen vor seinem Hotel verhaftet. Der 28-jährige katholische Bauernsohn aus dem Schwarzwald hatte sich im Krieg ausgezeichnet und später als Leutnant mit den Freikorps an den Nachkriegskämpfen im Baltikum und in Oberschlesien teilgenommen. In Oberschlesien hatte er sich Hauensteins Organisation Heinz angeschlossen und bei antipolnischen Aktionen mitgewirkt, die vermutlich auch die Ermordung sogenannter Kollaborateure umfassten. Der Spionage und Sabotage angeklagt, deren er zweifellos schuldig war, für die ihm nach Ansicht der meisten patriotischen Deutschen aber Verständnis und Anerkennung gebührten, wurde er einen Monat nach seiner Festnahme zum Tode verurteilt und am 26. Mai auf der Golzheimer Heide bei Düsseldorf von einem französischen Erschießungskommando exekutiert.

Schlageter war für ein breites Spektrum der deutschen Öffentlichkeit ein Held, von Kommunisten – Kominternfunktionär Karl Radek versuchte ihn als mutigen, aber politisch fehlgeleiteten Antikapitalisten zu vereinnahmen – bis, was verständlicher war, zu konservativen Nationalisten. Wie sein Kommandeur Hauenstein war er Mitglied der Nationalsozialistischen Deutschen Arbeiterpartei (NSDAP), die in ihm ihren ersten Märtyrer hatte – und in dem doppelten Fluch von Ruhrbesetzung und Hyperinflation ihre erste große Chance erblickte.

KAPITEL 19
Der Führer

Der junge Scharfmacher, der im März 1920 während des Kapp-Putsches von München nach Berlin geflogen war, hatte es in den drei Jahren, die seitdem vergangen waren, weit gebracht: Er war zu einer mächtigen Figur in Bayern geworden, deren politische Tentakel weit in andere Teile Deutschlands reichten. Die NSDAP hatte sich, seit Hitler an ihre Spitze getreten war, rasant entwickelt.

Nach dem Spartakusaufstand im Januar 1919, bei dem in Berlin Hunderte Aufständische ums Leben gekommen waren, hatte sich der Aufruhr über ganz Deutschland ausgebreitet. Ihren Höhepunkt hatte die Aufstandswelle in der kurzlebigen bayerischen »Räterepublik« gefunden. Einige Wochen herrschte in München ein chaotisches und gewalttätiges Regime einer Gruppe von Idealisten und Abenteurern, dem schließlich im Mai 1919 durch eine Allianz aus regulären Truppen, Freikorps und bewaffneten lokalen Einwohnerwehren ein Ende bereitet wurde. Der nachfolgende »weiße« Terror war, wenn möglich, noch schlimmer als der rote. Die Schlacht um München forderte über sechshundert Todesopfer, darunter nur 38 auf der gegenrevolutionären Seite und 335 Zivilisten.[1] Unter den rabiaten, kompromisslosen Reaktionären, die jetzt in München an der Macht waren, entfernte sich Bayern, das auch nach der Reichseinigung stets auf seiner eigenen Identität beharrt hatte, politisch immer weiter vom demokratischen Berlin. Dies verhalf Bayern in den folgenden Jahren zu einer »halb unabhängigen« Stellung im Reich.

Einer der Soldaten, die nach Kriegsende die Uniform anbehalten hatten, war ein Infanteriegefreiter mit entschieden antidemokratischen und antisemitischen Anschauungen. Vom Waffenstillstand hatte er in einem Lazarett in Pommern erfahren, wo er sich von den Folgen eines Senfgasangriffs an der Westfront erholte. Abgesehen von seinen extremen Ansichten, unterschied sich Hitler damals kaum von der großen Masse der besiegten deutschen Soldaten. Im Gegensatz zu Millionen anderen warteten auf ihn jedoch kein Zuhause und keine Familie. Obwohl er sich für den Dienst im deutschen Heer entschieden hatte, war er, der Sohn eines Zollbeamten, österreichischer Staatsbürger. Seine Eltern waren inzwischen verstorben; darüber hinaus befand sich Österreich in einem noch schlechteren Zustand als Deutschland. Auch beruflich hatte er keine Anknüpfungspunkte; als er sich im August 1914 als Rekrut meldete, hatte er quasi ein Vagabundenleben geführt. Er hatte ganze 15 bereits leicht entwertete Mark auf der Bank. Also reiste er Mitte November 1918 nach München zurück, wo er vor seiner Rekrutierung gelebt hatte, um sich wieder seiner Einheit anzuschließen.

An der Wiederherstellung der »Ordnung« im Frühjahr 1919 scheint er nicht aktiv beteiligt gewesen zu sein. Als Vielschwätzer, der sich zu einem nationalistischen Hitzkopf entwickelte, war er für etwas anderes ausersehen. Er nahm an einer politischen Schulung der Reichswehr teil, die er im August abschloss. Nach der Einsetzung einer konservativ-nationalistischen Regierung bemühte sich das Münchner Reichswehrkommando, im Volk Unterstützer für das neue Regime zu finden. Der Gefreite Hitler erhielt den Auftrag, sich vielversprechende lokale Organisationen anzuschauen. So geriet er am Abend des 12. September 1918 in eine Versammlung der winzigen rechten, antisemitischen Deutschen Arbeiterpartei (DAP), die im Veranstaltungssaal des Sterneckerbräus im Tal 54 im Münchener Stadtzentrum stattfand.

Hitler hörte still zu, bis ein Akademiker das Wort ergriff, dessen Ausführungen sein Missfallen erregten und einen verbalen Sturzbach auslösten, mit dem er den Herrn Professor buchstäblich in die Flucht schlug. Der Gründer und Vorsitzende der DAP, Anton Drexler, bemerkte nach Hitlers Tirade bewundernd: »Mensch, der hat a Gosch'n, denn kunnt ma braucha.«[2]

Hitler wurde ein aktives Mitglied der Partei und stellte Drexler, einen schüchternen und unentschlossenen Mann, bald in den Schatten. Nach seiner Demobilmachung im Frühjahr 1920 wurde Hitler zum Propagandachef der Partei, und seiner aufwieglerischen Beredsamkeit war sicherlich deren rascher Aufstieg zu verdanken. Ein Jahr darauf wurde er zum »Führer« der NSDAP – inzwischen war der Parteiname durch das Wort »nationalsozialistisch« ergänzt worden –, als der er auf sein Drängen hin mit diktatorischen Vollmachten ausgestattet war, die er bis zum Ende der Partei behalten sollte.

KAPITEL 19

Hitlers Ablehnung der »Judenrepublik«, wie er sie nannte, war kompromisslos. Im Unterschied zu anderen nationalistischen Parteien predigten die Nationalsozialisten die Nichtbeteiligung am demokratischen Prozess und bereiteten offen einen Putsch vor, um in Bayern und ganz Deutschland die Diktatur ihres Führers zu errichten. Dies brachte der NSDAP in Preußen, wo zwei Drittel der Reichsbevölkerung lebten, und in mehreren anderen größeren norddeutschen Bundesstaaten ein Verbot ein.

Während die Reparationen Wirkung zu zeigen begannen, die sozialen und ökonomischen Unruhen zunahmen und der Wert der Mark in den Keller stürzte, befand sich die äußerste Rechte (wie die Linke) weiterhin im Aufwind. Als Hitler der DAP beitrat, hatte sie weniger als hundert Mitglieder. Ende 1921, nach ihrem Neustart als NSDAP, waren es bereits sechstausend, und obwohl sie im größten Teil des Reiches verboten war, überschritt die Mitgliederzahl 1922 die Marke von 10 000. Im Januar 1923 besaß sie bereits mehr als 20 000 Mitglieder und konnte ihren ersten landesweiten Parteitag veranstalten. Sogar im Ausland lebende Deutsche hatten einen Narren am jungen Hitler gefressen. Die Spende eines Deutschamerikaners in Höhe von tausend Dollar ermöglichte es Hitler im Februar 1923 – als der Kurs der Mark bei rund 28 000 stand –, den *Völkischen Beobachter*, das zwei Mal wöchentlich erscheinende Parteiorgan, in eine Tageszeitung umzuwandeln.

Schlageter gehörte zu den nationalsozialistischen »Untergrundkämpfern« im Norden, als er von den Franzosen verhaftet und hingerichtet wurde.[3] Seine Bindungen waren allerdings etwas komplizierter. Dieser leidenschaftliche junge Nationalist soll einer ganzen Reihe rechter Organisationen angehört und vor seiner Verhaftung sogar heftige Kritik an Hitler geübt haben, der ihm zu wenig Begeisterung für den Ruhrkampf an den Tag legte.[4] Hitlers Reaktion auf die Ruhrbesetzung unterschied sich in der Tat grundlegend von derjenigen der meisten führenden deutschen Nationalisten. Am 11. Januar 1923, dem Tag des französisch-belgischen Einmarsches, erklärte er vor einer großen Menschenmenge im Zirkus Krone in München, er werde nicht in den Chor der Opposition einstimmen, die einen neuen Burgfrieden ausrufe. Die wirklichen Schuldigen, fuhr er fort, seien die Juden und die »Novemberverbrecher« (die Anführer der Novemberrevolution von 1918), die Deutschland derart erniedrigt hätten, dass der »Erzfeind« Frankreich es auf diese Weise demütigen könne. Er kündigte sogar an, dass Parteimitglieder, die sich an Widerstandsaktivitäten im Ruhrgebiet beteiligten, aus der Partei ausgeschlossen würden.[5]

Der junge Hitler
Anfang der
zwanziger Jahre

An der Parteibasis war Hitlers Ruhrpolitik nicht unumstritten, auch wenn er mehr als genug Gift verspritzte, um seine Anhänger, die er als »Armee der Rache« bezeichnete, in Hochstimmung zu versetzen. Die Londoner *Times* berichtete über die Ereignisse nach der Versammlung:

> »Herr Hitler forderte seine Anhänger auf, ruhig nach Hause zu gehen und jede Demonstration auf den Straßen zu vermeiden. Trotz dieser Bitte marschierten ›Sturmabteilungen‹ unter Abgesang faschistischer Kriegslieder durch die Straßen, und das Hotel Vier Jahreszeiten, in dem Mitglieder der Alliierten Kontrollkommission untergebracht sind, war Ziel eines schweren Angriffs. Die Polizei war vorbereitet, und die Angreifer wurden im Nahkampf zurückgeschlagen. Gegen Mitternacht versammelte sich eine Menschenmenge vor dem Rathaus und sang die ›Wacht am Rhein‹, bevor sie sich zerstreute. Doch davor schwor sie einen feierlichen Eid, ›an den Franzosen Rache zu üben für den Einmarsch ins Ruhrgebiet‹.«[6]

Offenbar lenkte der Ruhrkampf in Hitlers Augen nur von der Hauptaufgabe ab, eine faschistische Formation aufzubauen, die in der Lage wäre, dem Vorbild von Mussolinis Machtergreifung im Oktober 1922 zu folgen und

KAPITEL 19

einen »Marsch auf Berlin« zu unternehmen. Dazu passte, dass die NSDAP weiter wuchs und ihre Aktionen bedrohlicher wurden. Am 1. Mai lieferten sich rund 1200 Nationalsozialisten in München eine Straßenschlacht mit Linken. Einigen Berichten zufolge waren Hitlers Gefolgsleute mit Maschinengewehren ausgerüstet. »Es ist erstaunlich, wie viele Männer mit Hakenkreuzabzeichen man in München auf der Straße sieht«, berichtete die *Times*, das Organ des britischen Establishments, drei Wochen später. Der *Völkische Beobachter* werde »jeden Abend von Jugendlichen in voller Faschistenuniform in den meisten Cafés und Restaurants verkauft. Er scheint eine beachtliche Auflage erreicht zu haben.«[7]

Im Frühsommer hatte die NSDAP sich offenbar doch entschlossen, in der Ruhrfrage auf Nummer sicher zu gehen. Auf ihre Initiative hin fand am 10. Juni, zwei Wochen nach Schlageters Hinrichtung, auf dem Münchner Königsplatz eine Trauerfeier statt, an der vierzigtausend Mitglieder der verschiedensten nationalistischen Organisationen teilnahmen. Hitler hielt, laut *Times*, eine »aggressive Rede«, in der er zum »aktiven Widerstand« aufrief und prophezeite, dass bald ein »Sturm losbrechen« werde.[8] Schlageter war dabei, in den Pantheon der NS-Helden aufzusteigen. Weitere »Märtyrer« sollten folgen. Gleichwohl hatte Hitler, auch wenn er sein Fähnchen nach dem politischen Wind gehängt hatte, seine Ruhrpolitik nicht grundlegend geändert. Das französische Vorgehen im Ruhrgebiet war empörend, doch nun ... Franzosen waren eben Franzosen. Jedenfalls aus Hitlers Sicht. Die wirklich Schuldigen blieben, wie üblich, die demokratischen Parteien und ihre Repräsentanten. Nicht zu vergessen ihre jüdischen Hintermänner, die natürlich auch hinter den französischen Plutokraten standen, die die Ruhrbesetzung inszeniert hatten.

Noch besser passte die Vorstellung, dass die Juden an allem schuld seien, zur Nachkriegsinflation. In den Augen der äußersten Rechten standen Juden für Internationalismus, mobiles Finanzkapital und die Verwandlung von ehrlichem, greifbarem Vermögen, das durch die Herstellung und Vermehrung von Dingen erworben wurde, in bloßes unzuverlässiges (und leicht zu stehlendes) Papier. Deshalb galt ihnen die Vernichtung von realen Werten durch die Inflation als im Wesentlichen jüdisches Phänomen.

Im November 1922 erklärte Hitler im Gespräch mit dem amerikanischen Diplomaten und Spion Oberst Truman Smith in der immer noch relativ bescheidenen NSDAP-Parteizentrale in München, das Drucken von Papiergeld müsse aufhören; es sei »das schlimmste Verbrechen der gegenwärtigen Regierung«.[9] Anfang 1923 ritt Hitler noch leidenschaftlicher auf diesem Thema herum, wobei er ständig auf die angebliche »Judaisierung« der Wirtschaft hinwies. Die Regierung fahre in Seelenruhe fort, diese Papierfetzen zu drucken, erklärte er, denn wenn sie damit aufhöre, wäre sie am Ende.[10] »Glauben Sie«, prophezeite er,

> »die Not wird größer und größer werden. Es ist so charakteristisch, dass nicht die Spekulation, sondern gerade die gesamten ehrlichen Existenzen vernichtet werden. Der Gauner mogelt sich durch. Er steigt empor. Aber restlos zermalmt wird der anständige, solide, nicht spekulierende Geschäftsmann, der kleine unten zuerst, aber schließlich auch der ganz große oben. Bleiben jedoch wird bloß der Gauner und Schwindler unten und oben. Die Ursache liegt darin, dass der Staat selbst zum größten Betrüger und Dieb geworden ist ... Ein Raubstaat!«[11]
> »Wenn das Volk entsetzt bemerkt, dass man bei Milliarden Hunger leiden kann, muss es zu dem Entschluss gelangen: Wir beugen uns nicht länger einer Institution, die auf einem trügerischen Majoritätsgedanken aufgebaut ist, sondern wir wollen die Diktatur!«[12]

Die Zeit würde zeigen, ob diese »hungernden Milliardäre« mobilisiert werden konnten, um die Nationalsozialisten an die Macht zu bringen, ehe die Demokratie die Inflation in den Griff bekam. Bislang gab es dafür kaum Anzeichen.

KAPITEL 20
»Das ist zu teuer«

Im Hochsommer 1922 lebte der 23-jährige, bald berühmte Romancier Ernest Hemingway noch in relativer Armut in der Gesellschaft anderer Amerikaner in Paris. Da er von literarischen Texten nicht leben konnte, war er gezwungen, seinen Lebensunterhalt als Korrespondent des *Toronto Star* zu verdienen. Mitte August reiste er im Auftrag der Zeitung mit seiner Frau an die französische Ostgrenze. Für die Reise nutzte er das immer schicker werdende Verkehrsmittel Flugzeug – als Journalist zum halben Preis. Daraus machte er einen Artikel. Einen weiteren Artikel verfasste er nach einem Besuch in der deutschen Grenzstadt Kehl, die von Straßburg aus, das kurz zuvor noch zu Deutschland gehört hatte, jetzt aber wieder eine französische Stadt war, über eine Brücke zu Fuß erreichbar war. Sein Auftrag? Für seine Leser im fernen Kanada das bizarre Phänomen der Inflation zu erkunden:

»Es war kein deutsches Geld in Straßburg zu bekommen. Der anwachsende Bedarf hatte Tage zuvor die Kassen der Banken erschöpft, und wir wechselten ein paar Francs am Bahnhof von Kehl. Für 10 Francs bekamen wir 670 Mark. 10 Francs sind ungefähr 90 Cents in kanadischem Geld. Diese 90 Cents reichten für meine Frau und mich den ganzen Tag, und wir leisteten uns eine ganze Menge. Am Ende hatten wir noch 120 Mark übrig.«

An einem Gemüsestand kauften Hemingway und seine Frau einige Äpfel. Ein gut aussehender, weißbärtiger alter Herr sah ihnen zu und fragte schließlich schüchtern, wie viel die Äpfel kosteten. Zwölf Mark, antwortete Hemingway, worauf der alte Herr lächelnd erwiderte: »Das ist zu teuer. Das kann man nicht bezahlen.« Dann ging er, wie Hemingway in seinem Bericht fortfuhr,

»die Straße hinauf, wie die weißbärtigen alten Herren aus der alten Zeit in allen Ländern gehen, aber er hatte die Äpfel voller Verlangen angesehen. Ich wünschte, ich hätte ihm einige gegeben. An diesem Tag waren 12 Mark gerade zwei Cent wert. Der alte Mann, der seine Ersparnisse – wie alle Menschen, die nicht zu den Kriegsgewinnlern gehörten – wahrscheinlich in deutschen Vorkriegs- und Kriegsanleihen angelegt hatte, konnte sich die Ausgabe von zwei Cent nicht leisten. Er gehörte zu der Sorte Leute, deren Einkommen mit der fallenden Kaufkraft der Mark ... nicht steigt.«

Das Mittagessen im besten Hotel der Stadt kostete umgerechnet 15 kanadische Cent. Nachmittags wimmelte es in der Stadt von Franzosen, die sich in den Cafés mit köstlichen deutschen Cremetorten den Magen vollschlugen. »Der Wirt [einer Konditorei] und sein Gehilfe waren mürrisch. Sie sahen nicht besonders froh aus, als aller Kuchen verkauft war«, fiel Hemingway auf. »Die Mark fällt schneller, als sie backen können.«[1]

Im Januar 1923 gehörte selbst die minimale Toleranz zwischen Franzosen und Deutschen, die Hemingway in Kehl beobachtet hatte, der Vergangenheit an. Die Ruhrbesetzung hatte das Verhältnis zueinander auf einen Zustand der gegenseitigen Bitterkeit zurückgeworfen, der in mancher Hinsicht schlimmer war als in den Kriegsjahren. Und die Mark, die im September gegenüber dem kanadischen Dollar (der etwas weniger als der amerikanische Dollar wert war) bei 800 notiert hatte, war nun rund ein Fünftel dieses bereits miserablen Kurses wert. Für den alten Mann, der an dem Obststand in Kehl so sehnsüchtig auf die Äpfel geschaut hatte, war ein Kilo Äpfel inzwischen so unbezahlbar wie ein Kilo Belugakaviar.

Hemingway konnte in Paris anständig leben, weil es für jemanden, dessen Arbeit in Dollar bezahlt wurde, eine preiswerte Stadt war. Mit zweieinhalb bis drei Dollar, meinte er, komme man gut über den Tag. »Zum gegenwärtigen Wechselkurs«, hatte er früher im Jahr 1922 für den *Toronto Star* geschrieben, »kann ein Kanadier mit einem Jahreseinkommen von 1000 Dollar in Paris ein bequemes und angenehmes Leben führen. Bei normalem Kurs würde derselbe Kanadier verhungern. Wechselkurse sind eine wundervolle Sache.«[2]

Der Franc verlor in dieser Periode, wenn auch weniger dramatisch als die Mark, ständig an Wert. Dementsprechend anziehend war das billige

KAPITEL 20

Pariser Leben – ebenso wie die kulturellen Reichtümer der Stadt – für die »verlorene Generation«; die Flucht vor der Prohibition in Amerika war indes auch ein Grund, nach Frankreich zu gehen. Manche Amerikaner gingen aufs Ganze und reisten weiter nach Berlin, wo die ökonomische Macht, die ihnen ihre Währung verlieh, buchstäblich fantastisch war. Als der amerikanische Schriftsteller und Literaturkritiker Malcolm Cowley seinen Freund Matthew Josephson besuchte, der Anfang der zwanziger Jahre nach Berlin gezogen war und von dort aus eine Literaturzeitschrift herausgab, war er erstaunt,

> »dass Josephson für einen Lohn von hundert US-Dollar pro Monat in einem Doppelhaus mit zwei Angestellten, Reitstunden für seine Frau, Essen nur in den nobelsten Restaurants, Trinkgeldgaben fürs Orchester, Bildersammelei und Zuwendungen an bedürftige deutsche Schriftsteller lebte. – Ausländer führten ein Irrsinnsleben in Berlin …«[3]

Im November 1922 vermeldete der Londoner *Observer* eine »starke ausländerfeindliche Strömung, die in der Berliner Bevölkerung zunimmt«. Begonnen habe es mit einem Groll gegenüber den armen Juden, die zu Kriegszeiten und danach aus Galizien, dem früheren österreichischen Teil Polens, in die Stadt gekommen waren. Als Nächstes sei eine Welle der Wut auf Ausländer gefolgt, die mit ihrer »harten Währung« in Saus und Braus leben konnten:

> »Ganze Viertel mit großen Wohnhäusern mit zehn bis fünfzig Wohnungen sind von Leuten aufgekauft worden, die bald nach der Unterzeichnung des Waffenstillstandes in Mark spekuliert hatten und denen das Papier in ihrem Besitz immer größere Sorgen bereitete. Irgendetwas zu kaufen, das in Stein dastand, bedeutete, vielleicht doch noch einen soliden Wert für ihr Geld zu erhalten. Deutsche Hausbesitzer waren aufgrund der von der deutschen Regierung eingeführten Mietbeschränkungen, die Vermieter zu Bettlern machen, geradezu gezwungen zu verkaufen, und zwar aus Furcht vor einer ›Sozialisierung‹ möglichst schnell.
>
> Die Hälfte der Selbstständigen besaß einige solche Häuser, die das Familienvermögen darstellten, und die Misere der Intellektuellen ist ebenso eng mit ihrem Immobilienbesitz verknüpft wie ihr Beruf. Spa-

nier, Holländer und jüngst auch Tschechen haben ganze Straßenzüge gekauft und weigern sich, mehr Reparaturen durchzuführen, als das Gesetz den unglücklichen deutschen Vermietern aufnötigt. Solche Hausbesitzer können den unsterblichen Hass vieler Menschen entfachen, so vieler, wie in ihren Häusern wohnen. Heute erkennt man, dass der Ruin der einstigen Schicht der Besitzenden vollkommen sein wird, sobald die Mark stabilisiert ist. Ein großer Teil des plötzlich auftretenden proletarischen ›Hasses‹ [auf Ausländer] ist so zu erklären, und bestimmte Verhaltensweisen in Eisenbahn und Straßenbahn sowie auf öffentlichen Plätzen dürften darauf zurückzuführen sein.«[4]

Im Januar 1923 forderte der Staatssekretär in der Reichskanzlei Eduard Hamm in einer Denkschrift eine strenge Einwanderungskontrolle nicht nur für Juden aus dem Osten – versteckt hinter dem Codewort »Ostwanderer« –, sondern für alle Ausländer, die in Deutschland Geschäfte tätigen und wohnen wollten (insbesondere, wenn sie den Erwerb von Immobilien planten). Hamm trat nachdrücklich dafür ein, von Ausländern in Hotels, Theatern, Restaurants und anderen Vergnügungsstätten höhere Preise als von Einheimischen zu verlangen und ihnen sowohl bei der Einreise als auch während ihres Aufenthalts in Deutschland besondere Steuern und Gebühren abzuverlangen. All dies spiegelte einen weitverbreiteten Unmut wider, das Gefühl, die Ausländer würden die Schwäche Deutschlands zu ihrem persönlichen Vergnügen und Profit ausnutzen.

Diese Idee war nicht neu, ebenso wenig wie der inoffizielle Gedanke, Ausländer zur Ader zu lassen, die, laut *Manchester Guardian,* den günstigen Wechselkurs nutzten, um einen »billigen Urlaub in Deutschland« zu genießen. Die preußische Regierung plane, eine Abgabe von vier Goldmark (klugerweise keine Papiermark) für jeden Aufenthaltstag in Deutschland zu erheben.[5] Auch die *Times* ging darauf ein. Unter der noch missgünstigeren Überschrift »Ausländer schröpfen. Deutschland bereit für Touristen« berichtete sie: »Während die Reisezeit näherrückt, wird in Deutschland eifrig darüber diskutiert, wie man ausländische Besucher ausplündern kann.« Nach der Erwähnung des Tagesgelds und des in Geschäften, Hotels und Restaurants häufig verlangten »Aufpreises« erging sich die *Times* in einer generellen Schimpftirade, die sich vermutlich nicht zuletzt der antideutschen Einstellung ihres hemdsärmeligen Besitzers, Lord Northcliffe, der kurz zuvor das Rheinland besucht hatte, verdankte:

KAPITEL 20

»In Deutschland werden Ausländer betrogen – man sollte die Sache schon beim Namen nennen –, wann immer ein Verkäufer eine Chance dazu sieht. Im alltäglichen Umgang in Hotels und Geschäften findet sich auch nicht der geringste Schimmer von gewöhnlicher Geschäftsmoral. Den Aufpreis kann man leicht umgehen, wenn man einen deutschen Bekannten oder sogar einen Deutschen als Kommissär vorschickt. Noch leichter vermeidet man es, wenn man bei offensichtlich übertriebenem Preis keinen Kauf tätigt.

Man kann es den deutschen Geschäftsinhabern nicht verdenken, dass sie einen Teil vom Schwindelkuchen abhaben wollen, wenn Regierungen ihnen ein Beispiel geben. Bayern etwa hat bekannt gegeben, britische Staatsbürger hätten für den Eintritt zu Aufführungen sämtlicher Staatstheater und Opernhäuser das Fünffache dessen zu zahlen, was von Deutschen verlangt werde. Diese Vorschrift ist von Inspektoren zu kontrollieren, die berechtigt sind, sich die Pässe vorzeigen zu lassen – mit allen dazugehörigen Schikanen. Infolgedessen ist das lustige Spiel ›Betrüg die Ausländer‹ in Münchner Hotels und Geschäften äußerst beliebt. Denn, so die Annahme, was dem Staat recht ist, kann dem Bürger nur billig sein.«[6]

Northcliffe verstarb drei Monate später mit nur 57 Jahren, nachdem er im französischen Kurort Evian plötzlich erkrankt war. Damals umlaufenden Gerüchten zufolge soll er an Syphilis gestorben sein; nach offizieller Lesart erlag er einer bakteriellen Endokarditis, einer Entzündung der Herzklappen, die für den fiebrig erregten Zustand in seinen letzten Lebenswochen verantwortlich gewesen sein mag. Kurz vor seinem Tod, als er eindeutig nicht mehr bei sich war, schrieb der noch nie sonderlich ausgeglichene Pressebaron zahlreiche Telegramme, die auf ärztlichen Rat nicht verschickt wurden. Eines an den Chefredakteur der *Times*, Wickham Steed, lautete: »Von Deutschen mit Eiscreme vergiftet.«[7]

Als der Markkurs in den ersten Wochen des Jahres 1923 immer steiler abstürzte, wurde die Situation für Ausländer immer verwirrender. An einem Tag, an dem ein Dollar 22 800 und ein Pfund 107 000 Mark wert war,[8] berichtete eine Korrespondentin des *Manchester Guardian*: »In Berlin erzählt man sich die Geschichte einer Frau, die mit einem Korb voller Papiergeld einkaufen ging und ihn für eine Minute abstellte. Als sie sich nach ihm umsah, war der Korb gestohlen – aber das Geld war noch da.« Den unerfahrenen Besucher brachte es unter anderem durcheinander, dass amtlich festgesetzte Preise, etwa für Straßenbahn- und Eisenbahnfahrscheine oder staatliche Theater und Opernhäuser, relativ niedrig blieben, da Staats- oder Kommunalbeamte anders als Fabrikanten oder Geschäftsinhaber nicht berechtigt waren, die Preise auf der Grundlage eines täglich berechneten Index zu erhöhen oder herabzusetzen. Die Korrespondentimn des *Manchester Guardian* berichtete weiter:

»Wenn man zum Beispiel ... eine Eintrittskarte für die Oper kauft oder mit der Straßenbahn fährt, bleibt man in den Hundertern [Mark]. Deshalb machen es die hohen Lebenshaltungskosten einem deutschen Intellektuellen zwar unmöglich, zu forschen und Bücher zu kaufen, aber sie halten die Menschen nicht von jeglicher intelligenter Unterhaltung fern. ›Hunger hat man sowieso, warum also nicht noch ein bisschen mehr hungern und in die Oper gehen‹, antwortete ein junges Mädchen philosophisch auf die Frage, warum die Opernhäuser überall in Deutschland selbst in der jetzigen Krise so voll sind. ›Für den Preis einer Eintrittskarte könnte man sich nicht einmal einen Laib Brot kaufen.‹

Die Preise sind heute in Deutschland derart anomal, dass man, sobald man die Theater und Straßenbahnen hinter sich lässt und nicht rationiertes Brot, von dem sich die meisten Menschen ernähren, oder Margarine oder Ersatz-Kaffee oder natürlich Wurst und Fleisch und Butter einkauft, bald mit Tausendern rechnen muss.«

So konnte man für den Preis eines Pfunds Margarine mit der Eisenbahn von Berlin nach Dresden fahren (200 Kilometer). Aber wie viel Trinkgeld sollte man dem Kofferträger am Bahnhof geben? Und was, wenn man die Kühnheit besaß, an seinem Zielbahnhof ein Taxi zu rufen? Dann stellte man fest, dass eine dreiminütige Fahrt mehr kostete als die ganze Reise mit der Eisenbahn. Im *Manchester Guardian* las man weiter:

»Schließlich, wenn man die Unstimmigkeiten der verschiedenen Tarife halbwegs gemeistert hat, besteht immer noch die Chance, dass man Letztere durcheinanderbringt und Zehntausende anstatt Tausende bezahlt. Zum Glück gab in dem Fall, an den ich denke, der freundliche

KAPITEL 20

Kellner, der als Kriegsgefangener in England gewesen war und drei Tage lang die Tatsache verbarg, dass er fließend Englisch sprach, um das Deutsch seines Gastes nicht zu beschämen, das Geld stillschweigend zurück und verhinderte so, dass sie 50 000 anstatt 5000 Mark für ein Abendessen ausgab – zum damaligen Wechselkurs eine Ersparnis von einer halben Krone [12 ½ Pence].«[9]

Kein Deutscher hätte einen solchen Fehler begangen und, wenn er überleben wollte, auch nicht begehen dürfen. Die Lage der in den deutschen Theatern und Opernhäusern beschäftigten Künstler zählte ebenfalls zu den Anomalien. Die sowohl von Ausländern als auch von kulturbeflissenen Einheimischen geschätzten relativ billigen Eintrittskarten erschwerten es den Leitern dieser Einrichtungen – sofern sie nicht ständig an die Inflation angepasste Subventionen erhielten –, den Künstlern anständige Gagen zu zahlen sowie eine Beschäftigungsgarantie zu geben und dennoch einen Gewinn zu erzielen. Zusätzlichen Unmut verursachte die Tatsache, dass Handwerker und Techniker wie Bühnenbauer und Elektriker gewerkschaftlich organisiert und im Allgemeinen im Inflationsspiel weiter vorn lagen als die »Kreativen«.

Außerdem wurde eine vermeintliche Verflachung des Theaterprogramms in Anpassung an den Geschmack der Inflationsprofiteure bemängelt. Damit meinten Kritiker Stücke wie Frank Wedekinds *Die Büchse der Pandora* und Arthur Schnitzlers *Der Reigen*. Solche Dramen passten angeblich zu den neureichen Theaterbesuchern, die jetzt aufgrund der Verarmung der alten gebildeten Schicht im Zuschauerraum und in manchen Fällen sogar im Vorstand kommerzieller Theater saßen. All dies führte im November 1922 zu einem Streik der Schauspieler der Berliner Privatbühnen.[10]

Den Stars ging es allerdings besser als der Masse, zumal wenn sie in der boomenden deutschen Filmindustrie hohe (und häufig inflationsangepasste) Gagen erhielten. Außerhalb der Theaterwelt stieß der Streik jedoch auf wenig Sympathie, und nach leidenschaftlichem Beginn bröckelte er denn auch relativ schnell ab und endete kurz vor Weihnachten ergebnislos. Siegfried Jacobsohn, der als Theaterkritiker angefangen und seine Zeitschrift zunächst *Die Schaubühne* genannt hatte, bevor er ihren Themenkreis um Politik, Wirtschaft und Weltgeschehen erweiterte und sie in *Die Weltbühne* umtaufte, kritisierte die Schauspieler, weil sie nicht sähen, dass es vielen tausend Geistesarbeitern genauso ging wie ihnen. In dem dramatisch als Gespräch zwischen einem Schauspieler, einem Theaterdirektor und einem Kritiker angelegten Artikel bemerkt Letzterer kühl:

»Was wird aus den überzähligen Journalisten, Malern, Dozenten, Ärzten? Wenn von 2300 Berliner Anwälten 682 kein Jahreseinkommen von 18 000 Mark erreichen, so haben sie die Wahl, zu verhungern oder den aussichtslosen Beruf zu wechseln; und treffen, notgedrungen, von Fall zu Fall ihre Wahl. Wer und was keinem Bedürfnis mehr dient, begehre nicht, um seiner selbst willen, um seiner schönen Augen, seiner schönen Stimme, seiner schönen Beine willen, von einem jammervoll verelendeten Volke mit durchgefüttert zu werden.«[11]

Jacobsohn wies außerdem darauf hin, dass es in Berlin, da infolge des Streiks weniger als ein Drittel der Bühnen bespielt werde, zehn volle anstelle von 35 halbvollen Theatern gebe – für Schauspieler, Theaterdirektoren und Theaterbesitzer eine elementare und zugleich ziemlich unheilvolle Lektion in Ökonomie. Auch Schriftsteller, Komponisten und Maler steckten aufgrund der Inflation in ernsten Schwierigkeiten. Schon vor dem Beginn, sogar schon vor dem Krieg, hatte in Deutschland wie anderswo ein leidenschaftlicher Streit zwischen Kunstschaffenden aller Art einerseits und Verwertern und Käufern andererseits getobt – der natürlich auch heute noch geführt wird. Autoren anspruchsvoller literarischer und wissenschaftlicher Werke haben sich gegenüber der ökonomischen Macht der Verleger schon immer im Nachteil befunden, ohne wie Unterhaltungsschriftsteller das Verhandlungsargument hoher Auflagen ins Feld führen zu können.

Bereits in einer relativ frühen Phase des Währungsverfalls verschärfte sich die Situation erheblich. Da sich die Verlage selbst an eine Zeit ungewisser Kosten und noch ungewisserer Gewinne anpassen mussten und die gebildete Schicht, die einen großen Teil ihrer Kundschaft ausmachte, in finanziellen Nöten steckte, begannen sie besonders hart zu verhandeln und für wissenschaftliche Werke, falls es sich nicht um Lehrbücher und Nachschlagewerke handelte, Zuschüsse zu verlangen.[12] Als Schriftsteller- und Künstlerorganisationen seitens der Politik eine gewisse Unterstützung für ihre Forderung nach Einführung einer fünf- bis zehnprozentigen Steuer auf Bücher, Notendrucke und Aufführungen gewannen – die in Not geratenen Künstlern zugutekommen sollte –, schlugen die Verlage gnadenlos zurück:

KAPITEL 20

»Das *ganze* deutsche Volk leidet jetzt Not; wir befinden uns ›in der Schrumpfung der Wirtschaftsbasis eines hochstehenden Kulturvolkes‹. Für keinen langt es mehr. Ganz gewiss soll nicht verkannt werden, dass die materielle Bewertung geistiger Arbeit in und nach der Revolution zurückgeblieben ist gegenüber der körperlichen Arbeit ... Aber wer seine und der Seinen Schicksal auf so unsichere Grundlage stellt, darf sich nicht beschweren, wenn sie bei Versagen seiner Schaffensfrische oder zu kritischen Zeiten ihm unter den Füßen weicht.«[13]

In den nächsten zwei Jahren entspann sich in der *Weltbühne* eine heftige Auseinandersetzung. Lässt man die niedrigen Honorare einmal beiseite, so waren die scheinbar vernünftigen Zahlungsvereinbarungen, auf die man sich bei Vertragsabschluss geeinigt hatte, bei Auslieferung des Buches Monate oder sogar Jahre später aufgrund des sich beschleunigenden Wertverfalls der Mark so gut wie nichts mehr wert. Die Verlage bestanden auf dem Grundsatz »Mark ist Mark« (der auch der offiziellen Reichsbankpolitik entsprach), ohne Vorkehrungen für Kaufkraftänderungen der vereinbarten Summe zuzulassen und eine Inflationsanpassung zu ermöglichen. So mochte ein Schriftsteller, der für eine Auflage seines Buches einen Vorschuss auf der Basis eines Prozentanteils an einem festen Ladenpreis vereinbart hatte, jedes Mal, wenn er an einer Buchhandlung vorbeikam, feststellen, dass der Preis seines Buches schon wieder gestiegen war. Wer so verwegen war, eine Vergütung für gestiegene Buchhandelspreise zu verlangen, kam nicht weit. Gleichwohl räumte der Verleger Kurt Wolff gegenüber dem Schriftsteller Herbert Eulenberg, mit dem er und andere Verleger sich auf den Seiten der *Weltbühne* diese erbitterte Schlacht lieferten, ein:

»Es liegt mir fern, zu verkennen, dass im Endeffekt selbstverständlich im Allgemeinen der Autor am Sarge der Papiermark geschwächter dasteht als ein wirtschaftliches Unternehmen, wie es ein Verlag ist; denn die Verleger haben die Möglichkeit gehabt, durch gewisse kaufmännische Maßnahmen Äquivalente zu schaffen, die nicht die Schädigung der Markentwertung zu kompensieren vermochten, aber doch immerhin die völlige Zerrüttung des Betriebes verhinderten; ich denke an die Inflationsgewinne, die durch die Möglichkeit erzielt wurden, gelegentlich die für Neuherstellung erforderlichen Papiermengen, Druckerei- und Buchbinderrechnungen mit Akzepten zu bezahlen, aber mit einem Geld einzulösen, das weit schlechter war als am Tage der Begebung des Akzeptes. Ohne solche Krücken hätte der deutsche Verlag die Produktion überhaupt längst einstellen müssen.«[14]

Insofern war der Verleger ein kleiner Stinnes, der anstelle von Kohle und Stahl Drucke und Papier herstellte und seine Rechnungen und Kredite mit entwerteten Mark bezahlen konnte. Anderswo setzte sich die Flucht in »Sachwerte« fort.

Die Lebensmitteleinfuhr hatte die Zahlungsbilanz Deutschlands schon immer belastet. Dies war schon vor dem Krieg so gewesen, und die Abtretung von rund 15 Prozent der deutschen Landwirtschaftsflächen an Polen und Frankreich im Jahr 1919 hatte die Lage noch verschärft.[15] Darüber hinaus mussten aufgrund der territorialen Verluste im Osten und Westen viele von der deutschen Industrie benötigte Rohstoffe (insbesondere Kohle und Zink aus dem jetzt polnischen Oberschlesien sowie Eisenerz aus dem wieder an Frankreich gefallenen Lothringen) importiert werden. Deshalb konnte die deutsche Regierung in der Nachkriegszeit mit Recht darüber klagen, dass Gold und Devisen, die man eigentlich für die Einfuhr von Nahrungsmitteln brauchte, für den Import anderer Güter, die man vor dem Krieg aus Quellen innerhalb Deutschlands beziehen konnte, verwendet werden mussten oder aber von den Alliierten als Reparationen beansprucht wurden. Dem deutschen Volk blieb so nur der Hunger.

Aufgrund der Erholung der deutschen Industrie nach der Aufhebung der Blockade und der relativen Stabilisierung in den Jahren 1920/21 hatte man mehr Lebensmittel importieren können. Die »Goldlöckchen«-Politik der Regierung – die Mark schwach genug zu halten, um den Export anzukurbeln, aber stark genug, um lebenswichtige Einfuhren zu ermöglichen – hatte zu einer Verbesserung der Ernährungslage geführt und in der Folge zu einer Verbesserung der Volksgesundheit (wenn auch nicht auf den Stand von 1914).

Der erneute Verfall der Mark seit Juni 1921, der sich 1922 zur Hyperinflation verschärfte, hatte erneut zu enormen Problemen mit der Lebensmitteleinfuhr geführt. Die Reichsbank musste Devisen freigeben, in den Wochen nach der Ruhrbesetzung jedoch einen großen Teil ihrer

KAPITEL 20

Valutareserven zur Stützung der Mark verwenden. So kam es, dass ausländische Lebensmittellieferungen in ihren deutschen Zielhäfen festlagen, während man auf die nötigen Devisen wartete, um sie einführen zu können.[16]

Die deutschen Bauern waren ebenso wenig wie in der letzten Kriegsphase in der Lage, die Versorgungsmängel auszugleichen. Selbst wenn man die an Polen abgetretenen Gebiete abrechnete, hatte die Produktivität der deutschen Landwirtschaft noch nicht annähernd wieder das Vorkriegsniveau erreicht. Die Knappheit an Düngemitteln, natürlichen wie künstlichen, von denen viele ebenfalls importiert werden mussten, blieb gravierend. Während des Krieges waren Nitrate systematisch von der Landwirtschaft in die Sprengmittelproduktion umgeleitet worden, und die vernachlässigten Felder hatten sich noch nicht wieder erholt. Auf jeden Fall fiel es den Behörden schwer, die Bauern dazu zu bewegen, die Bevölkerung, insbesondere die städtische, zu vertretbaren, in Papiergeld zu zahlenden Preisen mit Nahrungsmitteln zu versorgen. 1922/23 konnten Bauern, wenn sie ihr Gewissen nicht zu sehr plagte – was selten der Fall war –, von Privatpersonen und Großhändlern, den ehrlichen wie den unehrlichen, die aus den Städten zu ihnen strömten, um ihre Produkte zu kaufen, beliebig hohe Preise verlangen.

Mit Blick auf die Fälle von eklatanter Geldschneiderei, die ihm von der Prüfungsbehörde gemeldet wurden, hatte der Regierungspräsident von Niederbayern kurz vor dem Beginn der Hyperinflation geschrieben:

»Die Sorge ums tägliche Brot nimmt nicht nur unter Arbeitern, Angestellten und Beamten, sondern auch unter Selbstständigen zu, von Kleinrentnern und Pensionären ganz zu schweigen. In den Städten und bessergestellten Landwirtschaftsbezirken sind die Gegensätze besonders groß. Auf der einen Seite gibt es die verschiedenen Großhändler und sonstigen Kaufleute sowie die wohlhabenden Bauern, auf der anderen die Verbraucher, die mit dem Nötigsten zu kämpfen haben. Es ist offenkundig, dass sich unter diesen Umständen auch die politischen Gegensätze verschärfen. Die Unzufriedenheit der arbeitenden Bevölkerung richtet sich vor allem gegen Juden und Bauern, wie man täglich in den in der Eisenbahn geführten Gesprächen hören kann. Die Nationalsozialisten bekommen anscheinend immer mehr Zulauf. Wenn sie auch nicht immer die nötige Zurückhaltung üben, stellen sie doch ein nicht zu unterschätzendes Gegengewicht zu den linken Radikalen dar, die in der Errichtung einer Diktatur des Proletariats ihr Ideal zu sehen scheinen.«[17]

Augenscheinlich war Berlin nicht Deutschland (und ist es auch heute nicht). Die exotischen Geschichten, die man sich über Dekadenz und Ausschweifungen auf der einen Seite und tuberkulöse Armut in der Hauptstadt auf der anderen Seite erzählte, spiegelten nicht das Leben wider, wie es auf dem Höhepunkt der Inflation anderswo in Deutschland war. In ländlichen Gegenden gab es immer Nahrungsmittel; man konnte sie kaufen, besonders wenn man »Beziehungen« hatte, oder eintauschen oder aber selbst anbauen.

Anfang der zwanziger Jahre stellten Bauern noch einen erheblichen Teil der Bevölkerung. Über zwei Millionen Menschen, ihre Familienangehörigen nicht mitgerechnet, verdienten sich ihren Lebensunterhalt ausschließlich mit der Landwirtschaft; ihre Zahl war in den vorangegangenen 15 bis zwanzig Jahren kaum zurückgegangen.[18] Hinzu kamen mehr als drei Millionen »Parzellisten«, Besitzer kleiner Landstücke von weniger als zwei Hektar. Um sich über Wasser zu halten, arbeiteten viele von ihnen in der Industrie, in Bergwerken oder verdingten sich in der Landwirtschaft. Ein Drittel aller wirtschaftlich aktiven Deutschen, damals rund 13 Millionen, waren auf die eine oder andere Art von der Landwirtschaft abhängig. Landbewohner, auch wenn sie keine richtigen Bauern waren, hatten für gewöhnlich einen Garten, in dem sie Gemüse anbauten oder ein Schwein oder Hühner hielten. Selbst der kleinste Parzellist, auch wenn er nicht im Luxus lebte, würde nicht verhungern, ganz gleich, was mit der Papiermark und der Industrie passierte.

August Heinrich von der Ohe, ein stellvertretender Schuldirektor und Chorleiter in den Fünfzigern, gehörte zu den Deutschen, die das Glück hatten, auf dem Land zu leben, in seinem Fall in der Lüneburger Heide. Er besaß etwas Land, auf dem er Gemüse anbauen und Vieh halten konnte, sowie vielleicht eine von Familienangehörigen betriebene Gaststätte als Nebenverdienstmöglichkeit – er spricht vage von einer »Wirtschaft«, womit er auch ein anderes Geschäft gemeint haben könnte. Bisweilen scheint er es schwer gehabt zu haben, im Großen und Ganzen aber zurechtgekommen zu sein und, liest man zwischen den Zeilen seines Tagebuches, sogar einen gewissen Wohlstand genossen zu haben, zumindest im Vergleich zu Millionen anderer Deutscher. Sein Tagebuch enthält überwiegend Preislisten von Lebensmitteln, Kleidung und Vieh – er war ein Schäfersohn und stützte sich, je weiter die Inflation voranschritt, offenbar immer mehr auf das, was er anbauen oder aufziehen konnte – sowie Bemerkungen über sein Lehrergehalt, das zwar ab und an erhöht wurde, meistens aber nicht annähernd genug, um den Preisanstieg auszugleichen:

»1. November 1921:
(Gespräch mit einem Musiklehrer) Er meinte, wenn wir doch nur erst bankrottmachten, dann könnten wir doch von vorne anfangen. Aber so wüsste man nicht, was man tun sollte. Wenn er etwas Geld habe, kaufe er sich Bilder oder sonst etwas. Ich riet ihm, Aktien zu kaufen. Er meinte, das sei auch unsicher.

10. November 1921:
In der Mühle ist kein Roggenschrot mehr zu bekommen. Nur gegen Tausch von Roggen. Die Bauern verkaufen keinen Roggen. Mais kostet 300 Mark, Kartoffeln kosten 105, der Dollar kostet 300 Mark.

5/6. Dezember 1921:
Ein Pfund Butter kostet 44 Mark. Ein Liter Milch in Lüneburg 5 Mark, bei uns 3 Mark, ein Zentner Kartoffeln 100 Mark, ein Zentner Roggen 300 Mark; Buchweizen, weil schlecht gewachsen, 500 Mark; Maisschrot bei 160 Mark, ein Ei 4 Mark. Wir haben ein neues Gehaltsgesetz bekommen. Nach demselben erhalte ich Grundgehalt 2600 Mark; Orts- und Teuerungszulage 8400 Mark, Kinderzulage 5600 Mark und doch kann man nicht damit auskommen. Wenn wir nicht unsere Wirtschaft hätten, würde es uns schlecht gehen.«[19]

Während des Krieges und bis in die Inflationszeit hinein stieg die Zahl der Deutschen, die, unter anderem am Stadtrand, Kleingärten besaßen oder gepachtet hatten. Die Zahl der Mitglieder von Kleingartenvereinen verdreifachte sich zwischen 1913 und 1919 von 37 000 auf 91 000; die Gesamtzahl der aktiven Kleingärtner dürfte um ein Vielfaches höher gelegen haben. 1921 wurde ein reichsweiter Kleingartenverband gegründet, dessen Mitgliederzahl rasch auf 400 000 stieg.[20] In Wien, wo die Inflation, mit ähnlichen Folgen wie in Deutschland, ebenfalls grassierte, wurden 1919 rund 13,7 Millionen Eier von großen kommerziellen Hühnerhöfen angeboten, und zwei

Millionen kamen von Hühnern, die auf kleinen Grundstücken oder in Kleingärten gehalten wurden. 1922 stammen nur noch 9,5 Millionen Eier aus der kommerziellen Produktion, während sich die Zahl der von kleinen Hühnerhaltern stammenden Eier auf 19,2 Millionen nahezu verzehnfacht hatte.[21] Obwohl Kleingärten in den Großstädten immer beliebter wurden, war für viele Städter zu diesem Zeitpunkt entscheidend, ob sie Verwandte auf dem Land hatten. Dies wird in persönlichen Erinnerungen immer wieder hervorgehoben. Stellvertretend für alle anderen sei hier ein Lehrer aus Schlesien zitiert:

»Natürlich konnte eine Familie mit vier Kindern in dieser Zeit kaum mit der Kaufkraft der Papiermark leben. Hier kam die Nähe der bäuerlichen Abstammung von Vater und Mutter uns zu Hilfe. Aus dem 7 Kilometer entfernten Himmelwitz meiner Mutter wie aus dem 50 Kilometer entfernten Hohndorf meines Vaters erhielten wir von den Bauernhöfen genügend Brot, Rauchfleisch, Schinken, Eier und Butter, damit die Lehrerskinder nicht zu hungern brauchten.«[22]

Angesichts der Lebensmittelknappheit und der schwierigen Arbeitsmarktlage sahen in den frühen zwanziger Jahren viele die Lösung darin, zu einer vorübergehenden, aber auf ihre Weise spektakulären Umkehr der seit Langem bestehenden und scheinbar unaufhaltsamen stetigen Urbanisierung des Reiches beizutragen: In den ersten Nachkriegsjahren, einschließlich der Zeit der Hyperinflation, zogen zwei Millionen Menschen aus den Städten aufs Land.[23]

Städter, die blieben, wo sie waren, keine Verwandten auf dem Land besaßen, in einer Fabrik, einem Bergwerk, einem Büro oder einem Geschäft arbeiteten und in einem Mietshaus ohne Garten wohnten, waren mit Versorgungsmängeln und, als die Inflation außer Kontrolle geriet, mit unerschwinglichen Schwarzmarktpreisen konfrontiert. Im Februar 1923, knapp einen Monat, nachdem die Ruhrbesetzung einen weiteren Absturz der Mark ausgelöst hatte, berichtete die Londoner *Sunday Times* aus Berlin:

»… die allgemeine Folge des Kurseinbruchs ist eine rapide Preiserhöhung für Lebensmittel. Der Fleischpreis ist beispielsweise in den letzten vierzehn Tagen um 250 Prozent gestiegen, und in einigen ärmeren

KAPITEL 20

Vierteln Berlins sind Hungerunruhen ausgebrochen. Die Öffentlichkeit lässt es an den Einzelhändlern aus, für die auch ein spezielles Wuchergericht existiert. Aber man räumt jetzt allgemein ein, dass die Schuld hauptsächlich bei den Bauern liegt. Sie pfeifen auf staatliche Verordnungen und legen ihre Preise ausschließlich in Dollar fest. Sie wissen sehr gut, dass bei jeder Störung ihrer Kreise der Regierung Cuno von den Klagen der Bauernpartei die Ohren klingen würden.«[24]

Die Antwort auf die Knappheit war das »Hamstern«. Bedürftige Städter fuhren ins Umland und versuchten von den Bauern Lebensmittel zu kaufen, zu tauschen oder zu erbetteln. So gingen viele Familienerbstücke in den Besitz von Bauern über, und viele Bauersfrauen und -töchter konnten sich mit Juwelen und nach der neuesten Mode geschneiderten Kleidern schmücken.

Doch nicht jeder Städter war bereit, aufs Land zu fahren und mit den Bauern um Lebensmittel zu feilschen. Manche griffen zu drastischeren Methoden. In Sachsen, dem ältesten, heute etwas heruntergekommenen Industriegebiet Deutschlands, und dem zweiten wichtigen mitteldeutschen Bundesland, Thüringen, war die Linke weiterhin eine starke Kraft. Nach Wahlen in Sachsen kam im April 1923 mit Unterstützung der Kommunistischen Partei, die nach der Eingliederung des linken Flügels der aufgelösten USPD in lokalen Umfragen deutliche Zugewinne erzielt hatte, die Sozialdemokratie an die Regierung. Im selben Jahr ging die thüringische SPD sogar eine Koalition mit der KPD ein; eine scharfe soziale und politische Polarisierung war die Folge.

Weder die Mittelschicht noch die Landbevölkerung in diesen beiden Ländern war zur Zusammenarbeit mit den linken Regierungen bereit. Daraufhin schwärmten Gruppen von sozialdemokratischen und kommunistischen Arbeitern aufs Land aus, aber nicht um Erbstücke gegen Rüben zu tauschen, sondern um zu beschlagnahmen, was die Bauern nach ihrer Ansicht der Arbeiterklasse vorenthielten. Es war damals hier und anderswo in Deutschland durchaus üblich, dass Arbeiter aus den Städten die Felder von Bauern plünderten. In Sachsen geschah es jedoch in organisierter, halboffizieller Form. So marschierten fünfhundert Arbeiter der Porzellanfabrik in Radeberg bei Dresden zu einem nahegelegenen Dorf, wo sie große Mengen von Milchprodukten entdeckten und konfiszierten. Zwar erhielten die Bauern im Gegenzug für das Versprechen, die Städter in Zukunft zu versorgen, Quittungen für ihre Produkte, aber das änderte nichts daran, dass es sich um eine quasi-offizielle Enteignung nach sowjetischem Muster handelte. Einige Tage später kamen Fleischer in das Dorf, um für die Ernährung der Stadt Tiere zu schlachten.[25]

Aber auch auf dem Land nahm der Existenzkampf hässliche Formen an. Der Krieg aller gegen alle, der zum auffälligsten Merkmal der Hyperinflation wurde, hatte begonnen.

Nachdem sich die Regierung Cuno entschieden hatte, alles auf den »passiven Widerstand« im Ruhrgebiet zu setzen, versuchte sie nun, die seltene und vorübergehende Einigkeit im Reich zu nutzen, um sowohl wirtschaftlich als auch politisch eine gewisse Stabilität zurückzuerlangen. Und tatsächlich kam es im Februar und März zu einer kurzen Atempause, in der die Situation zwar nicht besser, aber auch nicht viel schlechter wurde. Die Frage war nur, ob diese »Regierung der Fachleute« die Aufgabe zu bewältigen vermochte, an der bisher noch jede Regierung der Weimarer Republik gescheitert war. Die Zeichen standen nicht gut.

KAPITEL 21

Hungernde Milliardäre

Angesichts der Notwendigkeit, das ohnehin schon riesige Haushaltsdefizit wegen der Unterstützung für den »passiven Widerstand« noch erheblich zu vergrößern, schnürte der Mann, der vor seiner Kanzlerschaft der beliebteste Politiker des Landes gewesen war, ein Paket aus vielfältigen finanziellen und diplomatischen Maßnahmen. Sie würden Deutschland, so hofften Cuno und seine Technokraten, in die Lage versetzen, die Krise zu überstehen, die Franzosen aus dem Ruhrgebiet herauszubefördern und eine grundlegende Änderung der Reparationsbedingungen zu erreichen.

In der Erregung nach der Ruhrbesetzung verabschiedete der Reichstag am 23. Februar 1923 mit den Stimmen der Sozialdemokraten ein »Notgesetz«, das es der Regierung erlaubte, Sozialleistungen sowie finanzielle, ökonomische und juristische Vorschriften auch ohne die übliche Zustimmung des Reichstages zu ändern. In Anwendung dieser neuen Ermächtigung verordnete die Regierung umgehend eine strengere Bestrafung von Wucher, ungerechtfertigten Preiserhöhungen, Schwarzmarktgeschäften und Verletzungen von Import- und Exportbestimmungen. Damit hoffte sie endlich die Preise in den Griff zu bekommen, deren Anstieg eben der Preistreiberei der Händler angelastet wurde.

Auch zwei weitere Maßnahmen dienten der Inflationsbekämpfung. Zum einen wurde eine interne Dollaranleihe aufgelegt (das heißt eine goldgedeckte Anleihe), die 1926 mit 120 Prozent ausbezahlt werden sollte (in Gold-, nicht in Papiermark) und hoffentlich 200 Millionen Dollar einbringen würde, mit denen der passive Widerstand an der Ruhr finanziert werden sollte. Auf diese Weise wollte man wenigstens auf einen Teil der Gold- und Devisenvorräte deutscher Unternehmen und Einzelpersonen zugreifen. Die Regierung appellierte also wie 1914 an die Vaterlandsliebe der Menschen. Zum anderen wurde die (anfangs, wie man hinzufügen muss, widerstrebende) Reichsbank verpflichtet, die erstaunlich großen Gold- und Devisenreserven in ihrem Besitz zur Stützung der Mark einzusetzen, die Ende

Januar gegenüber dem Dollar bei einem Kurs von etwa 40 000 angekommen war.[1]

Die Regierung fürchtete, dass man sich bei einem weiteren Verfall der Mark die Einfuhren von Nahrungsmitteln und Kohle, die notwendig waren, um den immer engeren französischen Würgegriff im Ruhrgebiet zu überleben, nicht mehr würde leisten können. Erstaunlicherweise festigte sich die Mark, obwohl das letzte Wort über den Erfolg der internen Dollaranleihe (zu der Stinnes ominöserweise keinen einzigen Dollar, Gulden oder Schweizer Franken und kein einziges englisches Pfund beitragen wollte) noch nicht gesprochen war, im Februar 1923 und hielt sich aufgrund der massiven Verkäufe der Reichsbank zunächst auf dem niedrigeren Kursniveau. Für eine Weile war britische Kohle, die man als Ersatz für die von den Franzosen an der Ruhr konfiszierte deutsche Kohle brauchte, wieder bezahlbar.

Überraschenderweise fanden manche Schwerindustrielle den neuen »Goldlöckchenkurs« der Mark gegenüber dem Dollar von rund 21 000 für ihre Exporte zu hoch. Sie drängten Reichsbankchef Havenstein, den Kurs auf 23 000 bis 25 000 sinken zu lassen. Die Inflation war zu einer Sucht geworden, und wie jede Sucht verursachte sie, je stärker sie wurde, im Körper des Süchtigen immer größere Schäden. Bis früher oder später der Punkt erreicht war, an dem nur noch die Wahl blieb zwischen Entgiftung und Tod.

Die einheimischen Großhandelspreise, nach denen sich richtete, was der Normalbürger für die lebensnotwendigen Dinge zahlen musste, waren in den ersten Wochen nach der Ruhrbesetzung, als die Mark auf einen Kurs von 40 000 abstürzte, entsprechend gestiegen. Und sie blieben mehr oder weniger auf diesem Niveau, auch als es der Reichsbank noch im selben Monat gelang, den Markkurs in etwa zu halbieren. Der Verbraucher verspürte kaum eine Erleichterung. Offenbar trauten Hersteller und Händler der Trendwende des Wechselkurses nicht genug, um ihre Preise herabzusetzen.[2] Wenn dem so war, dann hatten sie recht. Die Atempause des Kurses bei einem Stand von etwas mehr als 20 000 dauerte länger, als viele Beobachter erwartet hatten – elf Wochen –, aber in der dritten Aprilwoche brach schließlich der Damm.

Dafür gab es mehrere Gründe. Die Dollaranleihe wurde viel zu wenig gezeichnet; augenscheinlich waren die wirklich Reichen in Deutschland im Allgemeinen nicht bereit, den passiven Widerstand an der Ruhr zu finanzieren. Außerdem wurde klar, dass Frankreich nicht aufgeben würde. Die Bergwerke nahmen wieder den Betrieb auf, zwar nicht auf dem Niveau wie vor der Besetzung, aber doch in einem Umfang, der zeigte, dass der passive Widerstand nicht die erhoffte Wirkung hatte. Vor allem aber sah sich die Regierung Cuno mit den immensen Kosten des passiven Widerstandes konfrontiert: den Entschädigungen für die Ruhrindustriellen, wenn sie die Politik der Nichtzusammenarbeit beibehielten und ihre Fabriken und Hochöfen stilllegten; der Unterstützung für die dadurch arbeitslos gewordenen Arbeiter; den Gehältern für Zehntausende Reichsbahnmitarbeiter, die von den Franzosen entlassen und ins Reichsgebiet abgeschoben worden waren, wo sie von ihrem Arbeitgeber, dem Staat, fürs Nichtstun bezahlt wurden.

Da Deutschland jetzt erheblich weniger produzierte und exportierte als vor der Besetzung, konnten all diese Kosten nur aufgebracht werden, indem man massenweise neues Geld druckte. Neben der zentralen Reichsdruckerei in Berlin waren 130 weitere Druckereien damit beschäftigt, den schier unendlichen Bedarf an Papiergeld zu befriedigen. Mittlerweile gelang es der Wechselkursabteilung der Reichsbank trotz allem Einsatz nicht, den Kurs der Mark gegenüber dem Dollar in Grenzen zu halten. Im April schätzte man, dass die Reserven der Bank in zehn Tagen aufgebraucht sein würden, wenn sich der Run auf die Mark – der vom Devisenbedarf der deutschen Wirtschaft noch verschärft wurde – ungebremst fortsetzen sollte.

Kurz: Die Stützung der Mark hätte über einen längeren Zeitraum funktionieren können, aber nur, wenn Cuno ein diplomatischer Coup gelungen oder wenn Frankreich mit der Ruhrbesetzung gescheitert wäre. Doch es kam weder zu dem einen noch zu dem anderen. Trotz öffentlich geäußerter Missbilligung der Ruhrbesetzung waren weder Großbritannien noch Amerika bereit, Frankreich wirklich unter Druck zu setzen, um es zur Umkehr zu bewegen. Und wie notorisch zersplittert die französische Politik auch sein mochte, in der Frage der Ruhrbesetzung war man sich einig. Wenn es Cunos Regierung darum zu tun gewesen wäre, eine gewisse Ordnung in die Staatsfinanzen zu bringen, hätte sein »Wirtschaftskabinett« womöglich Sinn gehabt. Tatsächlich aber ging es darum, Frankreich niederzuringen, und dafür hatte man einen hartnäckigen, gewieften Diplomaten gebraucht.[3]

Am 18. April sackte der Kurs der Mark, der vier Tage zuvor noch bei 21 100 gestanden hatte, auf 25 000. Eine Woche später lag er bei 29 900, eine Woche darauf bei 34 275 und eine weitere Woche später bei 42 300. Ende Mai sank er auf 54 300, und einen Monat später bekam der glückliche

Devisenbesitzer 114 250 Mark für einen Dollar. Das waren wahnwitzig anmutende Zahlen, doch im Juli wurde es noch schlimmer. Die Welt hatte die deutsche Währung aufgegeben. Am 20. Juli meinte die *Times*, der Berliner Devisenmarkt sei zu »einer Farce« geworden,[4] und der *Manchester Guardian* merkte am 24. Juli an, es erscheine fast müßig, »den vollständigen Verfall des deutschen Finanzsystems weiterhin zu verfolgen«.[5] Einige Tage später ging dessen Berliner Korrespondent sogar noch weiter. »Die Mark«, berichtete er, »ist als Tauschmittel nicht mehr zu gebrauchen.«[6]

Ende Juli musste man in Mark eine siebenstellige Summe aufbringen, um einen Dollar zu erhalten: 1 100 000. Eine Woche später, am 7. August, stand der Wechselkurs bei 3 300 000. Im Lauf von 16 Wochen hatte sich der Wert der Mark auf ein Hundertdreißigstel ihres bereits miserablen Aprilwertes verschlechtert; gegenüber dem fast vergessenen Vorkriegswert war er auf ein Siebenhunderttausendstel geschrumpft. Die deutsche Währung war nicht nur auf einen katastrophalen Wert gesunken, sie war so gut wie wertlos.

Während Politiker, Bankiers und führende Unternehmer sich um das Land sorgten und sich den Kopf darüber zerbrachen, wie die Wirtschaft angesichts der Ruhrkatastrophe halbwegs in Gang gehalten werden konnte, verwandelte sich das Leben für die normalen Deutschen im Sommer 1923 in ein verzweifeltes »Schwarzer-Peter«-Spiel. Wer nur noch Papiermark besaß, hatte damit den »Schwarzen Peter«. Waren die sozialen Folgen der Inflation bislang nur teilweise oder nur für kritische Geister sichtbar geworden, so waren sie jetzt nicht mehr zu übersehen.

Menschen mit mittlerem Einkommen und ohne Zugang zu Agrarprodukten oder ausländischem Geld waren gezwungen, auf der Jagd nach Lebensmitteln Schlange zu stehen – nicht nur, weil das Einkommen nicht ausreichte, um das Gewünschte an einem bestimmten Tag zu kaufen, sondern auch, weil mit zunehmender Rasanz der Hyperinflation ernste Engpässe bei der Lebensmittelversorgung auftraten. Da Devisen für die Einfuhr von Lebensmitteln knapp wurden und die deutschen Bauern immer weniger Bereitschaft zeigten, ihre Produkte für wertlose Papiermark herzugeben, drohte inmitten des Überflusses der Hunger. In August Heinrich von der Ohes Tagebucheinträgen aus der Zeit von Oktober 1922 bis Februar 1923 ist ständig vom Kaufen und Verkaufen die Rede. Um in dieser Krise zu überleben, reichte ein Lehrergehalt offenkundig nicht mehr aus:

KAPITEL 21

»30. Oktober 1922:
Die Preise sind ungeheuer gestiegen. Roggen 14 000 Mark, Gerstenschrot 9000 Mark, ein Ztr. Stroh 2000 Mark. Einen Ackerwagen vom Schied Vorwerk gekauft für 125 000 Mark. Für einen Schinken sind 9000 Mark zu zahlen.

2. Dezember 1922:
Ich kaufte in Celle ein Paar Stiefel für 7980 Mark. Das Stroh kostet 500 Mark je Ztr.

14. Dezember 1922:
Ich habe ein Rind für 215 000 Mark gekauft. – Das Jahr und das Geld sind am Ende.

Heute beginnt das Jahr 1923:
Was wird dieses Jahr uns noch alles bringen?

6. Januar 1923:
Eine zweite Kuh von Imker Rabe für 400 000 Mark gekauft.

8. Januar 1923:
Gehalt vom 1. Januar mit Nachzahlung für Dezember beträgt 310 000 Mark.

18. Januar 1923:
Der Dollar ist auf 25 000 Mark gestiegen.

26. Januar 1923:
Ein Schwein von 226 Pfund verkauft, das Pfund für 1300 Mark; nächste Woche 1500 Mark.

3. Februar:
Der Dollar stand annähernd auf 50 000 Mark. Roggen kostet 60 000 Mark der Zentner; Schwein 3000 Mark das Pfund. Unsere Kuh will ich verkaufen. Es sind 1¼ Millionen geboten, 1½ will ich haben. Unseren alten Wagen verkauft für 200 000 Mark. Einen gebrauchten Pflug für 35 000 Mark gekauft. Ein Pfund markenfreies Brot kostet

700 Mark. Ich war mehrfach in Geldnöten, habe mich aber glücklich herausgewunden.
Neu gekauft: 1 Wagen 125 000 Mark, ein Rind 215 000 Mark, eine Kuh 400 000 Mark und drei Ferkel 90 000 Mark. Dafür habe ich 425 000 Mark aufgenommen; aus dem Gehalt kamen 440 000 Mark dazu.«[7]

Insbesondere nach der Ruhrbesetzung lebten viele Deutsche erneut unter Bedingungen wie während der alliierten Blockade zwischen 1914 und 1919, die nie wieder erleben zu müssen sie sehnlichst gewünscht hatten. In einem Umfeld, das sich rasch zu einer Tauschwirtschaft entwickelte, hatten die Beweglichen und Gerissenen Oberwasser, von den Unehrlichen ganz zu schweigen. Anfang des Jahres hatte eine Zeitung aus Barcelona, *La Veu de Cataluny*, ihren Reporter Eugeni Xammar nach Berlin geschickt, damit er über die dortige Situation berichtete. Während die Reichsbank darum kämpfte, die Mark vor dem völligen Zusammenbruch zu bewahren, wunderte sich Xammar über die chaotischen Zustände in der drittgrößten Stadt Europas:

»Jede Woche steigen die Preise für Straßenbahn und Rindfleisch, Theater und Schule, Zeitung und Friseure, Zucker und Speck. Das hat zur Folge, dass niemand weiß, wie lange das Geld reichen wird, das er in Händen hält, und die Menschen in ständiger Unruhe leben, dass niemand an etwas anderes denkt als ans Essen und Trinken, ans Kaufen und Verkaufen und dass es in ganz Berlin nur ein Gesprächsthema gibt: den Dollar, die Mark, die Preise ... Haben Sie das gesehen? Hören Sie bloß auf! Ich habe eben Wurst, Schinken und Käse für die nächsten anderthalb Monate gekauft.«[8]

Nahezu jeder, der etwas in Rechnung stellen konnte, verlangte bewegliche Güter oder Lebensmittel. Ärzte, die schon seit einiger Zeit anstelle von Schecks oder Überweisungen nur noch Bargeld akzeptierten, wollten in ländlichen Gegenden von Bauern nur noch mit Lebensmitteln bezahlt werden.[9] Maler und andere Künstler litten unter dem enormen Verfall vereinbarter Honorare, da allein schon die Lücke zwischen Rechnungsstellung und Bezahlung für sie einen riesigen Verlust bedeutete, insbesondere seit dem Herbst 1922. Schon aus dem Jahr 1922 stammt das Beispiel eines Bildhauers,

KAPITEL 21

der im Mai einen Auftrag im Wert von 20 000 Mark angenommen hatte und im September, als die Skulptur fertiggestellt war, allein bei den Materialkosten einen Verlust von 100 000 Mark hinnehmen musste, da er an sein Angebot gebunden war. Dagegen konnte der Händler oder Galerist das Werk problemlos zu einem an die Inflation angepassten Preis anbieten, von dem er allein profitierte.[10] Dies war die grausame Gleichung der Inflation.

Selbst bekannte Avantgardekünstler wie George Grosz, der junge Meister der Groteske, sahen ihre Felle davonschwimmen, als die Mark endgültig zusammenbrach. Der ehemalige Kommunist (der 1922 nach einer längeren Russlandreise aus der KPD austrat, da er zu dem Urteil gelangt war, die sowjetische »Politik der Übermenschen« sei nichts für ihn und seinesgleichen),[11] der die alte Elite mit unerbittlichem Spott überzog, wurde zwar von fortschrittlichen Vertretern des Establishments wie Graf Kessler unterstützt. Der entschieden liberale, trendbewusste Graf besuchte Grosz regelmäßig in dessen Atelier in Berlin-Wilmersdorf und legte eine kleine Sammlung seiner Werke an. Offenbar teilte er Grosz' Selbsteinschätzung, der »deutsche Hogarth« zu sein.[12]

Dennoch gerieten Grosz und seine Freunde, als die Inflation außer Kontrolle geriet, in erhebliche Schwierigkeiten. Laut seinen Memoiren musste sich Grosz unter anderem mit Kohlrübenkaffee und Muschelpudding begnügen. Seine Lage verbesserte sich vorübergehend, als er sich mit dem Koch eines Berliner Restaurants anfreundete. Der Mann nutzte seine Beziehungen, um feine Lebensmittel zu horten, mit denen er auf dem Schwarzmarkt ein lukratives Nebeneinkommen erzielte. An einem Abend verließen Maler und Koch nach Mitternacht und mehr als einem doppelten Kirschwasser das Restaurant und bestiegen ein Taxi, das ein uniformierter Portier gegen ein Trinkgeld von einer Million Mark herbeigerufen hatte. Ihr Ziel war eines »jener gesichtslosen Häuser irgendwo im Neuen Westen«, in dessen oberstem Stockwerk sich hinter einer stahlverstärkten Tür mit drei Eisenriegeln ein wahres Zauberreich verbarg:

»Wir gingen durch den engen Gang in das Berliner Zimmer. Rechts und links von uns waren Kisten, Eimer mit Marmeladen, riesige Einmachgläser mit Tomaten, Gurken und Delikatessen, blaue, russisch beschriftete Blechbüchsen mit Kaviar, aufgestapelt bis an die Decke, wenn überhaupt noch so etwas wie eine Decke zu sehen war. Denn wie Früchte oder Stalaktiten hingen da Hunderte von Würsten ... Und nicht nur Würste hingen da; nein, neben der kugeligen Zungenwurstreihe sah man Hunderte von Speckseiten, durchwachsen, undurchwachsen ... Da hingen alle Sorten von Schinken, vom glatten, wurstartigen Lachsschinken bis zum übergroßen, katengeräucherten Westfälischen ... Wahrhaftig – hier passte der Ausdruck: wahrhaftig nicht sattsehen konnte man sich, und ich fasste schnell einmal an meine Nase, in der ein angenehm prickelnder Geruch von geräuchertem Schinken war, um zu sehen, ob ich all dies nicht etwa träume.«

»Man weiß gar nicht, wohin mit allem«, hatte der Koch, bevor sie das Zimmer betraten, leichthin erklärt. »Das Geld ist ja doch nischt wert, da mussten wir sogar noch diesen Korridor zu Hilfe nehmen.« Er setzte Grosz ein Schinkensandwich und ein Glas Gin vor – unfassbare Luxuswaren – und brachte einen Toast auf die Inflation aus: »Prost, mein Lieber – es lebe das Schlaraffenland!«[13]

Anders als Grosz hatten die meisten Deutschen, in Berlin wie anderswo, keinen Kunstliebhaber vom Schwarzmarkt zum Bekannten. Über das breite Angebot an käuflichen fleischlichen Genüssen – zumindest für den, der Devisen oder »Sachwerte« besaß – ist seither genüsslich und auch durchaus zutreffend viel geschrieben worden. Der Zusammenbruch des Geldes und der der Moral fallen in diesen Darstellungen in eins. Gelegentlich schrammen sie hart daran vorbei, die von Hoffnung, Verzweiflung und Demütigung geprägte Geschichte der frühen Weimarer Republik in Pornographie zu verwandeln. Vor allem, wenn es um Berlin geht, wird regelmäßig auf die bunte Welt des Musicals *Cabaret* (aus den sechziger Jahren) Bezug genommen, um eine Welt zu schildern, in der ständig alle Arten von Nacktheit zur Schau gestellt wurden und sich neben den herkömmlichen Prostituierten (für welche die Stadt schon immer berühmt gewesen war) frisch verarmte Bürgertöchter (und -söhne) gegen Bezahlung – vorzugsweise nicht in Papiermark, sondern in Zigaretten, Edelmetallen oder harter Währung – in großer Zahl auf dem Sexmarkt feilboten.

Aber das Berlin der zwanziger Jahre war nicht nur und nicht hauptsächlich ein Sündenpfuhl, sondern eine Stadt, in der vor allem der Alltag bewältigt werden musste. Das Körnchen Wahrheit, das in dem verbreiteten Berlinbild steckt, hatte eher mit Verzweiflung als mit Vergnügungssucht zu tun. Der russische Schriftsteller Ilja Ehrenburg, der von 1921 bis 1923 in der deutschen Hauptstadt lebte, beschreibt in seinen Erinnerungen, wie er eines Abends mit einem gerade erst aus Moskau eingetroffenen Freund durch die Stadt spazierte. Sie wurden von einem Mann angesprochen, der sie in ein »Nachtlokal« zu führen versprach:

»Wir ... landeten schließlich in einer gutbürgerlichen Wohnung. An den Wänden hingen Fotografien diverser Familienmitglieder in Offiziersuniform und ein Bild, das den Sonnenuntergang darstellte. Wir bekamen Sekt – Limonade mit Alkohol gemischt. Dann erschienen die beiden Töchter des Hauses im Evakostüm und tanzten ... Die Mutter blickte die ausländischen Gäste erwartungsvoll an: Vielleicht würden sie die Töchter anziehend genug finden, um Geld springen zu lassen – Dollars natürlich ... ›Und so was nennt sich Leben!‹, seufzte die ehrbare Frau Mama. ›Der Weltuntergang ist das.‹«[14]

Ein junger Journalist, der über die Reichstagssitzungen berichtete, erinnerte sich später, wie er abends in das anrüchige Viertel in der Nähe des Alexanderplatzes ging, wo er sich eingemietet hatte: »Schlimm waren die nächtlichen Heimwege vom Reichstag in mein Proletarierviertel, durch halbdunkle Straßen mit Frauen, von denen viele sich gewiss nur aus Not anboten, mit rotleuchtenden Bars für Devisenausländer.«[15]

Tatsächlich war die Welle großzügiger Zurschaustellung von Nacktheit und sexueller Freizügigkeit, welche die Abschaffung der alten preußischen und kaiserlichen Zensurgesetze im Jahr 1918 ausgelöst hatte, 1929 schon wieder etwas abgeflaut. Gegen die berüchtigtste und einträglichste Nackt- oder Beinahe-Nacktshow – mit »Celly de Rheidt« als Star, einer geborenen Cäcilie Schmidt, die mit dem Manager und Conférencier ihrer Show, dem demobilisierten Oberleutnant Alfred Seweloh, verheiratet war – ging man 1922 gerichtlich vor. Der Einwand, es handle sich um ein »künstlerisches« Unternehmen (das inzwischen um den profitablen Verkauf von Postkarten und Kurzfilmen erweitert worden war), fruchtete nichts; Seweloh musste eine Geldstrafe zahlen, und die Darstellerinnen wurden angewiesen, sich zu »bedecken«. Wie kaum anders zu erwarten, ließ der Publikumszuspruch daraufhin stark nach.[16]

1923, nach der Ruhrbesetzung, nahmen die preußischen Behörden die Situation zum Vorwand, um Notstandsrechte für sich zu beanspruchen und nicht nur in Berlin, sondern in ganz Preußen alle öffentlichen Vergnügungsveranstaltungen, gegen die »Bedenken« bestanden, zu verbieten. So wie während des Krieges Tanzveranstaltungen und andere »Amüsements« untersagt waren, wurden jetzt die Freiheiten von Kabaretts und anderen Shows erheblich eingeschränkt. Von moralischen Erwägungen abgesehen, dürfte diese Maßnahme unter anderem darin begründet gewesen sein, dass Nacktshows besonders bei ausländischen Touristen, zumal bei amerikanischen, beliebt waren. Man fürchtete, solche extravaganten, freizügigen Zurschaustellungen würden bei ihnen den Eindruck hervorrufen oder bestätigen, dass die deutschen Bekundungen über die Armut des Landes (und die daraus folgende Unfähigkeit, Reparationen zu zahlen) nur vorgetäuscht seien und man im Privaten in Saus und Braus lebe.[17]

Unbestreitbar war ganz Deutschland 1923 ein einziger großer Marktplatz. Wer weder Ressourcen noch die Nerven und die für eine erfolgreiche Teilnahme am großen Ausverkauf nötigen Fähigkeiten besaß, für den gab es in dieser Welt keinen Platz. In Berlin und anderen Großstädten verkauften die Angehörigen der just verarmten Mittelschicht in improvisierten Auktionssälen, in denen jeder, der Geld hatte, mitbieten konnte, Erbstücke und sonstige Kostbarkeiten. Diese Verkaufsveranstaltungen wurden häufig von bürgerlichen Hausfrauenvereinigungen veranstaltet und fanden nicht selten in von Banken zur Verfügung gestellten Räumlichkeiten statt. Die Organisatoren bemühten sich, soweit unter den gegebenen Umständen möglich, den Verkäufern einen fairen Preis zu sichern, aber es waren schlechte Zeiten:

»Ein Gang durch den kleinen Verkaufsraum mit seinen Tischen und Glasschränken bewegt das Herz. Da liegen so mancherlei Herrlichkeiten ausgebreitet, die das Auge erfreuen: ... Wundervolle türkische und gestickte Seidenschals, ziervoll geschnitzte Figürchen, alte Porzellane, Uhren, Perlarbeiten, Leinenstickereien, Silbergerät – kurz alles, was einst einen Haushalt schmückte, ist hier zusammengetragen ... Da ist irgendein altes Stück, ein Bild, ein Porzellanteller, eine Vase, das dem liebenden, aber künstlerisch ungeschulten Auge der Besitzerin als eine echte Kostbarkeit erscheint, die ihr, wenn sie sich denn schon einmal davon trennt, auch möglichst viel eintragen soll ... Muss man nun erklären, dass es weder Material- noch Kunstwert hat, so sind die kranken, bitter gewordenen Seelen immer geneigt, das als persönliche Kränkung, als Übelwollen zu deuten ... Ein Blick aus dem Fenster – da gleitet das unruhige Leben der Großstadt vorüber, da prunken Seiden-

KAPITEL 21

strümpfe und kostbare Pelze, da flitzen Autos mit fetten Schiebergestalten darin ... und hier drin, im stillen Raum. da weint still und schmerzvoll das verarmende Deutschland sein lautloses Elend ...«[18]

Zum angeblichen Sittenverfall vor allem junger Frauen trug vermutlich auch bei, dass, insbesondere in der höheren Mittelschicht, das alte Mitgiftsystem weiterhin mitbestimmte, welche junge Frau welchen jungen Mann heiraten konnte – obwohl rund zwei Millionen Männer im wehrfähigen Alter gefallen waren. Deshalb blieben junge Frauen oft unverheiratet, wenn das Geld nicht aufgetrieben werden konnte. Eine Frau, die damals jung war, erinnerte sich viele Jahre später:

»Die Inflation löschte die Ersparnisse der Mittelschicht aus, aber was können Worte schon beschreiben. Sie müssen sich einmal überlegen, was das bedeutete. Damals war es noch üblich, dass die Mädchen aus der Mittelschicht erst dann heirateten, wenn deren Vater eine Mitgift aufbrachte. Selbst die Dienstmädchen gaben nie einen einzigen Pfennig ihres Lohns aus. Sie sparten und sparten, um heiraten zu können. Als das Geld wertlos wurde, war es mit ihren Heiratsplänen vorbei. Und vorbei war es auch mit Moral und Sitte, denn wozu sollten sie jetzt noch bis zur Ehe keusch bleiben?

Natürlich hielten sich ohnehin nicht alle Mädchen an diese Moralvorschriften, doch es gab so etwas wie eine öffentliche Übereinkunft. Mit der Inflation setzte sich bei den Mädchen die Ansicht durch, dass Keuschheit keine Rolle mehr spiele. Das war eine Art Befreiung.«[19]

Der in Osnabrück als Erich Paul Remark geborene Erich Maria Remarque, der gegen Ende der Weimarer Republik mit seinem Kriegsroman *Im Westen nichts Neues* weltberühmt werden sollte, erzählt in dem späteren Roman *Der schwarze Obelisk* von einer jungen Frau in der Inflationszeit, deren Vater ihre Mitgift unklug investiert und verliert, woraufhin ihr Verlobter das Eheversprechen aufkündigt. Die junge Frau bleibt mit gebrochenem Herzen zurück, und der Vater nimmt sich aus Scham über seinen Fehler das Leben.

Aber auch wenn das Geld vorhanden war, konnte es versickern. Als der große Weimarer Politiker Gustav Stresemann heiratete, erhielt er von der wohlhabenden Familie seiner Frau eine Mitgift. Das Geld wurde investiert,

Verarmte Berliner Bürger verkaufen ihre Habseligkeiten.

allerdings durch die Vergabe von Hypotheken, deren Wert dann von der Inflation aufgefressen wurde. Wie Stresemanns Sohn Wolfgang viele Jahre später berichtete, war sein Vater auf sein Einkommen als Reichstagsabgeordneter und Mitglied mehrerer Aufsichtsräte angewiesen, ehe er Minister wurde. Ironischerweise war die Familie, zumal nach Stresemanns Eintritt in die Regierung, als er keine Aufsichtsratsposten mehr ausüben durfte, längst nicht so reich, wie es den Anschein hatte. Nachdem Wolfgang Stresemann im August 1923 das erste Studienjahr in Heidelberg beendet hatte – in dem er seinen Vater wegen der Inflation ständig um mehr Geld hatte bitten müssen –, war sogar fraglich, ob die Familie in der Lage war, weiterhin sein Studium zu bezahlen.[20] Frau Stresemanns Mitgift war wertlos geworden, da das verliehene Geld mit entwerteter Mark ohne Inflationsausgleich zurückgezahlt werden konnte. Des einen Verlust war des anderen Gewinn.

Die Menschen ergriffen jeden Vorteil, den sie im immer wilderen Finanzchaos erhaschen konnten. Wie das Ehepaar Pörtner in Bad Oeynhausen, das 1922 im Vertrauen darauf, dass der Arbeitsplatz von Herrn Pörtner in einer Zigarrenfabrik sicher war, den Kaufvertrag für ein Haus, das im Westen der Stadt errichtet wurde, unterschrieb. Der Preis betrug

KAPITEL 21

800 000 Mark, und noch musste man für einen Dollar »nur« 2000 Mark hinblättern. Als die Rechnung im Frühjahr darauf fällig wurde, hatte sich die Lage verändert. »Als wir am 1. April 1923 einzogen«, schrieb Pörtners Sohn über ein halbes Jahrhundert später, »war das ein Betrag, der selbst sensible Gemüter nicht mehr zu beunruhigen vermochte. Ein Griff in die Westentasche genügte, alle Verbindlichkeiten einschließlich der hypothekarischen Eintragungen aus der Welt zu schaffen.« Das Glück der Pörtners war allerdings zweischneidig:

> »Leider war das Haus erste halb fertig, als wir es übernahmen: halb fertig, miserabel gebaut, aus Altbaumaterialien zusammengeschustert. Inzwischen arbeiteten die Handwerker nur noch gegen Naturalien. Damit konnten wir natürlich nicht dienen, und das Geld, das Vater ausbezahlt bekam, zuletzt zweimal täglich, reichte gerade für das nackte Leben. Noch im hohen Alter hat er häufig von dem defekten Ofenrohr in der Küche (also unserem Lebensraum) erzählt, aus dessen Löchern und Ritzen ein bronchien- und schleimhautfeindlicher Rauch quoll, ohne dass wir die Möglichkeit gehabt hätten, dem Übelstand abzuhelfen. Es gab ja keine Ofenknie, und wenn, dann nicht für die lächerlichen Milliardenscheine, die acht Tage nach Erscheinen nicht einmal mehr das Papier wert waren, aus dem sie bestanden.«[21]

Hier zeigte sich im Kleinen, was passiert, wenn eine Volkswirtschaft zusammenbricht. Die Mark befand sich im freien Fall. Doch im Unterschied zu 1921/22 nahm im Gegenzug weder die Wirtschaftstätigkeit noch die Beschäftigung zu. Nach einer gewissen Verbesserung zu Beginn des Frühjahrs, als der »Währungsdamm« noch nicht gebrochen war, gaben jetzt beide Indikatoren nach. Bis zum Herbst sollte die Arbeitslosigkeit in vielen Teilen des Landes katastrophale Ausmaße annehmen. Die Quote der Arbeitslosengeldempfänger und ihrer Angehörigen stieg zwischen Januar und Oktober 1923 in Preußen von 2,7 auf 24 Prozent, in Sachsen von 8,4 auf 61 Prozent, in Hessen von (bemerkenswert niedrigen) 0,7 auf 37,4 Prozent und in Hamburg aufgrund des drastischen Rückgangs der Handelstätigkeit infolge der immer chaotischeren Währungssituation von 11 auf 64,8 Prozent. Im Ruhrgebiet wurden bis zum Herbst schätzungsweise mindestens zwei Millionen Arbeiter auf die Straße gesetzt, so dass die halbe Bevölkerung des größten europäischen Industriegebietes auf die Sozialfürsorge angewiesen war.[22]

Im Sommer 1923 werden Tageslöhne von der Reichsbank abgeholt.

Es kursierten Witzgeschichten wie von dem Mann, der in einem Café eine Tasse Kaffee für tausend Mark bestellte und dann in Ruhe anfing, die Zeitung zu lesen. In die Lektüre vertieft, bestellte er nach einer Weile eine zweite Tasse Kaffee. Als die Rechnung kam, belief sie sich jedoch nicht auf zweitausend, sondern auf zweieinhalbtausend Mark. Unter Entschuldigungen erklärte der Kellner bedauernd, zwischen der ersten und der zweiten Bestellung sei der Preis für die Tasse Kaffee um die Hälfte gestiegen.

Die Alltagswirklichkeit war weniger amüsant, denn es ging um mehr als eine Tasse Kaffee. In dieser Zeit gingen Fabriken, Büros und Geschäfte, die ihre Mitarbeiter bisher monatlich oder wöchentlich entlohnt hatten, dazu über, sie zuerst zwei oder drei Mal in der Woche und dann täglich oder sogar zwei Mal täglich, wie im Fall von Herrn Pörtner, zu bezahlen. Diese Verfahrensweise setzte sich rasch durch und wurde im deutschen Jahr des Währungswahnsinns zur Gewohnheit. Lohngelder wurden ausgezahlt, sobald sie von den Banken eintrafen – auf Fotos sieht man die großen Körbe und Karren, in denen sie transportiert wurden –, und die Geldscheinbündel wurden immer dicker und deren Nominalwerte immer größer. Nach der Auszahlung eilten Arbeiter wie Angestellte mit Einwilligung der Arbeitgeber davon – häufig zusammen mit ihren Ehepartnern, die vor den Toren auf diesen Moment gewartet hatten –, um mit dem Geld zu kaufen, was man gerade bekommen konnte. Danach war es an den Einzelhändlern, das eingenommene Geld umgehend zur Bank zu schaffen, um die Papiergeldberge, soweit möglich, in Dollars, Pfund, Schweizer Franken oder irgendeine andere harte Währung umzutauschen.

Entscheidend war, wie schnell das Geld ausgegeben oder zur Bank gebracht wurde. Um die schiere Quantität und Komplexität der aufgrund der inflationären Verzerrungen nötigen Finanztransaktionen bewältigen zu können, traten neue Banken auf den Plan, und die bestehenden eröffneten neue Filialen. Die Deutsche Bank, die 1913 nur 15 Filialen besessen hatte, verfügte elf Jahre später über ein Netz von 142 Niederlassungen. Im selben Zeitraum wuchs das Filialnetz der Commerz- und Privatbank von acht auf 246 Standorte.[23] Die Zahl der Mitarbeiter in diesem Sektor nahm gegenüber dem Vorkriegsstand fast auf das Vierfache zu, von 100 000 im Jahr 1913 auf 375 000 im Jahr 1923, während die Zahl der betreuten Bankkonten sich zwischen 1913 und 1923 verfünffachte, von 552 599 auf schätzungsweise 2,5 Millionen. 1921 wurden 67 neue Banken gegründet, 1922 waren es 92 und im folgenden Jahr sogar 401. Wie Constantino Bresciani-Turroni schreibt, war die Zunahme der Bankgeschäfte

»nicht in einer intensiveren Wirtschaftstätigkeit begründet. Die Banken hatten mehr Arbeit, weil sie von einer Öffentlichkeit, die sich in wachsender Zahl an Börsenspekulationen beteiligte, mit Aufträgen für den Kauf und Verkauf von Aktien und Devisen überhäuft wurden. Die Banken trugen nicht zur Schaffung neuen Reichtums bei, sondern sorgten vielmehr dafür, dass ein und derselbe Anspruch auf Reichtum ständig von einer Hand zur anderen wanderte.«[24]

In Blättern wie der *Vossischen Zeitung* wurden Bankangestellte, aber auch kaufmännische Angestellte mit Erfahrung im Bankwesen gesucht – ein Hinweis darauf, wie kompliziert selbst die für eine relativ direkte Kauf- oder Verkaufsoperation nötigen Finanztransaktionen unter den Bedingungen der Hyperinflation geworden waren. Unterdessen brachte die *Vossische Zeitung* seit August 1923 nur noch eine Ausgabe am Tag heraus, häufig nicht mehr als fünf oder sechs Seiten. Die Folgen der Hyperinflation in den Medien und der Unterhaltungsindustrie lassen sich auch daran ablesen, dass Kurt

Tucholsky, der wohl produktivste Verfasser von Gedichten, Artikeln, Liedern, Satiren und Sketchen für Zeitschriften, Zeitungen und Kabaretts seiner Zeit, zur Jahresmitte 1923 finanziell derart unter Druck stand, dass er sich genötigt sah, eine Arbeit als Angestellter anzunehmen – in einer Bank.[25]

Selbst wenn Transaktionen gänzlich in Papiermark abgewickelt wurden, hing fast alles vom Wechselkurs ab. Der entscheidende Zeitpunkt am Tag war um 15 Uhr, wenn der Dollar-Mark-Kurs bekannt gegeben wurde. Wenn – wie im Sommer 1923 meistens der Fall – die Mark auf der anderen Seite des Atlantiks über Nacht gegenüber der US-Währung weiter an Wert verloren hatte, war dies für Groß- und Einzelhändler das Signal für eine Erhöhung ihrer Preise. So erhielten die Arbeiter der Junkers-Flugzeugfabrik in Dessau in Papiermark den Gegenwert von dreieinhalb Laib Brot. Die vor der Fabrik wartenden Frauen der Arbeiter rannten dann zum nächsten Lebensmittelgeschäft, um dort zu sein, bevor der neue Dollarkurs bekannt gegeben wurde, denn danach würden sie mit dem Geld wahrscheinlich nicht mehr so viel Brot kaufen können, wie bei seiner Auszahlung angenommen.[26]

Vor allem aber brauchte man im Sommer 1923 Devisen, wenn man anständig leben wollte. Um jeden Preis welche zu erwerben, wurde geradezu zu einer nationalen Besessenheit. So erbeutete ein Postinspektor, der Postsendungen durchsuchte, 1717 Dollar, 1102 Schweizer Franken und 114 Francs – genug, um zwei Häuser zu kaufen, seine Geliebte in einer Wohnung (mit Klavier!) unterzubringen und zur Erleichterung seines Gewissens der Kirche eine beträchtliche Summe zu spenden.[27] Curt Riess, der Sohn des exklusiven Schneiders, der nur noch für Dollar arbeitete, war mittlerweile von seinem Vater zur Kur geschickt worden:

»Ich erinnere mich noch, wie grotesk die Zustände wurden, weil ich sie am eigenen Leib zu spüren bekam. Ich war krank geworden, und ich sollte zur Erholung in den ›Weißen Hirsch‹, den damals noch feudalen Kurort oberhalb von Dresden. Mein Vater hatte mir für vierzehn Tage vierzehn Dollar mitgegeben, in Scheinen, die man in Mark umwechseln konnte. Er hatte mir eingeschärft, jeden Tag zu warten, bis der jeweils neue Dollarkurs verkündet wurde. Das war so um 15 Uhr.

Um 15 Uhr wechselte ich also einen Dollar und bekam dafür die entsprechende Marksumme und konnte die tägliche Pensionsrechnung bezahlen, auch die Straßenbahn nach Dresden, eine Karte für die Oper oder das Schauspielhaus und die Fahrt zurück. Und das alles für

KAPITEL 21

einen Dollar, wenn ich überhaupt den ganzen Dollar, will sagen die Unsummen an Mark, innerhalb von 24 Stunden ausgeben konnte. Und dann wartete ich wieder bis drei Uhr nachmittags, wechselte wieder einen Dollarschein ein und bekam einen Haufen Geld. Natürlich erhöhte auch die Pension ihre Tagesrechnungen, die elektrische Straßenbahn ihre Gebühren, natürlich musste man auch für einen Platz im Opernhaus im Laufe von zwei Wochen mehr und mehr zahlen. Aber so schnell konnten die Behörden mit ihren Preisen gar nicht nachziehen, wie die Mark stürzte.

Freilich, ich war in einer bevorzugten Position. Wer konnte schon von Dollarscheinen leben?«[28]

Natürlich nur die Privilegiertesten. Maximilian Bern, ein alter Berliner Literat, hob in jenem Jahr seine gesamten Ersparnisse ab – über 100 000 Mark, früher eine ausreichende Summe, um einen bescheidenen Ruhestand zu finanzieren – und kaufte alles, was er zu diesem Zeitpunkt dafür bekam: einen U-Bahn-Fahrschein. Mit diesem Fahrschein unternahm der alte Herr eine letzte Fahrt durch die Stadt, bevor er in seine Wohnung zurückkehrte, sich einschloss – und verhungerte.[29]

So konnte es nicht weitergehen. Im August 1923 war nicht mehr zu verkennen, dass Reichskanzler Cuno die Probleme, für deren Bewältigung sein brillanter Geschäftssinn vermeintlich perfekt geeignet war, nicht lösen konnte. In den Industriegebieten griff eine von den Kommunisten entfachte Streikwelle um sich, mit der die Arbeiter gegen ihre sich rapide verschlechternden Lebensbedingungen und die Lebensmittelknappheit protestierten, und die sozialdemokratischen Gewerkschaften waren gezwungen, sich anzuschließen, wollten sie die Kontrolle über die Arbeiterschaft nicht verlieren. Die Kommunisten wurden auch für den eintägigen Streik in der Reichsdruckerei am 10. August verantwortlich gemacht, durch den, trotz des Einspruchs der gemäßigten Sozialdemokraten in der Druckergewerkschaft, die Geldherstellung für 24 Stunden lahmgelegt wurde. Selbst eine solch kurze Unterbrechung der Produktion von Deutschlands wichtigstem Produkt, dem Papiergeld, löste in der Wirtschaft einen vernehmlichen Schluckauf aus.[30] Nach einem verlorenen Vertrauensvotum im Reichstag trat Cuno am 12. August 1923 zurück.

Eberts Wahl fiel auf den Vorsitzenden der Deutschen Volkspartei, Gustav Stresemann, als neuen Kanzler an der Spitze einer sogenannten Großen

HUNGERNDE MILLIARDÄRE

Koalition aller demokratischen Parteien. Damals war noch nicht abzusehen, dass Ebert mit der Ernennung dieses Mannes, der, vom extremen Nationalisten zum Verfechter der europäischen Zusammenarbeit gewandelt, zu einem der größten deutschen Politiker des zwanzigsten Jahrhunderts werden sollte, endlich den Weg der energischen Inflationsbekämpfung beschritten hatte. Dies hatte natürlich seinen Preis. Immerhin kostete der Dollar, als Stresemann am 13. August 1923 sein Doppelamt als Reichskanzler und Außenminister antrat, 3,7 Millionen Mark.

Noch immer steckte der deutsche Staat Papiergeld in unvorstellbaren Mengen in den passiven Widerstand an der Ruhr, obwohl seit Langem klar war, dass dieser gescheitert war. Von rechts und von links versammelten sich bereits die Geier um den angeschlagenen Körper der jungen deutschen Republik. Die Kommunisten machten in Mitteldeutschland mobil, wo sie an der Macht beteiligt waren, und die Nationalsozialisten und ihre ultrarechten Verbündeten stellten im Süden Bürgerwehren auf, die Bayern in ein einziges großes Heerlager verwandelten. Hitler setzte große Hoffnungen darauf, dass die »hungernden Milliardäre« sich erhoben und ihm die absolute Macht verschafften, nach der es ihn verlangte.

Die nächsten drei Monate – Stresemanns erste Monate als mächtigster und am Ende am höchsten geachteter Politiker der Weimarer Republik – sollten zu einer wahren Achterbahnfahrt werden, und jeder in dem krisengeschüttelten Land wusste es.

KAPITEL 22
Verzweifelte Maßnahmen

Stresemann war der Einzige, den zu unterstützen alle Weimarer Parteien der Mitte in dieser letzten und womöglich tödlichen Phase der Krise bereit waren. Als Gründer der DVP war er der rechteste der möglichen Kandidaten.

Auf den ersten Blick war es überraschend, dass insbesondere die Sozialdemokraten ausgerechnet Stresemann das Ruder überlassen wollten. Als ehemals glühender Nationalist und Monarchist war er während des Ersten Weltkrieges für die Annexion großer Teile der deutschen Nachbarländer eingetreten. Aus Sicht der Linken kam noch verschärfend hinzu, dass er über zwanzig Jahre als Repräsentant der Großindustrie gearbeitet hatte. Da die Linke sich jedoch scheute, die Verantwortung für das Kanzleramt zu übernehmen, musste der neue Regierungschef aus einer der »bürgerlichen« Parteien kommen, und Stresemann galt allgemein als höchst kompetent, als erfahrener politischer Unterhändler sowie als überzeugender und sogar mitreißender Redner. Außerdem hatten sich andere ebenso mächtige wie fähige Vertreter der wirtschaftsnahen, gemäßigt nationalistischen Rechten in den Nachkriegsjahren extremen, manchmal sogar gewalttätigen antirepublikanischen Positionen angenähert – Karl Helfferich war dafür wohl das herausragende Beispiel –, während Stresemann die entgegengesetzte Richtung eingeschlagen hatte. Vor die Wahl gestellt, war der Sohn eines Berliner Bierhändlers und Kneipiers nach und nach zu der Auffassung gelangt, dass die Republik als Tatsache akzeptiert werden müsse und das parlamentarische System am besten geeignet sei, die Mehrheit der Deutschen hinter sich zu vereinen.

Auch die Tatsache, dass seine Frau Käte, geborene Kleefeld, die Tochter eines jüdischen Industriellen war, der zusammen mit seiner Frau zum Protestantismus konvertiert war, dürfte ebenfalls dazu beigetragen haben, dass Stresemann sich auf Seiten der nationalistischen Rechten nie wieder heimisch fühlen sollte. Nach 1918 hatte sich der rassische Antisemitismus – im Gegensatz zu dessen altmodischer religiöser Variante – auf der Rechten wie ein Virus verbreitet. Stresemann dagegen betonte in seiner Antrittsrede als Reichskanzler im Reichstag, seine Regierung sei, dem Ernst der Lage entsprechend, ein »Zusammenschluss aller den verfassungsmäßigen Staatsgedanken bejahenden Kräfte«.[1]

Sowohl Nationalisten als auch Kommunisten, die aus unterschiedlichen Gründen den Parteien der Mitte die Schuld an Inflation und politischem Chaos gaben, verschärften jetzt ihre Attacken. Während Cunos angeblich über den Parteien stehende Regierung bei den Nationalisten die Hoffnung geweckt hatte, die Entwicklung würde in Richtung eines autoritären Staates nach Vorkriegsart zurückgedreht werden, ähnelte das neue Kabinett, der auch Sozialdemokraten angehörten, früheren Weimarer Regierungen und stellte daher nach Ansicht der äußersten Rechten einen Rückschritt dar. Sollten Stresemann und seine Ministerkollegen allerdings gezwungen sein, den passiven Widerstand an der Ruhr aufzugeben, würden die Nationalisten dies ausschlachten, ihnen »Verrat« vorwerfen und sie mit den sogenannten Novemberverbrechern, die aus Sicht der Rechten im November 1918 den Ausverkauf Deutschlands betrieben hatten, in einen Topf werfen können. Dass der Sozialdemokrat Rudolf Hilferding, ein in Österreich geborener Jude, im Kabinett Stresemann den entscheidenden Posten des Finanzministers bekleidete, goss zusätzlich Öl in das Propagandafeuer der Rechten.

Dass sich Deutschland in einer verzweifelten Lage befand, war nicht zu übersehen. Drastische Maßnahmen zur Rettung der Mark waren unumgänglich. Zwar hatten die politisch Verantwortlichen schon seit Jahren die Hände gerungen und die Notwendigkeit beschworen, den Staatshaushalt auszugleichen, die erforderlichen schwerwiegenden – und voraussichtlich unpopulären – Schritte aber unterlassen. Angesichts der grundlegenden Schwäche des Weimarer politischen Systems in der unmittelbaren Nachkriegszeit war dies in gewissem Maß verständlich. Doch jetzt hatte man keine Wahl, man musste handeln. Seit fast fünf Jahren machte die Inflation vielen, wenn auch längst nicht allen Deutschen das Leben schwer. Betrachtet man die Alternativen, hatte sie insgesamt jedoch stabilisierend gewirkt. Im Sommer 1923 indes zerstörte die immer raschere Entwertung der Mark die Wirtschaft, es drohten Lebensmittelknappheit und Massenelend, und das Reich stand kurz vor der Auflösung.

Wie besorgt die Minister waren, zeigt die Tatsache, dass der Sozialdemokrat Hilferding den Erzkonservativen und eingefleischten Republikgegner Karl Helfferich einlud, am 18. August, vier Tage nach dem Amts-

KAPITEL 22

antritt der Regierung, in einer Kabinettssitzung zu sprechen. Helfferich stellte pflichtschuldig seinen Lösungsvorschlag für die Krise der Mark vor. Der ehemalige kaiserliche Finanzminister, der so eifrig für die Kriegskredite geworben hatte, die die Inflation mit ausgelöst hatten, schlug vor, anstelle der Wiedereinführung des Goldstandards die Roggenvorräte des Landes zur Deckung der Reform heranzuziehen. So bizarr diese Idee für heutige Ohren klingen mag, wurzelte sie doch in dem Versuch, etwas zu tun, das in diesem Stadium der Krise lebensnotwendig geworden war: den Wert der Mark von der Glaubwürdigkeit der Reichsregierung abzukoppeln. Die Staatsschulden waren derart angewachsen und, zumindest solange die Ruhrkrise anhielt, so schwer abzutragen, dass niemand Vertrauen in irgendeine Papierwährung gehabt hätte, die von der Regierung – oder der Reichsbank, die weithin als deren Instrument betrachtet wurde – garantiert wurde.

Sein Einfall, die Währung auf eine Zwangshypothek auf die Sachwerte von Landwirtschaft und Industrie zu stützen, war Helfferich offenbar während seines regelmäßigen Sommerurlaubs in den Schweizer Bergen gekommen.[2] Er hatte sie bereits Cuno unterbreitet, mit dem er wie die meisten anderen Nationalisten auf gutem Fuß stand, und seine Idee hatte den Regierungswechsel überlebt, wie sein Vortrag im Kabinett zeigte. Doch nun hatte er es mit einem sozialdemokratischen Finanzminister zu tun, dessen Vorstellungen über eine reformierte, solide künftige Währung (verwunderlich für einen Marxisten) auf einem ziemlich konventionellen Modell beruhten. Grundelement seines Plans war eine rasche Rückkehr zum Goldstandard. Für Hilferding erinnerte der Gedanke, das Schicksal der deutschen Währung einer von Industrie und Landwirtschaft finanzierten Bank anzuvertrauen, auf unangenehme Weise an die alte Zusammenarbeit zwischen dem preußischen Landadel und den Eisen- und Stahlbaronen. Dieses Bündnis hatte die Arbeiter zu Kaisers Zeiten von der Macht ferngehalten und war von der Linken als Herrschaft von »Roggen und Eisen« verspottet worden.

Es folgten Wochen voller Streit, Kompromissen und Gegenkompromissen, Vorschlägen und Gegenvorschlägen. Hilferdings Vorhaben einer sofortigen Rückkehr zum Goldstandard standen zwei Probleme entgegen: Zum einen verfügte die Reichsbank nicht über annähernd genug Gold, um einer Edelmetalldeckung Glaubwürdigkeit zu verschaffen; zum anderen war der Versuch, Industrie und vermögende Einzelpersonen zur Zeichnung einer Goldanleihe zu bewegen, schon unter Cuno gescheitert. Anfang September

VERZWEIFELTE MASSNAHMEN

hielt der Streit zwar weiterhin an, aber es kristallisierte sich immer deutlicher heraus, dass man um Helfferichs Vorschlag einer »Roggenmark« nicht herumkommen würde – wahrscheinlich in etwas abgeänderter Form, um die Verfechter des Goldstandards zufriedenzustellen.

Währenddessen traf man im Land, weitab von der Treibhausatmosphäre Berlins, seine eigenen Arrangements mit der Krise. Obwohl die Ernte des Jahres 1923 sich als gut erwies, hielten Grundbesitzer und Bauern einen Großteil ihrer Produkte zurück. Sie hofften auf eine Bezahlung in harter Währung, sobald es endlich zur Währungsreform käme. Für Millionen Deutsche im ganzen Land, die nicht über Devisen verfügten, war der direkte Tausch zur gängigen Handelsform geworden. Die Menge an Papiergeld, das jetzt mit sechs- und siebenstelligen Nominalwerten ausgegeben wurde, reichte weiterhin nicht zur Deckung des täglichen Bedarfs, zumal es binnen Tagen oder auch nur Stunden, nachdem man es in die Hände bekommen hatte, so gut wie wertlos war. Bundesländer, Kommunen und sogar Privatunternehmen hatten daher begonnen, auf der Grundlage der von ihnen kontrollierten Ressourcen eigene Schuldscheine zu drucken. Dieses Notgeld war für gewöhnlich (aber nicht immer) nur in einem bestimmten Gebiet gültig. Manche würzten es mit ein wenig schwarzem Humor, wie jenes Unternehmen, das auf einem 500 000-Mark-Schein die muntere Empfehlung abdruckte: »Sollt' ein Brikett noch teurer sein, steck' ruhig mich in' Ofen rein.«[3]

Bis zum 1. Januar 1876 – eine Zeit, die man im Deutschland Stresemanns und Helfferichs noch lebhaft in Erinnerung hatte – hatten die deutschen Einzelstaaten eigenes Geld drucken dürfen. Vor der Vereinigung waren in ganz Deutschland Taler, Gulden, Kreuzer und das entsprechende Kleingeld in Umlauf, wobei insbesondere die kleinen Münzen der verschiedenen Währungen im Alltagsgebrauch zu allgemein bekannten Kursen umtauschbar waren. Deutschland hatte also mehr als andere europäische Länder so etwas wie eine Tradition lokaler Währungen.

Notgeld wurde schon seit den Kriegsjahren ausgegeben. Damals war es Kommunen gestattet, vorübergehende Engpässe an Kleinmünzen durch die Ausgabe von Geldscheinen mit entsprechendem Wert auszugleichen. 1922/23 hatte sich diese Praxis zu einem regelrechten alternativen Geldsystem ausgeweitet. Bis zu diesem Zeitpunkt hatte die Reichsbank gewährleistet, dass diese Geldscheine, obwohl sie einem etwas höheren Diskontsatz als das vom Reich ausgegebene Geld unterlagen, durch bei ihr selbst oder

der Reichsdarlehenskasse hinterlegte Sicherheiten gedeckt waren. Nach Hilferdings Schätzung stammten im Sommer 1923 zwischen sechzig und siebzig Billionen der in Umlauf befindlichen Papiermark jedoch aus ungedeckten Quellen. Streng genommen, handelte es sich um illegales Geld. Es mochte von vielen Händlern und Kunden akzeptiert werden, aber die Regierung hatte keine Kontrolle über seine Emission und übernahm keine Garantie für seinen Wert. So trug es zur Inflation und zur insgesamt chaotischen Währungssituation noch bei.[4]

Die totale Katastrophe stand augenscheinlich kurz bevor. In der reichen Kaufmannsstadt Hamburg, deren Aussichten von langfristigen Außenhandelsbeziehungen und der Verfügbarkeit von Devisen bestimmt wurden, diskutierte man in durchaus respektablen politischen Kreisen, zu denen auch Mitglieder von Stresemanns DVP gehörten, schon Mitte September über die Einführung einer harten, von Devisen gedeckten Währung für den Gebrauch innerhalb der Stadtgrenzen. Sie sollte ausgegeben werden, sobald die Mark, was allem Anschein nach in Kürze zu erwarten war, nicht mehr als Zahlungsmittel akzeptiert werden würde.[5] In französisch oder belgisch besetzten Gebieten verlangten die Bauern eine Bezahlung in Francs, und die Besatzer förderten diese Flucht aus der Mark ebenso, wie sie die kleinen, aber aktiven separatistischen Bewegungen in den besetzten Gebieten des Rheinlandes und der Pfalz mit Geld und amtlichen Begünstigungen unterstützten.

Es war ein deutliches Signal: Wenn das Reich keine stabilen, verlässlichen Wertspeicher und Tauschmittel zur Verfügung stellte, würden sich die Menschen, einzeln oder in Gemeinschaft, selbst darum kümmern müssen. Für die Stabilität und Integrität des fünfzig Jahre alten deutschen Staats war dies eine potenziell tödliche Gefahr.

Was das Geld anging, bestand das eigentliche Problem in den Kosten des Widerstandes gegen die Franzosen und ihre belgischen Verbündeten im Ruhrgebiet. Als Hilferding am 14. August 1923 sein Amt als Finanzminister antrat und einen Blick in die Bücher warf, war er entsetzt über den desaströsen Zustand der Reichsfinanzen. In den nächsten vier Wochen waren Ausgaben in Höhe von 405 Billionen Papiermark zu erwarten, darunter 240 Billionen für den Ruhrkampf. Dem standen prognostizierte Einnahmen von 169 Billionen Mark gegenüber, zu denen die aufgrund der Inflation drastisch gesunkenen Steuern lediglich am Rande beitrugen.[6] Kurz: Der Ruhrkampf wurde untragbar. Er musste entweder aufgegeben

VERZWEIFELTE MASSNAHMEN

werden, oder man fand eine diplomatische Lösung, die zum Abzug der Franzosen und Belgier führen würde. In den vorangegangenen Jahren hatte Hilferding andere Politiker dafür kritisiert, dass sie äußeren Faktoren, insbesondere dem Versailler Vertrag und den damit verbundenen Schwierigkeiten, die Schuld an der wirtschaftlichen Schieflage Deutschlands gegeben hatten. Jetzt jedoch, vor dem Hintergrund der von der Ruhrbesetzung verursachten Probleme, räumte er am 23. August in einer Sitzung des Haushaltsausschusses des Reichstages ein: »Eine gute Außenpolitik ist die beste Finanzpolitik!«[7]

Unglücklicherweise hatten die Franzosen nicht die Absicht, sich aus dem Ruhrgebiet zurückzuziehen. Der Grund dafür war einfach. Sie machten Fortschritte; der Zusammenbruch des deutschen Widerstandes war absehbar.

Am 23. August, dem Tag, an dem sein Finanzminister den Zusammenhang zwischen Außenpolitik und finanzieller Gesundheit konstatierte, gestand Stresemann in einer Kabinettssitzung ein, dass die Moral der Ruhrbevölkerung, die unmittelbar nach der Besetzung im Januar so hoch gewesen war, mittlerweile nachließ. Über den Winteranfang hinaus, prophezeite er, werde sie sich nicht aufrechterhalten lassen.

Niemand erhob Einspruch gegen diese pessimistische Lageeinschätzung. Tatsächlich malte der ebenfalls anwesende preußische Innenminister Carl Severing sogar ein noch düsteres Bild. Nach seiner Ansicht war der Widerstand im Wesentlichen vorbei. Die örtliche Polizei, erklärte er, arbeite jetzt mit den Besatzern zusammen, die Ruhindustriellen seien dabei, ihren Frieden mit den Franzosen zu machen, und die Entschlossenheit der Arbeiterschaft, des Rückgrats des Widerstandes, sei derart bröckelig, dass die einst gepriesene Disziplin der Gewerkschaftsbewegung im größten Industriegebiet Deutschlands für lange Zeit dahin sei.[8]

Was die Finanzkrise betraf, verpuffte jeder Versuch der Regierung wirkungslos; das galt für die Pläne für eine inflationsbereinigte Steuererhebung ebenso wie für neue Verordnungen über die Beschränkung und Besteuerung des privaten Erwerbs von Devisen in Deutschland. Am 1. September 1923 stand die Mark gegenüber dem Dollar bei 10,5 Millionen; beim Antritt der neuen Regierung etwas mehr als zwei Wochen zuvor war der Dollar noch 3,7 Millionen Mark wert gewesen. Weitere zwei Wochen später war der Wechselkurs auf 109 Millionen hochgeschnellt.

KAPITEL 22

Eine letzte Hoffnung setzten die deutsche Regierung wie das deutsche Volk in ein Treffen zwischen dem neuen britischen Premierminister Stanley Baldwin und seinem französischen Kollegen Poincaré in der dritten Septemberwoche in Paris. Doch als am 19. September die Ergebnisse der Gespräche bekannt gegeben wurden, war nur zu deutlich, dass die Briten keinerlei Druck auf Frankreich ausgeübt hatten. In dem von der britischen Botschaft in Paris veröffentlichten Kommuniqué wurde betont, dass es zwischen den beiden Ländern keine Meinungsverschiedenheiten gebe. Am nächsten Tag trat das deutsche Kabinett zusammen und stellte einhellig fest, dass die Kapitulation an der Ruhr unvermeidlich sei und die Unterstützung des passiven Widerstandes aufgegeben werden müsse. Dies habe man den Aufrührern des Widerstandes, den Ministerpräsidenten der deutschen Länder und den Spitzenpolitikern der demokratischen Parteien klarzumachen.[9] Am 26. September verkündeten der Reichspräsident und die Reichsregierung in einer gemeinsamen Verlautbarung das Ende des passiven Widerstandes, bekräftigten gleichzeitig aber den Protest gegen das illegale Vorgehen der Franzosen im Ruhrgebiet.

Insbesondere die Sozialdemokraten waren besorgt, dass der Abbruch des Widerstandes neue »Dolchstoß«-Vorwürfe auslösen würde. Tatsächlich ergriff die nationalistische Rechte die Gelegenheit, um eine wahre Flut solcher Anschuldigungen vorzubringen, bis hin zu der aberwitzigen Behauptung, der Widerstand habe kurz vor dem Sieg gestanden (so wie angeblich das deutsche Heer im November 1918). Die DNVP forderte die Regierung auf, den Versailler Vertrag für null und nichtig zu erklären.

Die nationalistisch-konservative bayerische Regierung ging sogar noch weiter. Bayern hatte seine »Quasi-Unabhängigkeit« vom Reich seit 1920 immer weiter vorangetrieben, und jetzt schien die vollständige Loslösung bevorzustehen. Die Münchner Reaktion ließ nicht lange auf sich warten. Noch am selben Tag, an dem in Berlin das Ende des Ruhrkampfes bekannt gegeben wurde, hob die Landesregierung Eberts präsidiale Vollmachten in Bayern auf und übertrug sie an den ehemaligen bayerischen Ministerpräsidenten (1920/21) und jetzigen Regierungspräsidenten von Oberbayern (zu dem München gehörte) Gustav von Kahr, der als entschiedener Antikommunist bekannt war. Nach Paragraph 48 der Weimarer Verfassung konnte der Reichspräsident halbdiktatorische Vollmachten in Anspruch nehmen. Jetzt wurde Kahr, gemäß der eigenwilligen bayerischen Interpretation der eigenen Rechte, als »Generalstaatskommissar« über den

Eine Schlange vor einem Lebensmittelgeschäft während der Hyperinflation

Reichspräsidenten erhoben; als solcher durfte er die präsidialen Vollmachten an dessen Stelle ausüben, ohne sich mit irgendjemandem beraten zu müssen. Tatsächlich verhängte Kahr sofort nach seinem Amtsantritt das Kriegsrecht über Bayern.

Wieder einmal war die Reichsregierung mit der Tatsache konfrontiert, dass sie Bayern ohne den Einsatz von Gewalt nicht von derartigen Extravaganzen abzuhalten vermochte, und ein gewaltsames Einschreiten war ausgeschlossen – selbst wenn man dazu bereit gewesen wäre –, da die Reichswehr deutlich gemacht hatte, dass sie nicht gegen die rechte Regierung der »Ordnung« in München vorgehen werde.

Als die Reichsregierung wenig später das Verbot der nationalsozialistischen Parteizeitung, des in München erscheinenden *Völkischen Beobachters*, anordnete, nahmen die Spannungen zwischen der Zentralmacht in Berlin und der vermeintlich untergeordneten Macht in München noch zu. In den meisten deutschen Ländern war die NSDAP bereits verboten, und am 27. September stellte sie ihr Glück erneut auf die Probe, indem sie einen bösartigen antisemitischen Artikel mit dem Titel »Die Diktatoren

KAPITEL 22

Stresemann – Seeckt« veröffentlichte, in dem der Reichskanzler und der Reichswehrminister angegriffen wurden, weil sie mit Frauen jüdischer Abstammung verheiratet waren. Am 1. Oktober weigerte sich der Reichswehrkommandeur in Bayern, General von Lossow, einen direkt von Seeckt kommenden Befehl, die Redaktionsbüros des *Völkischen Beobachters* zu schließen, auszuführen. Seitdem besaßen der Reichswehrminister und im Grunde alle Berliner Minister in Bayern keine Macht mehr.[10]

Die NSDAP war im Spätsommer 1923 zwar nur eine von vielen reaktionären Kräften in Bayern, aber eine außerordentlich lautstarke und vergleichsweise einheitliche. Hitler hatte der Partei mit seiner Beredsamkeit und Tatkraft zu einem ungewöhnlichen Aufstieg aus der Obskurität verholfen, der ihn selbst mit gerade einmal 34 Jahren zu einer nationalen Berühmtheit gemacht hatte. Auf den Seiten der Berliner *Weltbühne* erschien der selbsternannte Führer der Nationalsozialisten im ersten Halbjahr 1922 gar nicht, im zweiten Halbjahr drei Mal – wobei er bei der ersten Erwähnung Ende November leichthin als »Demagoge mittlern Kalibers« und Angehöriger des Ludendorff-Gefolges abgetan wurde.[11] Im Register zum ersten Halbjahr 1923 wird Hitler schon 26 Mal erwähnt, in dem zum zweiten Halbjahr 45 Mal. Als sich das Hyperinflationsjahr seinem Ende zuneigte, war der Name Hitler allgemein bekannt – ein Markenname.

Die Behörden in Berlin verkannten keineswegs die Gefahr, die vom Aufstieg einer Figur wie Hitler und der von ihm geschaffenen und nahezu perfektionierten neuen Art paramilitärischer Parteiorganisation ausging. Sie konnten nur, so wie die Dinge im Herbst 1923 standen, nichts gegen ihn unternehmen. Das Reich hatte in Bayern einfach nichts zu sagen. Solange Kahr und sein Reichswehrchef Lossow, der jetzt nach bayerischer Auffassung nicht mehr dem Reichsminister, sondern dem Generalreichskommissar unterstand, sich weigerten, gegen Hitlers gewalttätige Rhetorik und seine noch gewalttätigeren Pläne vorzugehen, würden die Nationalsozialisten im südlichsten Bundesland weiterhin wachsen und gedeihen.

Aber nicht nur im traditionell separatistischen Süden war die Ohnmacht der Reichsregierung offensichtlich. Sachsen und Thüringen waren schon immer Hochburgen der Linken, so sehr, dass Sachsen zu monarchistischen Zeiten sogar als »rotes Königreich« bekannt gewesen war. Während Bayern und viele ländliche Gebiete in Ostdeutschland bis 1923 zu Hochburgen der Reaktion geworden waren, hatten sich die bevölkerungsreichen, industrialisierten Länder in Mitteldeutschland zum anderen Extrem hin-

VERZWEIFELTE MASSNAHMEN

bewegt und eigene revolutionäre Institutionen hervorgebracht, einschließlich bewaffneter sozialistischer Milizen, der »proletarischen Hundertschaften«. Arbeitermilizen waren auch anderswo entstanden, etwa im Ruhrgebiet und in anderen Teilen Preußens, doch dort waren sie unterdrückt worden. Nur in Sachsen und Thüringen, wo die Sozialdemokraten, die dort weiter links standen als ihre preußischen Genossen, zusammen mit den Kommunisten regierten, deren Bewegung immer mehr Zulauf hatte, bestanden sie weiter und konnten ausgebaut werden. Bis zum September zählten sie, Gerüchten zufolge, 50 000 bis 60 000 Mitglieder, die sowohl in Städten als auch auf dem Land eine militärähnliche Ausbildung erhielten. Da paramilitärische Organisationen der Rechten wie Hitlers Nationalsozialisten offen für einen »Marsch auf Berlin« mobilmachten, lag das Argument nicht fern, die Hundertschaften würden gebraucht, um die Demokratie gegen ihre bewaffneten Feinde zu verteidigen.[12] Obwohl die Milizen keineswegs nur aus Kommunisten bestanden, vermutete man, dass Moskau sie finanziell und mit Waffen unterstützte. Und anscheinend trafen diese Vermutungen zu.[13]

In Moskau war Lenin plötzlich nicht mehr am Ruder. Am 25. Mai 1922, wenige Monate, nachdem die Bolschewiki ihre Macht endgültig gefestigt hatten, hatte ihr Staats- und Parteichef einen ersten schweren Schlaganfall erlitten. Nach einem zweiten im Dezember und einem dritten im März 1923, der ihn völlig lähmte, schied er endgültig aus der Politik aus. Er dämmerte noch einige Monate dahin, bis er Anfang 1924 verstarb. Zu diesem Zeitpunkt war das bolschewistische Regime bereits in eine lange, von Rivalitäten und Meinungsstreit geprägte Periode der kollektiven Führung eingetreten, die erst enden sollte, als Stalin sich fünf Jahre später als uneingeschränkter Alleinherrscher durchsetzte. Da sich Deutschland – das viele in Moskau immer noch als nächste große Hoffnung der Weltrevolution ansahen – in einem politischen und wirtschaftlichen Chaos befand und offenbar das gesamte kapitalistische System, zumindest in den Augen von Kommunisten, in sich zusammenkrachte, schien der Zeitpunkt für einen Arbeiteraufstand ideal zu sein.

Insbesondere die Gruppe um den brillanten Bürgerkriegsgeneral und intellektuellen Hitzkopf Leo Trotzki, der an die »permanente Revolution« glaubte, hielt den Augenblick der Tat für gekommen. In einer Geheimsitzung des Politbüros wurde am 23. August 1923 grünes Licht für eine kommunistische Revolution in Deutschland unter Führung der »Proletarischen Hundertschaften« gegeben. Ein erfolgreicher Aufstand in der zweitgrößten Industrienation der Welt hätte Trotzkis Stellung in der bolschewistischen Führung gestärkt. Außerdem hätte man von vornherein ausgeschlossen, dass die neue »bürgerliche« Regierung unter Stresemann, die offenkundig einen Modus Vivendi mit den erzkapitalistischen Briten anstrebte, den Vertrag von Rapallo aufkündigte und Deutschland in einen potenziellen antikommunistischen Block überführte. Deshalb genehmigte die Moskauer Führung die Einrichtung eines vom sowjetischen Botschafter in Berlin verwalteten Geheimfonds, mit dem der »deutsche Oktober« gefördert werden sollte – oder, wie Trotzki es sah, ein »deutscher November«, denn nach seiner Vorstellung sollte der Aufstand am 9. November stattfinden, dem Jahrestag der Revolution, durch die im Jahr 1918 der Kaiser gestürzt worden war.

Zu den Merkwürdigkeiten dieses ungewöhnlichen deutschen Herbstes gehörte, dass Hitler für seinen »Marsch auf Berlin« dasselbe Datum im Sinn hatte.

Während die Krise ihrem Höhepunkt zustrebte, betrachteten nicht alle Deutschen ihre Lage als hoffnungslos. Trotz der absurden Preissteigerungen hatten manche einen Weg gefunden, deren tragische Folgen zu umgehen. So setzten die deutschen Staatsbediensteten im Juli 1923 nach einer Reihe von Streiks und zahlreichen Demonstrationen von Mitgliedern der Beamtengewerkschaften als erste große Einkommensgruppe eine regelmäßige Inflationsanpassung ihrer Gehälter durch; genauer gesagt, vereinbarten sie ein kompliziertes Indexsystem, das ihnen ständige Aktualisierungen und Vorauszahlungen zusicherte. Darüber hinaus sollten die Anpassungen nicht auf der Grundlage vollendeter Tatsachen geschehen, sondern mithilfe einer Formel für die Vorhersage von Preissteigerungen berechnet werden. Bereits dadurch bevorzugt, dass sie ihre Gehälter vielfach vierteljährlich oder zumindest monatlich im Voraus erhielten, wurden ihnen auch die neuen Inflationszulagen – die zu diesem Zeitpunkt aufgrund des rasanten Kursverfalls der Mark riesige Papiergeldmengen ausmachen konnten – im Voraus gezahlt, bevor der berechnete Inflationsschub tatsächlich eingetreten war. Auf den Staatshaushalt wirkten sich solche immensen (und unsinnigen) Zahlungen natürlich inflationstreibend aus. Zudem warf man hohen Beamten vor, sie würden mit den ihnen zur Verfügung stehenden großen Geldmengen in großem Umfang Währungsspekulation betreiben.[14]

VERZWEIFELTE MASSNAHMEN

All dies konnte indes nicht verhindern, dass auch die Beamten die leidvollen Folgen der Hyperinflation zu spüren bekamen. Niemand, ganz gleich, wie oft sein Lohn oder Gehalt neu berechnet wurde, war im Spätherbst 1923 vor den Auswirkungen des völligen Zusammenbruchs von in Mark notierten Finanztransaktionen sicher, der Deutschland in den Abgrund riss und seine Währung buchstäblich wertlos machte. Die Galgenfrist, die den Beamten in der Zeit der Hyperinflation gewährt wurde, machte sie bei ihren Mitbürgern allerdings noch unbeliebter, als sie es ohnehin schon waren. Und die Regierung Stresemann, zu deren Hauptzielen die Stabilisierung der Staatsfinanzen in Vorbereitung auf die Rettung der Mark zählte, hatte vor, sich die Unbeliebtheit der Bürokratie zunutze zu machen. Der öffentliche Dienst, in dem seit 1918 insbesondere die unteren Ränge ihre Stellung verbessert hatten, musste mit drastischen, wenn nicht sogar brutalen Einschnitten rechnen.

Ende August ersetzte die neue Regierung einseitig und unter Missachtung gewerkschaftlicher Proteste die quartalsweise Gehaltszahlung durch wöchentliche Auszahlungen. Im September und Oktober wurde der Plan für eine Ausdünnung der Bürokratie durch den Abbau überflüssiger Stellen ausgearbeitet und, wiederum ohne Verhandlungsspielraum, den Vertretern der Beschäftigten im öffentlichen Dienst übermittelt. Am 27. Oktober folgte der Erlass einer »Personalabbauverordnung«, die in den folgenden Jahren die Entlassung eines Viertels der Staatsdiener, von Arbeitern bis Bürokraten, Schulhausmeistern bis Regierungsräten, vorsah. 15 Prozent sollten bis zum 31. März 1924 gehen, die restlichen zehn Prozent bis zu einem noch zu bestimmenden Zeitpunkt. Die verschiedenen Beamtengewerkschaften protestierten; sogar von einem »Pogrom« gegen Beamte durch eine unheilige Allianz von Staat und Großindustrie war die Rede, aber letzten Endes blieb es bei Worten.[15]

Indem sie sich zuerst den aufgeblähten Staatsapparat vornahm, zeigte die Regierung Stresemann, dass sie es ernst meinte mit ihren Reformanstrengungen.

Während in Regierungsausschüssen und in der Presse weiterhin leidenschaftlich über die Deckungsgrundlage der neu einzuführenden Währung – Gold, Roggen oder irgendeine Mischung daraus – debattiert wurde, schuf man auch in anderen Bereichen die Voraussetzungen für das unvermeidliche Ende der Inflation. Wenn man Deutschland nicht der politischen und ökonomischen Auflösung preisgeben wollte, musste die Währung gerettet werden.

Erzbergers Steuerreform hatte kurzzeitig eine reale Chance eröffnet, die Zahlungsfähigkeit wiederherzustellen. Doch dann hatte die Reparationskrise vom Sommer 1921 die Inflation neu angefacht und den Großteil der Einnahmen aus den neuen Steuern rasch getilgt. Nachfolgende Regierungen hatten zwar versucht, Schlupflöcher zu schließen, mit der Inflation Schritt zu halten und Zahlungsverzug und Kapitalflucht ein Ende zu setzen, waren damit aber gescheitert. Steuerhinterziehung war nicht nur leicht geworden, sondern auch gesellschaftlich respektabel. Ende September 1923 hatte der Reichstag ein Gesetzespaket verabschiedet, mit dem die Steuersätze erhöht, neue Steuern eingeführt, der Hebesatz deutlich angehoben und Vorkehrungen zur regelmäßigen Aktualisierung dieses Mechanismus zur Inflationsanpassung getroffen wurden. Zudem erhöhte man die Strafen im Falle von Zahlungsverzug deutlich. Zwar ließ sich das Problem der Regierung nur durch eine Reform des Finanzsystems und der Währung lösen, aber wenigstens waren die Entrichtung von Steuern zum ersten Mal seit dem Beginn der Inflation nicht mehr »optional« und ein Zahlungsverzug nicht mehr völlig straflos, und die neue Regierung achtete streng auf die Einhaltung dieser Gesetze.[16]

Auch andere Anzeichen deuteten darauf hin, dass mit Stresemanns Machtübernahme an der Spitze einer Großen Koalition das Steuer des deutschen Staatsschiffs herumgerissen worden war. Für die Bevölkerung sah es indes in jenen entscheidenden Wochen im Allgemeinen nicht danach aus. Die anscheinende Unfähigkeit der angeblichen »Stabilisierungsregierung«, greifbare Ergebnisse zustande zu bringen, und der zunehmende politische Aufruhr in manchen Reichsgebieten erweckten in diesen ersten Wochen vielmehr den Eindruck von Schwäche. Der stellvertretende Schuldirektor von der Ohe notierte am 10. Oktober 1923 in seinem Tagebuch:

»Siegfried [vermutlich Herrn Ohes Sohn] ist im Zirkus gewesen. Die Karte kostete 10 Mio. Mark. Diese hat ihm ein Mitschüler geschenkt. Man denke: Kinder schenken sich 10 Millionen. Der Dollar soll auf drei Milliarden stehen. Das wird wohl der Tod des Ministeriums Stresemann sein.«[17]

Von der Ohe hatte das Glück, dass ihm sein landwirtschaftlicher Nebenerwerb im Fall des Zusammenbruchs der Geldwirtschaft einen gewissen Schutz gewähren würde. Was die Zukunft der Regierung Stresemann betraf, hatte er unrecht. Obwohl sie kurz vor diesem Tagebucheintrag eine ernste Krise zu überstehen hatte, sich weiterhin vielen Problemen sowie schweren inneren Spannungen gegenübersah, sollte sie das Stabilisierungsprogramm selbst zu Ende bringen.

Doch der erste Schritt zur Rettung der Demokratie war ihre Aufhebung.

KAPITEL 23
Alle wollen einen Diktator

Es war erstaunlich, dass eine Regierung, die offensichtlich ständig in Gefahr war, auseinanderzubrechen, zu leisten vermochte, was Stresemanns Kabinett – genau genommen waren es zwei Kabinette – in den 109 Tagen zwischen dem 13. August und dem 30. November 1923 zuwege brachte. Das erste Kabinett der Großen Koalition hielt bis zum 3. Oktober, als es an der Frage zerbrach, wie weit die Sondervollmachten, die alle für die Lösung der politischen und ökonomischen Krise für notwendig hielten, gehen sollten.

Stresemann war ständig das Ziel von Intrigen der Rechten, einschließlich der Industrievertreter in seiner eigenen Partei im Umkreis von Hugo Stinnes, die auf die völlige Abschaffung der seit 1918 geltenden arbeiterfreundlichen Gesetze hinarbeiteten, die sie für die wirtschaftliche Notlage verantwortlich machten. Vor allem störten sie der Achtstundentag (von Montag bis Sonnabend, also bei einer 48-Stunden-Woche) und die Vertretung der Arbeiter in Fabrikkomitees. Um die Uhr zurückdrehen zu können, favorisierte diese mächtige Gruppe nicht nur vorübergehende Notstandsvollmachten, sondern eine Art dauerhafte Diktatur, ähnlich dem in Bayern herrschenden Regime. Natürlich wollten sie die Sozialdemokraten aus der Regierung verdrängen – und Stresemann, den sogar viele seiner eigenen Parteifreunde als gefährlich gemäßigt betrachteten, gleich mit.

Aber die Koalition litt auch unter der Sturheit der Sozialdemokratischen Partei. Während die SPD-Minister aus der Einsicht, dass die mangelnde Produktivität die aktuellen Schwierigkeiten wesentlich mit verursachte, einem Arbeitszeitkompromiss zugestimmt hatten, gab ihre Partei keinen Deut nach. Außerdem verlangte sie von der Regierung, sie solle Maßnahmen ergreifen, um die aufmüpfigen bayerischen Reaktionäre zur Räson zu bringen. Diese Forderung war zwar rechtlich und moralisch gerechtfertigt, angesichts der fehlenden Bereitschaft der Reichswehr, mit Waffengewalt gegen Kahr und seine paramilitärischen Freunde vorzugehen, aber geradezu absurd unrealistisch.

Die Krise dauerte drei Tage. Die Koalition zerbrach am Abend des 3. Oktober, als die Sozialdemokraten eine Ausweitung der Notstandsvollmachten ablehnten, die es der Regierung erlaubt hätte, die Arbeitsbedingungen zu verändern, ohne den Reichstag einbeziehen zu müssen. Drei Tage später fand sie wieder zusammen. In der Zwischenzeit hatte man, da sich Reichspräsident Ebert geweigert hatte, Stresemann als Kanzler abzulösen, und keine andere politische Konstellation in Sicht war, eine Formulierung gefunden, die es den Sozialdemokraten ermöglichte, der Reform der Arbeitszeitvorschriften doch noch zuzustimmen. Demnach bestand nun »unter grundsätzlicher Festhaltung des Achtstundentages als Normalarbeitstag« die »Möglichkeit der tariflichen oder gesetzlichen Überschreitung der jetzigen Arbeitszeit im Interesse einer volkswirtschaftlich notwendigen Steigerung und Verbilligung der Produktion«.[1]

Die wichtigste Veränderung im Kabinett war das Ausscheiden des leidenschaftlichen (aber in vieler Hinsicht konventionell denkenden) Sozialisten Hilferding. Seinen Platz als Finanzminister nahm der vorgeblich parteilose, in Wirklichkeit aber gemäßigt konservative Experte Hans Luther ein, der bereits Minister für Ernährung und Landwirtschaft war und als früherer Oberbürgermeister der Krupp-Stadt Essen über gute Beziehungen zur Industrie verfügte. Das Mindeste, was man von ihm sagen konnte, war, dass er verbindlicher oder wenigstens weniger umstritten war als Hilferding. Damit sank die Zahl der sozialdemokratischen Minister von vier auf drei, und im Kabinett verlagerten sich – bedenkt man Luthers Nähe sowohl zur Industrie als auch zur DVP – die Gewichte deutlich zugunsten jenes Sanierungsvorschlags, den der Nationalist Helfferich im Sommer für die dringend erforderliche Währungsreform vorgebracht hatte: die nationalen Reserven von Landwirtschaft und Industrie zu diesem Zweck heranzuziehen. Damit war der Weg zur sogenannten Rentenbank und zu einem neuen Geldsystem in Deutschland frei. Keinen Augenblick zu früh.

Im Juli 1923 hatte die Arbeitslosenquote unter Gewerkschaftsmitgliedern bei 3,5 Prozent gelegen. Im Oktober stieg sie steil an und erreichte im nächsten Monat den erschreckenden Stand von 23,4 Prozent. Die Lage war verheerend. »Während der ganzen Woche gab es Brotunruhen und Plünderungen mit Zusammenstößen mit der Polizei«, berichtete der Berliner Korrespondent der Londoner *Sunday Times* im Oktober und fuhr fort:

KAPITEL 23

»Das Problem in Berlin waren die Preise. Die Verfechter der Inflation in der Heimat sollten nach Berlin kommen und sich ansehen, was passiert, wenn die Schuld fällig wird. Seit vierzehn Tagen hat es viel unheilvolles und lautstarkes Geschrei gegen die Preissteigerungen gegeben. Es brauchte eine ganze Reihe von Unruhen und ein Ultimatum der Gewerkschaften, die mit einem Generalstreik drohten, falls nicht innerhalb von drei Tagen neues Geld ausgegeben werde, damit die Regierung aufwachte und den Ernst der Lage begriff. Die akademischen Diskussionen mussten beendet werden, und jemand musste Hand anlegen.«[2]

Ein anderer Journalist, der für den Londoner *Observer* tätig war, berichtete aus einer ungenannten Provinzstadt, Facharbeiter, die »Arbeiteraristokraten«, würden den Gegenwert von drei Halfpence in der Stunde oder einen Shilling am Tag verdienen. »Aber immerhin haben wir Arbeit«, erklärte einer von ihnen, »und immer noch einen Achtstundentag.« Sein Bruder, ein ungelernter Arbeiter, verheiratet und Vater dreier Kinder, verdiente den Preis von drei Laiben Brot in der Woche. Der mitfühlende Korrespondent führte für seine britischen Leser einige Berechnungen durch und kam zu dem Ergebnis, dass die »gewaltige Summe in Mark«, die man bräuchte, um tausend Männer, Frauen und Kinder mit einem nahrhaften Mahl zu versorgen, tatsächlich nur einer Guinee entspräche – oder einem Farthing (Viertelpenny) pro Person:

»Was auffällt und in gewisser Weise bedrückend wirkt ist, dass kaum geklagt wird. Bettler sind selten, und die meisten von ihnen sind blind oder verstümmelt; Kinder, Hunde und Pferde scheint man freundlich zu behandeln; die Menschen, die nach Brot oder Kartoffeln anstehen, sind auf fast apathische Weise geduldig. In Lebensmittelläden kommen die Menschen herein, erkundigen sich nach dem Preis und gehen wieder hinaus; Geschäftsinhaber, die jede Stunde telefonisch über die neueste Bewegung am Devisenmarkt informiert werden, wollen einerseits unbedingt verkaufen, trennen sich andererseits aber nur ungern von ihrer Ware; doch auch sie verhalten sich höflich, fast mitfühlend. Ein alter Mann kam herein, um nach dem Preis einer Dosensuppe zu fragen, und ging wieder hinaus. ›Vor dem Krieg war er einer meiner besten Kunden‹, erzählt der Ladenbesitzer. ›Jetzt wohnt er mit seiner Frau, die älter als er ist und sehr krank, in einem einzigen Zimmer. Einer seiner Freunde hat mir gesagt, ich solle ihm jeden Monat ein Paket mit einigen Lebensmitteln schicken. Aber er hat es zurückgeschickt. Er sagt, weder er noch seine Frau würden Almosen annehmen. Aber ich bezweifle, dass sie auch nur einmal am Tag etwas zu essen haben.‹ Ich sagte nichts, denn der Professor scheint die deutsche Haltung in der Not zu verkörpern, und ich erinnere mich an einen genauso dünnen, abgerissenen Gelehrten aus einer anderen Stadt, der mir sagte, er vermisse weder Essen noch richtiges Schuhwerk, sondern Bücher.«[3]

Natürlich gab es auch auf dem trostlosen Höhepunkt der Krise die üblichen krassen Gegensätze:

»Die Wintersaison hat begonnen, soweit man davon sprechen kann. Eröffnet wurde sie mit der Schließung eines der besten Restaurants Unter den Linden für den Abend. Ein anderes hat einen großen Teil seiner Räume geschlossen, weil nicht genügend Abendgäste kommen. Die Hauptmahlzeit ist heutzutage das Mittagessen.

Gleichzeitig erlebt der Tanztee eine Renaissance. Marek Weber ist mit seiner Kapelle aus dem Hotel Esplanade ins Hotel Adlon umgezogen, und an bestimmten Wochentagen, an denen dem Berliner von seiner väterlichen Regierung zu tanzen erlaubt ist, ist die Stimmung wieder ziemlich aufgekratzt.«

Natürlich gab es in Berlin und im übrigen Deutschland viel zu viele, für die jede Mahlzeit eine Hauptmahlzeit gewesen wäre. Doch es gab auch jene, die 8 Pfund, 2 Shilling, 6 Pence übrig hatten, um von London nach Berlin zu fliegen. Diese Flugverbindung war Anfang des Jahres aufgenommen worden; gestartet und gelandet wurde auf dem Flugfeld neben der früheren Zeppelinfabrik in Berlin-Staaken. Jetzt, im November, war eine Ausweitung des Flugverkehrs geplant:

»Die neue Route wird London, Rotterdam, Hannover und Berlin verbinden. Berlin erreicht man von London aus in acht Stunden. Auf dieser Strecke sollen Luftfahrzeuge des Typs Napier D.H. 34 eingesetzt werden, in die für die Passagiere alle Bequemlichkeiten für die lange Reise installiert worden sind. In den Sitzflächen befinden sich Luft-

KAPITEL 23

kissen, an den Fenstern hängen Seidenvorhänge, und die Kabine wird durch eine Zirkulation mit warmer Luft beheizt.

Um acht Uhr in London gestartet, landet das Flugzeug um 14 Uhr in Hannover und um 15.50 Uhr in Berlin, während es auf der Rückreise um acht Uhr in Berlin startet, um zehn Uhr in Hannover landet und um 14.30 Uhr London erreicht ...

Jeder Passagier erhält einen kostenlosen Lunchkorb, der neben dem Essen für die Reise eine Flasche Wein für die weiblichen Passagiere und eine kleine Whiskyflasche für die Herren enthält.«[4]

Der Flugverkehr nach London sollte bald nach Tempelhof verlegt werden, auf den früheren Exerzierplatz des kaiserlichen Heeres südlich des Stadtzentrums, wo, trotz der Hyperinflation, schon seit einigen Monaten ein Flughafen gebaut wurde. Nach einigen Verzögerungen aufgrund von Kapitalmangel (infolge der Wirtschaftslage) und bürokratischen Hindernissen (ursprünglich wollten die Berliner Stadtväter in Tempelhof Messeanlagen bauen) war das Gelände im Oktober offiziell zum Zentralflughafen der Stadt erklärt worden. Die Flugzeughersteller Junkers und Aero-Lloyd hatten bereits Holzhangars errichtet, die auch als Terminals dienten.

Trotz aller Probleme und Kämpfe, trotz der scharfen politischen Gegensätze, trotz der Schrecken und Absurditäten der Hyperinflation und obwohl ein großer Teil der Bevölkerung weiterhin in nahezu mittelalterlichem Ausmaß zu leiden hatte, war das Deutschland der Weimarer Zeit reif für die Revolution der Moderne, die in der gesamten entwickelten Welt im Gang war, insbesondere beim eigentlichen Sieger des Ersten Weltkrieges, den Vereinigten Staaten von Amerika.

Im Herbst des Hyperinflationsjahres wurden auch die ersten öffentlichen Rundfunksendungen in Deutschland ausgestrahlt. Am 29. Oktober 1923 um acht Uhr abends – der Dollar war 65 Millionen Mark wert – vernahm man aus dem Voxhaus in der Potsdamer Straße, dem Hauptsitz der gleichnamigen Schallplattenfirma, unter leichtem Knistern die Stimme des ersten deutschen Radiosprechers:

»Achtung! Hier Sendestelle Berlin Voxhaus, Welle 400. Wir bringen die kurze Mitteilung, dass die Berliner Sendestelle Voxhaus mit dem Unterhaltungsrundfunk beginnt.«

Die erste Musik, die im deutschen Rundfunk gespielt wurde, und zwar live, war ein Andantino für Violoncello und Klavier von Fritz Kreisler. In der nächsten Stunde folgten elf weitere Stücke, zuletzt eine von einer Militärkapelle eingespielte Schallplattenaufnahme des Deutschlandliedes. Danach meldete sich der Sprecher wieder: »Wir wünschen Ihnen eine gute Nacht! Vergessen Sie bitte nicht, die Antenne zu erden!«[5]

Zwei Monate später betrug die Zahl der eingetragenen Rundfunkhörer, die bei der Deutschen Post eine gepfefferte Jahresgebühr von sechzig Goldmark oder 780 Billionen Papiermark entrichtet hatten,[6] rund eintausend. Mitte des nächsten Jahres, nachdem die Rundfunkgebühr auf ein Drittel des ursprünglichen Betrages herabgesetzt worden war, gab es hunderttausend berechtigte Hörer – unberechtigtes Hören war weit verbreitet –, und im Dezember war ihre Zahl auf über eine halbe Million gestiegen. Offenbar störte es niemanden, dass man in dieser Frühzeit des Rundfunks den Sendungen nur mit Kopfhörern folgen konnte.[7]

Unter der chaotischen Oberfläche veränderte sich Deutschland und bereitete sich darauf vor, sein Nachkriegsversprechen zu erfüllen. Die Inflation mochte geholfen haben, viele Folgen der Kriegsniederlage abzumildern, doch jetzt hielt sie das Land zurück. Die Frage war, ob sich Deutschland in den vergangenen fünf Jahren zu weit von einem lebensfähigen Kapitalismusmodell entfernt hatte, um sich erholen zu können. Sowohl die Kommunisten am linken als auch die paramilitärischen nationalistischen Gruppen am rechten Rand, für die Hitler zur vereinenden Figur wurde, hielten ihre Zeit für gekommen.

Ende Oktober 1923 gewannen Extremisten und Enttäuschte den Eindruck, dass ein gewalttätiger Umsturz möglich sei. Die Große Koalition schien trotz ihrer hochtönenden Bezeichnung zu zerrissen zu sein, um jene möglicherweise unpopulären Zwangsmaßnahmen zu ergreifen, die nötig waren, um die deutsche Nachkriegsgesellschaft endlich durch das Tor zu Moderne, Wohlfahrt und Demokratie zu stoßen, das seit dem 9. November 1918 offenstand. Wenn Stresemann und seine Minister nicht die Initiative ergriffen, gab es genügend Deutsche, die bereit waren, das Land durch ein völlig anderes Tor zu führen.

Am 13. Oktober 1923 setzte Reichspräsident Ebert schließlich seine Unterschrift unter das von der Regierung Stresemann verlangte Ermächtigungsgesetz. Damit versetzte er sie in die Lage, eine vorübergehende und sorgfältig abgegrenzte Diktatur auszuüben, deren Vollmachten nur so lange gelten sollten, wie die gegenwärtige Koalition an der Macht war, längstens aber bis zum 31. März 1924. Bis dahin war die Regierung ermächtigt, auf einer Vielzahl von Gebieten Entscheidungen zu treffen, die im Normalfall der Zustimmung des Reichstages bedurft hätten.

Das Kabinett nutzte seine neuen Vollmachten umgehend, um die Arbeitslosenhilfe zu reformieren, dem Staat eine entscheidende Rolle bei der Bewältigung von Arbeitskonflikten zu sichern und eine große Zahl von Reichsbeamten zu entlassen (bis zu 25 Prozent). Wie mit den Sozialdemokraten vereinbart, blieb der Achtstundentag der Standard, aber er konnte jetzt auf zehn Stunden verlängert werden, wenn die Arbeitgeber eine überzeugende Begründung dafür vorbrachten. Die liberale *Vossische Zeitung* bezeichnete die Kabinettsbeschlüsse als Maßnahmen zur »Wiederherstellung der Produktivität«. Außerdem meldete die Zeitung, dass das Kabinett am kommenden Montag, dem 15. Oktober, über einen Beschluss zur Währungsfrage beraten werde.[8] Es bewegte sich etwas.

Das sture Beharren der Industriearbeiter auf dem Achtstundentag rief in anderen Gesellschaftsschichten großen Unmut hervor. In allen deutschen Großstädten, insbesondere in Berlin, nutzten die Menschen, was sie an Freizeit hatten – und seit Einführung des Achtstundentages hatten sie davon mehr als je zuvor –, um mit Taschen und Rucksäcken aufs Land zu fahren und Lebensmittel zu hamstern. Der Londoner *Observer* berichtete:

»… der einzige erwähnenswerte Teil des ermüdenden Ausflugs ist der Fußmarsch von einem Bauernhof zum nächsten, an Spree und Havel entlang, sogar an der Elbe, den langen Weg durch das Flachland bis nach Hamburg. Frühmorgens sind die meisten Landbewohner bereit, sich zum gestrigen Preis von ihren Kartoffeln zu trennen; geht es auf Mittag zu, sträuben sie sich dagegen. ›Der Nachtwächter ist noch nicht herumgegangen‹, lautet ihre rätselhafte Auskunft. Auf Nachfrage erfährt man, dass die neue Aufgabe des Nachtwächters offenbar darin besteht, von Haus zu Haus und Hof zu Hof den Dollarkurs der Berliner Börse bekanntzugeben – dass der Zentner am Nachmittag womöglich eine Milliarde mehr kostet als am Morgen. Das ist für jedermann von Interesse, aber der Gegensatz bricht auf, wenn der Besucher ein Arbeiter aus Berlin ist, der sich nicht nur über die Preise beklagt, sondern auch über die Fülle, die er um sich herum sieht. Dann erhält er die Antwort: ›Arbeite zehn und mehr Stunden am Tag, wie wir es tun.‹«[9]

In Sachsen, wo die SPD zusammen mit der KPD regierte, sah die Lage anders aus. Aus Dresden berichtete eine britische Zeitung:

»Es gibt eine Art rauer ›Volksjustiz‹, die manchmal sehr rau ist. Es sind nicht nur Kommunisten, die in Markthallen einfallen und die Standbetreiber zwingen, ihre Waren zu Preisen zu verkaufen, die Arbeiter sich leisten können, die für die Verkäufer aber häufig einen herben Verlust bedeuten. Es ist geradezu eine Massenbewegung, und in den ›Kontrollkomitees‹, die Streitigkeiten zwischen Käufern und Verkäufern schlichten, sitzen sowohl Sozialisten als auch Kommunisten, deren Entscheidungen für gewöhnlich ziemlich summarisch ausfallen.

Es gibt Zeiten, in denen weder Obst noch Gemüse oder Milchprodukte aus den Landkreisen eintreffen, weil die Bauern es leid sind, ihre Produkte für eine verfallende Papiermark zu verkaufen. Die städtischen Massen organisieren Razzien, graben die Kartoffeln selbst aus, schneiden Getreide mit Scheren (wobei sie große Verwüstungen und Schäden anrichten) oder zwingen Bauern, billig zu verkaufen.«[10]

Auch in Sachsen nahm die Arbeitslosigkeit wie im übrigen Deutschland rasch zu. Zwischen August und Anfang Oktober stieg die Zahl der Arbeitslosen auf mehr als das Vierfache, von 25 000 auf knapp über 112 000. Gleichzeitig erhöhte sich die Zahl der Kurzarbeiter von 41 000 auf 350 000. Hunderte Fabriken wurden geschlossen. Der Unterschied zu den anderen Teilen Deutschlands bestand darin, dass die linke Regierung in Sachsen das Problem einfach dadurch »löste«, dass sie Fabrikschließungen verbot.[11]

Im schönen Dresden ging es gelegentlich wirklich »rau« zu. Im Frühjahr 1919, wenige Monate nach der Revolution, hatte sich der damalige sächsische Kriegsminister, der Sozialdemokrat Gustav Neuring, geweigert, eine Abordnung von Kriegsversehrten persönlich zu empfangen. Daraufhin wurde das Ministerium gestürmt, er selbst gefangen genommen und in die Elbe geworfen, und als er ans Ufer zu schwimmen versuchte, eröffneten bewaffnete Demonstranten das Feuer und töteten ihn.[12] Vier Jahre später, mitten in der galoppierenden Inflation, hatte es angesichts einer Arbeitslosenquote von sechzig Prozent[13] und des Auftretens der größtenteils unter kommunistischem Kommando stehenden »Proletarischen Hundertschaften« den Anschein, als wäre die Bühne für eine weitere Gewaltwelle gegen den Status quo bereitet.

Die nach Zehntausenden zählenden uniformierten Mitglieder der sächsischen »Proletarischen Hundertschaften«, die, formal gesehen, zum Schutz von Recht und Ordnung da waren, rechtfertigten ihre militärischen Vorbereitungen mit der Gefahr, die von den antirepublikanischen Kräften in Bayern ausging. Insgeheim von Teilen der Reichswehr unterstützt, waren bewaffnete Einheiten der nationalistischen Rechten, Nachfolger der Brigade Erhardt ebenso wie Hitlers Sturmabteilungen, an der Nordgrenze Bayerns zusammengezogen worden. In der Umgebung der Grenzstadt Coburg waren besonders viele dieser paramilitärischen Truppen versammelt, 11 000 Mann unter dem Kommando von niemand anderem als Korvettenkapitän Erhardt, dem Gründer der Organisation Consul. Ihre Waffen stammten überwiegend aus den Arsenalen der bayerischen Polizei.[14] Auf der anderen Seite der Landesgrenze lag Thüringen, wo in der zweiten Oktoberhälfte gleichfalls eine sozialdemokratisch-kommunistische Koalition an der Regierung war. Weiter östlich folgte ein kurzes Grenzstück zu Sachsen. Was dies zu bedeuten hatte, lag auf der Hand.

Das Problem war, dass von den »Proletarischen Hundertschaften« zweifellos die Gefahr eines kommunistischen Putsches in Sachsen und Thüringen ausging, der eine kommunistische Machtübernahme in Berlin und anderen Großstädten nach sich ziehen und letztlich zu einem sowjetischen Deutschland führen konnte. Damit lieferten sie der äußersten Rechten in Bayern genau die Rechtfertigung, die sie brauchte, um ihre Anhänger bis an die Zähne zu bewaffnen und mit einem durch Thüringen und Sachsen führenden »Marsch auf Berlin« zu drohen.

Eine Zeit lang machte die Regierung einen ratlosen Eindruck. Offenbar war sie unschlüssig, ob sie eingreifen sollte und wenn, wo und wie, hatte sie es doch mit zwei Ländern zu tun, in denen ihre Anordnungen nichts mehr galten.

Die Situation in Mitteldeutschland spitzte sich, wenn auch auf andere Art, im Gleichschritt mit derjenigen in Bayern zu. Am 10. Oktober traten die Kommunisten, die das sozialdemokratische Kabinett in Dresden bisher lediglich parlamentarisch unterstützt hatten, auf Anweisung Moskaus in die Regierung ein und übernahmen das Finanz- und das Wirtschaftsministerium; der sächsische Parteivorsitzende wurde zum Leiter der Staatskanzlei. Einige Tage später erhielten die Kommunisten auch in Thüringen zwei Ministerien, das für Wirtschaft und das für Justiz.[15]

Als Berlin schließlich reagierte, wandte es sich ausschließlich gegen Sachsen und dessen linksextremen Juniorpartner Thüringen. Am 15. Oktober, dem Tag, an dem die Entscheidung über die Schaffung einer neuen Notenbank fallen sollte, welche die Inflation beenden würde, rügte der Kommandeur der Reichswehrtruppen in Sachsen, General Alfred Müller, die neue linke Koalitionsregierung öffentlich, weil sie ohne seine Erlaubnis, die unter dem herrschenden Notstandsrecht eigentlich erforderlich war, Plakate angeschlagen hatte, auf denen sie der Bevölkerung ihr Programm erklärte. Sozialdemokraten in ganz Deutschland erhoben Protest, einschließlich der SPD-Minister in Berlin. Doch Stresemann wies seine Kollegen darauf hin, dass dieses Vorgehen mit Reichspräsident Ebert abgesprochen sei und darüber hinaus, wie im Kabinettsprotokoll festgehalten, »falls die Regierung in Sachsen nicht durchgreife, die Gefahr bestände, dass sich die in Sachsen bedrohten Kreise an Bayern mit der Bitte um Hilfe wenden. Dass dies den Bürgerkrieg und damit den Zerfall des Reiches bedeute, brauche er nicht besonders auszuführen.«[16]

Es war nicht die beste Zeit, um die Schaffung einer neuen Notenbank zu verkünden. Aber die Regierung hatte keine andere Wahl, als weiterzumachen.

Alle wollten eine Diktatur, die Kommunisten eine des Proletariats, die konservativen Nationalisten eine der alten Monarchie ähnliche und die Nationalsozialisten, die an nichts anderes mehr dachten, eine nach dem Vorbild Italiens, wo im Oktober 1922 Mussolini die Macht ergriffen hatte. Selbst die »Weimarer« Parteien waren widerstrebend zu dem Schluss gelangt, dass das Land eine starke Hand brauche, wenn auch nur vorübergehend. Schließlich hatte sich auch der Mann, den viele Deutsche für den heimlichen Herrscher des Landes hielten, für diese Lösung entschieden: Hugo Stinnes.

Stinnes war derart überzeugt davon, und dies schon seit geraumer Zeit, dass er Mitte September sogar US-Botschafter Alanson B. Houghton um die amerikanische Unterstützung oder wenigstens Duldung einer solchen Antwort auf die deutschen Probleme gebeten hatte. Er erwarte im nächsten Monat vier Millionen Arbeitslose, hatte Stinnes erklärt. Die Kommunisten würden dies ausnutzen, um einen Generalstreik auszurufen, gefolgt von einem reichsweiten Aufstand. Um dem vorzubeugen, müsse die parlamentarische Demokratie für eine gewisse Zeit aufgehoben werden – wobei Stinnes es für richtig hielt, nicht den ersten Schritt zu unternehmen, um das internationale Wohlwollen nicht zu verlieren. An ihrer Stelle müsse ein Regime wie in Bayern eingeführt werden, das die Kommunisten rücksichtslos bekämpfen und niederschlagen würde. Man müsse einen Diktator finden, wie Stinnes laut Houghtons anschließendem Bericht an Washington betonte,

»ausgestattet mit Macht, alles zu tun, was irgendwie nötig ist. So ein Mann muss die Sprache des Volkes reden und selbst bürgerlich sein, und so ein Mann steht bereit. Eine große, von Bayern ausgehende Bewegung, entschlossen die alten Monarchien wiederherzustellen, sei nahe.«[17]

Wer aber sollte dieser ungenannte Heilsbringer sein, der aus Bayern kommen und Deutschland säubern würde? Meinte Stinnes Hitler? Seine Tochter und persönliche Assistentin Clärenore glaubte, er habe Hitler durch Vermittlung Ludendorffs kennengelernt, den er aufgrund seiner Beziehungen zur Obersten Heeresleitung im Ersten Weltkrieg gut kannte (und bewunderte). Stinnes' Söhne Edmund und Hugo junior erklärten jedoch später, ihr Vater habe eine Begegnung mit Hitler abgelehnt. Ferner erinnerten sich sowohl Clärenore als auch Hugo junior eindeutig (und mit gleichem Wortlaut) daran, dass der nüchterne Inflationskönig Hitler geringschätzig als »Fantasten« bezeichnet habe, und mit einem Fantasten verschwendete Stinnes, bei all seinen Fehlern, keine Zeit. Wahrscheinlicher ist, dass Stinnes mit seiner Anspielung auf einen bayerischen »Messias« den starken Mann aus Kriegszeiten meinte: Ludendorff. Der ruhelose General hatte sich in München niedergelassen, wo er seit einiger Zeit mit Hitler und anderen Komplotte schmiedete, um eben jene Diktatur zu errichten, welche die Rechte und viele Großindustrielle herbeisehnten.[18]

Der Schlüssel zu den Überlegungen, die Stinnes im September anstellte, war die Aussicht auf einen kommunistischen Aufstand, der einen guten Vorwand für eine rechte Diktatur bieten würde. Einen Monat später schien der Augenblick für die Umsetzung dieses Konzepts gekommen zu sein.

Trotzki hatte zwar mit Sinn für Theatralik den 9. November, den fünften Jahrestag der Proklamation der deutschen Republik, als Termin für die kommunistische Revolution, den »deutschen Oktober«, vorgeschlagen, aber die Führung vor Ort hatte andere Pläne. Berlin hatte General Müller die volle Exekutivgewalt in Sachsen übertragen, und nachdem die Kommunisten in die Regierung eingetreten waren, verlor dieser keine Zeit und verbot die »Proletarischen Hundertschaften« im Land. Als diese sich daraufhin nicht auflösten, war die Konfrontation unvermeidlich, und wenn die Kommunisten tatsächlich einen Putsch durchführen wollten, dann mussten sie schnell handeln.

Die bedeutende, 320 000 Einwohner zählende Industriestadt Chemnitz war eine kommunistische Hochburg. Dorthin beriefen die Kommunisten für den 21. Oktober eine Betriebsrätekonferenz ein. Der sächsische KPD-Vorsitzende Heinrich Brandler, seit einer Woche auch Leiter der Dresdner Staatskanzlei, reiste an, um auf der Konferenz zu sprechen. Seine Rede sollte die Versammelten dazu anregen, gegen die Tyrannei der Reichswehr den Generalstreik auszurufen und damit die bewaffnete Revolution in ganz Deutschland auszulösen.

Die Chemnitzer Konferenz geriet jedoch zu einem Fiasko, zumindest für Brandler und seine Genossen. Seine Revolutionsfanfare stieß bei den Betriebsräten auf taube Ohren. Trotz der rasant zunehmenden Arbeitslosigkeit, der Lebensmittelknappheit und der Bedrohung durch die Reichswehr stimmten die Konferenzteilnehmer gegen einen Generalstreik. Diese demütigende Niederlage in einer kommunistischen Hochburg konnte nur eines bedeuten: Die deutsche Arbeiterklasse war an einem gewaltsamen Umsturz nicht interessiert. Für Brandler und seine Hoffnung auf eine Revolution kam es, wie einer seiner Genossen trocken bemerkte, einem »Begräbnis dritter Klasse« gleich.[19]

Der Plan für eine Revolution in Sachsen und Thüringen wurde aufgegeben. Nur im dritten großen radikalen Zentrum – und Schwerpunkt der Arbeitslosigkeit –, in Hamburg, wagten einige Hitzköpfe um Ernst Thälmann zu hoffen, sie könnten siegen, wo Brandler gescheitert war. Nachdem bewaffnete Militante öffentliche Gebäude besetzt hatten, einschließlich eines Polizeireviers, kam es zwischen dem 23. und 25. Oktober zu Straßenkämpfen, in denen 24 Kommunisten und 17 Polizisten ihr Leben verloren. Doch auch in Hamburg weigerte sich die Mehrheit der Arbeiter, den Aufrufen der kommunistischen Kämpfer zu folgen. Erneut zeigte sich, wie isoliert die KPD dastand.

In der Zwischenzeit war die Reichsregierung gegen die KPD-SPD-Koalition in Sachsen vorgegangen. Die durch auswärtige Truppen, unter anderem durch Einheiten aus Berlin, verstärkte Reichswehr besetzte zügig die meisten wichtigen Städte. Danach verlangte Berlin von Erich Zeigner, dem linkssozialistischen sächsischen Ministerpräsidenten, die Koalition mit den Kommunisten aufzukündigen. Nachdem Zeigner diese Forderung am 28. Oktober förmlich zurückgewiesen hatte, nahm Stresemann binnen 24 Stunden weitere Notstandsvollmachten in Anspruch, die es ihm erlaubten, jeden Minister oder Staatsdiener seines Amtes zu entheben, dessen Verhalten als unrechtmäßig erachtet wurde. Bis zur Bildung einer neuen Regierung wurde ein Reichskommissar eingesetzt. Schließlich besetzte die Reichswehr in voller Marschordnung, komplett mit Militärkapelle, sämtliche Ministerien in Dresden und zwang Minister und Beamte, einschließlich des Ministerpräsidenten, zum Verlassen ihrer Büros. Obwohl formal im Einklang mit den Anordnungen der demokratischen Regierung in Berlin, offenbarte sich in der Aktion auf ziemlich brutale Weise die aus alten Zeiten bekannte Arroganz des Militärs.[20]

Es ging nicht ohne Blutvergießen ab. In Chemnitz fielen Schüsse, und in der Bergbaustadt Freiberg feuerten die Truppen auf eine Menschenmenge, die nicht auseinandergehen wollte, wobei 23 Zivilisten getötet und 31 verletzt wurden. Insgesamt verlief diese »Reichsexekution« jedoch weit weniger dramatisch als befürchtet. Zum Teil lag dies daran, dass Stresemann den Vorschlag des Reichswehrministers ablehnte, auf unbegrenzte Zeit einen Reichskommissar mit unbeschränkten Vollmachten zu ernennen. Stattdessen erhielt der aus Berlin entsandte Kommissar zwar exekutive Vollmachten, aber lediglich für eine konkrete Mission, die enden würde, sobald ihr Ziel erreicht war: die Bildung einer neuen Regierung ohne Beteiligung der Kommunisten. Dies gelang ihm innerhalb von zwei Tagen, wonach die Regierungsgewalt an den Sozialdemokraten Alfred Fellisch überging, den von seiner Partei gewählten neuen Ministerpräsidenten.

Zweifellos waren sowohl in Sachsen als auch anderswo viele über den Sturz der linken Koalition in Dresden erleichtert. So berichtete der amerikanische Konsul in Dresden, Louis Dreyfus, nach der Reichsexekution:

»Die sächsische bürgerliche Bevölkerung begrüßte diese Entwicklung. Das gesamte Leben in der Stadt war plötzlich wie verwandelt. Geschäfte, die bisher ihre Schaufenster tagsüber verrammelt und, wenn überhaupt, nur die Eingangstür geöffnet hatten, um im Fall einer Wiederholung der täglichen Arbeitslosenunruhen sofort schließen zu kön-

Reichswehrsoldaten verhaften im Oktober 1923 in Sachsen einen kommunistischen Kämpfer.

nen, zeigten wieder ihre Auslagen. In den Städten waren die Cafés und Restaurants, deren Gäste wiederholt daraus vertrieben worden waren, wieder geöffnet. In Dresden ... schien sich die allgemeine Stimmung völlig verändert zu haben. Statt des toten Eindrucks, den die geschlossenen Geschäfte erweckt hatten, waren die Straßen erneut belebt, heiter und voller Menschen, ein deutlicher Gegensatz dazu, wie sich vorher jeder beeilt hatte, das Stadtzentrum zu verlassen, um nicht in einen Aufruhr zu geraten.«[21]

Nachdem die Gefahr eines großen kommunistischen Aufstandes ausgeräumt war, blieb die Frage, was die Reichsregierung in Bezug auf Bayern unternehmen würde. Immerhin hatten sich die sächsische und die thüringische Regierung bei aller Widerspenstigkeit nicht eines derartigen Ungehorsams schuldig gemacht, wie ihn die Münchner Regierung insbesondere seit Kahrs Machtantritt an den Tag legte. So hatte die bayerische Regierung, als Reichswehrchef Seeckt am 20. Oktober den aufsässigen Münchner Reichswehrkommandeur Lossow seines Postens enthoben hatte, umgehend

KAPITEL 23

erklärt, die Reichswehr in Bayern sei künftig ihr selbst unterstellt und Lossow erneut als Kommandeur der bayerischen Reichswehrtruppen, die jetzt im Grunde eine separate Armee bildeten, eingesetzt. Wiederholte Aufforderungen, die paramilitärischen nationalistischen Einheiten aufzulösen, wurden ignoriert. In der zweiten Oktoberhälfte schlug die bayerische Regierung darüber hinaus einen offen antisemitischen Kurs ein, indem sie Juden polnischer Herkunft unter dem Vorwurf auswies, sie begingen Preistreiberei und Devisenvergehen. Mit dieser Politik versuchte sie offensichtlich die Unterstützung der unruhigen Bataillone vom rechten Rand zu gewinnen, die für solche Straftäter die Todesstrafe forderten. Wie sich herausstellte, waren viele der Beschuldigten in Wirklichkeit seit Langem durchaus respektable Münchner Bürger. Die Aktion war ein unheilvolles Vorzeichen des Grauens kommender Jahrzehnte.[22]

Doch das waren noch längst nicht alle Probleme, vor denen die Reichsregierung stand. Nachdem sie am 20. Oktober die Hilfe für das Ruhrgebiet eingestellt hatte, waren in den größeren Städten Hungerunruhen ausgebrochen. Lokalpolitiker an Rhein und Ruhr wie der Kölner Oberbürgermeister Konrad Adenauer forderten die Genehmigung für unabhängige Verhandlungen mit Frankreich. Damit war nicht nur im Süden, sondern auch im Westen das Gespenst des Separatismus heraufbeschworen. Stresemann, der mit mehreren Krisen auf einmal fertig werden musste, überredete Finanzminister Luther, Arbeitslosen im Ruhrgebiet als Anerkennung für ihre besonderen Opfer eine etwas höhere Unterstützung zu gewähren, doch dies konnte nur eine vorübergehende Maßnahme sein, und sie war nur möglich, solange man weiterhin Papiergeld druckte. Sobald es zur Währungsreform – und zugleich, damit sie greifen konnte, zur Sanierung der Staatsfinanzen – kam, mussten solche Extras unterbleiben. Die Politiker im Westen wussten dies natürlich auch, was wiederum die Befürchtung hervorrief, sie könnten, um die Lage in den besetzten Gebieten zu verbessern, eigenständige Abmachungen mit Frankreich treffen – bis hin zu einer eigenen Währung. Die Einführung einer neuen Währung bedeutete nicht zwangsläufig für jeden etwas Gutes.[23]

Am 2. November traten die sozialdemokratischen Reichsminister zurück. Zu groß war der Druck von Seiten der Parteibasis geworden, die sich über die Ungleichbehandlung der abtrünnigen Länder erregte, darüber, dass in Sachsen und Thüringen linke »Einheitsfrontregierungen« mit Gewalt gestürzt worden waren, während ein ähnliches Vorgehen gegen die äußerste Rechte in Bayern weiterhin auf sich warten ließ. Damit war Stresemann zum Chef einer Minderheitsregierung geworden und hatte aufgrund des Koalitionsaustritts der SPD zugleich die Sondervollmachten des Ermächtigungsgesetzes vom 13. Oktober verloren.

Die zentrale Frage der Währung aber war, was angesichts der dramatischen Konfrontation mit der äußersten Linken und der äußersten Rechten leicht vergessen wurde, noch immer ungelöst. Solange die Mark nicht stabilisiert war, konnte die Reichsregierung tun, was sie wollte, um die Ordnung im Land wiederherzustellen; es würde nichts nützen.

KAPITEL 24
Das Fieber wird gesenkt

Nachdem Stresemann am 13. August 1923 zum Reichskanzler ernannt worden war, hatte er, einem Hang zur Überlastung folgend, der zur Verkürzung seines Lebens beigetragen haben dürfte, zusätzlich den Posten des Außenministers übernommen. Hilferdings Bonmot, die beste Finanzpolitik sei eine gute Außenpolitik, sollte sich als noch zutreffender erweisen denn gedacht.

Zwei Monate nach Stresemanns Amtsantritt hatte sich die internationale Situation Deutschlands deutlich verbessert. Am 12. Oktober griff Großbritannien den zehn Monate alten Vorschlag des amerikanischen Außenministers Hughes auf, eine neue Konferenz einzuberufen, um das Reparationsproblem im ökonomischen Kontext neu zu untersuchen. Zwei Wochen später willigte Poincaré, obwohl er weiterhin an der Ruhrbesetzung festhielt, ein, unter bestimmten Bedingungen und auf der Grundlage einer eingehenden Untersuchung der tatsächlichen Devisen- und Investmentreserven Deutschlands eine Neueinschätzung von dessen Verbindlichkeiten vorzunehmen. Dass Poincarés Stellung im Innern schwächer wurde – die Ruhrbesetzung war nicht bei allen beliebt und wurde es immer weniger –, spielte bei seiner Entscheidung sicherlich eine Rolle. Ebenso wichtig war jedoch die amerikanische Zusicherung, die Reparationsfrage mit dem immer noch ungelösten Problem der interalliierten Schulden zu verknüpfen. In den letzten fünf Jahren hatte Washington unerbittlich auf der vollen Zurückzahlung der Milliarden bestanden, die ihm seine einstigen Verbündeten schuldeten. Jetzt lautete die implizite Botschaft an Paris zum ersten Mal: Wenn ihr euch gegenüber Deutschland nachgiebig zeigt, werden wir uns euch gegenüber nachgiebig zeigen.[1]

Am 17. Oktober 1923 wurde schließlich die Deutsche Rentenbank gegründet, auch wenn das amtliche Dokument, das dieses Ereignis festhielt, auf den 15. datiert war. Zu ihrem Präsidenten wurde der DNVP-Abgeordnete und frühere preußische Finanzminister August Lentze ernannt. In

Verwaltungsrat und Vorstand saßen auch andere Vertreter konservativer gesellschaftlicher Kräfte, von Großgrundbesitzern über Industrielle bis zu Bankiers. Wie ein Mitarbeiter des Finanzministeriums damals anmerkte, gehörten sie eben jener Schicht an, die von der Inflationspolitik profitiert habe und der es aufgrund der Unfähigkeit der Abteilung III des Finanzministeriums (Verwaltung der Besitz- und Verkehrssteuern) möglich gewesen sei, die Zahlung ihrer gerechten Abgaben an den Staat zu umgehen.[2]

Doch die Welt sollte davon überzeugt werden, dass die Eigentümer von Deutschlands wahrem Reichtum das Vorhaben unterstützten, und so war es verständlich, dass diese Hochmögenden zahlreich in die Rentenbank berufen wurden. Am 27. Oktober billigte der Reichstag die Gründung der Rentenbank und ihr Recht, Banknoten in Umlauf zu bringen.

Die neue Währung sollte am 15. November in streng limitierter Menge ausgegeben werden. Die Begrenzung der Geldmenge sollte gleichsam als Zwangsjacke der Inflation wirken. Während die Reichsbank in den vorangegangenen Jahren je nach Bedarf von Industrie, Reichsregierung, Ländern und Kommunen Geld gedruckt und so die in Umlauf befindliche Geldmenge in schwindelerregender Weise vergrößert hatte, mussten sich all diese Körperschaften jetzt mit der verfügbaren Geldmenge bescheiden, und die würde nicht sehr groß sein. Insofern war die Rentenmark auch ein Mittel zur Reduzierung der Staatsausgaben.

Laut Plan sollte von November an ein großer Teil der Beamtengehälter in Rentenmark ausgezahlt werden. Zugleich würde die Hälfte der verfügbaren Rentenmark automatisch an Industrie und Handel gehen. Da die alte Papiermark vom selben Zeitpunkt an nicht mehr gedruckt werden sollte, würden Reich, Länder und Städte sowohl ihre Ausgaben als auch die Mitarbeiterzahl kürzen müssen, um mit der begrenzten Menge an Rentenmark die Gehälter bezahlen zu können.[3]

Am 2. November, knapp zwei Wochen vor der Einführung der neuen Währung, gab die Reichsbank einen Hundert-Billionen-Mark-Schein heraus. Die Regierung war sich einig, dass der mittlerweile 66-jährige Reichsbankpräsident Havenstein nach 15 Jahren im Amt gehen musste. Havenstein weigerte sich jedoch unter Hinweis auf die Autonomie der Reichsbank zurückzutreten. Daraufhin sahen sich Stresemann und Finanzminister Luther nach einem geeigneten Kandidaten für den Posten eines »Währungskommissars« im Ministerrang um, der angesichts der Pattsituation mit

KAPITEL 24

Havenstein die Reform koordinieren und zugleich benutzt werden konnte, um während der Übergangsperiode, wenn nötig, die Reichsbank zu umgehen. In dem Gespräch tauchte unter anderem der Name eines noch recht jungen Bankiers auf, eines Vorstandsmitglieds der Darmstädter und Nationalbank mit guten Beziehungen nach England und Amerika. Von Helferichs Lösung der Währungskrise hielt er zwar nicht viel, aber er war ehrgeizig, patriotisch gesinnt und gehörte zudem der DDP an. Sein Ehrgeiz sollte ihn weit bringen, gelegentlich an Orte, an denen gewesen zu sein er später bedauerte. Im Augenblick jedoch schien er eine rundum positive Kraft zu sein. Sein Name war Horace Greeley Hjalmar Schacht.

Im Alltag waren überall diejenigen im Vorteil, die Devisen oder Nennwertpapiere auf der Grundlage der internen Dollaranleihe besaßen. Am 23. Oktober wurde nun eine Verordnung erlassen, nach der Valuta nur noch zum amtlich festgesetzten Kurs umgetauscht werden durften; bei Zuwiderhandlung drohten eine Haftstrafe von bis zu drei Jahren und eine Geldbuße in bis zu zehnfacher Höhe der umgetauschten Summe.[4] Die Industrie protestierte heftig gegen diese neue Regelung, die im Grunde auf eine bewusste Überbewertung der Papiermark hinauslief. Sie wandte ein, der feste Wechselkurs treibe nicht nur die Kosten der Unternehmenstätigkeit, sondern auch die Verbraucherpreise in die Höhe, da schon seit Wochen fast sämtliche alltäglichen Transaktionen auf der Grundlage eines Tageskurses der Papiermark in Goldwerten abgewickelt wurden. In der Praxis ignorierten die Millionen Durchschnittsbürger, die sich an diese Umrechnung gewöhnt hatten, die neue Verordnung einfach.

Wie viel (oder wenig) Beachtung die Deutschen solchen Bestimmungen schenkten, war, bis auf absolut blinden Beamten, allen klar. Eine Engländerin, die in eine deutsche Familie eingeheiratet hatte und schon lange in Deutschland lebte, erzählte in einem Zeitungsartikel, wie sie im November 1923 in einer ungenannten Provinzstadt einen elementaren Haushaltsgegenstand, ein Bügeleisen, erwarb. Ausgestattet mit einem von einem Neffen geliehenen Dollar und einem Bündel Papiermark mit hohem Nominalwert aus ihrer eigenen Kasse, ging sie zu einem Eisenwarenhändler, dessen Schaufenster »zum Schutz gegen einen möglichen Überfall von Kommunisten, denen es die ausgestellten Aluminiumtöpfe angetan hatten, mit einem stabilen Eisengitter« versehen war. Sie erzählte weiter:

»Ich habe eine Bekannte in dem Geschäft, zu der ich während des Krieges recht freundlich war. Wie lange ist das her! Ich brachte ihr Birnen und Tomaten aus meinem Garten. Einmal habe ich ihr ein frisches Ei gegeben. Sie ist die leitende Verkäuferin. Es ist ziemlich früh, und sie hat Zeit für mich. Sie sagt, sie sollte es nicht tun, aber sie will mir das Bügeleisen zum gestrigen Preis überlassen. Es kostet eigentlich 150 Milliarden. Aber wegen der Birnen und Tomaten kann ich es für 80 haben. In einer Ecke hinter der Verkaufstheke zeige ich verstohlen den Dollarschein vor und erkläre mit Bestimmtheit, dass er heute 55 Milliarden wert sei. Bankkurs. Sie entgegnete, ohne zu zögern, der Dollar würde heute nur mit einem Gegenwert von 40 Milliarden akzeptiert ... Ich zahle die 80 Milliarden und trete mit meinem Bügeleisen den Rückzug an. Aber ich bin überzeugt, dass der Dollarschein morgen für mindesten 75 Milliarden eingetauscht wird.«

In diesem Niemandsland zwischen extremer Hyperinflation und Währungsreform wurden die Waren in Geschäften »häufig mit ›Goldpreisen‹ ausgezeichnet«, die »jeden Tag eine Neuberechnung erfordern«. Bei einer anderen Gelegenheit kaufte die Engländerin eine kleine Packung schwarzes Färbemittel:

»Der Jugendliche in der Drogerie ... sagt, sie koste 15 Pfennig. Ich starre ihn an, und er starrt ausdruckslos zurück. Er stellt auf einer Papiertüte eine Berechnung an. Sie scheint ihn zu verwirren, und er wiederholt sie auf der anderen Seite der Tüte. Es sind mehrere müde Kunden im Geschäft. (Einzukaufen kostet heutzutage viel Zeit.) Schließlich blickt er auf und sagt: ›375 Millionen.‹ Ich halte kurz den Atem an und greife dann in meinen Einkaufskorb, in dem Bündel von Millionen-Markscheinen liegen.«

Zu Hause bezahlte sie eine Schneiderin für Reparaturen an einigen Kleidungsstücken der Familie. Die Rechnung belief sich auf 24 Milliarden Mark. Sie beglich sie in typisch geschäftstüchtiger Weise:

»Ich bot ihr Schmalz für 12 Milliarden das Pfund an, und sie ging darauf ein. Hinterher fand ich heraus, dass Schmalz an diesem Nachmittag von 12 auf 16½ Milliarden gestiegen war. Aber ich hatte vor einiger

KAPITEL 24

Zeit einen Vorrat für 8 Milliarden gekauft. Das ist meine neueste ›Masche‹. Wenn ich Mark habe, die ich schnell loswerden will, investiere ich sie in haltbare Lebensmittel. Das ist das stabilste Tauschmittel. Ich kann meine Bibliotheksgebühren mit Reis oder Trockenpflaumen und meine Zahnarztrechnung mit Kondensmilch bezahlen. Auch Eier werden gern genommen. Für gewöhnliche Einkäufe hat diese Art von Zahlungsmittel allerdings einige Nachteile, auch wenn die Handtasche durch einen Kinderwagen ersetzt wird.«[5]

Dies alles klingt eher heiter und auf seine Weise sogar absurd komisch. Aber die Berichterstatterin des *Manchester Guardian* besaß einen Garten, in dem Birnen und Tomaten wuchsen, und sie hatte anscheinend auch Hühner, die Eier legten. Sie gehörte nicht zu denen, die an den Hungerunruhen teilnahmen, von denen deutsche Städte immer häufiger erschüttert wurden. Noch weniger hatte sie als Korrespondentin einer englischen Zeitung etwas mit anderen, weit hässlicheren Zwischenfällen zu tun wie denen, die in der ersten Novemberwoche in Berlin stattfanden.

In den vorangegangenen Jahren hatte sich im Scheunenviertel, dem Armeleuteviertel unweit des Alexanderplatzes, eine große Zahl polnischer Juden angesiedelt, darunter viele Hausierer und Krämer. Am Montag, dem 5. November, wurden diese von den Einheimischen geringschätzig als »Galizier« bezeichneten Einwanderer, die zumeist orthodoxe Juden und daher leicht zu erkennen waren, zur Zielscheibe gewalttätiger Übergriffe. Die Angreifer waren jedoch keine Nationalsozialisten, sondern Berliner Arbeiter, die meisten wahrscheinlich SPD- und KPD-Wähler.

Wie in Paris während der Französischen Revolution war der Brotpreis der Auslöser. An besagtem Montag erhöhten die Berliner Behörden den Preis für einen Laib Brot auf 140 Milliarden Mark. Daraufhin wurden Bäckereien von großen Menschenmengen belagert und die Geschäftsinhaber belästigt. Tausende von wütenden Arbeitslosen strömten in die Gegend um den Alexanderplatz, das Zentrum des proletarischen Berliner Ostens, um gegen die rasante Verteuerung des Grundnahrungsmittels ihrer Familien zu protestieren. Sie forderten eine Erhöhung ihres Stempelgeldes, das in Form von kommunalem Notgeld ausbezahlt wurde. Als ihre Forderung ungehört verhallte und ihnen stattdessen mitgeteilt wurde, es sei kein Geld da, das verteilt werden könnte, breitete sich Unruhe aus. Jetzt fehlte nur noch das Gerücht – den Zeitungen zufolge von professionellen antisemitischen

Hetzrednern verbreitet –, zwielichtige inoffizielle Geldwechsler unter den »Galiziern« hätten die Geldknappheit herbeigeführt, in dem sie das wertbeständige Notgeld aufkauften, so dass die Arbeiter leer ausgingen. Eine Welle der Gewalt rollte durch das Viertel; Geschäfte und Wohnungen, die Juden gehörten, wurden geplündert und zerstört.

Besonders erschreckend war, dass die Polizei sich laut Berichten der *Vossischen Zeitung* erst zurückhielt und dann, als sie zum Eingreifen gezwungen wurde, nicht die Angreifer, sondern die attackierten Juden niederschlug und verhaftete. Die Szenen, die sich im Scheunenviertel abspielten, hätte sich, wie die Zeitung schrieb, vor dem Krieg niemand vorstellen können. In der Nacht vom 5. auf den 6. November griffen die Ausschreitungen auf andere Arbeiterviertel über, im Norden und in Teilen von Charlottenburg ebenso wie im Osten. Hauptziel waren Bäckereien, Lebensmittelgeschäfte sowie Tabak- und Zigarrenläden.[6] Obwohl am nächsten Tag bekanntgegeben wurde, dass sich der Brotpreis weniger stark, nämlich auf »nur« 80 Milliarden Mark erhöhen würde, ließ der Aufruhr nicht nach. Erst als die in Bedrängnis geratene Berliner Polizei durch Reichswehreinheiten verstärkt wurde, zerstreuten sich die Menschenansammlungen schließlich.[7]

Als die Unruhen vorüber waren und in Berlin wieder Ordnung herrschte, gaben die sozialdemokratischen Gewerkschaften und mit ihnen verbündete Angestelltenorganisationen eine Erklärung heraus, in der sie nationalistischen Agitatoren die Schuld an dem Gewaltausbruch gaben. Es liege im Interesse dieser Kreise, derlei Aufruhr anzuzetteln, nicht nur, um den Judenhass zu schüren, sondern auch, um der Forderung nach einer Diktatur der Rechten als angeblich einziger Lösung für die Probleme des Landes Nachdruck zu verleihen.[8] Ob dies nun der Wahrheit entsprach oder nicht, jedenfalls folgten dem Pogrom im Scheunenviertel am Ende der ersten Novemberwoche 1923 ähnliche Ausschreitungen in Erfurt, Nürnberg, Coburg, Bremen und Oldenburg. Sogar der Bankier Max Warburg verließ für einen Tag seine Heimatstadt, weil er gehört hatte, dass Hetzredner ihn und andere prominente Juden namentlich genannt hätten.[9]

Die »rote Gefahr« in Sachsen und Thüringen mochte gebannt und das Ende der Hyperinflation in Sicht sein, aber die äußerste Rechte hatte ihre Umsturzpläne nicht aufgegeben. Wenn die Erfolge der Reichsregierung bei den wirklichen Fanatikern etwas ausgelöst hatten, dann das Gefühl, dass Handeln dringlicher denn je geboten war.

KAPITEL 24

Hitler, einst der Liebling der bayerischen Regierung, war in den letzten Wochen etwas in den Hintergrund gedrängt worden. Kahr und Lossow hatten seine Partei und seine Zeitung, den *Völkischen Beobachter*, zwar vor den rechtlichen Einschränkungen geschützt, die seine Bewegung in anderen Teilen Deutschlands behinderten. Nach der Reichsexekution gegen Sachsen hatte sich die Situation jedoch verändert.

Da die Kommunisten keine unmittelbare Gefahr mehr darstellten, hatten die rechten Paramilitärs die Hauptrechtfertigung für ihr Eingreifen verloren. Kahr, Lossow und sogar Erhardt, dessen Einheiten aus alten Freikorpsmännern und nationalistischen Freiwilligen an der Nordgrenze Bayerns aufmarschiert waren, zögerten. Die gegen Berlin gerichtete Demagogie änderte sich nicht, aber der »Marsch auf Berlin« schien nicht mehr angeraten zu sein, zumal Reichswehrchef Seeckt endlich klargestellt hatte, dass er die geplante gewaltsame Einführung einer außerparlamentarischen Diktatur nicht unterstützen werde.[10]

Obwohl ein gewaltsamer Schlag gegen die Republik für Kahr, Lossow und den Rest der rechten Clique in München weiterhin wünschenswert war, hatte er für den Augenblick politisch keine Priorität. Es war vielmehr an der Zeit, umzudenken und sich neu aufzustellen. Hitler hingegen hatte die vorangegangenen vier Jahre hauptsächlich damit zugebracht, eine auf Angriff geeichte politische Bewegung aufzubauen, die insbesondere auf die gewaltsame Machtübernahme ausgerichtet war. Wenn jetzt nicht gehandelt wurde, so befürchtete er völlig zu Recht, würden seine politische Basis und mit ihr seine bislang so vielversprechende Karriere in sich zusammenfallen.

Am Donnerstag, dem 8. November 1923, machte Hitler seinen Zug. Kahr sollte am Abend im Münchner Bürgerbräukeller in der Rosenheimer Straße eine Rede halten. Neben ihm auf dem Podium würden der Reichswehrkommandeur Lossow und das dritte Mitglied des in Bayern herrschenden Triumvirats, der bayerische Polizeichef Oberst Hans von Seißer, sitzen. Am nächsten Tag sollte sich die Ausrufung der verhassten Republik zum fünften Mal jähren – der perfekte Zeitpunkt für den »Marsch auf Berlin«, der sie, wie die Nationalisten hofften, zu Fall bringen würde.

Um 20.30 Uhr stürmte Hitler an der Spitze einiger bewaffneter Anhänger in den Bürgerbräukeller. Der Saal war mit dreitausend Nationalisten vollbesetzt. Kahr war, flankiert von Lossow und Seißer, gerade dabei, eine scharfe Attacke auf die Reichsregierung zu reiten, als er mitten im Redefluss innehielt, weil Hitlers stahlhelmbewehrte Anhänger an der Rückseite des

Saales ein Maschinengewehr in Stellung brachten. Hitler drängte sich, mit einer Browning fuchtelnd und mit SA-Chef Hermann Göring sowie einigen SA-Männern im Gefolge, durch den rauchgeschwängerten Saal und stieg auf einen Stuhl, um sich an die Menge zu wenden. Da er sich jedoch kein Gehör verschaffen konnte, schoss er in die Decke, und als der Lärm abebbte, verkündete er, das Gebäude sei von Bewaffneten umstellt. Dann erklärte er die bayerische Regierung für abgesetzt. Die »nationale Revolution« hatte begonnen.[11]

Hitler überließ Göring und den SA-Männern die Aufgabe, die Menge im Saal in Schach zu halten – »Sie haben ja Ihr Bier!«, beruhigte der künftige Reichsmarschall die Versammelten –, und drängte seinerseits mit seinen Gehilfen Kahr, Lossow und Seißer mit vorgehaltener Waffe in ein Hinterzimmer. Dort gesellte sich Ludendorff – in voller Uniform des kaiserlich-deutschen Heeres – zu ihnen. Hitler erklärte seinen Gefangenen, dass Ludendorff, sobald in Berlin ein neues Regime unter seiner Führung installiert sei, zum Oberbefehlshaber der Reichswehr mit »diktatorischen Vollmachten« ernannt werden würde. Lossow versprach er den Posten des Reichswehrministers und Seißer den des Polizeiministers, Kahr sollte Landesverweser von Bayern werden. Sie müssten lediglich der »nationalen Revolution« ihre Unterstützung zusichern. Nach kurzer Diskussion versprachen sie es. Danach wurden Kahr und Co., nachdem sie mehr oder weniger überzeugende Reden zugunsten Hitlers gehalten hatten, auf ihr Ehrenwort hin, nichts gegen die nationalsozialistische Machtübernahme zu unternehmen, entlassen. Ludendorff hatte darauf gedrängt. Immerhin waren es »ehrenwerte« Männer, oder nicht? Anschließend ergriff Hitler selbst das Wort und wurde von derselben Menge, die noch kurz zuvor Kahr Beifall gespendet hatte, begeistert gefeiert. Der Putsch begann vielversprechend. Es war Hitlers Stunde.

Kahr, Lossow und Seißer auf freien Fuß zu setzen erwies sich als der größte Fehler der Verschwörer. Das Triumvirat brach umgehend sein Versprechen – das ihm freilich abgepresst worden war – und verbrachte die Nacht damit, den Widerstand gegen Hitler und Ludendorff zu organisieren. Als der Morgen des 9. November dämmerte, war klar, dass die Dinge außerhalb des Bürgerbräukellers keineswegs gut liefen.

Hitler betonte seine Entschlossenheit, bis zum Tod weiterzumachen – nie ein gutes Zeichen, wie die Zukunft zeigen sollte –, und forderte die SA auf, es ihm gleichzutun, während er offenbar auch ein paar Männer ausschickte, die aus der bayerischen Staatsdruckerei bündelweise druckfrische Fünfzig-Milliarden-Scheine holen sollten, um seine Anhänger für ihre Mühen entschädigen zu können.[12] Außerdem nahm die SA einige politische Gegner fest, einschließlich einiger sozialdemokratischer Stadträte.[13]

Der Wendepunkt kam am späten Vormittag, als der inzwischen etwas unschlüssig wirkende Putsch der Nationalsozialisten in eine hastig beschlossene zweite Phase überging, einen Marsch auf das bayerische Kriegsministerium. Dort stießen die Putschisten auf Reichswehr- und Polizeikräfte. Obwohl Hitler rund zweitausend Anhänger und Verbündete hinter sich hatte, hielten die Verteidiger in Unterzahl stand. Als einige nationalsozialistische Hitzköpfe zu schießen begannen, entspann sich ein kurzes, aber heftiges Feuergefecht. Binnen einer halben Minute war die Straße von toten und verwundeten Hitleranhängern übersät. Ludendorff ging jedoch ungerührt weiter, durch den Polizeikordon und auf den Platz vor dem Ministerium. Zu diesem Zeitpunkt waren die meisten seiner Mitrebellen, auch Hitler, bereits geflohen. Doch der alte Soldat stellte sich in aller Ruhe selbst.

Einige Nationalsozialisten wurden vor Ort festgenommen, anderen gelang die Flucht über die österreichische Grenze, darunter künftige Größen des Dritten Reiches wie Rudolf Hess und Hermann Göring. Hitler selbst wurde zwei Tage später außerhalb Münchens im Landhaus eines Sympathisanten verhaftet.

Zu den 16 nationalsozialistischen »Märtyrern«, die ihr Leben verloren hatten, gehörte der ehemalige Diplomat, Freikorpsmann und Kapp-Putsch-Teilnehmer Max Erwin von Scheubner-Richter. Als die Schießerei begann, war er Arm in Arm mit Hitler marschiert. Wie der Historiker Ian Kershaw anmerkt, wäre die Weltgeschichte anders verlaufen, wenn die Kugel, die ihn tötete, nur dreißig Zentimeter weiter rechts eingeschlagen wäre.[14]

Am Mittag des 9. November 1923 war also die letzte große Bedrohung der jungen deutschen Demokratie beseitigt – zumindest vorläufig. Sechs Tage später war der ökonomische Feind an der Reihe.

Ironischerweise hatte Deutschland am frühen Morgen des 9. November 1923 tatsächlich einen Diktator, auch wenn Stresemann weiterhin im Reichskanzleramt residierte. Nachdem er am Abend des 8. November an einer Dringlichkeitssitzung des Kabinetts teilgenommen hatte, übertrug Reichspräsident

Putsch in München: Heinrich Himmler, der spätere
Reichsführer-SS und Architekt des Holocaust (in der
Mitte mit der Fahne), steht mit Max von Scheubner-
Richter (links neben ihm) an einer Barrikade.

Ebert Reichswehrchef Seeckt sowohl das absolute Kommando über die Reichswehr als auch die Ausübung der vollziehenden Gewalt im Reich. Es war ein kühner, vielleicht auch verzweifelter Schritt, denn Seeckt war kein Freund der Demokratie und hatte, wie man heute weiß, tatsächlich mit ihren Feinden über die Einführung einer Diktatur gesprochen.[15] Glücklicherweise ließ sich Seeckt in der Folgezeit von demselben Legalismus leiten, der ihn letztlich davon abgehalten hatte, sich mit Kahr und dessen Freunden zusammenzutun. So überlebte die Republik die Zeit seiner diktatorischen Machtfülle, die sich bis ins nächste Jahr hinziehen sollte.

Am 11. November nahm Schacht die Ernennung zum Reichswährungskommissar an. Die Produktion der neuen Rentenmark hatte bereits begon-

KAPITEL 24

nen. Die Deutschen würden wieder mit Papiergeld und Münzen mit kleinen Nennwerten umgehen müssen. In der preußischen Münze wurden Ein- und Zweipfennigmünzen aus Kupfer mit einem kleinen Anteil Zinn sowie Fünf-, Zehn- und Fünfzigpfennigmünzen aus bronziertem Aluminium geprägt. Die Geldscheine, die in der Reichsdruckerei und einigen anderen vertrauenswürdigen Druckanstalten hergestellt wurden, gab es mit acht Nominalwerten, von einer bis zu tausend Reichsmark. Sie waren beidseitig bedruckt – auf dem Höhepunkt der Hyperinflation waren die Geldscheine aus Kostengründen häufig nur auf einer Seite bedruckt worden –, bestanden aus hochwertigem Papier und waren, passend zur Deckung der Währung, mit landwirtschaftlich anmutenden Mustern und Grafiken geschmückt. Alles war darauf ausgerichtet, Vertrauen zu erwecken.

Bis zum 10. November waren erst Rentenmark im Wert von etwas mehr als 78 Millionen hergestellt worden. Das war wenig. Die neue Währung sollte zwar nur in begrenzter Menge verfügbar sein, aber nicht derart begrenzt. Zu allem Überfluss traten auch noch die Arbeiter der Reichsdruckerei zum wiederholten Mal in einen Streik.

Laut Finanzminister Luther war eine neue Befürchtung der Drucker der Grund für den Ausstand: die Vermutung, dass man jetzt, da weniger Geld gedruckt wurde, viele Druckerpressen stilllegen und sie selbst entlassen würde. Am nächsten Tag verbot Seeckt, ganz im Geist seiner neuen Verantwortlichkeiten, per Verordnung alle Streiks in Fabriken, die Geldscheine herstellten. Außerdem ließ er die Streikführer vorsichtshalber in Gewahrsam nehmen. Dadurch, mit Hilfe von Angestellten und anderen Arbeitern der Druckereien, welche die Aufgaben der Streikenden übernahmen, sowie mit dem Einsatz von Hilfskräften der Technischen Nothilfe[*] konnte der Produktionsausfall gering gehalten werden.

Am 15. November lag Geld im Wert von rund 200 Milliarden Goldmark zur Verteilung bereit. Das war immer noch nicht genug – ein Hindernis scheint ein Lieferengpass bei dem hochwertigen Papier für die Banknoten gewesen zu sein –,[16] und man zögerte kurz, ehe man sich fürs Weitermachen entschied. Die positiven Wirkungen der neuen Währung auf

---

[*] Die Technische Nothilfe hatten 1919 ehemalige Militäringenieure ins Leben gerufen, um die Produktionsunterbrechungen der Nachkriegszeit zu überwinden. Da sie im Dritten Reich, insbesondere während des Krieges, eng mit dem NS-Regime verbunden war, wurde sie 1945 von den Alliierten verboten, 1950 jedoch in Westdeutschland als Technisches Hilfswerk neu gegründet.

die Moral im Land galten, selbst wenn sie in ungenügender Menge in Umlauf gebracht wurde, als so bedeutsam (und die Folgen einer Verschiebung als entsprechend katastrophal), dass ein Aufschub nicht infrage kam. Außerdem war bereits die Anweisung erteilt worden, den Beamten dreißig Prozent ihres Gehaltes für den nächsten Monat in Rentenmark auszuzahlen, und dies ließ sich nicht mehr rückgängig machen.[17]

Die Ausgabe der Rentenmark ging weiter, und das neue Geld wurde weitergedruckt, während gleichzeitig die Produktion des Inflationsgeldes eingestellt wurde. Es war für Deutschland der Augenblick oder eher der Tag der Wahrheit. Die ersten Rentenmark wurden in Form von Krediten an Banken und Unternehmen in vereinbarten Größenordnungen ausgegeben. Am 17. November teilte die *Vossische Zeitung* ihren Lesern mit, dass es aufgrund der Knappheit an Geldscheinen noch einige Tage dauern werde, bis an den Bankschaltern Rentenmark erhältlich seien:

»Zunächst muss man sich einmal vor Augen halten, dass wir durch die Illusion der großen Zahlen vollkommen über die Arbeitsmenge getäuscht werden, die zu bewältigen ist, wenn es z. B. gilt, hundert Millionen Rentenmark in Einmark-Scheinen darzustellen. Das entspricht einer Menge von hundert Trillionen Papiermark, d. h. einem großen Teil unseres gesamten Umlaufs, dargestellt in Billionenscheinen.«[18]

Die Deutschen an kleine Summen zu gewöhnen, nachdem sie jahrelang mit großen Zahlen gerechnet hatten, sollte sich offenkundig als eines der Hauptprobleme erweisen. Eine weitere Schwierigkeit bestand darin, dass noch einige Tage nach Einführung der Rentenmark am 15. November nicht klar war, wie sie gegenüber dem Dollar notierte und in welchem Verhältnis sie daher zur Goldmark der Vorkriegszeit stand. Am Tag ihrer Einführung wurde der amtliche Kurs der Papiermark gegenüber dem Dollar auf 2,522 Billionen oder 600 Milliarden Goldmark verdoppelt. Dieser Kurs blieb fünf Tage unverändert. Hinter den Kulissen folgte ein Streit zwischen konservativen Vertretern der Rentenbank (der es gestattet und die erpicht darauf war, Gewinne zu erzielen) auf der einen und dem Reich und der Reichsbank auf der anderen Seite. Das Reich, dem 300 Millionen Rentenmark als zinsloser Kredit zugeteilt worden waren – weitere 900 Millionen würde die Rentenbank treuhänderisch bereitstellen –, sollte mit diesem Geld Reichswechsel (die in inflationärer Papiermark ausgezeichnet waren)

KAPITEL 24

aufkaufen und so diese Schulden begleichen. Je mehr die Papiermark an Wert verlor, desto billiger kam das Reich dieser Rückkauf. Das Interesse der Rentenbank ging in die entgegengesetzte Richtung: Sie wollte die Rentenmark für so viele Papiermark wie möglich verkaufen, und dies bei einem möglichst hohen Wert der Papiermark.

Erst am 20. November wurde ein fester Wechselkurs bekannt gegeben, der überwiegend der rechnerischen Bequemlichkeit geschuldet war. Da die Goldmark der Vorkriegszeit seit Langem 10/42 eines Dollars wert war, hatte man sich für einen Papiermarkkurs von 4,2 Billionen gegenüber dem Dollar entschieden. Auch in Bezug auf andere ausländische Währungen war man so vorgegangen; so war das britische Pfund jetzt 18 Billionen Papiermark oder 18 Rentenmark wert. Daraus folgte, da der Umtauschkurs der Rentenmark zur Papiermark auf eins zu einer Billion festgelegt worden war, dass man vom Nominalwert der Letzteren nur zwölf Nullen streichen musste, um automatisch den alten Vorkriegskurs wiederherzustellen.

Darüber hinaus reduzierten sich durch den Umtausch von einer Billion Papiermark in eine Rentenmark die Inlandsschulden des Reichs – überwiegend bei all den rechtschaffenen Staatsbürgern, die in der Hoffnung auf eine kleine regelmäßige Belohnung für ihren Patriotismus Kriegsanleihen erworben hatten – von 154 Milliarden Mark im November 1918 auf exakt 15,4 Pfennig im November 1923. Ungeachtet aller noch bevorstehenden Auseinandersetzungen über die Reparationen, befand sich die deutsche Regierung international in der einzigartigen Position, im Inland buchstäblich keine Schulden zu haben. Millionen Deutsche mussten indes erleben, dass die von der Regierung vorangetriebene Inflation sie letzten Endes ihrer angeblich erstklassigen, staatlich gestützten Investments beraubte, und zwar endgültig.

Durch einen bizarren Zufall verstarb am frühen Morgen des 20. November, am selben Tag, an dem der Wert der Papiermark auf einem solch fantastisch anmutenden Niveau stabilisiert wurde, Reichspräsident Havenstein – der in hohem Maße mit dafür Verantwortung trug, dass Währung und Wirtschaft an diesen Punkt gekommen waren – im Alter von 66 Jahren in seiner Amtswohnung unerwartet an einem Herzinfarkt. Noch am Tag zuvor hatte er Reichspräsident Ebert einen langen, leidenschaftlichen Brief geschrieben, in dem er Rücktrittsforderungen erneut zurückgewiesen und unterstrichen hatte, dass er selbst und andere Mitarbeiter der Reichsbank nicht gemäß der Personalabbauverordnung entlassen werden könnten, ohne die kostbare Unabhängigkeit der Bank zu gefährden.[19]

DAS FIEBER WIRD GESENKT

Havensteins Stellvertreter Glasenapp übernahm das Ruder. Als Fachmann für das Währungs- und Münzwesen unterstützte er die Währungsreform, und im Gegensatz zu Havenstein befürwortete er die neue Politik des knappen Geldes, ganz gleich, wie sehr Wirtschaft und Staat darüber klagen mochten, dass sie nicht genug Geld zur Verfügung hätten. Zwei Wochen später gab die Reichsbank unter ihrem amtierenden Präsidenten Glasenapp eine Anordnung heraus, nach der neue Kredite nur noch in wertbeständigem Geld gewährt und auch in solchem in voller Höhe zurückgezahlt werden sollten.[20] Geld zu borgen und mit wertlosen Banknoten zurückzuzahlen, damit war es vorbei.

Auch Schacht, der als Reichswährungskommissar an diesem Wendepunkt der wahre Herrscher über das deutsche Geldsystem war, handelte rasch. Binnen zwei Tagen nach Einführung der Rentenmark unternahm er Schritte gegen die »wilde«, ungedeckte Ausgabe von Notgeld, die mit dazu beigetragen hatte, die Hyperinflation in den Paroxysmus ihrer letzten Phase zu treiben. Ab dem 24. November würde kein Notgeld mehr akzeptiert werden, allerdings mit einer Ausnahmeregelung bis zum Monatsende für die besetzten Gebiete im Westen, die ihre eigenen Probleme hatten und in denen die Währungsreform erst im folgenden Jahr durchgeführt werden sollte.[21]

Auf Schachts Drängen gab die Reichsbank außerdem ihren Widerstand gegen die Annahme der riesigen Geldmenge auf, die von der Reichsbahn ausgegeben worden war: 114,7 Trillionen Papiermark. Glasenapp, der sich jetzt, nach dem Tod seines Chefs, mit seiner neuen Rolle als stellvertretender Herr über die finanzielle Zwangsjacke anfreundete, bemerkte Ende November 1923, Deutschland müsse Disziplin lernen, wie schwer es ihm auch falle. »Verarmung und Kapitalknappheit«, erklärte er, könnten »nicht durch die Schaffung von künstlichem Kapital, durch Kreditgewährung und Inflation beseitigt werden«.[22]

Die neue Betonung der Disziplin entsprach dem kühleren Wind, der nun von rechts in die Politik wehte und an Kraft gewann, als die Inflation zu Ende ging und die Regierung Stresemann in ihre letzte, leicht verzweifelte Phase eintrat. Obwohl die unmittelbare Gefahr eines gewalttätigen rechten Putsches gebannt war, wurde in den letzten beiden Monaten des Jahres 1923 deutlich, dass die Schaffung der Rentenbank einer Machtübernahme durch die alte Elite gleichkam. Durch Aufbau und Zusammensetzung der Bank und ihre entscheidende Rolle bei der inständig ersehnten

Währungsreform befanden sich die Vertreter von Industrie und Landwirtschaft in einer außergewöhnlichen Machtposition gegenüber Regierung und Reichstag. Als der Verwaltungsrat der Rentenbank Stresemann am 15. November aus Anlass der Einführung der Rentenmark einen Besuch abstattete, nutzte er die Gelegenheit, um den Kanzler mit weitreichenden Forderungen zu konfrontieren: der Aufhebung des Achtstundentages und der Tarifvertragsbindung, einer Reform der Arbeitslosenunterstützung sowie einer ganzen Reihe weiterer wirtschaftsfreundlicher Veränderungen.[23]

Die Rentenbank konnte damit drohen, der Regierung und jeder Institution, die sie von ihrem erzkonservativen Standpunkt aus für unwert hielt, Kredite vorzuenthalten – was sie denn auch regelmäßig tat. In Erkenntnis dessen erklärte der SPD-Politiker Otto Wels in einer wütenden Reichstagsrede, die Haushaltsbefugnisse des Parlamentes seien anscheinend an den Landbund und den Reichsverband der Deutschen Industrie übergegangen.[24] Ganz ähnlich sah die liberale *Frankfurter Zeitung* die Machtstellung der Rentenbank, wenn sie klagte, es gebe »in Deutschland erstaunliche Auffassungen von Diktatur: Ausschaltung des Parlaments, dafür aber umso stärkere Einschaltung privatwirtschaftlicher Spitzenmächte erscheint manchen Leuten heute offenbar als Ideal.«[25]

Viele Forderungen der von der Rentenbank vertretenen Kräfte sollten erfüllt werden, allerdings nicht von der Regierung Stresemann. Auf jeden Fall hatte jetzt General von Seeckt in vielen Dingen das Sagen, für die bisher die Minister zuständig gewesen waren. Der Reichstag trat zwischen dem 13. Oktober, an dem er das Ermächtigungsgesetz billigte, und dem 20. November überhaupt nicht zusammen. Stresemanns Regierung hatte in kaum mehr als drei Monaten erstaunlich viel erreicht, doch in den letzten drei Wochen ihrer Existenz war sie durch das Ausscheiden der Sozialdemokraten zu einem Rumpfkabinett mit entsprechend verminderter Macht geschrumpft, und die Sozialdemokraten besiegelten jetzt auch ihren Sturz.

Den Misstrauensantrag gegen die Regierung, den sie am 22. November einbrachten, begründeten sie mit dem alten Vorwurf, dass Stresemann die Reichswehr zwar gegen die linken Regierungen in Sachsen und Thüringen aufgeboten hatte, aber nicht gegen das nationalistische Regime in Bayern. Es kam zu keiner Abstimmung, denn Stresemann beschloss, sich nicht, von parlamentarischen Attacken geschwächt, an die Macht zu klammern, sondern seinerseits die Vertrauensfrage zu stellen und so der Kontroverse auf die eine oder andere Weise ein Ende zu bereiten. Der Reichstag verweigerte ihm das Vertrauen, und er trat zurück.

Zwei Tage zuvor hatte Reichspräsident Ebert, dem klar war, wie destruktiv sich der Misstrauensantrag auswirken würde, seine Genossen zur Umkehr zu bewegen versucht, damit Stresemann an der Regierung bleiben konnte, bis die Währungskrise endgültig ausgestanden war. Als sein Appell nichts fruchtete, entließ er seine Parteifreunde mit der bitteren Voraussage: »Was euch veranlasst, den Kanzler zu stürzen, ist in sechs Wochen vergessen, aber die Folgen eurer Dummheit werdet ihr noch zehn Jahre lang spüren.«[26]

So oder so: Das Schicksal der deutschen Währung und Volkswirtschaft lag nun nicht mehr in den Händen der Politiker. Wenn dadurch die Hauptverantwortung für die Wirtschaftspolitik auf den ehrfurchtgebietenden Hjalmar Schacht und den fast abstoßend rigorosen Verwaltungsrat der Rentenbank überging, hatte dies vielleicht sogar sein Gutes, soweit es darum ging, die Öffentlichkeit im In- und Ausland, die über die Zukunft der Währung entscheiden würde, zu beeindrucken. In der Londoner *Times* hieß es unter der skeptischen Überschrift »Ausgabe der Rentenmark: Risiko des Scheiterns«:

> »Mit der Einführung der Rentenmark sollen der Geldaufnahme durch diskontierte Schatzwechsel und der dadurch bewirkten Ausweitung der Geldmenge ein Ende gesetzt werden. Für die Einstellung dieses Vorgehens ist Herr Schacht verantwortlich, und es ist davon auszugehen, dass er beabsichtigt, streng darauf zu achten, dass es dabei bleibt. Ob die Rentenmark dem Schicksal der Papiermark entkommt, wird von diesem Faktor abhängen … Es liegt auf der Hand, dass die Rentenmark, wenn der Staatshaushalt nicht durch eine Kombination von Wirtschaft und Besteuerung ausgeglichen wird, das gleiche Schicksal ereilen wird wie die Papiermark.«[27]

Es war alles eine Frage des Vertrauens, soviel war von Anfang an klar. Und es stellte sich nicht sofort ein. Währungskommissar Schacht selbst verließ die beengten, improvisierten Büros seiner Behörde in einem Flügel des Finanzministeriums nur selten – in der letzten Novemberwoche reiste er jedoch ins Ruhrgebiet, um die dortige Lage zu erkunden, die erwartungsgemäß miserabel war. Auch für Papierkram hatte er nicht viel übrig. Laut

KAPITEL 24

seiner langjährigen Sekretärin, Fräulein Steffeck, war sein Büro vorher ein Abstellraum der Putzfrau gewesen. Nach seinen Aufgaben gefragt, antwortete sie:

»Was tat er? Er saß auf seinem Stuhl und rauchte in seinem kleinen dunklen Raum, der immer noch nach alten Putzlumpen roch. Ob er Briefe las? Nein, er las keine Briefe. Schrieb er Briefe? Nein, er schrieb keine Briefe. Er telefonierte sehr viel; er telefonierte in alle Himmelsrichtungen und an jeden deutschen oder ausländischen Ort, der irgendetwas mit Geld und Devisen zu tun hatte, sowie mit der Reichsbank und dem Finanzminister. Und er rauchte. Wir aßen zu der Zeit nicht sehr viel. Üblicherweise gingen wir spät nach Hause, oft mit dem letzten Vorortzug, und zwar dritter Klasse. Abgesehen davon tat er nichts.«[28]

Mit anderen Worten: Schacht war damit beschäftigt, Vertrauen aufzubauen.

Der amtliche Kurs der Papiermark gegenüber dem Dollar lag in den Tagen nach dem 20. November weiterhin bei 4,2 Billionen – durch eine zuvor erlassene Verordnung, nach der es verboten war, die Währung innerhalb Deutschlands zu einem anderen Kurs zu handeln. Im Ausland verfiel sie jedoch weiter. In New York sank der Kurs bis auf 6,7 Billionen, doch am 3. Dezember pendelte er sich tatsächlich auf den amtlichen Wert ein. Ein Triumph für Schacht und die Rentenbank.

Die Legende vom über Nacht eingetretenen Erfolg der Rentenmark ist indes genau das, eine Legende. Ein Erfolg war sie zweifellos, aber er brauchte seine Zeit. Einen Monat nach ihrer Einführung berichtete die *Times* wieder über das »deutsche Finanzchaos«. Angeblich ging der Regierung das Geld aus. Dem Korrespondenten der Zeitung zufolge wurde die Rentenmark lediglich gehortet; er selbst habe jedenfalls noch keine der neuen Banknoten gesehen.[29] Erst kurz vor Weihnachten räumte die *Times* widerstrebend ein:

»Die Rentenmark und die Goldanleihe haben eine gewisse vorübergehende Stabilität gebracht. Nachdem die Preise zuvor wild in die Höhe geschossen sind, beginnen sie nun zu fallen, und die Gemüter der Bevölkerung haben sich etwas beruhigt, seit so etwas wie beständige Werte an die Stelle unberechenbarer Millionenbeträge getreten sind.«[30]

DAS FIEBER WIRD GESENKT

Dagegen hatte der *Manchester Guardian* schon am 13. Dezember begeistert von »neuem Vertrauen in Deutschland« und einer »stabilen Währung« gesprochen:

»Ohne Zweifel hat sich die Stimmung der Deutschen in den letzten vierzehn Tagen grundlegend geändert ... Mutlosigkeit ist Zuversicht gewichen, nicht von der überschäumenden Art, aber doch unverkennbar. Was sind die Ursachen? Und sind die Aussichten jetzt wirklich so hell, wie sie noch vor einem Monat düster waren?

Die überragende Ursache ist die Stabilisierung der Mark. Der Alptraum astronomischer Zahlen und hirnerweichender Rechnungen mit Millionen, Milliarden und Billionen bei jeder kleinen Transaktion hat aufgehört. Die Kaufkraft des Papiergeldes verringert sich nicht mehr über Nacht auf null. Verschwunden sind die unvorhersehbaren, wechselhaften Ungewissheiten, die ein Währungsverfall mit sich bringt ...

Da die Währung jetzt stabil ist, hat das Misstrauen der Bauern nachgelassen, und das Land versorgt die Städte wieder in größerem Umfang mit Lebensmitteln. Die Knappheit an Mehl, Kartoffeln, Fleisch und Milchprodukten, die vorher geradezu verheerend war, hat nachgelassen; nicht, dass es einen Überfluss gäbe oder auch nur genug, aber die Situation hat sich verbessert.«[31]

Am 22. Dezember wurde Schacht schließlich zum Reichsbankpräsidenten ernannt und schlug damit den Erfinder der Rentenmark, Karl Helfferich, aus dem Feld. Gegen Helfferich sprach letztlich die Vermutung, dass er in den Reparations- und Kreditverhandlungen mit den Alliierten deren Unterhändler vor den Kopf stoßen würde. Unmittelbar nach seiner Ernennung wurde Schacht von Montagu Norman, dem Gouverneur der Bank von England, nach London eingeladen. Wie sehr Norman seinem neuen deutschen Kollegen geneigt war, gab er zu erkennen, indem er ihn bei seiner Ankunft im Bahnhof Liverpool Street persönlich empfing.[32] Schachts Umzug in das weit stattlichere Gebäude in der Jägerstraße hatte zweifellos dazu beigetragen, Vertrauen zu schaffen.

Gleichwohl sollte es noch bis weit ins neue Jahr dauern, ehe die neue Währung allgemein als stabil angesehen wurde. Hauptgrund dafür war, wie in der Vergangenheit, die Skepsis insbesondere der internationalen Finanzexperten, dass die deutsche Regierung, die jetzt – wie die *Times* hervorhob – unter chronischer Geldknappheit litt, der Versuchung widerstehen würde, heimlich die Geldpressen wieder anzuwerfen.

Die Mehrheit der Deutschen spürte dagegen fast sofort, dass sich etwas veränderte und wieder Hoffnung einkehrte. Millionen kleiner Vorfälle zeigten, dass die Rentenmark – obwohl es noch Wochen dauerte, bis sie in den breiteren Geldumlauf eingegangen war – im Denken der Menschen rasch einen festen Platz eroberte. Natürlich glaubte nicht jeder an den Erfolg der neuen Währung. Als der Münchner Rechtsanwalt Karl Löwenstein am 20. November 1923, von einer Italienreise zurückkehrend, mit der Eisenbahn an der deutschen Grenze eintraf, war er überrascht, dass auf deutscher Seite am Fahrkartenschalter im Bahnhof ein valorisierter Fahrpreis verlangt wurde, der weit höher war als der Geldbetrag, den er bei sich hatte. Auf seine Frage, wie er jetzt nach München kommen solle, zeigte der Fahrkartenverkäufer auf die Wand hinter sich, an der Dutzende von Uhren hingen. Wie die Reisenden vor ihm musste auch Löwenstein seine Uhr als Pfand hinterlegen, um eine Fahrkarte zu erhalten.[33] Willkommen im nachinflationären Deutschland!

Da die Regierung über weniger Geld verfügte – und es vorsichtiger ausgab –, versprach es für viele ein harter Winter zu werden. Die Arbeitslosigkeit sollte noch eine Zeit lang hoch bleiben und durch Massenentlassungen im öffentlichen Dienst und bei der Reichsbahn weiter verschärft werden, bevor sich die Lage zu entspannen begann. Die neue, nichtsozialistische Regierung, die nach einer Interimszeit von fast einer Woche das Kabinett Stresemann ersetzt hatte, schaffte im Dezember den Achtstundentag und andere revolutionäre Errungenschaften, die den Arbeitern genutzt hatten (wenn auch nicht notwendigerweise der Wirtschaft als Ganzer), im Grunde ab. Hitler kam wegen seines Putschversuches vor Gericht, erhielt jedoch, da die Weimarer Justiz weiterhin »auf dem rechten Auge blind« war, keine schwere Strafe. Stresemann war weiterhin Außenminister und sollte es noch fast sechs Jahre bleiben. Und Anfang 1924 diskutierte Deutschland endlich über eine Revision der Versailler Reparationsbedingungen und einen großzügigen amerikanischen Kredit. Über den neuen Reichskanzler, den etwas blutleeren katholischen Rechtsanwalt Wilhelm Marx, schrieb der *Manchester Guardian:*

»Herr Marx ist ein etwas reservierter Mensch, der weder Ablehnung noch Zuneigung hervorruft. Niemand will ihn umbringen, und niemand drängt sich danach, für ihn zu sterben. Eine Art Dämmerungsruhe hat begonnen; die Innenpolitik hat sich sozusagen zur Ruhe begeben.«[34]

Nach den schrecklichen Aufregungen der vergangenen fünf Jahre klang dies fast wie Fortschritt.

Das Ende der Inflation holte die Deutschen auf den Boden zurück, und obwohl sie sich beim Sturz eine Beule holten, wussten sie endlich, wo sie sich befanden, und konnten Pläne machen. Der Lehrer und Bauer von der Ohe, der besser mit der Inflation fertiggeworden war als viele andere, notierte nach einigen Monaten, in denen er wieder mit Mark bezahlt worden war, die ihren Wert behielten:

»Zum 1. Oktober bekam ich 319 Mark nach den Abzügen. Trotz der persönlichen finanziellen Verluste sind wir froh, wieder ein normales Leben führen zu können. Wir hoffen alle, dass es nun auch mit der Wirtschaft bergauf geht.«[35]

Und eine Zeit lang ging es tatsächlich bergauf. Manche nannten die folgenden Jahre der Weimarer Republik sogar die »Goldenen Zwanziger«. Aber natürlich bekam niemand sein verlorenes Geld zurück, weder die Besitzer von Kriegsanleihen noch die Sparer, noch die Professoren, Beamten und kleinen Geschäftsleute, die, weil ihr Verdienst gegen null tendierte, um des Überlebens willen gezwungen waren, Sachwerte zu verkaufen. Als die Probleme etwas mehr als fünf Jahre später zurückkehrten, hatten diese Menschen nichts mehr, worauf sie zurückgreifen konnten. Darüber hinaus sollte die Regierung, die mit der neuen Wirtschaftskrise konfrontiert war, zu viel Angst vor einem Wiederaufleben der Inflation haben, um das Arsenal an Finanzoptionen, die ihr zur Verfügung standen, voll auszunutzen.

Zu gegebener Zeit sollten diese Faktoren, die der Untergang des Geldes hinterlassen hatte, eine fatale Rolle beim Untergang der ersten deutschen Demokratie spielen.

KAPITEL 25

Die Rettungsaktion

Die Weimarer Hyperinflation – der dunkle, fiebrige Karneval der Mark – endete nicht sofort mit der Einführung der Rentenmark im November 1923, aber erstaunlich schnell. Nicht nur die Regierung, sondern auch die Bevölkerung und die internationale Finanzwelt gründeten ihre Hoffnungen auf politische und wirtschaftliche Stabilität im zweitgrößten Industrieland der Erde auf die Rentenmark.

Tatsächlich erhielt Deutschland Ende August 1924 wieder eine stabile Währung. Mit der am 30. August eingeführten Reichsmark war man im Grunde zum Goldstandard zurückgekehrt, auch wenn die direkte Konvertibilität, wie sie bis 1914 bestanden hatte, nie wiederhergestellt werden sollte. Die Reichsmark hatte denselben Wert wie die Rentenmark, die weiterhin in Umlauf blieb. Die Papiermark der Inflationszeit, die anfangs noch zu einem festen amtlichen Kurs von einer Billion zu einer Rentenmark in Umlauf blieb, verschwand im Laufe des Jahres aus dem alltäglichen Gebrauch.

Die politischen Folgen wurden nicht so schnell überwunden. Zwar war Hitler nach dem gescheiterten Putsch in München verhaftet und im Februar 1924 wegen Hochverrats angeklagt worden, aber er nutzte die Gerichtsverhandlung – unter Mithilfe eines entgegenkommenden nationalistischen Richters – wirkungsvoll als Podium für eine Attacke auf die Republik und die »Novemberverbrecher«. Da Bayern den Staatsgerichtshof zum Schutz der Republik, der nach dem Mord an Rathenau für die Aburteilung solcher schweren politischen Verbrechen geschaffen worden war, nicht anerkannte, fand das Verfahren nicht in Leipzig, sondern in München statt. In ganz Deutschland neigten die Richter dazu, bei politischen Verbrechen rechtsgerichteter Täter Milde walten zu lassen, doch im konterrevolutionären Süden verrenkten sie sich geradezu, um wirkliche Bestrafungen zu vermeiden. Für einen offenkundigen Hochverrat, der rund zwei Dutzend Menschenleben gefordert hatte, darunter auch das von Polizisten, wurde Hitler Anfang April 1924 lediglich zu fünf Jahren Festungshaft verurteilt, auf die

DIE RETTUNGSAKTION

darüber hinaus die bereits verbüßte Untersuchungshaft angerechnet wurde. Bei »guter Führung« war eine Entlassung auf Bewährung schon nach einem halben Jahr möglich. Ludendorff kam völlig ungeschoren davon. Auf Hochverrat stand in Friedenszeiten eine Höchststrafe von lebenslanger Haft, im Krieg der Tod. Hätten die bayerischen Gerichte nach dem »Bierhallenputsch« gewollt, hätte es in ihrer Macht gestanden, Hitler und die anderen gewalttätigen Feinde der Demokratie für viele Jahre aus dem Verkehr zu ziehen. Aber sie taten es nicht.

Nach dem Ende der Inflation stieg die Arbeitslosigkeit, wie die Regierung befürchtet hatte, steil an. Die Quittung dafür erhielten die Regierungsparteien in der ersten von zwei Reichstagswahlen im Jahr 1924, in der sie weitere Mandate an die äußerste Rechte und die äußerste Linke verloren. Obwohl ihr Führer in Haft war, gewannen die NSDAP und ihre »völkischen« Verbündeten 32 Reichstagssitze. Die kommunistische Fraktion wuchs auf 62 Abgeordnete an.

Glücklicherweise war dies noch nicht das Ende. Vor der nächsten Wahl im Dezember, die angesetzt worden war, um eine politische Pattsituation aufzubrechen, hatte ein Wirtschaftswachstum eingesetzt, und die Lage am Arbeitsmarkt begann sich zu verbessern. Dies ließ die extremistische Welle abschwellen; die Kommunisten verloren 17 Mandate, und die ultranationalistischen Gruppierungen erlitten einen noch drastischeren Rückschlag von über fünfzig Prozent, so dass sie nur noch 14 Abgeordnete in den Reichstag entsenden konnten. Obwohl Hitler im selben Monat aus seiner komfortablen Haft in der Festung Landsberg entlassen wurde, hörte man in den nächsten fünf Jahren relativ wenig von ihm.

Unterdessen bestrafte die Natur in dem Jahr nach dem Ende der Krise eine erstaunlich hohe Zahl von Protagonisten der Inflationssaga, indem sie sie in ihren besten Jahren aus dem Leben riss. Der Tod von Reichsbankpräsident Havenstein im November 1923 wurde bereits erwähnt. Dann willigte Hugo Stinnes, der seit Langem unter heftigen Gallenblasenproblemen litt, im Frühjahr 1924 schließlich in eine Operation ein, bei der es zu Komplikationen kam, denen er wenige Tage später, am 10. April, erlag. Der reichste Mann Deutschlands war nur 54 Jahre alt geworden. Der Zerfall seines Firmenimperiums setzte unmittelbar darauf ein. Keine zwei Wochen nach Stinnes verstarb Karl Helfferich, der dem Land einst versprochen hatte, dass die Alliierten die »ungeheure Bürde« der Kosten für den Ersten Weltkrieg tragen würden. Als ehemaliger kaiserlicher Finanzminister und Vizekanzler hasste er die Republik und zählte doch zu den Vätern der Rentenmark. Im Alter von nur 51 Jahren kam er im Urlaub in der Schweiz, wo er nach eigener Aussage seine besten Einfälle hatte, wie etwa die »Roggen-Bank«, die zur Grundlage der Währungsreform wurde, bei einem Eisenbahnunglück ums Leben. Ende Februar erlag unerwartet Reichspräsident Ebert nach einer Notoperation am Blinddarm einem »septischen Schock«. Mit Ebert verlor die Republik nicht nur ihren ersten Präsidenten, sondern auch ihren zuverlässigsten Problemlöser. Er war gerade einmal 54 Jahre alt geworden.

Dennoch wurde Deutschland, da Währung und Politik in ruhigeres Fahrwasser gelangt waren, jetzt als weniger riskanter Investitionsstandort betrachtet – sogar von Ausländern, die in der Frühphase der Inflation mit Wetten auf die Mark viel Geld verloren hatten. So konnte Deutschland erhebliche Kredite aufnehmen, um die den Alliierten geschuldeten Reparationen zu zahlen: die ersehnte Rettungsaktion. Amerika boomte wieder, verfügte über freies Kapital und war erpicht darauf, es in Europa anzulegen, insbesondere in Deutschland. In den folgenden fünf Jahren flossen 21 Milliarden Mark – oder fünf Milliarden Dollar in Preisen der zwanziger Jahre (nach heutigem Wert sechzig bis siebzig Milliarden Dollar) – in die deutsche Wirtschaft, überwiegend von bereitwilligen amerikanischen Investoren.

1928 lag der Lebensstandard der arbeitenden Deutschen deutlich über dem Vorkriegsniveau. Dennoch war das Land nicht mehr dasselbe wie anderthalb Jahrzehnte zuvor. Der Krieg sowie Untergang und Wiederauferstehung seines Finanzsystems hatten es umgestaltet. Die Inflation, so schrecklich sie für viele war, hatte das Land in vielerlei Hinsicht gleicher gemacht und den anderen Industriestaaten angenähert.

Eine Zahl soll die Tiefe und das soziale Gewicht der Veränderung verdeutlichen. Hatte der Anteil des deutschen Volkseinkommens, das an Rentiers – Menschen, die von Investments lebten – ging, 1913 bei 15 Prozent gelegen, so betrug er 1925/26 nur noch rund drei Prozent. Diese sogenannten passiven Kapitalisten (zu denen ein großer Teil der gebildeten Mittelschicht gehörte) hatten also in der deutschen Gesellschaft erheblich an Bedeutung verloren. Jetzt prosperierten die »aktiven« Kapitalisten (Industrielle, Bankiers und Händler) und die Produzenten (die Handarbeiter). Nach der Währungsstabilisierung versuchten die »passiven« Kapitalisten, ihre Inflationsverluste – Hypotheken, Investments sowie die Zinsen auf

DIE RETTUNGSAKTION

Wertloses Papiergeld findet als Tapete und Kinderspielzeug Verwendung.

Papiermark wird Anfang 1924 geschreddert.

KAPITEL 25

Kriegsanleihen – wieder hereinzuholen, im Großen und Ganzen aber vergeblich. An ihren früheren Wohlstand kam diese Schicht, die in den vorangegangenen Jahren einen drastischen sozialen Abstieg erlebt hatte, zumeist auch nicht annähernd wieder heran.

Unterdessen setzten die deutschen Länder und Städte das reichlich vorhandene geborgte Geld ein, um moderne Wohnhäuser für die breite Bevölkerung zu errichten, die so lange unter schrecklichen Lebensbedingungen gelitten hatte. In der Weimarer Zeit wurden rund 2,5 Millionen Wohnungen gebaut, in denen etwa neun Millionen Menschen Unterkunft fanden. Der neue Grundsatz des Wohnungsbaus lautete »Licht, Luft, Sonne«. Die Projektausschreibungen in Deutschland veranlassten Architekten von nationalem und internationalem Renommee, idealistische moderne Entwürfe für so gut wie jede Großstadt auszuarbeiten.

Alle, die sich mit dieser Zeit beschäftigen, ob sie nun politisch rechts oder links stehen, sehen eine wichtige und nachhaltige Folge der Hyperinflation darin, dass sich Zynismus und Egoismus breitmachten. In der Frühzeit der Weimarer Republik war das Leben den meisten Deutschen wie ein Nullsummenspiel vorgekommen, dessen Hauptziel es war, am Ende so wenig wertlose Papiermark wie möglich zu behalten. Im Überlebenskampf siegten die Schnellen, Gerissenen und Rücksichtslosen. Dies war die wechselhafte, unvorhersehbare, gnadenlos ausbeuterische Welt von Fritz Langs berühmtem Spielfilm *Dr. Mabuse, der Spieler*.

Eine weitere Zahl macht verständlich, warum dies geschehen konnte und warum der Zynismus sich tief in der deutschen Nachkriegspsyche festsetzte. 1918 hatte der deutsche Staat im Inland Kriegsschulden in Höhe von 154 Milliarden Goldmark. Als am Ende der Inflation die zwölf Nullen gestrichen wurden, um der neuen Rentenmark einen Wert zu geben, schrumpften diese Schulden auf ganze 15,4 neue Pfennige![1] Welche Absichten die republikanische Regierung auch verfolgt haben mochte – manche Historiker geben einer Verschwörung die Schuld an der Inflation, andere nicht –, in der Praxis bedeutete sie, dass der Staat das Geld konfiszierte, das seine treuesten Bürger ihm geliehen hatten, um den Ersten Weltkrieg führen zu können.

Wie dem auch sei: Die Wirtschaft der Weimarer Republik schien sich jedenfalls stabilisiert zu haben und mit ihr die politische Situation. Doch am Ende des Jahrzehnts befand sich Deutschland hinter der Fassade der »goldenen« zwanziger Jahre, zu deren Symbol insbesondere Berlin mit

DIE RETTUNGSAKTION

seinen Vergnügungen und seiner Experimentierfreude wurde, erneut in Schwierigkeiten. Die Landwirtschaft, die während der Inflation so spektakuläre Gewinne eingestrichen hatte, ging nahezu bankrott. Die Arbeitslosigkeit blieb hartnäckig auf einem hohen, wenn auch nicht katastrophalen Niveau. Es gab Bankkrisen, da die riesigen Auslandsschulden kaum zu bedienen waren, und zwar schon, bevor der Wall-Street-Crash von 1929 den amerikanischen Aufschwung auf verheerende Weise beendete. Die Weimarer Republik war, wie die Historiker es später ausdrücken sollten, zu einer »verpfändeten Demokratie« geworden. Und so kam es, dass die deutschen Schuldner, als die amerikanischen Gläubiger ihr Geld zurückhaben wollten, nicht zahlen konnten. Ein Wirtschaftseinbruch, sechs Millionen Arbeitslose und die Rückkehr von Extremismus und Straßenschlachten in Berlin und anderen Städten waren die Folgen.

Zudem war im Oktober 1929 der Politiker, der als Einziger seiner Altersgenossen vielleicht in der Lage gewesen wäre, die deutsche Demokratie unbeschadet durch den bevorstehenden Sturm zu führen, verstorben. Am Morgen des 3. Oktober 1929 stand Gustav Stresemann früh auf, um einen neuen Arbeitstag als deutscher Außenminister und Schlüsselmitglied der Regierungskoalition zu beginnen, was er beides seit sechs Jahren war. Doch er erlag um 5.45 Uhr im Badezimmer seines Hauses den Folgen eines Schlaganfalls, den er beim Rasieren erlitten hatte. Seine Klugheit, sein Verstand und sein Netzwerk politischer Verbindungen ließ sich durch niemanden in der politischen Kaste seiner Zeit ersetzen. Das galt auch für seine Beziehungen zu ausländischen Staatsmännern, mit deren Hilfe sich Deutschland in den vorangegangenen fünf Jahren wieder als vollgültiges, friedliches Mitglied in das internationale System hatte eingliedern können. Wie so viele andere prominente Weimarer Figuren stand auch er, als er starb, erst in den Fünfzigern.

1930 brach die letzte Weimarer Koalition im Streit über die Reaktion auf die neue Wirtschaftskrise auseinander, und ihr sozialdemokratischer Chef, Hermann Müller, trat zurück. Danach wurde Deutschland mithilfe präsidialer Notverordnungen regiert. Drei weitere Kanzler, von denen sich keiner auf eine Reichstagsmehrheit stützen konnte, bemühten sich, das krisengeschüttelte Land wieder auf die Beine zu bringen. Unterdessen war der über achtzigjährige Reichspräsident Paul von Hindenburg, die Verkörperung angeblicher preußischer Tugenden, zur eigentlichen Macht im Land aufgestiegen, jener Mann, der den Mythos vom »Dolchstoß« als Erklärung für die Kriegsniederlage verbreitet hatte und nach Eberts plötzlichem Tod als »Ersatzkaiser«, wie ihn mehr als ein Kommentator nannte, zu dessen Nachfolger gewählt worden war.

Auf dem Posten des Reichskanzlers folgten in drei Jahren Heinrich Brüning, Franz von Papen und Kurt von Schleicher aufeinander, jeder mit weniger Rückhalt im Reichstag und kürzerer Amtszeit als sein Vorgänger. Aus Angst, die katastrophalen Fehler der Inflationszeit zu wiederholen, hielten sie alle – insbesondere Brüning, der einzige Finanzfachmann unter ihnen – eisern an einer orthodoxen, deflationären Wirtschafts- und Finanzpolitik fest. Bei allem Nutzen, den diese Politik für die Bilanz des Landes gehabt haben mochte, verursachte sie großes Leid und viel Unmut, indem sie die Krise künstlich verlängerte und die Arbeitslosigkeit – mit verheerenden politischen Folgen – in immer neue Höhen trieb. So warf die Hyperinflation ihren tödlichen Schatten auf die neue Krise.

Viele Deutsche verloren infolgedessen jedes noch vorhandene Vertrauen zur Republik. Die Demokratie wankte. Und dann eroberte Hitler, der Unruhestifter aus München, schließlich doch noch Berlin.

NACHWORT
Warum ein deutsches Trauma?

Natürlich war es nicht die Inflation, sondern die Wirtschaftskrise, die Hitler am 30. Januar 1933 den Einzug in die Reichskanzlei ermöglichte. Ihm konnte es gleich sein, welches Pferd der Apokalypse ihn an die Macht brachte. Die Hyperinflation der frühen zwanziger Jahre hatte die Saat der Nationalsozialisten aufgehen lassen. Zehn Jahre später sorgte die Wirtschaftskrise – zusammen mit einer Politik, die man Hypersparsamkeit nennen könnte – dafür, dass die giftige Pflanze Früchte trug.

Handelt es sich also um ein spezifisch deutsches Trauma? Und wenn, warum? Immerhin war die deutsche Inflation der Jahre 1914 bis 1923 – die ein weit langsamerer und gefährlicherer Vorgang war, als man gemeinhin denkt – nicht das einzige Beispiel für dieses Phänomen. Auch Österreich, Ungarn, Russland und Polen erlebten nach dem Ersten Weltkrieg eine Hyperinflation. Ungarn machte diese Erfahrung nach dem Zweiten Weltkrieg, als auch in Griechenland eine Hyperinflation grassierte, sogar noch ein zweites Mal und in noch schlimmerem Ausmaß. Frankreich und Italien haben zu verschiedenen Zeiten Geldentwertungen bis hin zur Hyperinflation erlebt. Aber keines dieser Länder scheint ähnliche Narben davongetragen zu haben wie Deutschland.

Nach 1918 empfanden fast alle Deutschen die Demütigung der Niederlage. Die meisten hatten mehr oder weniger schwer unter den Folgen der Niederlage zu leiden: Versorgungsmängeln, politischer Instabilität, Preissteigerungen. Ein großes Land stürzte aus großer Höhe, deshalb war der Schmerz umso größer. Aber erklärt dies die anhaltende, geradezu obsessive Erinnerung an die Niederlage?

Eine deutsche Besonderheit war die Tatsache, dass die umfangreiche und außerordentlich privilegierte gebildete Mittelschicht, das Bildungsbürgertum – hohe Beamte, Akademiker und Lehrer, Geistliche, Rechtsanwälte, Ärzte –, wohl am meisten verloren hatte. Diese Schicht hatte Kriegsanleihen in großer Zahl erworben, deren Wert schon vor Kriegsende zu sinken begann. Nach 1918 warfen diese Papiere buchstäblich nichts mehr ab. Auch Gehälter und Honorare waren während des Krieges stark geschrumpft, was noch in der Kaiserzeit zu bitteren Klagen geführt hatte.

Nachdem 1918 die Sozialdemokraten die Macht übernommen hatten, waren der republikanischen Regierung die Löhne und das Wohl gewöhnlicher Arbeiter – Handarbeiter wie junger Angestellter – weit wichtiger als die Lage der Mittelschicht. Die Einkommen der Vorkriegselite, die im Vergleich zum Durchschnittslohn der Arbeiter bereits gesunken waren, stiegen nicht genug, um diesen Männern und ihren Familien weiterhin den Lebensstandard zu ermöglichen, an den sie sich gewöhnt hatten. Aus Immobilien, Ersparnissen und festverzinslichen Wertpapieren bestehende Privatvermögen, die von Generation zu Generation vererbt worden waren, lösten sich plötzlich in Luft auf, und die Söhne konnten es sich nicht mehr leisten, wie ihre Väter und Großväter auf die Universität zu gehen.

Aber es war nicht nur eine Frage des Geldes. Auch das Ansehen der Schicht, der die meisten Studenten angehörten, hatte gelitten, war sie doch seit dem achtzehnten Jahrhundert eng mit dem Dienst im Apparat der monarchischen deutschen Staaten verbunden. Doch mit dem Glanz und der Macht der Monarchie war nach 1918 selbst der soziale Status dieser Schicht offenbar dahin.

Das Bildungsbürgertum empfand die Kriegsniederlage als persönliche Demütigung – es war stets zutiefst patriotisch gewesen. Deshalb stand es der Republik, die seine Werte zu negieren und das Land den ignoranten Proletariern zu übergeben schien, ablehnend gegenüber. Zu allem Überfluss musste es auch noch den finanziellen Ruin hinnehmen, den sie der inflationären Finanzpolitik der republikanischen Regierung anlastete. Kein Wunder, dass sich die gebildete Mittelschicht in ihrer überwältigenden Mehrheit der nationalistischen Rechten anschloss.

Eine Karikatur in der Satirezeitschrift *Simplicissimus* zeigte einen heruntergekommenen Angehörigen dieser Schicht, der von einer Gruppe gutgenährter Arbeiter etwas erbettelt. Es war eine schamlose Übertreibung – auch viele Arbeiter hatten nach 1918 unter den Problemen des Landes zu leiden, und sie verfügten anders als das Bildungsbürgertum nicht über Rücklagen –, enthielt aber einen wahren Kern, der verstehen hilft, welche Kluft sich in den ersten Jahren der Weimarer Republik auftat. Der Herr Professor war gezwungen zu betteln. Die Bildungsbürger waren, wie sie es häufig selbst ausdrückten, das »neue Proletariat« oder die »neuen Armen«.

WARUM EIN DEUTSCHES TRAUMA?

Wer also kam gut über die Inflation hinweg? Kreditgeber verloren fast alles, wogegen Schuldner im Allgemeinen ihre Schulden durch die Inflation loswurden. Dann gab es die Wucherer und Spekulanten; Menschen, die in Banken arbeiteten, einem Geschäftsbereich, der während der Inflation rasant wuchs; Anleger, die in Aktien investierten, deren Kurs im Unterschied zu festverzinslichen Papieren mit der Inflation stieg und die in vielen Fällen im Laufe der Zeit erkleckliche Gewinne abwarfen; Bauern, die Hypotheken und andere Schulden ablösen und für ihre Produkte Höchstpreise verlangen konnten – vor allem wenn sie sie auf dem Schwarzmarkt an Zwischenhändler und verzweifelte Städter verkauften. Und es gab Industrielle wie Stinnes, die von der Reichsbank zu niedrigen Zinsen Geld liehen und es mit entwerteter Mark zurückzahlten. Darüber hinaus konnten sie ihre Produkte auf Auslandsmärkten verkaufen und mit den eingenommenen Devisen in Deutschland Firmen, Immobilien und andere Sachwerte erstehen. Auf diese Weise war Stinnes zum Besitzer oder Mitbesitzer von Schifffahrtsgesellschaften, Hotels, Zeitungen, Maschinenbau-, Holz-, Papier- und anderen Fabriken – insgesamt schätzungsweise rund 4500 – geworden; hinzu kamen Bergwerke und Stahlunternehmen, mit denen er vor dem Ersten Weltkrieg sein Vermögen gemacht hatte. Aber er war nicht der einzige »Raubbaron« der Inflationszeit, nur der bekannteste.

Sogar die Arbeiter mussten ihren Lebensstandard in der Regel nicht stark einschränken, bis die galoppierende Hyperinflation, die im Frühjahr 1923 einsetzte und erst durch die Währungsreform im November desselben Jahres beendet wurde, die Wirtschaft endgültig ins Chaos stürzte.

Die Hyperinflation endete im Winter 1923/24, weil die Situation derart zerstörerisch und verwirrend geworden war, dass selbst jener (recht große) Teil der Bevölkerung, der fast bis zum Schluss relativ gut mit der Inflation zurechtgekommen war, einsah, dass die Dinge zu weit getrieben worden waren. Selbst wenn die Beendigung der Inflation einen Abschwung und Arbeitslosigkeit mit sich brachte – wie es eine Zeit lang geschah –, war dieser Schritt im Herbst 1923 absolut notwendig.

John Maynard Keynes hatte bereits in den *Wirtschaftlichen Folgen des Friedensvertrages* gewarnt:

> »Durch festgesetzte Inflation können Regierungen sich insgeheim und unbeachtet einen wesentlichen Teil des Vermögens ihrer Untertanen aneignen. Auf diese Weise konfiszieren sie nicht nur, sondern sie tun es

auch *willkürlich*, und während viele arm werden, werden einige in der Tat reich. Der Anblick dieser willkürlichen Verschiebung des Reichtums vernichtet nicht nur die Sicherheit, sondern auch das Vertrauen auf die Gerechtigkeit der bestehenden Verteilung des Reichtums.«[1]

Deutschlands gebildete Mittelschicht war gewiss dieser Ansicht, und zwar mit Recht. Und was sie fühlte und dachte, war von überragender Bedeutung für die Herausbildung der öffentlichen Meinung. Sie lehrte, sie schrieb, und sogar unter den veränderten Umständen nach 1918 wusste sie, wie sie ihre Beschwerden an die Öffentlichkeit bringen konnte. In der kollektiven Erinnerung dieser Schicht paarte sich – und tut es womöglich bis heute – der wirtschaftliche Verlust mit dem Gefühl eines steilen sozialen Abstieges. Hinzu kam eine tiefe, fast existentielle Bitterkeit sowohl über die Niederlage und die Revolution als auch darüber, dass sie, die Bildungsbürger, die eine deutsche Alleinschuld am Krieg nie akzeptierten, für dessen Kosten aufkommen sollten. Die historischen Folgen dieser Gemengelage gehen über die bloße Ökonomie und sogar Politik weit hinaus.

Dass sich im Unterschied zu anderen Ländern, die unter Inflation gelitten haben, die Konsequenzen der Geldentwertung in Deutschland so tief in die nationale Psyche eingebrannt haben, liegt womöglich zu einem guten Teil genau daran, dass hier eine relativ kleine, aber einst außerordentlich privilegierte Schicht durch Krieg und Inflation mehr verloren hat als andere. Der Wegfall des komplexen Systems monarchischer Privilegien in den vielen lokalen Machtzentren, das bis 1914 zu den besonderen Kennzeichen des Reiches gehört und in dem das Bildungsbürgertum als eine Art intellektueller Hofmarschallschicht eine wichtige Nebenrolle gespielt hatte, komplettierte den Verlust. Geprägt von Bildung, Stolz und Selbstvertrauen, die sie an ihre Kinder und Enkel weitergaben, manifestierten sich die Bildungsbürger im weiteren Verlauf des Jahrhunderts gleichwohl als große meinungsbildende Kraft. Jede Familie aus dieser Schicht in Deutschland hatte offenbar (und hat immer noch) eine Geschichte darüber zu erzählen, wie die Inflation Status und Vermögen zunichte machte. Der Sturz des Bildungsbürgertums erfolgte aus großer Höhe. Sie verlor ihre unangefochtene, privilegierte Stellung im mächtigsten Land Kontinentaleuropas und wurde zu einer Gruppe unter vielen, die auf einem modernen wirtschaftlichen und politischen Markt, für den sie nur Abscheu und Verachtung übrig hatte, miteinander konkurrierten.

WARUM EIN DEUTSCHES TRAUMA?

Es waren natürlich die Söhne dieser Schicht, die sich in den Stoßtrupps der antirepublikanischen Bewegung zusammenfanden und als Attentäter und Terroristen für die äußerste Rechte und deren bewaffneten Flügel – Gruppen wie die Organisation Consul – agierten. Die Verschwörung zur Ermordung Walther Rathenaus, des klügsten und besten Kopfs der Weimarer Republik, ist das herausragende Beispiel dafür. Interessanterweise wurde Ernst von Salomon, nachdem er seine fünfjährige Gefängnisstrafe wegen Beteiligung an dem Komplott abgesessen hatte, zu einem bekannten Schriftsteller. Sein romanhaftes Erinnerungsbuch *Der Fragebogen,* nach dem Zweiten Weltkrieg als kritische Antwort auf die alliierte Entnazifizierung geschrieben, enthielt so etwas wie eine Apologie der jungen Männer, die trotz ihrer kultivierten Herkunft und ihrer Intelligenz so wie er zu Feinden der Demokratie geworden waren. Er zählt die Gründe alle auf, von der Inflation über Versailles bis zur nationalen Demütigung. Sein Buch, das 1951 erschien, wurde zu einem der großen Bestseller seiner Zeit und übte sowohl in der jungen Bundesrepublik als auch im Ausland erheblichen Einfluss aus.

So gab das Bildungsbürgertum sein nachvollziehbares und anscheinend unheilbares Gefühl von Verlust, Gram und Ungerechtigkeit an die nächste Generation weiter. Dieses Phänomen trug wesentlich, vielleicht sogar entscheidend dazu bei, die Erfahrung der Inflation, die zwar hart, aber für viele, wenn nicht die meisten Deutschen mehr oder weniger erträglich war – und im Lauf des zwanzigsten Jahrhunderts von vielen anderen Völkern geteilt wurde –, in einen einzigartigen Konsens über eine allgemeine nationale Katastrophe zu verwandeln. Dieser Konsens spukt immer noch durch das kollektive Gedächtnis der Deutschen und übt selbst noch im 21. Jahrhundert einen nachhaltigen Einfluss auf die deutsche Regierungspolitik aus.

Als sollte den Deutschen ein für alle Mal die Fragilität von Geld als Wertaufbewahrungsmittel klargemacht werden, wurden sie nach dem Zweiten Weltkrieg gezwungen, erneut eine drastische Entwertung hinzunehmen. Diesmal wurde sie jedoch von außen ausgelöst.

Nach der auf schreckliche Weise hinausgezögerten Niederlage des Hitlerregimes besaß das Land viereinhalb Jahre lang keine eigene Zentralregierung. Nach dem Ersten Weltkrieg hatte Deutschland, obwohl besiegt, eine eigene zentrale staatliche Verwaltung, deren Entscheidungsfreiheit in politischen und ökonomischen Fragen nur durch die Entwaffnungs- und

Reparationsvorschriften des Versailler Vertrages eingeschränkt wurde. Dagegen war das Reich nach 1945 in vier Zonen aufgeteilt, die unter der direkten Militärherrschaft der Siegermächte standen. Anfangs blieben nur winzige Verwaltungseinheiten in den Händen der Deutschen. Alle anderen staatlichen Machtstellungen waren ausländischen Soldaten oder von den Besatzern ernannten Beamten vorbehalten.

Die Geldentwertung nach dem Untergang des Dritten Reiches machte die Währung erneut so gut wie wertlos. In dieser zweiten Nachkriegswirtschaft waren die vielgepriesenen »Sachwerte« Zigaretten, auf dem Schwarzmarkt angebotene landwirtschaftliche Produkte und illegal gehandelte Bestandteile von Rationen aus den Beständen der Besatzungstruppen. Am Ende musste wie 1923 eine neue Währung eingeführt werden, um wieder einen allgemein anerkannten Wertspeicher zu etablieren.

Wie nach der Einführung der Rentenmark war auch nach der Ausgabe der Deutschen Mark im Juni 1948 (ausschließlich in den Westzonen des besetzten Deutschlands) plötzlich erneut eine große Menge von Waren zu erhalten, die in der Voraussicht auf die Einführung eines verlässlichen Zahlungsmittels gehortet worden waren. Die 1924 eingeführte Reichsmark war von den Nationalsozialisten zunächst unter der Hand entwertet worden, insbesondere während des Zweiten Weltkrieges, als sie eine ähnliche Entwicklung durchmachte wie die Goldmark in den Jahren 1914 bis 1918. In der letzten Kriegsphase, dem Todeskampf des Hitlerregimes 1944/45, war sie dann gründlich entwertet worden, und als Deutschland besiegt war und keine Zentralregierung mehr besaß, hatte sie buchstäblich jeden Wert eingebüßt.

Der Weimarer Finanzminister und spätere Reichskanzler Hans Luther hatte 1923 auf dem Höhepunkt der Inflation bemerkt, Deutschland drohe »bei vollen Scheuern zu verhungern«.[2] Das Gleiche traf im Frühjahr 1948 zu, kurz vor Einführung der neuen Währung. »Sachwerte« waren der Schlüssel zum Überleben, und ohne den Schwarzmarkt ging gar nichts. Wie 1923/24 waren auch 1948/49 Waren und Dienstleistungen, die seit Jahren nicht mehr für Geld zu haben waren, rasch wieder verfügbar, nachdem die neue, wertbeständige Währung in Umlauf gebracht worden war.

Diejenigen, die in den zwanziger Jahren gelitten hatten, litten also erneut, und die jungen Deutschen der vierziger Jahre erhielten gleichfalls einen Eindruck davon, was es bedeutete, wenn Geld wertlos wurde. Noch größer wurde die Not der deutschen Zivilbevölkerung durch eine enorme

Lebensmittelknappheit, die, verschärft durch die Strafpolitik der Siegermächte – insbesondere den sogenannten Morgenthau-Plan – weithin zu Unterernährung und sogar Hunger führte. Hinzu kam, dass die deutschen Städte anders als im Ersten Weltkrieg nicht unbeschädigt geblieben waren. Vielmehr waren durch alliierte Luftangriffe riesige Wohngebiete, Industrieanlagen und Infrastrukturen aller Art zerstört worden; zudem lag das reiche architektonische und kulturelle Erbe des Landes in horrendem Ausmaß in Schutt und Asche. Man nahm allgemein an, dass es Jahrzehnte dauern würde, das Land wiederaufzubauen.

Dennoch war die Notlage der Deutschen nach 1945, auch wenn es auf den ersten Blick so scheinen mag, keineswegs schlimmer als diejenige der vorigen Generation. Fünf Jahre nach dem Zweiten Weltkrieg, 1950, erwies sich die Lage vielmehr als weit stabiler und sah angesichts der deutlichen Verbesserungen allgemein hoffnungsvoller aus als zum entsprechenden Zeitpunkt nach dem Ersten Weltkrieg. Damals, im Jahr 1923, war das Ruhrgebiet besetzt worden, die Hyperinflation erreichte ihren Höhepunkt, die Arbeitslosigkeit nahm rasant zu, die Wirtschaft taumelte am Abgrund, und Putsche und Aufstände gehörten immer noch zum politischen Alltag.

Nichts davon traf auf die Zeit einige Jahre nach dem Zweiten Weltkrieg zu. Deutschland war zwar durch den Eisernen Vorhang geteilt, und es gab viele politische Beschwernisse. Doch vor dem Hintergrund einer stabilen westdeutschen Währung und eines sich rasch vom Krieg erholenden Weltmarktes schien die Nachfrage nach hochwertigen Investitionsgütern, Maschinenanlagen, Werkzeugmaschinen und Heimelektrogeräten, für die Deutschland bekannt war, unersättlich zu sein. Das vom Export angetriebene westdeutsche »Wirtschaftswunder«, das, abgesehen von kleineren Rückschlägen, bis in die neunziger Jahre anhielt, führte annähernd zu Vollbeschäftigung. Bemerkenswerterweise wurde die kapitalistische Wirtschaft ergänzt durch ein soziales Sicherheitsnetz, um welches die Welt Deutschland beneidete und das sicherlich weit über das hinausging, was sich selbst die optimistischsten deutschen Politiker in den zwanziger Jahren hätten träumen lassen.

Darüber hinaus wurde nichts davon mit inflationären Mitteln erreicht, von Hyperinflation ganz zu schweigen. Tatsächlich verfolgten und verfolgen die Bundesregierungen – unter den wachsamen Augen der allmächtigen Bundesbank, zu deren Aufgabe eben die Vermeidung einer Inflation gehört – eine strikt deflationäre Politik. Eine fleißige, gut ausgebildete

NACHWORT

Arbeitnehmerschaft ist darauf vorbereitet, wenn nötig Opfer zu bringen, um sicherzustellen, dass Deutschland »Exportweltmeister« bleibt und das moderne Deutschland weiterhin durch eine relativ niedrige Arbeitslosigkeit gekennzeichnet ist. Selbst die gewaltigen Ausgaben für die Aufnahme und Modernisierung der maroden kommunistischen Deutschen Demokratischen Republik nach dem Fall des Eisernen Vorhangs schien machbar zu sein. Seit den fünfziger Jahren gewöhnte sich Europa daran, in Deutschland einen »sanften Riesen« zu sehen, der friedlich vorankommen wollte und jedem Ehrgeiz auf Vorherrschaft abgeschworen hatte. Die Bundesrepublik trat solvent und ziemlich mächtig in ihr siebentes Jahrzehnt ein.

Was konnte schon schiefgehen?

Der Erste Weltkrieg war vor allem eine menschliche Tragödie. Er kostete Millionen von Menschen das Leben und ließ ein Heer von Versehrten, Witwen und Waisen zurück. Er war aber auch – und dies wahrscheinlich auf nachhaltigere Weise – eine sozioökonomische Katastrophe, wofür das von Unruhen erschütterte, unglückselige Deutschland der Hyperinflationsjahre nur ein bedenkliches Beispiel ist.

Nach 1918 hatten fast alle Großmächte, die zuvor (außer Russland, der ewigen Ausnahme) wohlhabende Mitglieder einer auf freiem Handel und Personenverkehr beruhenden Weltgemeinschaft waren, Schulden – enorme, lähmende Schulden. Frankreich, Großbritannien, Belgien und Italien standen vor allem bei den Vereinigten Staaten in der Kreide, während Deutschlands Schulden überwiegend aus den finanziellen Strafklauseln des Versailler Vertrages herrührten; die riesigen Inlandsschulden waren, wie wir gesehen haben, eine andere Sache.

So betrachtet, das heißt ungeachtet der moralischen Frage, ob die Reparationen richtig oder falsch waren, drehte sich in den frühen zwanziger Jahren eine Art Schuldenkarussell. Amerika in der Rolle von »Uncle Shylock« weigerte sich, seinen bisherigen Alliierten Schulden zu erlassen, und beharrte auf der Anwendung normaler Geschäftsbedingungen und der strengen Regeln des Finanzmarktes. Amerikas Verbündete – insbesondere Frankreich, das die meisten Schulden hatte – waren unter anderem deshalb nicht geneigt, in der Reparationsfrage nachzugeben, ganz gleich, wie schädlich sich die durch diesen Starrsinn geschaffene internationale Situation auswirkte. Amerika verlangte unerbittlich sein Geld, und infolgedessen bestand Frankreich, dessen Haltung sich durch die Furcht vor einem künftigen Wiederaufstieg Deutschlands zusätzlich verhärtete, ebenso unerbittlich auf der Zahlung der Reparationen.

Deutschland hatte zwar den Versailler Vertrag unterzeichnet – zugegebenermaßen unter Druck (der bei Friedensverträgen in der Regel einseitig verteilt ist) –, griff danach jedoch systematisch, wie man hinzufügen muss, auf inflationäre Maßnahmen zurück, um eine Verpflichtung zu umgehen, deren Rechtmäßigkeit man in Deutschland im Grunde nicht einsah. Doch auch wenn die Deutschen Versailles in mancher Hinsicht zu Recht ablehnten, hatte Frankreich gleichfalls recht, wenn es Deutschland vorwarf, seine Zahlungsfähigkeit absichtlich zu untergraben, um keine Reparationen zahlen zu müssen. Und so ging es weiter, bis man mit der Ruhrbesetzung im Januar 1923 das Reich des Wahnsinns betrat.

Letzten Endes bekam niemand sein Geld, nicht einmal Amerika. Deutschland zahlte mit amerikanischen Krediten, die es nach dem Dawes-Plan von 1924 erhielt, Reparationen an Frankreich und Großbritannien, die mit diesem Geld ihrerseits Schulden bei den USA abbezahlten. Dann brach die Weltwirtschaftskrise aus, und alle Großmächte, einschließlich Deutschlands, Frankreichs und Großbritanniens, stellten ihre Kreditrückzahlungen an Amerika ein; gleichzeitig hörte Deutschland auf, Reparationen zu zahlen. Inzwischen war indes ein unermesslicher politischer, sozialer und ökonomischer Schaden angerichtet worden, der sich zur schonungslosen Erbauung der nächsten Generation zu einer vergifteten Hinterlassenschaft verdichtet hatte.

Als Deutschland 1945 erneut eine Niederlage erlitt, schien der Drang der Alliierten nach Vergeltung anfangs sogar noch stärker zu sein als 1918. Das Wunder bestand darin, dass die Vereinigten Staaten sowohl aus negativen Gründen (der Furcht, Deutschland an den Kommunismus zu verlieren) als auch aus positiver Einsicht (der Erkenntnis, dass Amerika sich nicht wie nach dem Ersten Weltkrieg zurückziehen und Europa sich selbst überlassen konnte) als Garant der Stabilität und Finanzier des europäischen Wiederaufbaus vor Ort präsent blieben – inklusive tatkräftiger Unterstützung der zweiten deutschen Demokratie, die 1949 in den drei Westzonen etabliert wurde.

Obwohl ihm Entschädigungen auferlegt wurden, war das postfaschistische Deutschland letzten Endes nicht mit derart lähmenden Reparationsforderungen belastet wie die postmonarchische Weimarer Republik. Tatsächlich erhielt die neu geschaffene Bundesrepublik im Rahmen des

NACHWORT

Marshallplans großzügige Hilfe. Schon 1951 kam es mit der Gründung der Europäischen Gemeinschaft für Kohle und Stahl (Montanunion) zur politischen Zusammenarbeit mit Frankreich, Italien und den Niederlanden, die 1957 zur Schaffung der Europäischen Wirtschaftsgemeinschaft (EWG) führte, aus der später die Europäische Union wurde.

Deutschland hatte zwar weiterhin Schulden, einschließlich solcher aus dem Ersten Weltkrieg. Genauer gesagt, hatte es Schulden bei Amerika, die im Rahmen des Dawes-Plans (1924) und später des Young-Plans (1929) aufgenommen worden waren, um Reparationen bezahlen zu können. Durch das nach turbulenten Verhandlungen im Februar 1953 unterzeichnete Londoner Schuldenabkommen wurde Deutschland die Hälfte seiner Schulden aus der Vorkriegs- und der unmittelbaren Nachkriegszeit erlassen. Der Rest wurde umstrukturiert, um zu verhindern, dass die im Aufbau befindliche zweite deutsche Republik das gleiche Schicksal ereilte wie ihre Weimarer Vorgängerin. Der Westen brauchte ein prosperierendes, friedliches Deutschland – wenn es auch nicht derart friedlich sein sollte, dass es nicht eine nützliche wirtschaftliche und militärische Rolle in der NATO spielen konnte. Vieles, einschließlich der ausstehenden Zinsen der in den zwanziger Jahren aufgenommenen amerikanischen Kredite, sollte erst nach der deutschen Wiedervereinigung fällig werden, was damals in ferner, um nicht zu sagen unabsehbarer Zukunft lag.

Bis zur Wiedervereinigung 1990 zahlte Westdeutschland insgesamt bis zu hundert Milliarden Dollar an Reparationen und reparationsbedingten Schulden ab, die vielen Milliarden eingerechnet, die an Israel und einzelne Holocaustopfer gingen.[3] Mit dem Ende der deutschen Teilung wurden die gemäß dem Londoner Schuldenabkommen jetzt zu zahlenden Rückstände in Schuldverschreibungen umgewandelt, die am 3. Oktober 2010, (nicht zufällig) dem zwanzigsten Jahrestag der deutschen Wiedervereinigung, ausliefen. Zeitungen in aller Welt feierten das »endgültige Ende der deutschen Reparationen«.

Mit der letzten Zahlung im Jahr 2010 hatte Deutschland seine Verpflichtungen aus mehr als neunzig Jahren abgelöst. Der Kalte Krieg war vorüber. Der Handel boomte. Die Wiedervereinigungskrise wurde überwunden und der Arbeitsmarkt reformiert. Deutschland war wieder zu einem friedlichen, prosperierenden Land in einem friedlichen Europa geworden. Ein vor, sagen wir, fünf Jahren geschriebenes Buch hätte damit ein ungetrübtes Happy

End gehabt. Leider wird Deutschland nun, da ich dies schreibe (im April 2013), in demselben Europa, zu dessen Schaffung es so entscheidend beigetragen hat, von vielen gehasst und mit Argwohn betrachtet. Kern des Problems ist wieder einmal ein Währungsproblem.

Deutschland gab am ersten Tag des Jahres 1999 seine eigene Währung auf. Nicht, weil sie instabil oder unzuverlässig gewesen wäre. Ganz im Gegenteil, die Deutsche Mark wurde allgemein als eine der härtesten Währungen der Welt bewundert. Der Übergang von der durch die Zuchtmeister der Bundesbank kontrollierten Mark zum Euro ging im Grunde nicht auf Schwäche, sondern auf Machtgewinn zurück. Die gemeinsame europäische Währung war ein französisches Projekt. Wie es heißt, soll Präsident François Mitterrand aus Sorge über die Aussicht auf ein übermächtiges Deutschland von diesem als Preis für seine Zustimmung zur Wiedervereinigung verlangt haben, die Vertiefung der wirtschaftlichen und finanziellen Integration Europas zu unterstützen, und dazu zählte die Einführung einer gemeinsamen Währung – über die zwar häufig gesprochen worden war, die aber ohne den Meinungsumschwung nach der deutschen Wiedervereinigung wahrscheinlich nicht so schnell verwirklicht worden wäre.[4]

Letztlich stellte die Beschleunigung der Währungsunion nur eine weitere Stufe in Frankreichs – mit Gewalt oder Überredung geführtem – offenbar endlosem Kampf darum dar, die Fähigkeit seines mächtigen östlichen Nachbarn zu beschränken, den Interessen der *Grande Nation* zu schaden. Anstelle von Krieg, Ruhrbesetzung und niederdrückenden Reparationen sollte Deutschland nun durch die Internationalisierung von Staat und Wirtschaft im europäischen Rahmen im Zaum gehalten werden. Zur Erleichterung des Handels und allgemeinen Bequemlichkeit war die gemeinsame Währung durchaus sinnvoll, aber sie diente auch politischen Zwecken. Viele Deutsche betrachteten die Mitgliedschaft in der Eurozone – und die Aufgabe der Mark – als weiteres Opfer, das sie um des Friedens auf dem Kontinent willen bringen mussten.

Dessen ungeachtet schien zunächst alles gut zu verlaufen, trotz einiger Zweifel an manchen Mitgliedern der Währungsunion, insbesondere denen an der mediterranen Peripherie. Die Europäische Zentralbank (EZB) ähnelte der Bundesbank weit mehr, als ursprünglich geplant – Bundeskanzler Helmut Kohl hatte einige Zugeständnisse aushandeln können –, aber die Volkswirtschaften sowie die fiskalischen und finanziellen Regelungen der 17 Länder, die schließlich zur Eurozone gehörten, hätten kaum unterschiedlicher sein können. Insbesondere im Falle Griechenlands war klar, dass die Bedingungen für die Mitgliedschaft – eine handhabbare Staatsverschuldung und ein Mindestmaß an finanzieller Redlichkeit –, wiederum aus politischen Gründen, äußerst großzügig ausgelegt wurden. Plötzlich konnten Länder, denen es traditionell schwergefallen war, auf internationalen Märkten zu erschwinglichen Konditionen Kredite aufzunehmen, zu wesentlich niedrigeren Zinsen Geld leihen. Tatsächlich wurden ihnen Zinssätze gewährt, als wären sie Deutschland. Nur ohne die Disziplin der Deutschen.

Die zuerst 2007 spürbar gewordene Bankenkrise mag ihre Ursache in sich rasant auftürmenden amerikanischen Schulden gehabt haben, aber als in Europa die Finanzflut abebbte, zeigte sich, dass die Fundamente eines großen Teils des europäischen Banken- und Investmentsystems mindestens so instabil waren wie diejenigen von Bear Sterns, Lehman Brothers, Freddie Mac und Fanny Mae. Auch deutsche Banken verloren Geld. Auf dem heimischen Markt durch Gesetze eingeschränkt, die jenes »Casino-Banking« verhindern sollten, das die Banken in Amerika, Großbritannien und anderswo in den Abgrund gerissen hatte, hatten sich deutsche Finanzinstitute gleichwohl im Ausland eifrig an der Kreditorgie beteiligt. Als in Spanien und Irland der Immobilienboom kollabierte und in Griechenland die Ausgaben für ein übertrieben großzügiges Sozialsystem und einen aufgeblähten öffentlichen Dienst dem Staat über den Kopf wuchsen, drohten deshalb auch deutschen Banken wie ihren Schwesterinstituten in Frankreich und Italien riesige Verluste.

Die anschließenden »Bail-outs« wurden häufig als »Rettung« der betroffenen Länder bezeichnet. In Wirklichkeit wurden zumeist nur die ausländischen Finanzinstitute – einschließlich der deutschen – gerettet, von denen das Geld gekommen war. Diese Tatsache entging den Bevölkerungen nicht, die jetzt höhere Steuern, Kürzung von Löhnen und Sozialleistungen sowie einen Anstieg der Arbeitslosigkeit hinnehmen sollten, damit der Staat das Geld zurückzahlen konnte, das er sich unklugerweise geliehen hatte. In Griechenland wurde es zum politischen Klischee, die Bundeskanzlerin Angela Merkel als Nazibesatzer darzustellen, häufig in SS-Uniform. Man sprach davon, von Deutschland eine angemessene Entschädigung für das Geld und die Ressourcen zu verlangen, das die deutschen Besatzer dem Land während des Zweiten Weltkrieges geraubt hatten. In Schuldnerländern wurde deutsche Strenge häufig der »Milde« gegenübergestellt, mit der

Deutschland nach dem Zweiten Weltkrieg behandelt worden war und die erst seinen Wiederaufstieg ermöglicht hatte.

In den Augen der meisten Deutschen war das Ganze indes einfach eine Lektion über Vorsicht und Besonnenheit, die sie selbst unter Schmerzen gelernt hatten. In den zwanziger Jahren besaß auch Deutschland einen aufgeblähten öffentlichen Dienst, zum Teil als Arbeitsbeschaffungsmaßnahme (die Reichsbahn war damals wie die griechische Eisenbahn heute ein berüchtigtes Fass ohne Boden); es hatte durch die Einführung des Achtstundentages die dringend erforderliche Produktivitätssteigerung untergraben, scheiterte an einer gerechten und effizienten Steuererhebung und versuchte ein Sozialsystem aufrechtzuerhalten, das es sich nicht leisten konnte. Viele Deutsche hatten aus dem Schicksal der Weimarer Republik ihre Lehren gezogen, in erster Linie die, dass finanzielle Stabilität von herausragender Bedeutung ist. Von Heinrich Brüning zu Beginn der Weltwirtschaftskrise Ende der zwanziger Jahre bis zu Angela Merkel in der sogenannten Großen Rezession achtzig Jahre später haben die deutschen Politiker – mit der großen Ausnahme Hitlers, in dieser wie in jeder anderen Hinsicht – auf Haushaltsdisziplin geachtet, ungeachtet kurzfristiger politischer Nachteile.

Als die enormen Kosten der Eingliederung der neuen ostdeutschen Bundesländer nach 1990 das »Wirtschaftswunder« der Nachkriegszeit gefährdeten, führte man widerstrebend neue Steuern ein und reformierte darüber hinaus den Arbeitsmarkt und das Sozialsystem. Diese Erfahrung war schmerzlich. An den praktischen Resultaten gemessen, trugen die Opfer jedoch dazu bei, dass Deutschland erneut zum »Exportmeister« aufstieg. Jene Länder, welche die Entwicklungschancen nach der Einführung des Euros nicht genutzt und sich stattdessen ein aufgeblähtes Sozialsystem und übertriebene Immobilienprofite gegönnt haben, werden jetzt, ähnlich wie Deutschland um die Jahrtausendwende herum, Schmerzen erdulden müssen, um wieder auf die Füße zu kommen.

Von systemischen und tief verwurzelten sozialen Problemen einmal abgesehen, besteht die Schwierigkeit der europäischen Länder, die gezwungen waren, »Bail-out«-Kredite zu scheinbar drakonischen Bedingungen anzunehmen, darin, dass ihre Volkswirtschaften anders als in Deutschland nicht breit aufgestellt sind. Das jüngste Beispiel, Zypern, entwickelte sich beispielsweise in den letzten Jahrzehnten des vergangenen Jahrhunderts zu einer Steueroase, die insbesondere russische Geschäftsleute anzog. Wie die französische Riviera vor dem Zweiten Weltkrieg wurde Zypern zu einem »sonnigen Ort für dunkle Gestalten« (William Somerset Maugham). Die Wirtschaft der früheren britischen Kronkolonie Zypern – in der Großbritannien weiterhin über Militärstützpunkte verfügt – war in den siebziger Jahren von Landwirtschaft und Tourismus geprägt. Ende des zwanzigsten Jahrhunderts gründete sich der Wohlstand der Insel jedoch zunehmend auf den Finanzsektor, und die übrige Wirtschaft wurde in zunehmendem Maß von der Monokultur der Banken abhängig. Dabei blieb es auch nach dem Beitritt zur Eurozone im Jahr 2008. Infolgedessen gelangten die Gläubiger des Landes zu dem Schluss, dass allein der Bankensektor die Mittel für die Rückzahlung des »Bail-out«-Kredits des Jahres 2013 aufbringen könne. Deshalb zwangen sie Zypern eine erstaunliche neue »Stabilitätsabgabe« auf Bankeinlagen auf, das heißt, Bankkonten mit Einlagen von mehr als 100 000 Euro sollten erst eingefroren und dann geplündert werden. Damit wurden dem Land Kapital- und Währungskontrollen auferlegt, die den Grundprinzipien der EU Geist und Buchstaben diametral entgegengesetzt sind; es ist ungefähr so, als würden plötzlich zwischen Connecticut und den übrigen Vereinigten Staaten solche Schranken errichtet.

Deutschland, das wohlhabendste und bevölkerungsreichste Land Europas und daher dessen wichtigster Zahlmeister, wird in diesem Zusammenhang – um zu den Ähnlichkeiten mit der Weimarer Republik zurückzukehren – als Mischung aus gnadenlosem Finanzfreibeuter wie Frankreich nach Versailles gegenüber Deutschland und »Uncle Shylock« angesehen – wie die amerikanischen Bankiers, die Frankreich, Großbritannien und anderen Mitkämpfern die Rückzahlung der im Ersten Weltkrieg aufgenommenen Kredite nicht erlassen wollten. Hatte nicht die Kombination dieser beiden Faktoren Europa nach dem Ersten Weltkrieg schon einmal zu ständiger Sparsamkeit und einem Überlebenskampf nach dem Motto »Wer wälzt seine Probleme am besten auf den Nachbarn ab« verurteilt?

Das eigentliche Problem dürfte darin bestehen, dass die heutigen Schuldnerländer, da sie die monetäre Zwangsjacke des Euros (freiwillig) anbehalten, die Regeln der Eurozone einhalten müssen, und deren unbestrittener Wächter ist Deutschland. Deshalb ist ihnen insbesondere die Möglichkeit verwehrt, ihre nationalen Währungen abzuwerten. Anders als Deutschland in den zwanziger Jahren können sie sich nicht »aus den Schwierigkeiten herausinflationieren« und dadurch, erstens, ihre Wirtschaften wettbewerbsfähiger machen und, zweitens (und weniger tugendhaft), letztlich ihre Gläubiger betrügen, indem sie ihre Schulden mit entwertetem Geld begleichen.

Wie die Geschichte zeigt, konnte sich die Weimarer Republik eine Zeit lang in der Tat »aus den Schwierigkeiten herausinflationieren«. Doch am Ende beschwor sie damit nur ein neues und weit schlimmeres Problem herauf, das sich ein Jahrzehnt später in Gestalt der NS-Diktatur manifestierte. Dessen sind sich die heutigen Deutschen bewusst. Östlich des Rheins verfolgt man das Schauspiel der Rezessionsbekämpfung, das die angloamerikanischen Länder bieten, indem sie Geld aus dem Nichts hervorzaubern, um die Wirtschaft in Gang zu halten, mit besorgtem Stirnrunzeln. London und Washington mögen es »qualitative Lockerung« nennen, aber Deutsche, die auch nur das Geringste über die frühen zwanziger Jahre wissen, müssen unwillkürlich daran denken, wie die Druckerpressen der Reichsbank rund um die Uhr Geldscheine mit Millionen-, Milliarden- und Billionenbeträgen darauf produzierten und welches Chaos daraus folgte.

Für die meisten Deutschen ist es aufgrund ihres Geschichtsbewusstseins, einschließlich der Einsicht in den Preis, den sie für die Hyperinflation gezahlt haben – eine finanzielle Aversionstherapie drastischster Art –, sowie in den Vorteil finanzieller Disziplin, die ihr Land nach dem Zweiten Weltkrieg grundlegend verändert hat, evident, dass ihre in Schwierigkeiten geratenen Freunde in der Eurozone einen ähnlichen Kurs einschlagen müssen, wenn sie aus ihrer Misere herauskommen wollen. Allerdings wirkt das, was Meinungsmacher in Berlin schlicht als Ausdruck des gesunden Menschenverstandes ansehen, in den Augen der Menschen an der südlichen Peripherie Europas, wo das Leid nicht Jahrzehnte zurückliegt, sondern akut ist, eher wie arrogante Gleichgültigkeit gegenüber verschwendeten Leben und zerstörten Hoffnungen.

Inzwischen ist die Erinnerung an die Hyperinflation in die tiefen Regionen des kollektiven Unbewussten der Deutschen abgesunken und taucht nur in Krisenzeiten sporadisch ins Bewusstsein auf. »Es gibt Hinweise darauf«, berichtete der Londoner *Observer* im März 2013 aus Deutschland, »dass manche Deutsche begonnen haben, ihre Ersparnisse von den Banken abzuheben und andere neue Konten eröffnen, um ihre Ersparnisse zu verteilen, damit sie nicht wie zypriotische Kontoinhaber mit mehr als 100 000 Euro erwischt werden. Die ... *Börsen-Zeitung* bemerkt dazu, dass die Deutschen – die immer noch unter dem Eindruck des Währungszusammenbruchs stehen, den ihre Vorväter erlebt haben – zwar

NACHWORT

nicht notwendigerweise einen buchstäblichen Run auf die Banken mit den Füßen planen, ihn in den Köpfen aber bereits vollziehen.«[5]

Offenbar ist das neunzig Jahre alte Trauma, trotz aller neuen Prosperität des Landes, noch nicht ganz überwunden. Das Problem für die Welt könnte darin bestehen, dass die Deutschen den richtigen Instinkt beweisen.

ANHANG

Zeittafel

Schlüsselereignisse der Inflationszeit von 1914 bis 1923

Jahr	Ereignis	Dollarkurs*
1914		
August	Kriegsbeginn. Die Mark wird vom Goldstandard abgekoppelt.	4,19
Dezember	Erstes Kriegsweihnachten.	4,50
1915		
Dezember	Pattsituation an der Westfront.	5,16
1916		
Dezember	Deutsche Fortschritte an der Ostfront.	5,72
1917		
März	Februarrevolution in Russland.	5,82
November	Oktoberrevolution in Russland.	7,29
Dezember	Stärkung der deutschen Kriegsposition.	5,67
1918		
März/April	Vertrag von Brest-Litowsk. Massive deutsche territoriale und ökonomische Gewinne im Osten. Deutscher Durchbruch an der Westfront.	5,11
August	Der deutsche Vormarsch an der Westfront kommt zum Stehen. Beginnender Rückzug.	6,10
November	Revolution in Deutschland. Sturz der Monarchie. Waffenstillstand.	7,40
1919		
Januar	Unterdrückung des Spartakusaufstandes in Berlin. Ermordung von Rosa Luxemburg und Karl Liebknecht.	8,20
April	Gründung des Bauhauses in Weimar.	12,61
April/Mai	Bayerische Räterepublik. Nach deren Unterdrückung wird München zu einem Zentrum der militanten Rechten.	12,85

* (Monatsdurchschnitt in Mark)

Jahr	Ereignis	Dollarkurs
1919		
Juni	Versailler Vertrag. Scheidemann tritt als erster Nachkriegskanzler zurück. Sein Nachfolger wird Gustav Bauer.	14,01
1920		
März	Erfolgloser rechter (Kapp-)Putsch in Berlin. Bauer macht Hermann Müller Platz.	83,89
Juni	Wahlen. Zuwachs der Rechten. Müller tritt zurück. Fehrenbach wird Kanzler. Die Mark stabilisiert sich vorübergehend. Kauf des *Völkischen Beobachters* durch die NSDAP.	39,13
1921		
Mai	Fehrenbach tritt zurück. Parteienstreit über die Annahme des alliierten Reparationsultimatums. Wirth wird Kanzler.	62,30
Juli	Der 32-jährige Hitler wird Führer der NSDAP, die nach eigener Behauptung 3600 Mitglieder hat.	76,67
August	Der reformerische Finanzminister und Mitunterzeichner des Waffenstillstands von 1918, Matthias Erzberger, wird von Ultranationalisten ermordet.	84,31
Oktober	Deutschland verliert das bedeutende oberschlesische Industriegebiet an Polen.	150,20
1922		
Jan./Feb.	Die nationalistische französische Regierung Poincaré nimmt in der Reparationsfrage eine harte Haltung ein.	207,82
März	Uraufführung von F. W. Murnaus Spielfilm *Nosferatu, eine Symphonie des Grauens* nach Bram Stokers »Dracula«.	284,19
Mai	Fritz Langs Spielfilm *Dr. Mabuse, der Spieler*, eine paranoide Moralfantasie, die die zeitgenössische Dekadenz, den Schwindel und den Missbrauch des Geldes widerspiegelt, hat in Berlin Premiere und wird zu einem großen Erfolg.	290,11
Juni/Juli	Krise nach der Ermordung von Außenminister Rathenau durch rechtsradikale Attentäter. Reichstag verabschiedet das Republikschutzgesetz. Deutschland fordert ein Moratorium für in bar zu leistende Reparationen.	493,22

SCHLÜSSELEREIGNISSE DER INFLATIONSZEIT

Jahr	Ereignis	Dollarkurs
1922		
August	Poincaré verlangt »produktive Garantien«, darunter die Übergabe westdeutscher Staatswälder und Bergwerke an die Alliierten, sowie die Aktienmehrheit an deutschen Chemiekonzernen.	1.134
Oktober	In England wird Lloyd George gestürzt. Ende des griechisch-türkischen Krieges. In Italien kommt Mussolini an die Macht. In Deutschland wird die Verwendung von Devisen für den inländischen Zahlungsverkehr verboten. Die Inflation beschleunigt sich.	3.180
November	Die Krise wegen der ausbleibenden deutschen Reparationszahlungen verschärft sich. Sturz der Regierung Wirth. Bildung einer Regierung unter dem »unpolitischen« Wirtschaftsführer Wilhelm Cuno. Albert Einstein erhält den Physik-Nobelpreis.	7.183
Dezember	*Trommeln in der Nacht*, Bertolt Brechts erstes aufgeführtes Theaterstück, feiert in Berlin erfolgreich Premiere. Kurz vor Weihnachten wird Deutschland offiziell Zahlungsverzug bei den Reparationen vorgeworfen.	7.589
1923		
Januar	Frankreich und Belgien besetzen das Ruhrgebiet, um die Zahlung der Reparationen zu erzwingen. Die deutsche Regierung verkündet den »passiven Widerstand«. Eisenbahner weigern sich, Kohlelieferungen nach Frankreich durchzuführen. In München hält die NSDAP ihren ersten Parteitag ab, was die bayerische Regierung zur Verhängung des Ausnahmezustands veranlasst.	17.972
Februar	Mit der Devisenspende eines ausländischen Sympathisanten wird der *Völkische Beobachter* in eine Tageszeitung umgewandelt. Der Reichstag verabschiedet ein Notgesetz gegen Wucher und Schwarzmarktgeschäfte.	27.918
März	Bei einer Demonstration in den Krupp-Werken in Essen werden 13 Arbeiter getötet.	21.190
April	In Berlin wird der Flughafen Tempelhof eröffnet. Der Reichstag verabschiedet einen Nachtragshaushalt für das laufende Jahr in Höhe von 4,5 Milliarden Mark, was den Kosten des »passiven Widerstandes«, des Imports von Kohle als Ersatz für die Ruhrkohle etc. entspricht. Freuds »Das Ich und das Es« erscheint.	24.475

Jahr	Ereignis	Dollarkurs
1923		
Mai	Die Münchner Polizei verhindert Zusammenstöße zwischen linken Demonstranten und 1200 unter anderem mit Maschinengewehren bewaffneten Nationalsozialisten. Im Rheinland führen Separatisten, welche die französischen Besatzer unterstützen, den ersten einer Reihe von erfolglosen Putschversuchen durch. Der deutsche Saboteur Albert Leo Schlageter wird von einem französischen Erschießungskommando hingerichtet und dadurch augenblicklich zu einem nationalen Märtyrer.	47.670
Juni	Die Massenausweisungen von Widerstand leistenden deutschen Eisenbahnern aus dem Ruhrgebiet erreichen eine Quote von 4500 Menschen pro Monat (zuzüglich 11 000 Angehörigen). In Leipzig enden antiinflationäre Unruhen mit sieben Toten und hundert Schwerverletzten. In Danzig wird ein Flughafen eröffnet. Der Inflationsausgleich für Beamte wird von 2900 auf 6000 Prozent erhöht. Die deutsche Regierung erlässt strengere Vorschriften gegen Währungsspekulation.	109.966
Juli	Post-, Telegramm- und Telefongebühren werden drastisch erhöht. Die Preise von Bahnfahrscheinen und Frachttransporten steigen weiter. Die ersten 500 000-Mark-Scheine werden in Umlauf gebracht. Die Inflation beschleunigt sich dramatisch. Bald folgen Eine-Million-Mark-Scheine. Laut einem Regierungsbericht sind im Ruhrkampf 92 Deutsche ums Leben gekommen und 70 000 aus den besetzten Gebieten ausgewiesen worden. Der britische Premierminister Stanley Baldwin fordert den Rückzug der Franzosen. Der Absturz der Mark wird unkontrollierbar.	353.412
August	US-Präsident Warren G. Harding verstirbt unerwartet. Nachfolger wird Vizepräsident Calvin Coolidge. Lebensmittelunruhen im französisch besetzten Wiesbaden. Lebensmittelgeschäfte und Fleischereien werden geplündert. Die französischen Besatzer weisen alle Lebensmittellieferungen aus dem Reich ab, wenn dafür kein Zoll an sie gezahlt wird. Die Folge ist eine Hungersnot.Durch präsidiale Verordnung wird der Handel mit Mark außerhalb des Reiches verboten.	

SCHLÜSSELEREIGNISSE DER INFLATIONSZEIT

Jahr	Ereignis	Dollarkurs
1923		
August	Cuno verliert eine Vertrauensabstimmung im Reichstag. Der Mitte-Rechts-Politiker Gustav Stresemann wird Reichskanzler. Man fasst die Beendigung des »passiven Widerstandes« ins Auge. Eine Goldmark ist jetzt 1 000 000 Papiermark wert, gegenüber 1000 Papiermark im Dezember 1922. Am 20. August kostet ein Laib Brot in Berlin 200 000 Mark. Die Arbeitslosigkeit steigt binnen eines Monats nahezu auf das Doppelte, von 3,5 auf 6,3 Prozent.	4.620.455
September	In Japan werden bei einem starken Erdbeben 140 000 Menschen getötet und eine halbe Million obdachlos. In Nürnberg versammeln sich 100 000 Anhänger der äußersten Rechten, darunter viele NSDAP-Mitglieder. Hitler tritt an die Spitze des nach dieser Demonstration gegründeten »Deutschen Kampfbundes«. Die Inflation steigt katastrophal. Am 6. September ist der Dollar 9,7 Millionen Mark wert, am nächsten Tag 53 Millionen und am 13. September 92,4 Millionen. In München munkelt man von einem rechten Putsch. In Sachsen kommt es zu Kämpfen zwischen Kommunisten und Polizei. Die Reichsregierung warnt, sie werde keine Aufstände in den Ländern dulden, weder von rechts noch von links. Reichs- und Landespolitiker stimmen der Beendigung des »passiven Widerstandes« zu, und er wird als Regierungspolitik offiziell aufgegeben.	98.860.000
Oktober	Am 1. Oktober wird der Dollar für 242 Millionen Mark gehandelt, am 8. Oktober steht er bei 838 Millionen. Am 10. Oktober wird in Sachsen eine Koalitionsregierung aus KPD- und SPD-Politikern vereidigt. Frankreich lehnt deutsche Angebote zur Normalisierung der Lage an der Ruhr ab. Am 10. Oktober bricht der Kurs der Mark dramatisch ein und sinkt auf 2,9 Milliarden. Die bayerische Regierung weigert sich, ihren ultranationalen, antisemitischen Reichswehrkommandeur abzusetzen; sie bezeichnet die Reichsregierung als »Judenregierung«. In Sachsen unterstützt der kommunistische Finanzminister die Bewaffnung von Arbeitermilizen. Der Kommandeur der regulären Truppen reagiert mit dem Verbot dieser Milizen. Damit ist die Bühne für eine gewaltsame Konfrontation bereitet.	

Jahr	Ereignis	Dollarkurs
1923		
Oktober	Der Reichstag beschließt ein Ermächtigungsgesetz, das es der Reichsregierung ermöglicht, in einem Notfall diktatorische Vollmachten in Anspruch zu nehmen und die Landesregierungen zu überstimmen. Eine Finanzreform wird vorbereitet. Steuerforderungen werden in Goldmark berechnet. In Vorbereitung auf eine Währungsreform wird eine auf dem »realen« Wert von Unternehmen, Agrarbesitz und Ähnlichem beruhende »Rentenbank« gegründet. Eigentümer dieses Nationalvermögens sollen es mit sechs Prozent seines Wertes garantieren, die dem Staat als eine Art Schuldensicherheit überlassen werden. Reichspräsident Ebert verzichtet als Ausdruck beispielhafter Sparsamkeit freiwillig auf die Hälfte seines Salärs. Der Markkurs sinkt auf 41 Milliarden. In Hamburg unterdrückt die Reichswehr einen kommunistischen Aufstand. Ein neuer Murnau-Film, *Die Austreibung*, kommt in die Kinos. In Berlin nimmt ein Rundfunksender den regelmäßigen Betrieb für das allgemeine Publikum auf. Im öffentlichen Dienst sind drastische Einschnitte geplant; insgesamt sollen 1,5 Millionen Stellen gestrichen werden. Die Arbeitslosenquote hat sich in den letzten drei Monaten auf 19,1 Prozent verdreifacht. Unter Berufung auf ihre neuen Vollmachten schickt die Reichsregierung Truppen nach Sachsen, um die linke Koalitionsregierung abzulösen und durch einen »Reichskommissar« zu ersetzen.	25.260.000.000
November	In der Nacht vom 8. auf den 9. November führen Hitler, Ludendorff und ihre Anhänger in München einen Putsch durch, der den Weg zur »nationalen Diktatur« im Reich frei machen soll. Am Vormittag des 9. folgt eine blutige Konfrontation mit der Polizei, bei der zwei Dutzend Menschen den Tod finden. Die Anführer der gescheiterten Verschwörung werden verhaftet. Am 12. November ernennt Reichspräsident Ebert den Bankfachmann Hjalmar Schacht zum Reichswährungskommissar, der ermächtigt ist, jede ministerielle Entscheidung, die er als schädlich für die Währungsnormalisierung ansieht, zu widerrufen.	

SCHLÜSSELEREIGNISSE DER INFLATIONSZEIT

Jahr	Ereignis	Dollarkurs
1923		
November	Am 16. November bringt die Regierung unter Schachts Leitung die Rentenmark in Umlauf (die anfangs nur für die Verwendung innerhalb des Reiches gedacht ist), zum Umtauschkurs von einer Rentenmark zu einer Billion Papiermark. Der Druck der Letzteren wird eingestellt. Damit ist das Ende der Hyperinflation eingeläutet. In einer Rede in der französischen Abgeordnetenkammer gibt Poincaré zu, dass die Ruhrbesetzung Frankreich mehr gekostet als eingebracht hat.Eine Reparationskommission, der erstmals auch Deutsche angehören, beginnt über die Fähigkeit Deutschlands zur Reparationszahlung zu beraten.	
	Ein Durchschnitt ist nicht zu ermitteln.	
	Stand am 1. Nov.:	133 Milliarden
	am 15. Nov., unmittelbar vor der Währungsreform: rund	2,5 Billionen
Dezember	Die Einführung der wertbeständigen Rentenmark bringt für viele Deutsche große, wenn auch vorübergehende Härten mit sich. Die Preise steigen noch eine Weile weiter, und das neue Geld ist knapp. Da die Rentenmark eine reine Binnenwährung ist – und genau genommen nicht einmal ein gesetzliches Zahlungsmittel –, wird die Papiermark an ausländischen Börsen weiter gehandelt. Ihr Wert gegenüber dem Dollar sinkt am 1. Dezember auf 6,7 Billionen Mark, bevor er sich am 3. Dezember bei 4,2 Billionen stabilisiert. Der Reichspräsident billigt Notverordnungen, denen zufolge alle wichtigen Steuern und Staatsobligationen in Rentenmark zu zahlen sind. Am 22. Dezember, einige Wochen nach dem plötzlichen Tod von Reichsbankpräsident Havenstein, wird Schacht (ohne sein Amt als Reichswährungskommissar aufgeben zu müssen) zu dessen Nachfolger ernannt. Es sind noch Turbulenzen zu erwarten, aber das Ende der Hyperinflation ist jetzt in Sicht.	4.200.000.000.000 (Außenwert)

Abkürzungen

ACDP Archiv für Christlich-Demokratische Politik der
      Konrad-Adenauer-Stiftung, St. Augustin bei Bonn
BA   Bundesarchiv
BayHStA Bayerisches Hauptstaatsarchiv
DAP   Deutsche Arbeiterpartei
DDP   Deutsche Demokratische Partei
DNVP Deutschnationale Volkspartei
DVP   Deutsche Volkspartei
EWG   Europäische Wirtschaftsgemeinschaft
EZB   Europäische Zentralbank
GStA PK Geheimes Staatsarchiv Preußischer Kulturbesitz
HAPAG Hamburg-Amerikanische Packetfahrt-Actien-Gesellschaft
      (auch: Hamburg-Amerika Linie)
KPD   Kommunistische Partei Deutschlands
MICUM Mission Interallié de Contrôle des Usines et des Mines
      (Interalliierte Kommission zur Kontrolle von Fabriken und Bergwerken)
MSPD Mehrheitssozialdemokratische Partei Deutschlands
NSDAP Nationalsozialistische Deutsche Arbeiterpartei
OHL   Oberste Heeresleitung
PAA   Politisches Archiv des Auswärtigen Amtes
SPD   Sozialdemokratische Partei Deutschlands
USPD Unabhängige Sozialdemokratische Partei Deutschlands

Anmerkungen

Motti
Heiden, *Der Fuehrer*, S. 109.
Keynes, *Die wirtschaftlichen Folgen des Friedensvertrages*, S. 192.
Canetti, *Masse und Macht*, S. 202 und S. 205f.
Hitler, »Deutschlands Leidensweg von Wirth bis Hilferding«, S. 83.
Lenin nach: Keynes, *Die wirtschaftlichen Folgen des Friedensvertrages*, S. 192.

1 Auf der Suche nach dem Geld für das Ende der Welt
1 Strachan, *The First World War*, Bd. 1, S. 833f.
2 Feldman, *The Great Disorder*, S. 32.
3 Siehe Gomes, *German Reparations*, S. 10f.; vgl. auch Ferguson, *Der falsche Krieg*, S. 247.
4 Siehe McPhail, *The Long Silence*, S. 36.
5 Borghorst, *Die Goldsucher bei der Arbeit*, S. 7, Hervorhebung im Original.
6 Feldman, *The Great Disorder*, S. 35f.

2 Der Verlierer zahlt alles
1 Ferguson, *Der falsche Krieg*, S. 248.
2 Zu der Erklärung und ihren Folgen siehe Downes, »Desperate Times, Desperate Measures«, S. 185–188. Nach Downes' Auffassung war die deutsche U-Boot-Erklärung nicht der Grund der Blockade. Sie habe lediglich dazu gedient, gegenüber den neutralen Staaten, zu denen damals auch die Vereinigten Staaten gehörten, etwas zu rechtfertigen, was die Briten und ihre Verbündeten schon seit einiger Zeit geplant hatten.
3 Zit. in: ebenda, S. 186.
4 Gilbert, *First World War*, S. 256. Gilbert weist darauf hin, dass dies in etwa der Zahl der deutschen Zivilisten entspricht, die im Zweiten Weltkrieg bei alliierten Bombenangriffen ums Leben kamen – die aus ähnlichen Gründen wie die Blockade dreißig Jahre zuvor unternommen und mit ähnlich fragwürdigen Argumenten gerechtfertigt wurden (soweit es das Kriegsrecht betrifft).
5 Tobin, »War and the Working Class«, S. 281.
6 Ebenda, S. 283.
7 Ferguson, *Der falsche Krieg*, S. 249f.
8 Siehe Balderston, »War Finance and Inflation in Britain and Germany, 1914–1918«, S. 240.
9 *Verhandlungen des Reichstags*, Bd. 306, S. 224.

ANHANG

10 Gomes, *German Reparations*, S. 11.
11 Ebenda, S. 21.
12 Fischer, *Griff nach der Weltmacht*, S. 93f., Hervorhebungen im Original.
13 Siehe beispielsweise Gilbert, *First World War*, S. 155, zu den Plänen der Gruppe um den Aufsichtsratsvorsitzenden von Krupp, den alldeutschen Extremisten Alfred Hugenberg (1865–1951), der später zu einem Presse- und Medienmogul und 1933 als einer von Hitlers wichtigsten Unterstützern im ersten von den Nationalsozialisten dominierten Kabinett zum Wirtschaftsminister aufsteigen sollte.
14 Zit. in: ebenda, S. 309.
15 Ebenda, S. 398f.
16 Vgl. Feldman, *Armee, Industrie und Arbeiterschaft in Deutschland 1914 bis 1918*, S. 367f.
17 Siehe Strachan, *The First World War*, Bd. 1, S. 281f.

3 Vom Sieg zur Katastrophe

1 Gilbert, *First World War*, S. 399.
2 Churchill, *Die Weltkrisis 1916/18*, Bd. 2, S. 169.
3 Bessel, *Germany after the First World War*, S. 37.
4 Feldman, *The Great Disorder*, S. 58.
5 Siehe Feldman, *Armee, Industrie und Arbeiterschaft in Deutschland 1914 bis 1918*, S. 369.
6 Haffner, *Geschichte eines Deutschen*, S. 19.
7 Gilbert, *First World War*, S. 407f.
8 Feldman, *Armee, Industrie und Arbeiterschaft in Deutschland 1914 bis 1918*, S. 394.
9 Strachan, *The First World War*, S. 289.
10 Feldman, *Armee, Industrie und Arbeiterschaft in Deutschland 1914 bis 1918*, S. 394.
11 Ebenda, S. 346f.
12 Siehe Hagenlücke, *Deutsche Vaterlandspartei*, S. 353f.
13 Bessel, *Germany after the First World War*, S. 16.
14 Ferguson, *The Pity of War*, S. 250.
15 Zum Hindenburgprogramm siehe Bessel, *Germany after the First World War*, S. 13; Feldman, *Armee, Industrie und Arbeiterschaft in Deutschland 1914 bis 1918*, S. 134ff.
16 Vgl. Ferguson, *Der falsche Krieg*, S. 248.
17 Ebenda, S. 250.
18 Feldman, *Armee, Industrie und Arbeiterschaft in Deutschland 1914 bis 1918*, S. 378.
19 Bessel, *Germany after the First World War*, S. 32.
20 Ebenda, S. 33.
21 Ebenda.
22 Feldman, *Armee, Industrie und Arbeiterschaft in Deutschland 1914 bis 1918*, S. 373ff., Zitat auf S. 373.
23 Zit. in: ebenda, S. 403.
24 Neitzel, *Weltkrieg und Revolution*, S. 148.

ANMERKUNGEN

25 Friedrich, *Morgen ist Weltuntergang*, S. 38.
26 Haffner, *Geschichte eines Deutschen*, S. 30.
27 Zit. in: Wehler, *Deutsche Gesellschaftsgeschichte*, Bd. 4, S. 193.
28 Haffner, *1918/19*, S. 79.
29 Roesler, *Die Finanzpolitik des Deutschen Reiches im Ersten Weltkrieg*, S. 79.

4 »Ich hasse sie wie die Sünde«

1 Haffner, *1918/19*, S. 83.
2 Ebenda.
3 Neitzel, *Weltkrieg und Revolution*, S. 153.
4 Stumpf, *Warum die Flotte zerbrach*, S. 208.
5 Siehe den Bericht des ehemaligen Torpedomechanikers Karl Artelt, eines der Anführer des Aufstands, von 1958 unter: http://www.kurkuhl.de/de/novrev/stadtrundgang_06.html[20.6.2013].
6 Ebenda.
7 Neitzel, *Weltkrieg und Revolution*, S. 156.
8 Zit. in: Winkler, *Weimar 1918–1933*, S. 32.
9 Zit. in: Haffner, *1918/19*, S. 67f.; vgl. auch Winkler, *Weimar 1918–1933*, S. 29.
10 Scheidemann, *Memoiren eines Sozialdemokraten*, Bd. 2, S. 247f. Es ist strittig, ob diese Redeversion das Ergebnis einer späteren Redaktion ist, doch ihre Aussagen und ihre Stimmung entsprechen unbestreitbar den Tatsachen.
11 Ebenda, S. 246.
12 Zit. n.: »Karl Liebknecht (Spartakusbund), Ausrufung der freien sozialistischen Republik«, http://www.dhm.de/lemo/html/dokumente/liebknecht/index.html[20.6.2013].
13 Friedrich, *Morgen ist Weltuntergang*, S. 41f.
14 »Aufzeichnung aus dem Tagebuch des jüdischen Fabrikanten Oskar Münsterberg (1865–1920) aus Berlin«, 9. November 1919, http://www.dhm.de/lemo/forum/kollektives_gedaechtnis/037 [20.6.2013].
15 Riess, »Weltbühne Berlin«, S. 33f.
16 *Die Weltbühne* 14, Nr. 51 (19. Dezember 1918), S. 591.

5 »Die Gehälter werden weiterbezahlt«

1 Ebert, Aufruf an Behörden und Beamte, 9. November 1918, in: Ritter/Miller (Hg.), *Die deutsche Revolution 1918–1919*, S. 80.
2 Kessler, *Tagebücher*, Eintrag vom 9. November 1918, S. 18.
3 Vgl. Winkler, *Weimar 1918–1933*, S. 38f.
4 Zit. in: ebenda, S. 34.
5 Troeltsch, »Die Revolution in Berlin«, 30. November 1918, in ders., *Die Fehlgeburt einer Republik*, S. 9.
6 Ebert, Rede in der ersten Sitzung der Nationalversammlung, 6. Februar 1919, in: *Verhandlungen der verfassunggebenden Nationalversammlung*, Bd. 326, S. 2f.

ANHANG

6 Vierzehn Punkte

1 »14-Punkte-Programm von US-Präsident Woodrow Wilson, 8. Januar 1918«, http://www.dhm.de/lemo/html/dokumente/14punkte [25. 6. 2013].
2 »Waffenstillstandsbedingungen der Alliierten, Compiègne, 11. November 1918«, http://www.dhm.de/lemo/html/dokumente/waffenstillstand/index.html [25. 6. 2013].
3 Zur Bekanntgabe dieses trügerischen Hoffnungsschimmers siehe The Manchester Guardian vom 16. Dezember 1918, S. 4.
4 Feldman, The Great Disorder, S. 103.
5 Ebenda, S. 99ff.
6 Zit. in: ebenda, S. 101.
7 »Mangin at Mainz. Plight of Returning Prisoners«, in: The Manchester Guardian vom 8. Januar 1919, S. 6.
8 Zit. in: McCrum, »French Economic Policy at the Peace Conference, 1919«, S. 631.
9 »Hungry German Cities. The Internal Blockade«, in: The Manchester Guardian vom 22. Januar 1919, S. 6.
10 »Wiesbaden Still a Luxury Town«, in: The Manchester Guardian vom 28. Januar 1919, S. 4.
11 Zit. in: Feldman, The Great Disorder, S. 101.
12 »Silvester in Berlin«, in: Berliner Tageblatt vom 1. Januar 1919, 1. Beiblatt.
13 Engelbrecht/Heller, Die Kinder der Nacht, S. 140f.
14 Siehe Haffner, Geschichte eines Deutschen, S. 39f.; zu einer anderen Auffassung siehe Koch, Der deutsche Bürgerkrieg, S. 43ff.

7 Bluthunde

1 Zur Frühgeschichte der Freikorps siehe Koch, Der deutsche Bürgerkrieg, S. 45f.
2 Haffner, 1918/19, S. 128. Hansjoachim Koch zieht die nonchalante Version von Eberts Antwort vor (Der deutsche Bürgerkrieg, S. 48).
3 Winkler, Weimar 1918–1933, S. 54f.
4 Kessler, Tagebücher, Eintrag vom 1. Januar 1919, S. 89.
5 Fischart, »Politiker und Publizisten XLII«, S. 573. Johannes Fischart war ein Pseudonym des prominenten Journalisten Erich Dombrowski (1889–1972).
6 Koch, Der deutsche Bürgerkrieg, S. 50.
7 Eine besonders klare, knappe Darstellung des Januaraufstandes, auf die ich mich, wenn nicht anders angemerkt, stütze, findet sich in: Holborn, Deutsche Geschichte in der Neuzeit, Bd. 3, S. 309ff.
8 Zit. in: Winkler, Weimar 1918–1933, S. 58.
9 Kessler, Tagebücher, Eintrag vom 8. Januar 1919, S. 100f.
10 Vgl. Haffner, 1918/19, S. 132f. und S. 144f.; Winkler, Weimar 1918–1933, S. 56f.
11 Zit. in: Haffner, 1918/19, S. 146.
12 Siehe ebenda, S. 157.

ANMERKUNGEN

8 Der »Diktatfrieden«

1 Price, *Dispatches from the Weimar Republic*, S. 31.
2 »Eintrag von Henning Wenzel (geb. 1908) aus Siegen«, 4. April 2000, http://www.dhm.de/lemo/forum/kollektives_gedaechtnis/054 [27.6.2013].
3 Hosfeld/Pölking, *Wir Deutschen 1918 bis 1929*, S. 67.
4 Ebenda, S. 49f.
5 Siehe Emil Julius Gumbels Auflistung der zwischen 1918 und 1922 begangenen politischen Morde in der 1922 erschienenen Broschüre *Vier Jahre politischer Mord*, http://www.deutsche-revolution.de/revolution-1918-102.html [27.6.2013]. Gumbel (1891–1966) war ein bayerischer Statistiker und politischer Autor, der selbst mit dem Tod bedroht worden war und nach dem Machtantritt der Nationalsozialisten in die USA emigrieren musste.
6 Hofmiller, *Revolutionstagebuch 1918/19*, S. 226. Hofmiller schreibt den Namen des misshandelten Ex-Kriegsministers fälschlicherweise »Reichardt«; das wurde im Zitat korrigiert.
7 Kessler, *Tagebücher*, Eintrag vom 10. März 1919, S. 155f.
8 Grosz, *Ein kleines Ja und ein großes Nein*, S. 149f.
9 Hermann Zander (geb. 1897) über Revolution und Inflation 1919/1923, http://www.kollektives-gedaechtnis.de/texte/weimar/zander.htm [27.6.2013].
10 MacMillan, *Peacemakers*, S. 471.
11 Trachtenberg, »Versailles after Sixty Years«, passim (zu Wilsons geänderter Haltung), S. 491 (Zitat).
12 MacMillan, *Peacemakers*, S. 474.
13 Ebenda, S. 474ff.
14 »Gesetz über den Friedensschluss zwischen Deutschland und den alliierten und assoziierten Mächten«, in: *Reichs-Gesetzblatt*, 1919, Nr. 140, S. 985.
15 Lloyd George, *The Truth about the Peace Treaties*, Bd. 1, S. 684.
16 »Aufzeichnung aus dem Tagebuch des jüdischen Fabrikanten Oskar Münsterberg (1865–1920) aus Berlin«, 8. Mai 1919, http://www.dhm.de/lemo/forum/kollektives_gedaechtnis/035 [27.6.2013].
17 Wilson, *Die Tagebücher des Feldmarschalls Sir Henry Wilson*, Eintrag vom 30. Mai 1919, S. 364.
18 Jan Christiaan Smuts an David Lloyd George, 22. Mai 1919, in: Haffner u. a., *Der Vertrag von Versailles*, S. 98 und S. 100; MacMillan, *Peacemakers*, S. 479.
19 Nicolson, *Friedensmacher 1919*, Brief an V. S. W., 28. Mai 1919, S. 335.
20 Siehe Lentin, »Treaty of Versailles«.
21 Zit. in: Hosfeld/Pölking, *Wir Deutschen, 1918 bis 1929*, S. 71.
22 Zit. in: Winkler, *Der lange Weg nach Westen*, Bd. 1, S. 399f.
23 MacMillan, *Peacemakers*, S. 480.
24 Vgl. Winkler, *Weimar 1918–1933*, S. 93.
25 Ebenda, S. 95.
26 Siehe hierzu und zum Folgenden MacMillan, *Peacemakers*, S. 484ff.
27 Müller, »Unterzeichnung im Spiegelsaal«, S. 142.

ANHANG

28 Troeltsch, »Die Aufnahme der Friedensbedingungen«, 23. Mai 1919, in ders., *Fehlgeburt einer Republik*, S. 44.
29 Kessler, *Tagebücher*, Eintrag vom 23. Juni 1919, S. 190.
30 Erzberger, Rede in der Nationalversammlung, 8. Juli 1919, in: *Verhandlungen der verfassunggebenden Nationalversammlung*, Bd. 327, S. 1383.

9 Sozialer Friede um jeden Preis?
1 Fischart, »Hugo Stinnes«, S. 249f.
2 Ebenda, S. 251f.
3 Siehe Feldman, *The Great Disorder*, S. 106f.
4 Ewald Hilger, zit. in: Bieber, *Gewerkschaften in Krieg und Revolution*, Bd. 2, S. 610.
5 Siehe Winkler, *Weimar 1918–1933*, S. 45f.
6 So Fritz Tänzler, der Vorsitzende der Vereinigung Deutscher Arbeitgeberverbände am 18. Dezember 1918 in einer Rede vor Unternehmern, zit. in: Feldman/Steinisch, *Industrie und Gewerkschaften 1918–1924*, S. 34.
7 Siehe Feldman, *The Great Disorder*, S. 107f., zur Zusammenfassung eines Gesprächs zwischen Legien und Walther Rathenau, dem Aufsichtsratsvorsitzenden der AEG, am 11. November 1918, in dem Letzterer als Unternehmer bezweifelte, dass solch ein Abkommen aus Gewerkschaftssicht klug war.
8 Siehe Bessel, *Germany after the First World War*, S. 144ff.
9 Feldman, *The Great Disorder*, S. 119.
10 Ebenda, S. 117f.
11 Bericht eines Arbeitsamtsbeamten, 29. Januar 1919, BA, R3201/20 (Reichsministerium für die wirtschaftliche Demobilmachung), Bl. 255; vgl. Feldman, *The Great Disorder*, S. 121.
12 »Die Verfassung des Deutschen Reichs vom 11. August 1919«, http://www.dhm.de/lemo/html/dokumente/verfassung/index.html [27.6.2013].
13 Feldman, *The Great Disorder*, S. 127.
14 *Jahresberichte der Preußischen Regierungs- und Gewerberäte und Bergbehörden für 1920*, S. 656.
15 Henning, *Das industrialisierte Deutschland 1914 bis 1992*, S. 54.
16 Königsberger, »Die wirtschaftliche Demobilmachung in Bayern während der Zeit vom November 1918 bis Mai 1919«, S. 211.
17 Siehe Hardach, *Wirtschaftsgeschichte Deutschlands im 20. Jahrhundert*, S. 26ff.
18 »Niederschrift über die am 5. Mai 1919, vormittags elf Uhr stattgehabte Besprechung im Reichsernährungsministerium über die Frage des Preisabbaus«, 17. Mai 1919, BA, R3101/4252, Bl. 124.
19 Erzberger, Rede in der Nationalversammlung, 8. Juli 1919, in: *Verhandlungen der verfassunggebenden Nationalversammlung*, Bd. 327, S. 1377.
20 Balderston, *Economics and Politics in the Weimar Republic*, S. 25f.
21 Feldman, *The Great Disorder*, S. 163.
22 L. Possehl & Co. ans preußische Ministerium für Handel und Gewerbe, 9. September 1919, GStA PK, Rep. 120, C XIII 1, Nr. 91, Bd. 4, Bl. 103.
23 Siehe Winkler, *Weimar 1918–1933*, S. 110.

ANMERKUNGEN

10 Konsequenzen

1 Siehe Achterberg, »Havenstein, *Rudolf* Emil Albert«; Götzky, »Glasenapp, *Otto Georg Bogislav von*«. Glasenapps Übersetzungen wurden 1925 nach seinem Ausscheiden aus der Reichsbank veröffentlicht.
2 Siehe Feldman, *The Great Disorder*, S. 203f.
3 Die Dollarkurse für diesen Zeitraum sind schwer zu ermitteln. Die Kurse von Januar und Mai 1919 stammen aus Henning, *Das industrialisierte Deutschland 1918 bis 1992*, S. 64, diejenigen für Juli und September aus der *Vossischen Zeitung* vom 18. Juli 1919, Morgen-Ausgabe, S. 13, und 7. September 1919, S. 13 (Umtauschkurse für heimkehrende Kriegsgefangene). Später erschienen die Wechselkurse täglich im Wirtschaftsteil der Zeitung.
4 *Vossische Zeitung* vom 31. Dezember 1919, Abend-Ausgabe, S. 4; vgl. Henning, *Das industrialisierte Deutschland 1918 bis 1992*, S. 64.
5 Kessler, *Tagebücher*, Eintrag vom 10. Januar 1920, S. 211.
6 Siehe Winkler, *Weimar 1918–1933*, S. 87–98.
7 Ebenda, S. 95. Dort wird auch die Haltung von DVP und DDP beschrieben.
8 MacMillan, *Peacemakers*, S. 485.
9 Feldman, *The Great Disorder*, S. 206f.
10 Siehe ebenda, S. 204–207.
11 *Vossische Zeitung* vom 25. Januar 1920, S. 14; 22. Februar 1920, S. 14; 7. März 1920, S. 14 (Kurse an der Kölner Devisenbörse).
12 Feldman, *The Great Disorder*, S. 207.
13 Winkler, *Weimar 1918–1933*, S. 117; vgl. auch Leicht, »Patriot in der Gefahr«; zu Hirschfelds Urteil und Freilassung siehe Asmuss, *Republik ohne Chance?*, S. 341.

11 Der Putsch

1 Siehe Winkler, *Weimar 1918–1933*, S. 119; Hosfeld/Pölking, *Wir Deutschen 1918 bis 1929*, S. 75f.
2 Siehe Hosfeld/Pölking, *Wir Deutschen 1918 bis 1929*, S. 76f.
3 Ebenda, S. 77f.
4 Winkler, *Weimar 1918–1933*, S. 126. Zum weiteren Schicksal der Putschisten siehe ebenda.
5 Haffner, *Geschichte eines Deutschen*, S. 44f.
6 Price, *Dispatches from the Weimar Republic*, S. 72.
7 »Erinnerungen von Walter Koch (geb. 1870). Lüttwitz-Kapp-Putsch«, http://www.dhm.de/lemo/forum/kollektives_gedaechtnis/060.
8 Winkler, *Weimar 1918–1933*, S. 126f.
9 Ebenda, S. 135.
10 »Blutiger Zwischenfall in Frankfurt a. M. Marokkanische Maschinengewehre gegen Ansammlung«, in: *Vossische Zeitung* vom 8. April 1920, Morgen-Ausgabe, S. 1.
11 Ebenda, 13. April 1920, Morgen-Ausgabe, S. 2.
12 Koch, *Der deutsche Bürgerkrieg*, S. 197.
13 Zit. in: Hosfeld/Pölking, *Wir Deutschen 1918 bis 1929*, S. 79f.; Fest, *Hitler*, S. 196.
14 Zit. in: Kershaw, *Hitler. 1889–1936*, S. 200.

ANHANG

12 Die Erholung
1. Kessler, *Tagebücher*, Eintrag vom 18. Juni 1920, S. 236f.
2. *Vossische Zeitung* vom 8. März 1920, Abend-Ausgabe, S. 6; 11. März, Abend-Ausgabe, S. 6.
3. »Exchange Rallying«, in: *The Times* vom 13. März 1920, S. 16.
4. Ebenda, 16. März 1920, S. 23.
5. Kursangaben aus der Berliner-Devisen-Liste im »Finanz- und Handelsblatt« der Abend-Ausgabe der *Vossischen Zeitung* an den angegebenen Tagen.
6. Artikel vom 7. November 1919, in: Price, *Dispatches from the Weimar Republic*, S. 49.
7. *The Observer* vom 4. April 1920, S. 7.
8. Holtfrerich, *Die deutsche Inflation 1914–1923*, S. 204.
9. Ferguson, *Der falsche Krieg*, S. 159.
10. Max Warburg an Albert Ballin, 2. Februar 1916, Stiftung Warburg Archiv (SWA), Anlage zum Jahresbericht.
11. Keynes, *Die wirtschaftlichen Folgen des Friedensvertrages*, S. 192.
12. Gomes, *German Reparations*, S. 9.
13. Ebenda, S. 21.
14. Ebenda, S. 6.
15. Siehe McNeil, *American Money and the Weimar Republic*, S. 40f.
16. Siehe Feldman, *The Great Disorder*, S. 211f. Wie Feldman anmerkt, ging die Bezeichnung »Große Depression« nur zehn Jahre später an eine andere, weit furchterregendere Krise über.
17. Holtfrerich, *Die deutsche Inflation 1914–1923*, S. 206.

13 Goldlöckchen und die Mark
1. Zit. in: Julius Hirsch, »Im Kampf um die deutsche Währung 1919-24«, S. 7, BA, N 1708/2.
2. Feldman, *The Great Disorder*, S. 218.
3. Ebenda, S. 219.
4. Zit. in: Holtfrerich, *Die deutsche Inflation 1914–1923*, S. 207.
5. Siehe Gomes, *German Reparations*, S. 65–71.
6. Arthur Feiler in einer Sitzung des Finanzpolitischen Ausschusses des Reichstags am 22. April 1921, BA R401/547, Bl. 37.
7. Gomes, *German Reparations*, S. 65–71.
8. Zit. in: ebenda, S. 69.
9. Johannes Becker in einer Fraktionssitzung der Zentrumspartei, 6. Mai 1921, in: Morsey/Ruppert (Hg.), *Die Protokolle der Reichstagsfraktion der deutschen Zentrumspartei 1920–1925*, S. 185.
10. Siehe Feldman, *The Great Disorder*, S. 346f.
11. Winkler, *Weimar 1918–1933*, S. 117f.
12. Siehe Leicht, »Patriot in der Gefahr«.
13. Hosfeld/Pölking, *Wir Deutschen 1918 bis 1929*, S. 89.
14. Siehe Leicht, »Patriot in der Gefahr«. Nach dem Zweiten Weltkrieg wurden beide

ANMERKUNGEN

Männer wegen des Mordes an Erzberger vor Gericht gestellt und zu langen Haftstrafen verurteilt, von denen ihnen später allerdings ein großer Teil auf Bewährung erlassen wurde. Tillessen soll seine Beteiligung an dem Mord mit der Zeit seelisch belastet haben, und er soll echte Reue gezeigt haben.
15 Zit. in: Winkler, *Weimar 1918–1933*, S. 161.
16 Troeltsch, »Die Verfassungskrise«, 12. September 1921, in: ders., *Die Fehlgeburt einer Republik*, S. 218.

14 Der Aufschwung

1 Zu Schätzungen der amerikanischen Arbeitslosenquote siehe Romer, »Spurious Volatility in Historical Unemployment Data«, S. 31.
2 Siehe Winkler, *Weimar 1918–1933*, S. 143.
3 »German Trade Boom and the Sinking Mark«, in: *The Manchester Guardian* vom 11. Oktober 1921, S. 7.
4 Albert Ballin, Denkschrift vom 6. September 1917, zit. in: Huldermann, *Albert Ballin*, S. 365.
5 Siehe Feldman, *The Great Disorder*, S. 284.
6 Ferguson, »Keynes and the German Inflation«, S. 378.
7 Guggenheimer, »Spekulation und Wirtschaft«, S. 433.
8 Riess, »Weltbühne Berlin«, S. 34.
9 Siehe Feldman, *The Great Disorder*, S. 568ff.
10 Hugo Stinnes an das Finanzamt, 7. August 1920, S. 2f., ACDP, Nachlass Hugo Stinnes, Nr. 299/3.
11 Zit. in: Stinnes, *Ein Genie in chaotischer Zeit*, S. 31.
12 Feldman, *The Great Disorder*, S. 284f.
13 Ferguson, »Keynes and the German Inflation«, S. 379.
14 Feldman, *The Great Disorder*, S. 257.
15 Zit. in: ebenda, S. 598.
16 Siehe McNeil, *American Money and the Weimar Republic*, S. 47.
17 Siehe Schuker, »American ›Reparations‹ to Germany, 1919–1933«, S. 367.
18 Keynes, »Speculation in the Mark and Germany's Balances Abroad«.
19 Bernhard, »Der Kampf ums Leben«, in: *Vossische Zeitung* vom 1. Januar 1922, S. 1f.

15 Keine Helden mehr

1 Siehe Gomes, *German Reparations*, S. 106f.
2 »Germany's Hopes from Genua. A Remarkable Survey by Dr. Rathenau«, in: *The Manchester Guardian* vom 17. April 1922, S. 5.
3 Gomes, *German Reparations*, S. 107.
4 Winkler, *Weimar 1918–1933*, S. 169.
5 Zit. in: ebenda, S. 171.
6 Siehe Feldman, *The Great Disorder*, S. 505.
7 »Der Dollar 318½«, in: *Finanz- und Handelsblatt der Vossischen Zeitung*, Beilage zur *Vossischen Zeitung* vom 12. Juni 1922, Abend-Ausgabe.
8 Kessler, *Walther Rathenau*, S. 351; vgl. Friedrich, *Morgen ist Weltuntergang*, S. 127f.

9 Zit. in: Winkler, *Weimar 1918–1933*, S. 173.
10 Zit. in: Ullrich, *Fünf Schüsse auf Bismarck*, S. 154.
11 Siehe: »Fehlgeschlagenes Attentat auf Scheidemann«, in: *Vossische Zeitung* vom 6. Juni 1922, Morgen-Ausgabe, S. 1; »Der Anschlag auf Scheidemann. Das Echo der Presse«, in: ebenda vom 7. Juni 1922, Morgen-Ausgabe, S. 3.
12 Friedrich, *Morgen ist Weltuntergang*, S. 126.
13 Gomes, *German Reparations*, S. 109.
14 Feldman, *The Great Disorder*, S. 441.
15 Zit. in: ebenda, S. 445f.
16 Zit. in: Feldman, *Hugo Stinnes*, S. 757; vgl. ders., *The Great Disorder*, S. 439.
17 Feldman, *The Great Disorder*, S. 447ff.; Rathenau, *Gesamtausgabe*, Bd. 2, S. 905–908; vgl. Abernon, *Viscount d'Abernon, ein Botschafter der Zeitwende*, Bd. 2, S. 66–68, Eintrag vom 24. Juni 1922. D'Abernon, damals britischer Botschafter in Berlin, stützte sich bei seiner Schilderung dieses Abends auf einen Bericht Houghtons sowie, was die Einigkeit zwischen Rathenau und Stinnes anbelangt, auf Letzteren selbst.
18 Zit. in: Feldman, *The Great Disorder*, S. 446.
19 »Der Bericht eines Augenzeugen«, in: *Vossische Zeitung* vom 25. Juni 1922, S. 6; vgl. »Der Reichsminister Rathenau ermordet«, in ebenda vom 24. Juni 1922, Abend-Ausgabe, S. 1.
20 Siehe Winkler, *Weimar 1918–1933*, S. 175.
21 Kessler, *Tagebücher*, Eintrag vom 27. Juni 1922, S. 339f.
22 Price, *Dispatches from the Weimar Republic*, S. 126.
23 Lempert, »Die Ermordung Walther Rathenaus«.
24 Pörtner, »Der Ausflug nach Kuhle Wampe«, S. 359.
25 Haffner, *Geschichte eines Deutschen*, S. 52.
26 Friedrich, *Morgen ist Weltuntergang*, S. 137f.
27 Siehe die Erinnerungen von Rathenaus Nichte Ursula von Mangoldt, *Auf der Schwelle zwischen Gestern und Morgen*, S. 43.

16 Furcht

1 Feldman, *The Great Disorder*, S. 446.
2 Winkler, *Weimar 1918–1933*, S. 181.
3 Ludwig Bendix, »Bericht über die Zeit von Mitte bis Ende Juni 1922«, 3. Juli 1922, PAA, R 243818 (Abt. III Vereinigte Staaten von Amerika, Finanzwesen 3), Bl. 53.
4 Sitzung des Unterausschusses für Produktionskredit des Reichswirtschaftsrates am 14. Juli 1922, BA, R401/460, Bl. 307.
5 Feldman, *The Great Disorder*, S. 451.
6 Siehe Winkler, *Weimar 1918–1933*, S. 181f.
7 Julius Hirsch, »Zur Valutakatastrophe«, 4./5. Juli 1922, BA, R431/2433, Bl. 355f.
8 Feldman, *The Great Disorder*, S. 451.

ANMERKUNGEN

17 Verlierer

1 MacDonald, »The Geddes Committee and the Formation of Public Expenditure Policy«, S. 649.
2 Silverman, *Reconstructing Europe after the Great War*, S. 143f.
3 Haffner, *Geschichte eines Deutschen*, S. 57.
4 Hermann Zander (geb. 1897) über Revolution und Inflation 1919/1923, http://www.kollektives-gedaechtnis.de. [2.7.2013]
5 Haffner, *Geschichte eines Deutschen*, S. 58.
6 Wehler, *Deutsche Gesellschaftsgeschichte*, Bd. 4, S. 294. Wehler schätzt die Größe des Bildungsbürgertums im engeren Sinn auf 135 000 Personen und unter Einbeziehung der Familienangehörigen auf 540 000 bis 680 000 Personen oder 0,8 Prozent der Bevölkerung.
7 Holtfrerich, *Die deutsche Inflation 1914–1923*, S. 267f.
8 Niehuss, »Lebensweise und Familie in der Inflationszeit«, S. 259f.
9 Zit. in: Friedrich, *Morgen ist Weltuntergang*, S. 157.
10 Wehler, *Deutsche Gesellschaftsgeschichte*, Bd. 4, S. 298.
11 Haffner, *Geschichte eines Deutschen*, S. 59f.
12 Wehler, *Deutsche Gesellschaftsgeschichte*, Bd. 4, S. 298.
13 Niehuss, »Lebensweise und Familie in der Inflationszeit«, S. 245.
14 Flügel, »Wir träumten vom verborgenen Reich«, S. 172.
15 Troeltsch, »Die intimen Seiten der deutschen Lage«, 4. März 1922, in: ders., *Die Fehlgeburt einer Republik*, S. 255f.
16 Cohen, *The War Come Home*, S. 7.
17 Siehe Feldman, »The Fate of the Social Insurance System in the German Inflation, 1914 to 1923«, S. 437ff.
18 Ders., *The Great Disorder*, S. 563.
19 Price, *Dispatches from the Weimar Republic*, S. 129.
20 Ebenda, S. 130.
21 Siehe Webb, »Fiscal News and Inflationary Expectations in Germany after World War I«, S. 786.
22 Niehuss, »Lebensweise und Familie in der Inflationszeit«, S. 252.
23 Zit. in: Friedrich, *Morgen ist Weltuntergang*, S. 161f.
24 Niehuss, »Lebensweise und Familie in der Inflationszeit«, S. 253f.
25 Ebenda, S. 256f.
26 Barche, »Unser Gruß hieß Freundschaft«, S. 399.
27 Zit. in: Niehuss, »Lebensweise und Familie in der Inflationszeit«, S. 254f.
28 »The New Berlin Crisis. Oscillation of the Mark«, in: *The Manchester Guardian* vom 26. März 1922, S. 8.

18 Nachtreten

1 *New York Times* vom 23. November 1922.
2 »Valuta und Fondsmark. Der Dollar 6300«, in: *Vossische Zeitung* vom 22. November 1922, S. 9.

ANHANG

3 »Dr. Cuno to Be Chancellor. At Work on New Cabinet«, in: *The Times* vom 17. November 1922, S. 9.
4 Zit. in: Kessler, *Tagebücher*, Eintrag vom 14. November 1922, S. 361.
5 Siehe Gomes, *German Reparations*, S. 110.
6 Hosfeld/Pölking, *Wir Deutschen 1918 bis 1929*, S. 106.
7 »Note der französischen Regierung wegen des französisch-belgischen Einmarschs ins Ruhrgebiet vom 10. Januar 1923«, in: *Verhandlungen des Reichstags. I. Wahlperiode 1920*, Bd. 376, Nr. 5555, S. 21; Fischer, *The Ruhr Crisis, 1923 – 1924*, S. 40.
8 Feldman, *The Great Disorder*, S. 631f.
9 Fischer, *The Ruhr Crisis, 1923 – 1924*, S. 35.
10 Zit. in: Ferguson, *Paper and Iron*, S. 358f.
11 Außenminister von Rosenberg an den deutschen Botschafter in Paris, 12. Januar 1922, in: Rosenberg, *Frederic von Rosenberg*, S. 227.
12 Feldman, *The Great Disorder*, S.635.
13 Fischer, *The Ruhr Crisis, 1923 – 1924*, S. 86.
14 Ebenda, S. 39.
15 Price, *Dispatches from the Weimar Republic*, S. 151.
16 Siehe Koch, *Der Deutsche Bürgerkrieg*, S. 334.
17 Price, *Dispatches from the Weimar Republic*, S. 159.
18 Meyers, »Zu Fuß von Köln nach München-Gladbach«, S. 204.
19 Siehe »Der Bahnhof Dalheim als Mittelpunkt des ›Eisernen Rheins‹«, http://www.eisenbahn-in-dalheim.de/historie.htm [3.7.2013].
20 Gomes, *German Reparations*, S. 120.
21 Fischer, *The Ruhr Crisis, 1923 – 1924*, S. 208f.
22 Winkler, *Weimar 1918 – 1933*, S. 194; Koch, *Der deutsche Bürgerkrieg*, S. 332f. Krupp wurde nach sieben Monaten Haft entlassen, nachdem die Regierung in Berlin den passiven Widerstand aufgegeben hatte.
23 Winkler, *Weimar 1918 – 1933*, S. 194; Fischer, *The Ruhr Crisis, 1923 – 1924*, S. 169.
24 Koch, *Der deutsche Bürgerkrieg*, S. 339.

19 Der Führer

1 Winkler, *Weimar 1918 – 1933*, S. 81.
2 Zit. in: Kershaw, *Hitler. 1889 – 1936*, S. 170.
3 Winkler, *Der lange Weg nach Westen*, Bd. 1, S. 436.
4 Koch, *Der deutsche Bürgerkrieg*, S. 334f.
5 Kershaw, *Hitler. 1889 – 1936*, S. 244.
6 »›An Army of Revenge‹. Munich Fascist Threats«, in: *The Times* vom 15. Januar 1923, S. 10.
7 »Militarism in Bavaria. Fascist Movement Spreading«, in: *The Times* vom 22. Mai 1923, S. 11.
8 »Aggressive Bavarian Nationalists. Demonstration of Force«, in: ebenda vom 11. Juni 1923, S. 11.
9 Smith, *Berlin Alert*, S. 61.

ANMERKUNGEN

10 Zit. in: Heiden, *Der Fuehrer,* S. 110.
11 Hitler, »Deutschlands Leidensweg von Wirth bis Hilfferding«, S. 83.
12 Ders., »Triumph der Börsendiktatur«, S. 79.

20 »Das ist zu teuer«

1 Hemingway, »Inflation in Deutschland«, S. 33f.
2 Ders., »Paris für 1000 Dollar im Jahr«, S. 90.
3 Zit. in: Friedrich, *Morgen ist Weltuntergang,* S. 161.
4 »Anti-Foreign Movement in Germany. Speculation in Houses«, in: *The Observer* vom 26. November 1922, S. 8.
5 »That Cheap Holiday in Germany. Berlin Planning a Tax for Foreigners«, in: *The Manchester Guardian* vom 22. Mai 1922, S. 10.
6 »Fleecing the Foreigner. Germany Ready for the Tourist«, in: *The Times* vom 20. Mai 1922, S. 9.
7 Ferris, *The House of Northcliffe,* S. 265.
8 Kursangaben in: *Finanz- und Handelsblatt der Vossischen Zeitung,* Beilage zur *Vossischen Zeitung* vom 1. März 1923, Abend-Ausgabe, S. 4.
9 »Paper Money. The Foreigner in Germany«, in: *The Manchester Guardian* vom 1. März 1923, S. 4.
10 Siehe Feldman, *The Great Disorder,* S. 534f.
11 Jacobsohn, »Der Schauspielerstreik«, S. 603.
12 Siehe Feldman, *The Great Disorder,* S. 536.
13 Börsenverein der Deutschen Buchhändler zu Leipzig, »Die neue Bildungssteuer (›Reichs-Kulturabgabe‹). Eine Denkschrift«, 12. Juli 1921, BA R401/463, Bl. 179.
14 Wolff, »Brief an Eulenberg«, S. 136.
15 Wehler, *Deutsche Gesellschaftsgeschichte,* Bd. 4, S. 331.
16 Feldman, *The Great Disorder,* S. 707.
17 Zit. in: ebenda, S. 574.
18 Wehler, *Deutsche Gesellschaftsgeschichte,* Bd. 4, S. 331f.
19 Von der Ohe, »Auszüge aus dem Tagebuch des Konrektors und Kantors August Heinrich von der Ohe aus den Jahren 1922/1923«.
20 Siehe die Webseite des Kleingartenverbandes München: http://www.kleingartenverband-muenchen.de/fileadmin/Downloads/Chronik%20des%20%20Verbandes.pdf [3.7.2013].
21 Niehuss, »Lebensweise und Familie in der Inflationszeit«, S. 252f.
22 Erich Mende, »›Was sagt der Annaberg?‹«, S. 508. Wilhelm Krelle erzählt: »Hungern mussten wir nicht. Mein Vater fuhr häufig über Sonntag nach Rietzel, wo der Hof meines Großvaters war, und kam dann mit einem Rucksack voll Nahrungsmitteln zurück« (»Als ich den Youngplan erläutern musste ...«, S. 524).
23 Wehler, *Deutsche Gesellschaftsgeschichte,* Bd. 4, S. 277. In der »goldenen« Zeit der Weimarer Republik von 1924 bis 1929 setzte sich die Urbanisierung fort; während der Weltwirtschaftskrise folgte eine weitere Trendumkehr. Als sich die Wirtschaft nach 1933 wieder erholte, begann der Exodus vom Land in die Städte erneut, und er nahm, trotz aller nationalsozialistischen »Blut und Boden«-Pro-

paganda, während der NS-Herrschaft in einem Tempo zu wie nie zuvor seit der Jahrhundertwende.
24 »Life To-Day in Berlin«, in: *The Sunday Times* vom 11. Februar 1923, S. 11.
25 Feldman, *The Great Disorder*, S. 701.

21 Hungernde Milliardäre

1 Feldman, *The Great Disorder*, S. 642f. Viele Experten, vor allem Hilferding und Bernhard, hatten die Reichsbank schon seit einiger Zeit kritisiert, weil sie nicht intervenierte. Noch nie, so ihr Argument, habe eine Währung derart an Wert verloren, während so viel Gold verfügbar war wie in den Tresoren der Reichsbank.
2 Ebenda, S. 647.
3 Ebenda, S. 657. »Von allen deutschen Regierungschefs seit 1918«, schreibt Feldman, »war Cuno am wenigsten geeignet, sein Land aus dem Schlamassel herauszuführen. Er interpretierte die politische Lage und die Möglichkeiten, seine Macht am effektivsten zu nutzen, von Grund auf falsch.«
4 »Mark Exchange Chaos«, in: *The Times* vom 20. Juli 1923, S. 11.
5 »Money & Stocks«, in: *The Manchester Guardian* vom 24. Juli 1923, S. 11.
6 »The Death of the Mark«, in: ebenda vom 27. Juli 1923, S. 9.
7 Ohe, »Auszüge aus dem Tagebuch des Konrektors und Kantors August Heinrich von der Ohe aus den Jahren 1922/1923«.
8 Zit. in: Jung, »Nationales Trauma«.
9 Feldman, *The Great Disorder*, S. 573.
10 Ebenda, S. 542.
11 Grosz, *Ein kleines Ja und ein großes Nein*, S. 222.
12 Kessler, *Tagebücher*, Eintrag vom 5. Februar 1919, S. 120f.
13 Grosz, *Ein kleines Ja und ein großes Nein*, S. 156–162.
14 Ehrenburg, *Menschen, Jahre, Leben*, Bd. 2, S. 9.
15 Wendt, »Journalist im Krisenreichstag«, S. 76.
16 Jelavich, *Berlin Cabaret*, S. 155ff.
17 Ebenda, S. 158.
18 »Selbsthilfe des Mittelstandes«, in: *Niederdeutsche Zeitung* vom 26. Oktober 1922.
19 Zit. in: Friedrich, *Morgen ist Weltuntergang*, S. 163.
20 Stresemann, »Mein Vater, der Kanzler und Außenminister«, S. 103ff.
21 Pörtner, »Der Ausflug nach Kuhle Wampe«, S. 360f.
22 Feldman, *The Great Disorder*, S. 766.
23 Ebenda, S. 274.
24 Bresciani-Turroni, *The Economics of Inflation*, S. 216.
25 Jelavich, *Berlin Cabaret*, S. 140.
26 Jung, »Nationales Trauma«.
27 Weitz, *Weimar Germany*, S. 139.
28 Riess, »Weltbühne Berlin«, S. 35f.
29 Friedrich, *Morgen ist Weltuntergang*, S. 162.
30 Winkler, *Weimar 1918–1933*, S. 201.

ANMERKUNGEN

22 Verzweifelte Maßnahmen

1 »Der Wortlaut der Regierungserklärung«, in: *Vossische Zeitung* vom 15. August 1923, Morgen-Ausgabe, S. 3.
2 Zu den Einzelheiten von Helfferichs Plan siehe Feldman, *The Great Disorder*, S. 708ff.; Winkler, *Weimar 1918–1933*, S. 208f.
3 »Hyperinflation 1923. Als die Mark vernichtet wurde«, in: *Spiegel Online* vom 31. Juli 2009, http://einestages.spiegel.de/static/topicalbumbackground/4632/als_die_mark_vernichtet_wurde.html [5.7.2013].
4 Feldman, *The Great Disorder*, S. 711.
5 Ebenda, S. 733.
6 Ebenda, S. 711.
7 Zit. in einem Bericht des sächsischen Gesandten beim Reichsrat vom 23. August 1923, in Sächsisches Staatsarchiv, Hauptstaatsarchiv Dresden, 10719 Sächsische Gesandtschaft für Preußen/beim Deutschen Reich, Berlin, Nr. 350, B. 119.
8 Winkler, *Weimar 1918–1933*, S. 209. Auch Stresemann räumte die Bereitschaft der Wirtschaft ein, sich mit den Besatzern zu arrangieren (Feldman, *The Great Disorder*, S. 720).
9 Zu diesem Beschluss und der Reaktion der Parteien darauf siehe Winkler, *Weimar 1918–1933*, S. 209.
10 Ebenda, S. 211.
11 Merkel, »Rundschau. Hannover und Bayern«, S. 558.
12 Winkler, *Weimar 1918–1933*, S. 213.
13 Ebenda, S. 214f.
14 Kunz, *Civil Servants and the Politics of Inflation in Germany, 1914–1924*, S. 363ff.
15 Ebenda, S. 369.
16 Feldman, *The Great Disorder*, S. 700.
17 Ohe, »Auszüge aus dem Tagebuch des Konrektors und Kantors August Heinrich von der Ohe aus den Jahren 1922/1923«.

23 Alle wollen einen Diktator

1 Winkler, *Weimar 1918–1933*, S. 221.
2 »Berlin To-Day«, in: *The Sunday Times* vom 28. Oktober 1923, S. 17.
3 S. L. Bensusan, »Life in Germany To-Day. Notes from a Provincial City«, in: *The Observer*, 11. November 1923, S. 9.
4 »Daily Air Service to Berlin. Daimler's New Scheme«, in: *The Manchester Guardian* vom 7. November 1923, S. 9.
5 Zu den Anfängen des Rundfunks in Deutschland siehe http://www.dra.de/rundfunkgeschichte/75jahreradio/anfaenge/voxhaus/index.html [6.7.2013].
6 »Broadcasting in Germany«, in: *The Times* vom 6. Oktober 1927, S. 6.
7 Koch, *Die goldenen Zwanziger Jahre*, S. 50.
8 »Zur Wiederherstellung der Produktivität«, in: *Vossische Zeitung* vom 13. Oktober 1923, Abend-Ausgabe, S. 1; zur Neuregelung der Arbeitszeit siehe: »Das neue Arbeitsgesetz«, in: ebenda vom 14. Oktober 1923, S. 4.

9 »Daily Life in Berlin. The Rural Hunt for Provisions«, in: *The Observer* vom 21. Oktober 1923, S. 8.
10 »In ›Red‹ Saxony. Unemployment and Food Raids. Tension with Bavaria«, in: *The Manchester Guardian* vom 23. Oktober 1923, S. 10.
11 Ebenda.
12 *Dresden. Die Geschichte der Stadt von den Anfängen bis zur Gegenwart*, S. 200f.
13 Ebenda, S. 207.
14 Koch, *Der deutsche Bürgerkrieg*, S. 369.
15 Winkler, *Weimar 1918–1933*, S. 224.
16 Ebenda, S. 225.
17 Zit. in: Feldman, *Hugo Stinnes*, S. 888. Das Treffen fand am 15. September 1923 statt.
18 Ebenda, S. 888f.
19 Winkler, *Weimar 1918–1933*, S. 225.
20 Ebenda, S. 227.
21 Zit. in: Feldman, *The Great Disorder*, S. 774f.
22 Ebenda, S. 778.
23 Ebenda, S. 770f.

24 Das Fieber wird gesenkt
1 Winkler, *Weimar 1918–1933*, S. 232f.
2 Zit. in: Feldman, *The Great Disorder*, S. 753.
3 Ebenda, S. 790.
4 »Wirtschaftliche Notverordnung der Reichsregierung«, in: *Vossische Zeitung* vom 23. Oktober 1923, Abend-Ausgabe, S. 4.
5 »Shopping in Germany. A Perambulator for a Purse«, in: *The Manchester Guardian* vom 27. November 1923, S. 6.
6 »Krawalle im Berliner Zentrum. Antisemitische Ausschreitungen«, in: *Vossische Zeitung* vom 6. November 1923, Morgen-Ausgabe, S. 5.
7 »Die gestrigen Unruhen. Reichswehr wird eingesetzt«, in: ebenda vom 7. November 1923, Morgen-Ausgabe, S. 5
8 »Ruhe in Berlin. Wachsende Arbeitslosigkeit«, in: ebenda vom 7. November 1923, Abend-Ausgabe, S. 4.
9 Feldman, *The Great Disorder*, S. 781.
10 Siehe Koch, *Der deutsche Bürgerkrieg*, S. 369; Kershaw, *Hitler. 1889–1936*, S. 258.
11 Kershaw, *Hitler. 1889–1936*, S. 260f.
12 Ebenda, S. 264.
13 Zu sehen auf einer Fotografie im Bildarchiv des Bundesarchivs, Bild 146-2007-0003.
14 Kershaw, *Hitler. 1889–1936*, S. 266.
15 Winkler, *Weimar 1918–1933*, S. 235.
16 »Unser neues Geld. Die Rentenmark«, in: *Vossische Zeitung* vom 17. November 1923, Abend-Ausgabe, S. 4.
17 Feldman, *The Great Disorder*, S. 793f.

ANMERKUNGEN

18 »Unser neues Geld. Die Rentenmark«, in: *Vossische Zeitung* vom 17. November 1923, Abend-Ausgabe, S. 4.
19 Feldman, *The Great Disorder*, S. 795.
20 Ebenda, S. 795f.
21 Ebenda.
22 Otto Georg von Glasenapp, »Für die Zentralausschusssitzung am 29. November 1923«, BA 2501/6668, Bl. 143; vgl. Feldman, *The Great Disorder*, S. 796.
23 Feldman, *The Great Disorder*, S. 797.
24 »Die politische Aussprache im Reichstag. Erklärungen der Oppositionsführer«, in: *Vossische Zeitung* vom 21. November 1923, Morgen-Ausgabe, S. 2.
25 »Bemerkungen«, in: *Frankfurter Zeitung* vom 17. November 1923, Zweites Morgenblatt, S. 1.
26 Zit. in: Winkler, *Weimar 1918–1933*, S. 240.
27 »Rentenmark Issue. Risk or Failure«, in: *The Times* vom 16. November 1923, S. 13.
28 Zit. in: Fergusson, *Das Ende des Geldes*, S. 307.
29 »German Financial Chaos. Appeal to the Powers«, in: *The Times* vom 13. Dezember 1923, S. 12.
30 »A Little Leaven«, in: *The Times* vom 22. Dezember 1923, S. 9.
31 »New Confidence in Germany. A Stable Currency«, in: *The Manchester Guardian* vom 13. Dezember 1923, S. 10.
32 Feldman, *The Great Disorder*, S. 826f.
33 Ebenda, S. 803.
34 »New Confidence in Germany. A Stable Currency«, in: *Manchester Guardian* vom 13. Dezember 1923, S. 10.
35 Ohe, »Auszüge aus dem Tagebuch des Konrektors und Kantors August Heinrich von der Ohe aus den Jahren 1922/1923«.

25 Die Rettungsaktion
1 Siehe die offizielle Webseite der Deutschen Bundesbank (http://www.bundesbank.de/Redaktion/DE/Standardartikel/Bundesbank/Wissenswert/historisches_inflation_lehren_aus_der_geschichte.htm [7.7.2013]).

Nachwort
1 Keynes, *Die wirtschaftlichen Folgen des Friedensvertrages*, S. 192.
2 Zit. in: Jung, »Nationales Trauma«.
3 Gomes, *German Reparations*, S. 220.
4 Marsh, *Der Euro*, S. 196.
5 Kate Connolly, »Germans Greet Cyprus Deal with a Mixture of Relief and Fear«, in: *The Observer* vom 31. März 2013.

Literatur

Parlamentsprotokolle

Verhandlungen der verfassunggebenden Nationalversammlung:
Bd. 326: *Stenographische Berichte. Von der 1. Sitzung am 6. Februar 1919 bis zur 26. Sitzung am 12. März 1919*, Berlin 1920, online verfügbar: http://www.reichstagsprotokolle.de/Blatt2_wv_bsb00000010_00001.html.
Bd. 327: *Stenographische Berichte. Von der 27. Sitzung am 13. März 1919 bis zur 52. Sitzung am 9. Juli 1919*, Berlin 1920, online verfügbar: http://www.reichstagsprotokolle.de/Blatt2_wv_bsb00000011_00001.html.
Verhandlungen des Reichstags:
XIII. Legislaturperiode. II. Session, Bd. 306: *Stenographische Berichte. Von der Eröffnungssitzung am 4. August 1914 bis zur 34. Sitzung am 16. März 1916*, Berlin 1916, online verfügbar: http://www.reichstagsprotokolle.de/Blatt_k13_bsb00003402_00001.html.
I. Wahlperiode 1920, Bd. 376: *Anlagen zu den stenographischen Berichten. Nr. 5404 – 5615*, Berlin 1920, online verfügbar: http://www.reichstagsprotokolle.de/Blatt2_w1_bsb00000060_00001.html.

Zeitgenössische Zeitungen und Zeitschriften

Berliner Tageblatt
Frankfurter Zeitung
The Living Age, online verfügbar: http://www.unz.org/Pub//LivingAge
New York Times
Niederdeutsche Zeitung
ProQuest Historical Newspapers, Archiv des *Manchester Guardian* und des *Observer*, Zugang über die Webseite der London Library (Subskriptionsservice)
Spiegel Online, http://spiegel.de
Sunday Times Digital Archive 1822 – 2006, Zugang über die Webseite der London Library (Subskriptionsservice)
Times Digital Archive 1785 – 1985, Zugang über die Webseite der London Library (Subskriptionsservice)
Vossische Zeitung, online verfügbar: http://zefys.staatsbibliothek-berlin.de/list/title/zdb/25338766/
Die Weltbühne, online verfügbar: http://archive.org/search.php?query=die%20weltb%C3%BChne%20AND%20collection%3Aopensource

LITERATUR

Andere Online-Quellen

http://www.kurkuhl.de/de/novrev/novrev_intro.html (Material zum Kieler Matrosenaufstand).

http://www.dhm.de/lemo/forum/kollektives_gedaechtnis/weimar.html (Webseite des Deutschen Historischen Museums, Berlin).

http://www.deutsche-revolution.de/Revolution1918 (Webseite zur Novemberrevolution).

http://www.kollektives-gedaechtnis.de (Webseite zur lokalen Geschichte der Gegend um Hamburg).

http://www.deutsche-biographie.de (Online-Version der *Deutschen Biographie* und der *Neuen Deutschen Biographie*).

http://ehto.thestar.com (Webseite des *Toronto Star* zu Artikeln von Ernest Hemingway).

http://www.dra.de/rundfunkgeschichte/75jahreradio (Webseite des Deutschen Rundfunkarchivs).

http://www.eisenbahn-in-dalheim.de/historie.htm.

Tagebücher und autobiografische Schriften

Abernon, Edgar Vincent, Viscount d', *Viscount d'Abernon, ein Botschafter der Zeitwende. Memoiren*, 3 Bde., Leipzig 1929.

Ehrenburg, Ilja, *Menschen, Jahre, Leben. Memoiren*, 3 Bde., 2. Aufl., Berlin 1982.

Engelbrecht, Ernst/Heller, Leo, *Die Kinder der Nacht. Bilder aus dem Verbrecherleben*, Berlin 1925.

Grosz, George, *Ein kleines Ja und ein großes Nein*, Hamburg 1955.

Haffner, Sebastian, *Geschichte eines Deutschen. Die Erinnerungen von 1914–1933*, 11. Aufl., Stuttgart/München 2001.

Hofmiller, Josef, *Revolutionstagebuch 1918/19. Aus den Tagen der Münchner Revolution*, Leipzig 1938.

Kessler, Harry Graf, *Tagebücher, 1918–1937*, hg. von Wolfgang Pfeiffer-Belli, Frankfurt a. M. 1982.

Lloyd George, David, *The Truth about the Peace Treaties*, 2 Bde., London 1938.

Mangoldt, Ursula von, *Auf der Schwelle zwischen Gestern und Morgen. Erlebnisse und Begegnungen*, Weilheim 1963.

Pörtner, Rudolf (Hg.), *Alltag in der Weimarer Republik. Erinnerungen an eine unruhige Zeit*, Düsseldorf/Wien/New York 1990.

Scheidemann, Philipp, *Memoiren eines Sozialdemokraten*, 2 Bde., Hamburg 2010.

Smith, Truman, *Berlin Alert. The Memoirs and Reports*, hg. von Robert Hessen, Stanford, CA, 1984.

Monografien

Asmuss, Burkhard, *Republik ohne Chance? Akzeptanz und Legitimation der Weimarer Republik in der deutschen Tagespresse zwischen 1918 und 1923*, Berlin/New York 1994.

Balderston, Theo, *Economics and Politics in the Weimar Republic*, Cambridge 2002.
Bessel, Richard, *Germany after the First World War*, Oxford 1993.
Bieber, Hans-Joachim, *Gewerkschaften in Krieg und Revolution. Arbeiterbewegung, Industrie, Staat und Militär in Deutschland 1914 – 1920*, 2 Bde., Hamburg 1981.
Boemeke, Manfred F./Feldman, Gerald D./Glaser, Elisabeth (Hg.), *The Treaty of Versailles. A Re-Assessment after 75 Years*, Washington, DC/Cambridge 1998.
Borghorst, Gerhard, *Die Goldsucher bei der Arbeit*, Berlin 1915.
Bresciani-Turroni, Constantino, *The Economics of Inflation. A Study of Currency Depreciation in Post-War Germany*, New York 1968.
Canetti, Elias, *Masse und Macht*, Frankfurt a. M. 1980.
Churchill, Winston, *Die Weltkrisis 1916/18*, Bd. 2, Zürich/Leipzig/Wien o. J.
Cohen, Deborah, *The War Come Home. Disabled Veterans in Britain and Germany, 1914 – 1939*, Berkeley/Los Angeles/London 2001.
Dresden. Die Geschichte der Stadt von den Anfängen bis zur Gegenwart, hg. vom Dresdner Geschichtsverein, Hamburg 2002.
Englund, Peter, *Schönheit und Schrecken. Eine Geschichte des Ersten Weltkriegs, erzählt in neunzehn Schicksalen*, Berlin 2011.
Feldman, Gerald D., *Hugo Stinnes. Biographie eines Industriellen, 1870 – 1924*, München 1998.
ders., *The Great Disorder. Politics, Economics, and Society in German Inflation, 1914 – 1924*, New York 1993.
ders., *Armee, Industrie und Arbeiterschaft in Deutschland 1914 bis 1918*, Berlin 1985.
ders./Steinisch, Irmgard, *Industrie und Gewerkschaften 1918 – 1924. Die überforderte Zentralarbeitsgemeinschaft*, Stuttgart 1985.
ders. u. a., *Die Anpassung an die Inflation*, Berlin/New York 1986
Ferguson, Niall, *The Pity of War*, London 1998 (dt.: *Der falsche Krieg. Der Erste Weltkrieg und das 20. Jahrhundert*, München 2001).
ders., *Paper and Iron. Hamburg Business and German Politics in the Era of Inflation, 1897 – 1927*, Cambridge 1995.
Fergusson, Adam, *Das Ende des Geldes. Hyperinflation und ihre Folgen für die Menschen am Beispiel der Weimarer Republik*, hg. von Max Otte, München 2011.
Ferris, Paul, *The House of Northcliffe. Biography of an Empire*, London 1971.
Fest, Joachim, *Hitler. Eine Biographie* [1973], unveränd. Nachdruck, Berlin/München 2002.
Fischer, Conan, *The Ruhr Crisis, 1923 – 1924*, Oxford 2003.
Fischer, Fritz, *Griff nach der Weltmacht. Die Kriegszielpolitik des kaiserlichen Deutschland 1914/18* [1961], Düsseldorf 2004.
Friedrich, Otto, *Morgen ist Weltuntergang. Berlin in den Zwanzigern*, Berlin 1998.
Gilbert, Martin, *First World War*, London 1995.
Gomes, Leonard, *German Reparations, 1919 – 1932*, Basingstoke/New York 2010.
Haffner, Sebastian, *1918/19. Eine deutsche Revolution*, Reinbek 1981.
ders. u. a., *Der Vertrag von Versailles*, Frankfurt a. M. 1988.
Hagenlücke, Heinz, *Deutsche Vaterlandspartei. Die nationale Rechte am Ende des Kaiserreiches*, Düsseldorf 1997.

LITERATUR

Hardach, Karl, *Wirtschaftsgeschichte Deutschlands im 20. Jahrhundert (1914–1970)*, 3. Aufl., Göttingen 1993.
Heiden, Konrad, *Der Fuehrer. Hitler's Rise to Power*, Boston, MA, 1944.
Hemingway, Ernest, *Reportagen 1920-1924*, hg. von William White, Reinbek 1990.
ders., *49 Depeschen. Ausgewählte Zeitungsberichte und Reportagen aus den Jahren 1920–1956*, hg. von Ernst Schnabel, Reinbek 1972.
Henning, Friedrich-Wilhelm, *Das industrialisierte Deutschland 1918 bis 1992*, 8. Aufl., Paderborn 1993.
Hitler, Adolf, *Adolf Hitlers Reden*, hg. von Ernst Boepple, München 1933.
Holborn, Hajo, *Deutsche Geschichte in der Neuzeit*, 3 Bde., München/Wien 1970/71.
Holtfrerich, Carl-Ludwig, *Die deutsche Inflation 1914–1923*, Berlin/New York 1980.
Hosfeld, Rolf/Pölking, Hermann, *Wir Deutschen 1918 bis 1929. Vom Kriegsende bis zu den goldenen Zwanzigern*, München 2009.
Huldermann, Bernhard, *Albert Ballin*, 2. Aufl., Berlin 1922.
Jahresberichte der Preußischen Regierungs- und Gewerberäte und Bergbehörden für 1920, hg. vom Ministerium für Handel und Gewerbe, Berlin 1921.
Jelavich, Peter, *Berlin Cabaret*, Cambridge, MA/London 1993.
Kershaw, Ian, *Hitler. 1889–1936*, Stuttgart/München 1998.
Kessler, Harry Graf, *Walther Rathenau. Sein Leben und sein Werk*, Berlin 1928.
Keynes, John Maynard, *Die wirtschaftlichen Folgen des Friedensvertrages*, München/Leipzig 1920.
Koch, Hannsjoachim W., *Der deutsche Bürgerkrieg. Eine Geschichte der deutschen und österreichischen Freikorps 1918–1923*, Berlin/Frankfurt a. M./Wien 1978.
Koch, Thilo, *Die goldenen Zwanziger Jahre*, Frankfurt a. M. 1970.
Kunz, Andreas, *Civil Servants and the Politics of Inflation in Germany, 1914–1924*, Berlin/New York 1986.
MacMillan, Margaret, *Peacemakers. Six Months that Changed the World*, London 2002.
Marsh, David, *Der Euro. Die geheime Geschichte der neuen Weltwährung*, Hamburg 2009.
McNeil, William C., *American Money and the Weimar Republic. Economics and Politics on the Eve of the Grand Depression*, New York 1986.
McPhail, Helen, *The Long Silence. Civilian Life under the German Occupation of Northern France, 1914–1918*, London/New York 1998.
Morsey, Rudolf/Ruppert, Karsten (Hg.), *Die Protokolle der Reichstagsfraktion der deutschen Zentrumspartei 1920–1925*, Mainz 1981.
Neitzel, Sönke, *Weltkrieg und Revolution, 1914–1918/19*, Berlin 2008.
Nicolson, Harold, *Friedensmacher 1919. Peacemaking 1919*, Berlin 1933.
Price, Morgan Philips, *Dispatches from the Weimar Republic. Versailles and German Fascism*, hg. von Tania Rose, London/Sterling, VA, 1999.
Rathenau, Walther, *Gesamtausgabe*, Bd. 2: *Hauptwerke und Gespräche*, hg. von Ernst Schulin, München/Heidelberg 1977.
Ritter, Gerhard A./Miller, Susanne (Hg.), *Die deutsche Revolution 1918–1919. Dokumente*, 2. Aufl., Hamburg 1975.

Roesler, Konrad, *Die Finanzpolitik des Deutschen Reiches im Ersten Weltkrieg*, Berlin 1967.
Rosenberg, Frederic-Hans von, *Frederic von Rosenberg. Korrespondenzen und Akten des deutschen Diplomaten und Außenministers 1913-1937*, hg. von Winfried Becker, München 2011.
Shirer, William L., *Aufstieg und Fall des Dritten Reiches*, Köln/Berlin 1961.
Silverman, Dan P., *Reconstructing Europe after the Great War*, Cambridge, MA, 1982.
Stinnes, Edmund H., *Ein Genie in chaotischer Zeit. Edmund Stinnes über seinen Vater Hugo Stinnes (1870-1924)*, Bern 1979.
Strachan, Hew, *Der Erste Weltkrieg. Eine neue illustrierte Geschichte*, München 2004.
ders., *The First World War*, Bd. 1: »*To Arms*«, Oxford 2001.
Stumpf, Richard, *Warum die Flotte zerbrach. Kriegstagebuch eines christlichen Arbeiters*, Berlin 1927.
Troeltsch, Ernst, *Die Fehlgeburt einer Republik. Spektator in Berlin 1918 bis 1922*, hg. von Johann Hinrich Claussen, Frankfurt a. M. 1994.
Ullrich, Volker, *Fünf Schüsse auf Bismarck. Historische Reportagen 1789-1945*, München 2002.
Wehler, Hans-Ulrich, *Deutsche Gesellschaftsgeschichte*, Bd. 4: *Vom Beginn des Ersten Weltkriegs bis zur Gründung der beiden deutschen Staaten*, München 2003.
Weitz, Eric D., *Weimar Germany. Promise and Tragedy*, Princeton, NJ, 2007.
Wilson, Henry, *Die Tagebücher des Feldmarschalls Sir Henry Wilson*, hg. von C. E. Callwell, Stuttgart/Berlin/Leipzig 1930.
Winkler, Heinrich August, *Der lange Weg nach Westen*, Bd. 1: *Deutsche Geschichte 1806-1933*, Bonn 2002.
ders., *Weimar 1918-1933. Die Geschichte der ersten deutschen Demokratie*, München 1998.
Woitas, Monika/Hartmann, Annette (Hg.), *Strawinskys »Motor Drive«*, München 2009.

Aufsätze und Essays

Achterberg, Erich, »Havenstein, *Rudolf* Emil Albert«, in: *Neue Deutsche Biographie* 8 (1969), S. 137.
Balderston, T., »War Finance and Inflation in Britain and Germany, 1914-1918«, in: *The Economic History Review*, Neue Reihe, Bd. 42, Nr. 2 (Mai 1989), S. 222-244.
Barche, Hermann, »Unser Gruß hieß Freundschaft. Von ›Roten Falken‹, Arbeiterschwimmern und Kinderrepubliken – Eine Jugend im sozialdemokratischen Hannover«, in: Pörtner, Rudolf (Hg.), *Alltag in der Weimarer Republik. Erinnerungen an eine unruhige Zeit*, Düsseldorf/Wien/New York 1990, S. 394-405.
Downes, Alexander B., »Desperate Times, Desperate Measures. The Causes of Civilian Victimization in War«, in: *International Security*, Bd. 30, Nr. 4 (Frühjahr 2006), S. 152-195.
Feldman, Gerald D., »The Fate of the Social Insurance System in the German Inflation, 1914 to 1923«, in: ders. u. a. (Hg.), *Die Anpassung an die Inflation*, Berlin/New York 1986, S. 433-447.

LITERATUR

Fergusson, Niall, »Keynes and the German Inflation«, in: *The English Historical Review*, Bd. 110, Nr. 436 (April 1995), S. 368-391.

Fischart, Johannes, »Hugo Stinnes«, in: ders., *Köpfe der Gegenwart. Das alte und das neue System. Dritte Folge*, Berlin 1920, S. 247-256.

ders., »Politiker und Publizisten XLII. Karl Liebknecht«, in: *Die Weltbühne* 14, Nr. 51 (19. Dezember 1918), S. 573-578.

Flügel, Heinz, »Wir träumten vom verborgenen Reich ... aber Zilles ›Milljöh‹ kannten wir nicht - Der Weg von der menschlichen Unordnung zur unmenschlichen Ordnung«, in: Pörtner, Rudolf (Hg.), *Alltag in der Weimarer Republik. Erinnerungen an eine unruhige Zeit*, Düsseldorf/Wien/New York 1990, S. 170-183.

Götzky, Michael, »Glasenapp, Otto Georg Bogislav von«, in: *Neue Deutsche Biographie* 6 (1964), S. 428.

Guggenheimer, Emil, »Spekulation und Wirtschaft«, in: *Plutus* vom 21. Dezember 1921, S.428-434.

Hemingway, Ernest, »Paris für 1000 Dollar im Jahr« (aus: *The Toronto Star Weekly* vom 4. Februar 1922), in: ders., *Reportagen 1920-1924*, hg. von William White, Reinbek 1990.

ders., »Inflation in Deutschland« (aus: *The Toronto Star*, 19. September 1922), in: ders., *49 Depeschen. Ausgewählte Zeitungsberichte und Reportagen aus den Jahren 1920-1956*, hg. von Ernst Schnabel, Reinbek 1972, S. 32-35.

Hitler, Adolf, »Deutschlands Leidensweg von Wirth bis Hilferding«, 5. September 1923, in: ders., *Adolf Hitlers Reden*, hg. von Ernst Boepple, München 1933, S. 80-88.

ders., »Triumph der Börsendiktatur«, 21. August 1923, in: ders., *Adolf Hitlers Reden*, hg. von Ernst Boepple, München 1933, S. 73-80.

Jacobsohn, Siegfried, »Der Schauspielerstreik. Gespräch zwischen Theaterdirektor, Schauspieler und Kritiker«, in: *Die Weltbühne* 18, Nr. 49, S. 601-605.

Jung, Alexander, »Nationales Trauma«, in: *Spiegel Geschichte*, 4/2009, http://www.spiegel.de/spiegel/spiegelgeschichte/d-66214356.html.

Keynes, John Maynard, »Speculation in the Mark and Germany's Balances Abroad«, in: *The Manchester Guardian* vom 28. September 1922, abgedr. in: ders., *The Collected Writings of John Maynard Keynes*, hg. von Elizabeth Johnson, Bd. 18, Cambridge 1978, S. 47-58.

Königsberger, Kurt, »Die wirtschaftliche Demobilmachung in Bayern während der Zeit vom November 1918 bis Mai 1919«, in: *Zeitschrift des Bayerischen Statistischen Landesamts* 52, Nr. 1/2 (1920), S. 193-226.

Krelle, Wilhelm, »Als ich den Youngplan erläutern musste ... Vom ›Kloster Unserer Lieben Frauen‹ zum Staatlichen Gymnasium - Ein Schülerleben in Magdeburg und Nordhausen«, in: Pörtner, Rudolf (Hg.), *Alltag in der Weimarer Republik. Erinnerungen an eine unruhige Zeit*, Düsseldorf/Wien/New York 1990, S. 522-539.

Leicht, Robert, »Patriot in der Gefahr«, in: *Die Zeit* vom 18. August 2011.

Lempert, Peter, »Die Ermordung Walther Rathenaus«, in: *Forum* vom 24. Juni 2012, http://www.magazin-forum.de/die-ermordung-walther-rathenaus.

Lentin, Antony, »Treaty of Versailles. Was Germany Guilty?«, in: *History Today*, Bd. 62, Nr. 1 (Januar 2012).

MacDonald, Andrew, »The Geddes Committee and the Formation of Public Expenditure Policy«, in: *The Historical Journal*, Bd. 32, Nr. 3 (September 1989), S. 643–674.
McCrum, Robert, »French Economic Policy at the Peace Conference, 1919«, in: *The Historic Journal*, Bd. 21, Nr. 3 (September 1978), S. 623–648.
Mende, Erich, »›Was sagt der Annaberg?‹ Korfanty kam geritten ... Als französische Alpenjäger in Oberschlesien polnische Politik machten«, in: Pörtner, Rudolf (Hg.), *Alltag in der Weimarer Republik. Erinnerungen an eine unruhige Zeit*, Düsseldorf/Wien/New York 1990, S. 496–513.
Merkel, Ernst, »Rundschau. Hannover und Bayern«, in: *Die Weltbühne* 18, Nr. 47, S. 557f.
Mettke, Jörg-R., »Das Große Schmieren. Korruption in Deutschland (III): Geld und Politik in der Weimarer Republik«, in: *Der Spiegel*, 49/1984 (3. Dezember 1984), S. 174–187.
Meyers, Franz, »Zu Fuß von Köln nach München-Gladbach. Vom passiven zum aktiven Widerstand – Wie meine Heimatstadt mit den Separatisten fertig wurde«, in: Pörtner, Rudolf (Hg.), *Alltag in der Weimarer Republik. Erinnerungen an eine unruhige Zeit*, Düsseldorf/Wien/New York 1990, S. 200–209
Müller, Hermann, »Unterzeichnung im Spiegelsaal«, in: Schiff, Victor, *So war es in Versailles*, Berlin 1929, S. 135-143.
Niehuss, Merith, »Lebensweise und Familie in der Inflationszeit«, in: Feldman, Gerald D., u. a. (Hg.), *Die Anpassung an die Inflation*, Berlin/New York 1986, S. 237–265.
Ohe, August Heinrich von der, »Auszüge aus dem Tagebuch des Konrektors und Kantors August Heinrich von der Ohe aus den Jahren 1922/1923«, http://www.kollektives-gedaechtnis.de/texte/weimar/ohe/inflation1923.htm.
Pörtner, Rudolf, »Der Ausflug nach Kuhle Wampe. Ein Semester unter Menschenjägern – Der Grünling bei den Endzeitmissionaren«, in: ders. (Hg.), *Alltag in der Weimarer Republik. Erinnerungen an eine unruhige Zeit*, Düsseldorf/Wien/New York 1990, S. 354–370.
Riess, Curt, »Weltbühne Berlin. Der Film, das Kabarett, der Bubikopf – Blitzlichter aus der ›unzensierten‹ Reichshauptstadt«, in: Pörtner, Rudolf (Hg.), *Alltag in der Weimarer Republik. Erinnerungen an eine unruhige Zeit*, Düsseldorf/Wien/New York 1990, S. 32–56.
Romer, Christina, »Spurious Volatility in Historical Unemployment Data«, in: *Journal of Political Economy*, Bd. 94, Nr. 1 (Februar 1986), S. 1–37.
Schuker, Stephen A., »American ›Reparations‹ to Germany, 1919–1933«, in: Feldman, Gerald A./Müller-Luckner, Elisabeth (Hg.), *Die Nachwirkungen der Inflation auf die deutsche Geschichte, 1924–1933*, München 1985 S. 335–384.
Stresemann, Wolfgang, »Mein Vater, der Kanzler und Außenminister. Alltag im Hause Stresemann – Eine Jugend im Scheinwerferlicht der Politik«, in: Pörtner, Rudolf (Hg.), *Alltag in der Weimarer Republik. Erinnerungen an eine unruhige Zeit*, Düsseldorf/Wien/New York 1990, S. 98–111.

LITERATUR

Tobin, Elizabeth H., »War and the Working Class. The Case of Düsseldorf 1914–1918«, in: *Central European History*, Bd. 18, Nr. 3/4 (September–Dezember 1985), S. 257–298.

Trachtenberg, Marc, »Versailles after Sixty Years«, in: Journal of Contemporary History, Bd. 17, Nr. 3 (Juli 1982), S. 487-506.

Webb, Steven B., »Fiscal News and Inflationary Expectations in Germany after World War I«, in: *The Journal of Economic History*, Bd. 46, Nr. 3 (September 1986), S. 769–794.

Wendt, Hans, »Journalist im Krisenreichstag. Das parlamentarische System der Weimarer Republik«, in: Pörtner, Rudolf (Hg.), *Alltag in der Weimarer Republik. Erinnerungen an eine unruhige Zeit*, Düsseldorf/Wien/New York 1990, S. 68–95.

Wolff, Kurt, »Brief an Eulenberg«, in: *Die Weltbühne* 20, Nr. 5, 31. Januar 1924, S. 133–137.

Personenregister

Die *kursiven* Ziffern verweisen auf Bildlegenden.

Adenauer, Konrad 316
Baldwin, Stanley 294, 366
Ballin, Albert 177, 233
Bauer, Gustav 112, 153f., 364
Bebel, August 56
Bell, Johannes 113f., 139
Bendix, Ludwig 208
Bern, Maximilian 286
Bernhard, Georg 185f., 209
Bismarck, Otto von 20, 36, 56, 113, 224
Bonar Law, Andrew 237
Brandler, Heinrich 313
Braun, Otto 145
Briand, Aristide 189
Brockdorff-Rantzau, Ulrich Graf von 101, 105–108, 110, 112
Brüning, Heinrich 344, 357
Churchill, Winston 41, 215
Clemenceau, Georges 105f.
Corday, Charlotte 173
Cuno, Wilhelm Carl Josef 232ff., *235*, 237, 240f., 244, 268ff., 272, 286, 289f., *365*, 367
Demosthenes 92
Diez, Karl 172
Dresel, Ellis 104
Drexler, Anton 249
Dreyfus, Louis 314
Dulles, John Foster 109
Ebert, Friedrich 55ff., 64–69, 72–79, 86, 90, 93f., 96, 100, 111, 113f., 116f., 122, 144f., 192f., 232f., *235*, 240, 286f.,

294, 303, 307, 311, 327, 330, 333, 340, 344, 368
Eckart, Dietrich 151
Ehrenburg, Ilja 277
Eichhorn, Emil 94
Eisenhower, Dwight D. 109
Eisner, Kurt 63, 101, 136f., 194
Eitel Friedrich von Preußen 65
Engels, Friedrich 92
Erhardt, Hermann 142ff., 172, 310, 324
Erzberger, Maria 172
Erzberger, Matthias 100, 105, 112, 114f., 127-130, 132, 134, 141, 163, 170–174, 178, 194, 205, 224, 300, 364
Eulenberg, Herbert 262
Fehrenbach, Konstantin 111, 164, 167, 364
Fellisch, Alfred 314
Fischer, Hermann 205f.
Flügel, Heinz 222
Franz Ferdinand von Österreich-Este 113, 137
Gareis, Karl 194
Geddes, Eric Campbell 213
Glasenapp, Otto Georg von 133, *331*
Goethe, Johann Wolfgang von 12, 133, 150
Göring, Hermann 325f.
Groener, Wilhelm 59, 74ff., 86, 90, 113, 116ff., 122, 138ff., 240
Grosz, George 103, 276f.
Guggenheimer, Emil 179
Haase, Hugo 72f., 194

PERSONENREGISTER

Haffner, Sebastian 43, 52, 55, 146ff., 205, 216f., 220f.
Hamm, Eduard 257
Hankey, Maurice 29
Hanssen, Hans Peter 22
Harding, Warren G. 161, 366
Harmsworth, Alfred, Lord Northcliffe 212, 257f.
Harmsworth, Harold Sidney, Lord Rothermere 212
Hauenstein, Heinz Oskar 246f.
Havenstein, Rudolf 133, *134*, 196, 271, 319f., 330f., 339, 369
Hecht, Ben 69
Helfferich, Karl 31, 36, 171, 288–291, 303, 320, 335, 339
Heller, Leo 85
Hemingway, Ernest 254f.
Henning, Wilhelm 193
Hermes, Andreas 191
Hertling, Graf 58
Hess, Rudolf 326
Hilferding, Rudolf 141, 289f., 292f., 303, 318
Himmler, Heinrich 237
Hindenburg, Paul von 44, 47, 59, 137, 140, 343
Hirsch, Julius 165, 168, 191, 209
Hirschfeld, Oltwig von 141, 171f.
Hitler, Adolf 12, 151f., 236, 248ff., *251*, 251ff., 287, 296ff., 307, 310, 312, 324ff., 336, 338f., 344f., 357, 364, 367
Hoffmann, Adolph 91
Hofmiller, Josef 102
Hoover, Herbert 161, 184
Horne, Robert 196f.
Houghton, Alanson B. 198, 311f.
Hughes, Charles Evans 318
Jacobsohn, Siegfried 260f.
Josephson, Matthew 256
Kahr, Gustav von 294ff., 302, 315, 324f., 327
Kapp, Wolfgang 144ff., 148, 151

Karl I., Kaiser von Österreich 175
Kautsky, Karl 137
Kern, Erwin 205f.
Kerr, Philip 107
Kershaw, Ian 326
Kessler, Harry Graf 72, 91, 95, 102, 114, 135f., 140f., 153, 192, 203, 276
Keynes, John Maynard 110, 140, 158, 183f., 188, 240, 347
Knox (Oberst) 37
Koch, Walter 148
Kohl, Helmut 355
Krupp von Bohlen und Halbach, Gustav 246
Lang, Fritz 342, 364
Legien, Carl 118, 120ff., 146
Lenin, Wladimir Iljitsch 38, 69, 297
Lentze, August 318
Lettow-Vorbeck, Paul von 104
Liebknecht, Karl 46, 66, 68f., 74, 76, 90–98, 100, 102, 114, 129, 363
Liebknecht, Wilhelm 92
Lloyd George, David 107f., 110f., 187, 189f., 213, 237, 356
Lochner, Louis 227
Logan, James A. 198f.
Lossow, Otto von 296, 315f., 324f.
Löwenstein, Karl 336
Lubitsch, Ernst 51
Ludendorff, Erich 44, 58f., 71, 74, 76, 158, 296, 312, 325f., 339
Ludwig III., König von Bayern 63
Luther, Hans 303, 316, 319, 328, 350
Lüttwitz, Walther Freiherr von 142–145, 148, 150, 153
Luxemburg, Rosa 91f., 96f., 100, 102, 129, 194, 363
McAdoo, William 160
MacMillan, Margaret 104, 106
Maercker, Georg 93, 96, 139, 145
Maltzahn, Adolf Georg Otto von 190
Marx, Karl 92
Marx, Wilhelm 336f.
Maugham, Somerset 358

Max von Baden, Prinz 51, 55, 58, 60, 63, 65f., 68, 74, 92
Mayr, Karl 151
Merkel, Angela 356f.
Millerand, Alexandre 189
Mirbach-Harff, Wilhelm Graf von 193
Mitterrand, François 355
Morgan, J. P. 195ff.
Müller, Hermann 113f., 139, 150, 154, 164, 343, 364
Müller, Alfred 311, 313
Münsterberg, Oskar 108
Mussolini, Benito 175, 238, 251, 311, 365
Napoleon I., Kaiser der Franzosen 20, 89, 170
Negri, Pola 51
Neuring, Gustav 309
Nicolson, Harold
Nikolaus II., Zar von Russland 37, 103
Norman, Montagu 335
Noske, Gustav 93 – 97, 101ff., 139f., 142, 144f., 153
Ohe, August Heinrich von der 265, 273, 300f., 337
Pabst, Waldemar 96f., 102
Palmer, Alexander Mitchell 162
Papen, Franz von 344
Peter der Große, Zar von Russland 39
Philips Price, Morgan 99, 147, 155, 225, 242ff.
Poincaré, Raymond 189, 191, 195-198, 209, 235, 237, 240, 294, 318, 364f., 368
Pörtner, Rudolf 204, 281ff.
Radek, Karl 247
Rathenau, Walter 166, 187 – 190, 192 – 195, 198ff., 200f., 201, 203 – 208, 234, 236, 245, 338, 349, 364
Reichart, Wilhelm 102
Reinhardt, Walther 99, 140, 142, 144f.
Remarque, Erich Maria 280

Reuter, Ludwig von 111
Rheidt, Celly de 278
Riess, Curt 70, 179, 285
Rosenberg, Frederic von 233
Salomon, Ernst von 206, 349
Schacht, Horace Greely Hjalmar 320, 327, 331, 333ff., 368f.
Scheer, Reinhard 60
Scheidemann, Philipp 65, 67ff., 92f., 100, 111, 137, 194, 364
Scheubner-Richter, Max von 326, 327
Schlageter, Albert Leo 247, 250, 252, 366
Schleicher, Kurt von 89f., 344
Schnitzler, Arthur 260
Schulz, Heinrich 172f.
Seeckt, Hans von 140, 142, 145f., 296, 315, 324, 327f., 332
Seißer, Oberst Hans von 324
Severing, Carl 293
Seweloh, Alfred 278
Seydoux, Jacques 237
Smith, Truman 252
Smuts, Jan Christiaan 110
Stalin, Josef 297
Steed, Wickham 258
Steffeck (Sekretärin) 334
Stinnes, Clärenore 180, 312
Stinnes, Edmund 180, 312
Stinnes, Hugo 118 – 121, 164, 179ff., *181*, 193, 197ff., 211, 239, 271, 302, 311f., 339, 347
Stinnes, Hugo jr. 312
Stresemann, Gustav 163, 280f., 286 – 289, 291ff., 296, 298f., 300 – 303, 307, 311, 314, 316 – 319, 326, 331ff., 336, 343, 367
Stresemann, Käte 280f., 288
Stresemann, Wolfgang 281
Stülpnagel, Joachim von 246
Stutz, Ernst 241
Südekum, Albert 127
Techow, Ernst Werner 206

Thälmann, Ernst 313
Tillessen, Heinrich 172f.
Troeltsch, Ernst 76, 114, 133, 173, 199, 222
Trotzki, Leo 38, 297f., 312
Tschitscherin, Georgi 38
Tucholsky, Kurt 284f.
Warburg, Max 158, 323
Weber, Marek 305
Wedekind, Frank 260
Wels, Otto 64, 86, 332
Wilhelm I., Deutscher Kaiser 113
Wilhelm II., Deutscher Kaiser 17, 19, 25, 33, 45, 51ff., 55, 57–60, 64–69, 71, 75–78, 137, 147, 175, 290, 298
Wilson, Henry 110
Wilson, Woodrow 59, 77, 80, 85, 87, 104, 106, 108, 114
Wirth, Josef 170, 188, 192f., 195, 203, 206, 234, 240, 364f.
Wolff, Kurt 262
Xammar, Eugeni 275
Zander, Hermann 103f., 217
Zeigner, Erich 314

Bildnachweis

18	© Privatbesitz des Autors
19	© Bundesarchiv, Koblenz (Bild-Nr. 183-25684-0004)/o. Ang.
53	© Bundesarchiv, Koblenz (Plak 001-005-070)/Erler, Fritz
67	© Bundesarchiv, Koblenz (Bild-Nr. 183-B0527-0001-810)/o. Ang.
117	© Bundesarchiv, Koblenz (Bild-Nr. 146-1972-062-01)/o. Ang.
134	© ullstein-bild
181	© ullstein-bild – ullstein-bild
200	© ullstein-bild – ullstein-bild
201	© ullstein-bild
235	© Bundesarchiv, Koblenz (Bild-Nr. 146-1973-076-58)/o. Ang.
243	© Bundesarchiv, Koblenz (Bild-Nr. 183-R43432)/o. Ang.
251	© Hulton Archive/Keystone/Getty Images
281	© Bundesarchiv Koblenz (Bild-Nr. 102-00084)/Pahl, Georg
283	© bpk/Kunstbibliothek, SMB, Phot.
295	© Bundesarchiv, Koblenz (Bild-Nr. 146-1971-109-42)/o. Ang.
315	© Bundesarchiv, Koblenz (Bild-Nr. 102-00191)/Pahl, Georg
327	© ullstein-bild
341 o.l.	© Bundesarchiv, Koblenz (Bild-Nr. 102-00104)/Pahl, Georg
341 o.r.	© akg-images
341 u.	© Bundesarchiv, Koblenz (Bild-Nr. 102-00238)/Pahl, Georg